Língua e sociedade partidas

A polarização sociolinguística do Brasil

CB032984

Dante Lucchesi

Língua e sociedade partidas

A polarização sociolinguística do Brasil

editora**contexto**

Montagem de capa e diagramação
Gustavo S. Vilas Boas

Preparação de textos
Tatiana Borges Malheiro

Revisão
Daniela Marini Iwamoto

Dados Internacionais de Catalogação na Publicação (CIP)
Angélica Ilacqua CRB-8/7057

Lucchesi, Dante
    Língua e sociedade partidas : a polarização sociolinguística do Brasil /
Dante Lucchesi. – São Paulo : Contexto, 2015.
    320 p.

    Bibliografia
    ISBN 978-85-7244-922-9

    1. Linguística 2. Sociolinguística 3. Língua – Preconceitos 4. Língua
portuguesa – Aspectos sociais I. Título

15-0769   CDD 410

Índice para catálogo sistemático:
1. Linguística

2015

EDITORA CONTEXTO
Diretor editorial: *Jaime Pinsky*

Rua Dr. José Elias, 520 – Alto da Lapa
05083-030 – São Paulo – SP
PABX: (11) 3832 5838
contexto@editoracontexto.com.br
www.editoracontexto.com.br

Sumário

Introdução:
língua e sociedade partidas

No mês de maio de 2011, uma nota divulgada inicialmente em um portal da internet sobre a distribuição de um livro de Português pelo Ministério da Educação (MEC), por meio do Programa Nacional do Livro Didático (PNLD), para o Programa de Educação de Jovens e Adultos (EJA), se espalhou como um rastilho de pólvora pelos principais meios de comunicação do país, desencadeando um intenso debate sobre a língua portuguesa e seu ensino, em dimensões até então inéditas. Em sua extensão e contundência, a polêmica superou os debates anteriores, sobre o projeto de lei do deputado Aldo Rebelo em "defesa da língua nacional",[1] e do Acordo Ortográfico de 1990, implementado para unificar o sistema ortográfico dos países de língua oficial portuguesa.[2]

Foi um raro momento em que a realidade da língua ocupou o centro do debate nacional de forma bem diferente da que costuma ser vista nos meios de comunicação de massa. Embora ocupe um nicho em jornais, revistas e até em programas televisivos, esse espaço é preenchido por seções normativas, que apresentam uma imagem idealizada do idioma, buscando sempre depurar a língua das deformações geradas pelo uso. Tal situação reflete a visão hegemônica na sociedade, segundo a qual a língua é um sistema homogêneo e unitário, desenvolvido pelos melhores escritores nacionais e fixado pelos gramáticos, para ser seguido e usado por todos aqueles que desejem falar e escrever bem. Portanto, saber falar uma língua é conhecer esse sistema e empregá-lo corretamente, pois qualquer desvio é visto como deturpação, índice de ignorância e prejuízo à eficácia e à clareza da comunicação. Cabe à escola zelar pela transmissão desse sistema canônico, corrigindo as deformações que os alunos trazem de sua fala cotidiana.

Tal situação explica a violenta reação que o chamado "livro de Português do MEC" despertou. A celeuma foi motivada por uma passagem do livro que dizia que o aluno poderia falar "os livro", sem aplicar a regra de concordância nominal, como é comum na fala popular brasileira; mas que ele deveria ficar "atento", porque, "dependendo da situação", poderia "ser vítima de preconceito linguístico". A frase "nós pega o peixe", também referida no livro como legítima em seu ambiente cultural de origem, foi propagada à exaustão, reforçando o estigma social que se abate sobre a falta de concordância verbal na fala popular. Para os críticos, a distribuição de tal livro demonstrava que o MEC estava fazendo apologia da ignorância popular e privando a população de seu direito legítimo a um ensino adequado de Língua Portuguesa, dando azo às reações mais furibundas e esdrúxulas.[3] Esse pensamento alimentou, durante semanas, uma onda de revolta e indignação, na qual os responsáveis pelo livro foram, inclusive, chamados de criminosos, e uma procuradora da República anunciou sua intenção de processá-los criminalmente.[4]

De fato, foi impetrada uma ação civil pública para que o livro fosse recolhido pelo MEC. Deplorava-se o desperdício, ou malversação do dinheiro público, com a publicação e distribuição de um livro de Português que, em vez de cumprir sua função de melhorar a língua do aluno, se destinava claramente a fazer proselitismo político de natureza demagógica e populista, renegando, com base na falácia do *preconceito linguístico*, o uso culto da língua, que é o meio próprio das formas mais elevadas de expressão da cultura e da civilidade.

Porém, o Ministério Público Federal (MPF) da Procuradoria do Distrito Federal arquivaria a ação pouco tempo depois, não reconhecendo fundamento consistente que a justificasse, sem que isso despertasse maiores reações. Em trechos bem ilustrativos do pensamento que embasou a decisão do MPF, publicada no dia 22 de junho de 2011, seu autor, o procurador Peterson de Paula Pereira, escreveu que:

> Transmitiu-se a ideia de que o indigitado livro pudesse ensinar a língua portuguesa de modo errado aos estudantes, quando, na verdade, o Ministério da Educação propôs à sociedade a introdução e reflexão acerca da linguística.
> Na verdade o livro propôs o início de reflexões, já no ensino fundamental e médio, da linguística, que se apresenta como ciência que se preocupa com o conhecimento da realidade da língua, a reconhecer as diferenças da língua falada como parte integrante de uma sociedade fraterna, pluralista e sem preconceitos, fundada na harmonia social, como preceitua o preâmbulo da Constituição Federal.[5]

A onda de revolta já havia passado, seus fundamentos se revelaram frágeis,[6] e suas motivações, escusas. Mas a compreensão do episódio mobiliza vários planos que se superpõem e se interpenetram no sistema de relações sociais, onde se tecem e se desfazem lentamente os estereótipos do imaginário coletivo, revelando a extensão e a complexidade das relações que unem língua e sociedade.

O principal argumento dos críticos do livro do MEC era o de que o tratamento da variação linguística em sala de aula entrava em contradição com a principal função social da escola em relação à língua: ensinar a forma de língua requerida nas situações de comunicação formal, sobretudo na escrita, a chamada *norma culta*. Porém, bastava a leitura das três páginas iniciais do livro para ver que, longe de "ensinar errado", o livro defendia textualmente o ensino da norma culta na escola e era, ele próprio, com seus exercícios de pontuação, concordância, ortografia etc., um instrumento adequado desse ensino.[7]

O episódio revelou também um grande descompasso entre a política governamental de ensino de Língua Portuguesa e as expectativas da sociedade. Ao contrário do que se noticiou na época, a inclusão de um capítulo referente à variação linguística nos livros didáticos de Língua Portuguesa não era uma orientação do MEC adotada na administração petista, mas uma política adotada quando o país era governado pelo PSDB, em 1997. E, antes de chegar à esfera federal, uma visão mais realista e pluralista de língua já havia sido adotada por secretarias estaduais de educação, como as do estado de São Paulo, também governado pelo PSDB.

Esse avanço na forma de conceber o ensino de Língua Portuguesa é um reflexo das mudanças ocorridas nas universidades públicas brasileiras, com a introdução da Linguística como disciplina nos cursos de Letras do Brasil, na década de 1960, substituindo a antiga visão normativa (voltada para o objetivo maior de fixar a forma correta da língua) pelo conhecimento científico da linguagem humana. A nova visão desenvolvida nas universidades foi progressivamente ocupando posições nas agências governamentais de ensino e alterando as antigas orientações de caráter eminentemente normativo. Uma das formulações mais expressivas dessa nova visão consta dos documentos intitulados *Parâmetros Curriculares Nacionais*, publicados pelo MEC nos anos de 1997 e 1998,[8] os famosos PCNs. Na página 21 dos PCNs destinados ao ensino de Língua Portuguesa, pode-se ler que:

> O problema do preconceito disseminado na sociedade em relação às falas dialetais deve ser enfrentado, na escola, como parte do objetivo educacional mais amplo de educação para o respeito à diferença. Para isso, e também para poder ensinar Língua Portuguesa, a escola precisa livrar-se de alguns mitos: o que existe uma única forma "certa" de falar – a que se parece com a escrita – e o de que a escrita é o espelho da fala – e, sendo assim, seria preciso "consertar" a fala do aluno para evitar que ele escreva errado. Essas duas crenças produziram uma prática de mutilação cultural que, além de desvalorizar a forma de falar do aluno, tratando sua comunidade como se fosse formada por incapazes, denota desconhecimento de que a escrita de uma língua não corresponde inteiramente a nenhum de seus dialetos, por mais prestígio que um deles tenha em um dado momento histórico.

A questão não é falar certo ou errado, mas saber qual forma de fala utilizar, considerando as características do contexto de comunicação, ou seja, saber adequar o registro às diferentes situações comunicativas. É saber coordenar satisfatoriamente o que falar e como fazê-lo, considerando a quem e por que se diz determinada coisa. É saber, portanto, quais variedades e registros da língua oral são pertinentes em função da intenção comunicativa, do contexto e dos interlocutores a quem o texto se dirige. A questão não é de correção da forma, mas de sua adequação às circunstâncias de uso, ou seja, de utilização eficaz da linguagem: falar bem é falar adequadamente, é produzir o efeito pretendido.

Trata-se de princípios razoavelmente claros, racionais e lógicos. Não é preciso muita capacidade de reflexão para compreender que "falar é diferente de escrever". Também não é uma ideia muito complexa a de que qualquer língua humana viva admite formas diferentes de dizer a mesma coisa, o que a ciência da linguagem denomina *variação linguística*. A aceitação da diversidade linguística, recomendada pelos PCNs e adotada pelo livro *Por uma vida melhor*, não entra em contradição com a necessidade da aquisição de uma norma padrão para melhor inserção do indivíduo em uma sociedade dominada pelo letramento. Como enfatizado no texto dos PCNs, o reconhecimento da diversidade linguística, longe de ser prejudicial, é uma condição *sine qua non* para uma escola democrática e inclusiva, que amplia o conhecimento do aluno sem menosprezar sua bagagem cultural.

No fim das contas, o que se estava dizendo e praticando era o princípio pedagógico de que, para ensinar a norma culta, não é preciso negar a identidade cultural do aluno e discriminar aqueles que fazem parte de seu universo cultural, como seus pais e avós. Ou seja, os princípios adotados no livro, longe de serem exóticos e demasiadamente inacessíveis, eram bastante razoáveis e bem adequados ao espírito de tolerância e respeito à diferença que é tão preconizado na contemporaneidade (Lucchesi, 2011a, 2011b). Mas por que esses mesmos princípios não chegam à língua? Por que a diferença no plano da língua é sempre vista como patológica, degenerativa e promotora do caos?

Diante disso, somos levados a pensar que apenas as distorções promovidas pela açodada cobertura da imprensa não podem explicar sozinhas as proporções da reação ao livro. Chama muito a atenção a postura de intelectuais e políticos progressistas que se alinharam automaticamente à posição hegemônica de condenação do livro. Para entender por que fatos tão evidentes foram ignorados e raciocínios tão claros se tornaram tão obscuros, é preciso avançar na compreensão da posição *sui generis* que a língua ocupa nas sociedades modernas.

Apesar de a língua mediar praticamente todas as relações que os indivíduos mantêm na vida social, a grande maioria das pessoas exibe uma espantosa ignorância em relação ao que é de fato a linguagem humana. O processo de aquisição e uso da língua materna, na oralidade, se dá de forma tão natural que as pessoas não conseguem se dar conta de sua imensa complexidade nem perceber o fascinante sistema mental que usam para transformar pensamentos em frases. Como as pessoas falam sem se dar conta da complexidade estrutural subjacente à produção dos enunciados, menosprezam o conhecimento mobilizado na atividade linguística cotidiana. Isso explica por que só o conhecimento de certas formas especiais de uso da língua (normalmente ligadas à tradição escrita) é valorizado socialmente e por que tantos mitos e dogmas, sem qualquer fundamento científico, plasmam a visão que a sociedade tem da língua.

Os mitos sobre a língua e suas raízes históricas

Um dos mitos mais recorrentes que rondam a língua diz respeito a um suposto processo de inexorável deterioração, que está sempre suscitando previsões alarmistas sobre o risco de um iminente colapso. Em um livro de divulgação científica, o linguista Guy Deutscher (2005, pp. 73-7) faz uma ilustrativa compilação histórica de depoimentos sobre o tema. Em relação à língua inglesa, os críticos do lamentável estado em que se encontra a língua de Shakespeare na atualidade falam de seu rápido declínio, em "apenas duas gerações". Entretanto, o famoso escritor George Orwell, em 1942, já se queixava do mau caminho que a língua seguia, comparado com o das gerações anteriores. Só que, quase cem anos antes, em 1848, o linguista August Schleicher via a língua inglesa como "rasa", o que revelava "como a língua de uma nação histórica e literariamente importante podia afundar rapidamente". Porém, em 1780, irritava o respeitado ator Thomas Sheridan o fato do declínio da língua inglesa ser tão recente; pois, apenas setenta anos antes, no reinado da rainha Anne (1702-1714), o inglês provavelmente fosse falado "em seu estado de maior perfeição". Contudo, foi exatamente durante o reinado da rainha Anne que Jonathan Swift elaborou sua famosa *Proposal for Correcting, Improving and Ascertaining the English Tongue* ("Proposta para corrigir, melhorar e determinar a língua inglesa"), que se inicia com a seguinte advertência: "Eu, aqui, em nome de todas as pessoas educadas e instruídas da nação, me queixo [...] de que nossa língua é extremamente imperfeita; de que suas melhorias diárias não são de modo algum proporcionais a suas corrupções diárias [...]". Ou seja, ao longo de vários séculos, os principais usuários da língua inglesa repetiram a mesma ladainha: a língua está decaindo e perdendo as virtudes que exibia há algum tempo, em sua época *de ouro*.

E Guy Deutscher prossegue demonstrando que esse temor não aflige apenas os falantes da língua inglesa. Os alemães estão sempre nostálgicos do estado de perfeição da língua de Goethe e Schiller, apesar de um contemporâneo de Goethe, o linguista Jacob Grimm (famoso por seu trabalho com contos populares), ter afirmado em 1819 que "há seiscentos anos, todo humilde camponês sabia – ou seja, praticava diariamente – perfeições e sutilezas da língua alemã, com as quais os melhores professores de língua de hoje em dia não podem sequer sonhar". E a preocupação dos franceses com a decadência de sua língua já é proverbial. O mesmo podendo-se dizer de portugueses em relação ao triste fado do idioma de Camões, pairando sempre sobre essas línguas românicas o complexo de ter evoluído da língua da plebe rude do Império Romano, sempre à sombra do grande latim literário de Cícero. No entanto, o próprio Cícero se lamentava do declínio do latim em sua época!

A questão que Deutscher coloca, então, é incontornável: o que faz com "que pessoas tão inteligentes acreditem em algo tão gritantemente irracional"? Por que mentes tão brilhantes não atentam para os princípios mais elementares do raciocínio lógico quando se trata da língua? Por que ignoram tão solenemente a ausência de qualquer evidência empírica que justifique essa generalizada teoria sobre a tendên-cia inexorável das línguas de cultura para o declínio, para além de seus próprios juízos de valor, subjetivos? Mais do que isso, tratam como novas e terríveis amea-ças processos recorrentes no passado da língua, que em nada comprometeram seu funcionamento. Os puristas na atualidade, por exemplo, ficam horrorizados com a linguagem desleixada da internet, impregnada de abreviaturas. Pois as abreviaturas abundavam nas inscrições romanas e nos manuscritos medievais, sem comprometer o funcionamento dos romances e vernáculos em seu devir histórico.

Só a compreensão científica da profunda e inextrincável relação entre a língua e o funcionamento da mente humana, por um lado, e da constituição histórica da língua e da evolução da sociedade, por outro, pode dissipar as ilusões de ótica que fundamentam tais juízos dogmáticos, irracionalistas e ilógicos que plasmam a visão da língua nas sociedades modernas. Mas é essa situação *sui generis* da língua no universo da cultura humana que obsta, em primeiro lugar, qualquer avanço do conhecimento científico sobre o tema, ao contrário do que se vê em outras áreas das ciências humanas, para não falar das ciências da natureza, cuja hegemonia na construção da visão de mundo tem se consolidado, de maneira irreversível, nos últimos séculos. Na contramão da história, proliferam mitos e preconceitos em relação à língua.

Outro mito recorrente é a identificação entre complexidade gramatical e grau de civilização de um povo. As declinações nominais do grego e do latim clássicos são tidas como índices de uma cultura superior, e a perda dessas declinações na passagem do latim às línguas românicas não passaria de um empobrecimento, decorrente da decadência da cultura latina. Já o alemão, com suas declinações e possibilidades de composição, é considerado a língua mais apropriada ao pensamento filosófico e à expressão de uma cultura e uma sociedade que atingiram o apogeu das formas de civilização. Contudo, muitas línguas indígenas brasileiras exibem uma morfologia muito mais complexa, inclusive marcando certas categorias gramaticais, como a *evidencialidade* (que informa a fonte de informação do evento verbalizado), ausente na gramática das línguas europeias. E muitas línguas africanas, em sua maioria ágrafas, exibem um sistema morfológico de classificação nominal extremamente complexo. Se o grego clássico tinha três valores para a categoria de número (singular, dual e plural), algumas línguas da Melanésia, faladas por comunidades tribais, têm até cinco valores morfológicos, que são marcados igualmente nos pronomes, fazendo com que essas línguas consideradas "primitivas" possuam mais de cem formas pronominais, contra algumas poucas dezenas das principais línguas europeias, que têm mais de mil anos de tradição escrita. Ou seja, a complexidade gramatical não tem qualquer relação com o grau de civilização nem se pode pensar que implica maior poder de expressão da língua, pois o que não é dito gramaticalmente pode ser dito lexicalmente (Siegel, 2008). Em português, por exemplo, não há um morfema de dual, mas se pode empregar o numeral e dizer "dois meninos", o que dá no mesmo.

Outro grande mito é o da ameaça à unidade linguística: se não houver uma rígida uniformização, a unidade da língua se perde; se o caos da variação linguística não for controlado, a comunicação verbal ficará irremediavelmente comprometida. Contudo, o que garante a unidade da língua é a interação entre os seus usuários, não sendo necessária a imposição de uma norma linguística de cima para baixo.[9] Além disso, a heterogeneidade da língua é o que garante a sua funcionalidade em uma comunidade socialmente estratificada e culturalmente diversa. É a flexibilidade conferida pela variação linguística que permite a uma mesma língua funcionar tanto nas feiras livres quanto nas sessões dos tribunais de justiça. Se fosse um código monolítico e inflexível, como sugerem os puristas, a língua não poderia funcionar em ambientes culturais tão diversos, o que levaria fatalmente à sua divisão e fragmentação.[10]

Impressiona o nível de ignorância em relação à língua que se observa em pleno século XXI, sobretudo entre pessoas que são bastante esclarecidas em outras áreas do conhecimento. Qualquer pessoa bem informada já ouviu falar em Freud ou Lévi-Strauss, tem alguma ideia sobre o que seja o complexo de Édipo ou o tabu do incesto e não ousa falar em raças superiores e inferiores ou que um criminoso possa ser reconhecido pelo formato do seu crânio (como preconizava o psiquiatra e criminologista italiano Cesare Lombroso, no século XIX), mas fala com naturalidade de línguas simples e complexas e se refere a formas linguísticas correntes como "aberrações". Aliás, a visão de que a forma superior da língua é a dos escritores clássicos tem sua origem na época em que Ptolomeu afirmava que a Terra era o centro do Universo e, em torno dela, giravam o Sol, os planetas e as estrelas. Ou seja, a revolução de Copérnico não chegou ainda à língua. Um exame aprofundado da questão revelará que as motivações históricas para tanto preconceito e mitificação decorrem exatamente do papel político crucial que a língua desempenha nas sociedades de classe.

Ao longo dos tempos, a língua tem sido um poderoso instrumento de dominação e construção da hegemonia ideológica que legitima o poder das classes dominantes.[11] A violenta clivagem social da Roma imperial encontrava no cultivo da retórica e das refinadas circunvoluções literárias do latim dos patrícios, em oposição ao estigma social que se abatia sobre a linguagem rude e tosca dos plebeus, uma de suas mais poderosas representações simbólicas. O onipresente poder da Igreja ao longo de toda a Idade Média fundava-se na conservação de uma língua artificial, o latim eclesiástico, fundado na tradição escrita, com o qual os sacerdotes dominavam o coração e as almas de seus rebanhos, que só conseguiam se entender na língua vulgar. A formação dos modernos Estados nacionais encontrou na uniformização e homogeneização linguística um de seus mais importantes pilares, sobretudo em regimes autoritários e absolutistas, como os da França, mesmo que ao custo da atrofia e da extinção de um dos mais ricos idiomas da cultura trovadoresca, o provençal. Na expansão colonial europeia, a sujeição e exploração de povos e civilizações se transformaram em missão divina de propagação da fé e conversão do gentio; e a imposição da língua do colonizador era indispensável nesse processo de dominação física e espiritual, como traduzido na conhecida fórmula do gramático espanhol Nebrija: "Língua, companheira do Império".[12]

O estigma sobre as variedades de língua das populações pobres, excluídas do universo superior do letramento, atua de forma decisiva na construção de uma cosmovisão estratificada e rigidamente hierarquizada, naturalizando as relações de dominação política e de exploração econômica. Dessa forma, os fatores sociais atuam como um importante mecanismo de reforço e sedimentação dos mitos, estereótipos, dogmas e preconceitos que plasmam a visão hegemônica de língua na sociedade. E nem mesmo o advento, nas últimas décadas, da nova era da informação, produzida pela terceira revolução industrial, alterou esse estado de coisas.

Assim, programas televisivos da atualidade, que contam com os mais avançados recursos tecnológicos e um volume de informação on-line potencialmente infinito, continuam a reproduzir os mais variados disparates sobre a realidade da língua. E foi em um dos muitos programas televisivos que debateram o polêmico livro do MEC, em 2011, que um conhecido jornalista inquiriu uma "especialista", nestes termos: "Professora, como a escola pode ensinar ao aluno o raciocínio lógico se não ensina a concordância verbal, deixando ele falar 'nós pega o peixe'?".

Provavelmente, esse jornalista tem um déficit em sua formação em relação ao raciocínio lógico, mas isso não se deve à falta de aulas de concordância verbal. Se fosse capaz de desenvolver um raciocínio lógico sobre a questão, poderia reunir rapidamente fatos que demonstram que não há qualquer relação relevante entre raciocínio lógico e concordância verbal. O raciocínio lógico é a base do conhecimento científico, entre outras formas de saber formal, como a Filosofia. E, na atualidade, a grande maioria dos artigos científicos é escrita em inglês, uma língua praticamente desprovida de concordância nominal e verbal. Isso é prova mais do que evidente de que o pensamento formal sistemático pode ser vazado, tanto em uma língua de concordância explícita (como o alemão) quanto em uma língua sem concordância verbal explícita (como o inglês). Chega-se rapidamente a essa conclusão aplicando-se o raciocínio lógico, que prevê a verificação de hipóteses gerais por meio da observação controlada de fatos particulares, e não com base em afirmações aprioristicas, baseadas apenas nas falsas impressões dos estereótipos do *senso comum*, como fez o nosso limitado jornalista.

Teoricamente, pode-se explicar que a concordância não é um requisito para o raciocínio lógico porque as regras de concordância são mecanismos gramaticais que não interferem na transmissão da informação. É indiferente dizer "nós pegamos os peixes" ou "nós pega os peixe", a informação veiculada é a mesma. Em função disso, esses mecanismos gramaticais costumam ser muito afetados em determinados processos históricos de mudança linguística, como aqueles por que passaram o inglês, o português no Brasil, e o francês, que, mesmo com a erosão, na oralidade, de suas marcas de concordância, não deixou de se tornar a língua de cultura do mundo ocidental no século XIX.

O preconceito linguístico e o *apartheid* social brasileiro

A comparação entre diferentes línguas pode ser igualmente esclarecedora sobre outro tema que esteve no centro dos debates em torno do livro de Português do MEC: o *preconceito linguístico*. Em inglês, se diz "*I work, you work, he works, we work, you work, they work*". Na linguagem popular do Brasil, se diz "eu trabalho, tu trabalha, ele trabalha, nós trabalha, vocês trabalha, eles trabalha". Nas duas variedades linguísticas, só uma pessoa do discurso recebe marca específica (no inglês é a 3ª pessoa do singular – "*he works*" –, no português popular brasileiro é a 1ª pessoa do singular – "eu trabalho"), ou seja, ambas têm o mesmo nível de complexidade estrutural, mas o inglês é a língua da globalização e da modernidade, ao passo que o português popular do Brasil é língua de gente ignorante, que não sabe votar.

Fica evidente que o valor das formas linguísticas não é intrínseco a elas, mas o resultado da avaliação social impingida aos seus usuários. E até o argumento de que a falta de concordância seria uma característica inerente à língua inglesa (talvez por conta de sua "objetividade"), enquanto na fala popular brasileira seria o resultado de um processo recente degeneração, é falso. A língua inglesa também exibia marcas de concordância verbal, até pelo menos o século XVII, quando se conjugava "*I hear, thou hearest, he heareth*"; enquanto hoje se diz "*I hear, you hear, he hears*" ("eu ouço, você ouve, ele ouve"). Portanto, o inglês passou pelo mesmo processo de "deterioração" que afetou o português brasileiro sem comprometer sua condição de língua mais valorizada no mundo, à qual os empresários brasileiros recorrem para afetar alguma sofisticação.

Não obstante o julgamento negativo da falta de concordância na fala dos iletrados no Brasil seja, evidentemente, uma manifestação de preconceito, vários pensadores, inclusive "filósofos", buscaram "demonstrar" nos debates sobre o livro do MEC a "falácia do preconceito linguístico". Para esses "pensadores", o conceito não passava de um expediente retórico do discurso demagógico e populista para negar a superioridade da alta cultura e valorizar indevidamente a ignorância popular, sendo mais uma nefasta criação do "relativismo linguístico". Alguns mais ignorantes e sectários chegaram a atribuir o conceito a uma criação do linguista Marcos Bagno, que havia publicado um opúsculo sobre o tema (1999), ignorando olimpicamente uma vasta bibliografia já produzida sobre o assunto, particularmente no mundo acadêmico anglo-saxão.

Numa perspectiva lexicográfica, o termo *preconceito* se define como julgamento carente de "fundamento crítico", "formado *a priori*", ou seja, sem a devida observação (Houaiss, 2001: 2.282).[13] Nessa perspectiva, pode-se refinar a análise, introduzindo a noção de *transferência* – no julgamento preconceituoso, avalia-se uma coisa com base em outra. No caso do preconceito linguístico, a avaliação negativa da linguagem popular decorre da avaliação negativa de seus falantes. Engendra-se aí uma dialética perversa, em que a avaliação negativa da linguagem popular, baseada no julgamento negativo de seus falantes, serve para legitimar o próprio julgamento social negativo desses falantes, do qual se alimenta. Pode-se perceber, então, o quanto é importante para os "pensadores" a serviço do *status quo* negar o conceito de preconceito linguístico, mesmo que a custa de imposturas intelectuais tão evidentes.

Alcança-se, assim, o terreno das determinações mais profundas do emblemático episódio do livro de Português do MEC, "o livro que ensinava a falar a errado", que é tomado aqui como mote para a apresentação do objeto central deste livro: a realidade sociolinguística do Brasil e suas determinações, tanto no plano da infraestrutura socioeconômica quanto no plano da superestrutura político-ideológica. Em sua amplitude e intensidade, a polêmica em torno do livro *Por uma vida melhor* se tornou um momento único em que se desnudaram as relações que unem língua e sociedade no Brasil. E, se fosse possível definir essas relações em uma única fórmula, se poderia dizer que a língua no Brasil está profundamente partida, e essa partição nada mais é do que o resultado da violenta divisão que rasga a sociedade brasileira.

Um aspecto crucial da divisão linguística do Brasil revelado pela polêmica do livro é que essa divisão assenta menos nas diferenças entre o comportamento linguístico dos grupos sociais do que na forma como seus membros veem essas diferenças. Ou seja, são menos divergências na competência e na performance do que na representação simbólica da língua e na ideologia de suas representações sociais. Do ponto de vista estritamente linguístico, as diferenças que separam a *norma culta* da *norma popular* no Brasil não são de grande monta, não afetam aspectos centrais da estrutura gramatical e, salvo em situações excepcionais, não comprometem o entendimento entre utentes de uma e de outra. Mas essas poucas diferenças são mais do que suficientes para que se erga uma barreira social cruel e implacável, que discrimina e exclui aqueles que dizem "é *craro* que *nós quer* participar". O que mais impressiona em todo o episódio é que uma boa parcela da população brasileira (a grande maioria dos seus usuários considerados "cultos") repudia e nega qualquer foro de cidadania à fala popular. Não é preciso mais do que isso para desqualificar quem fala assim como interlocutor e lhe negar quaisquer direitos de cidadania.

Em um texto ainda inédito no qual se avalia a situação política do Brasil após a reeleição da presidente Dilma Rousseff, em novembro de 2014, o sociólogo português Boaventura de Souza Santos analisa a agressividade manifestada pelos grupos conservadores contra as políticas de distribuição de renda e os setores sociais beneficiados com ela. Boaventura Santos vê as raízes desse sentimento na mentalidade que se formou nas sociedades coloniais e escravistas.

> Esse discurso não se explica apenas por razões de classe. Há fatores que são específicos de uma sociedade que foi gerada no colonialismo e na escravatura. São funcionais à dominação capitalista, mas operam por marcadores sociais, formas de subjetividade e de sociabilidade que pouco têm a ver com a ética do capitalista weberiano. Trata-se da linha abissal que divide o pobre do rico e que, por estar longe de ser apenas uma separação econômica, não pode ser superada por medidas econômicas compensatórias. Pode, ao contrário, ser acirrada por elas. Na ótica dos marcadores sociais colonialistas, o pobre é uma forma de sub-humanidade, uma forma degradada de ser que combina cinco formas de degradação: ser ignorante, ser inferior, ser atrasado, ser vernáculo ou folclórico, ser preguiçoso ou improdutivo. O sinal comum a todas elas é o pobre não ter a mesma cor que o rico. (Souza Santos, 2014: 6)

Pode-se acrescentar que o outro marcador que atua como uma segunda pele na discriminação do pobre como um ser sub-humano, na absurdamente desigual sociedade brasileira, é a sua "fala deteriorada".

Revelam-se, assim, as verdadeiras razões para a violenta reação provocada pela publicação e distribuição maciça de um livro didático que reconhecia a legitimidade da fala popular e chamava a atenção para o preconceito linguístico que grassa na sociedade brasileira. Muito mais do que "fritar" um político e desgastar um governo democrático e popular, a elite reacionária do país se mobilizou para resguardar um dos mais poderosos instrumentos de sua dominação ideológica, que legitima todos os privilégios, e o fausto que extrai da superexploração do trabalho assalariado. A imagem de uma língua única e imutável, expressão maior das "formas superiores de civilização", não pode ruir, sob pena de escorrerem com ela, definitivamente, pelo esgoto da história, a eugenia, os direitos de nascimento e todas as formas mais abjetas de racismo e de negação dos direitos de boa parte da população brasileira. A língua é ainda a grande cidadela ideológica da elite brasileira senhorial, racista e escravocrata, que deplora o "bolsa-esmola"[14] e tem urticária ao cruzar com operários malcomportados e malvestidos nos saguões dos aeroportos.

Se a normatização linguística tem sido historicamente um poderoso instrumento ideológico de dominação de classe, a questão da língua, numa sociedade como a brasileira, não poderia deixar de assumir feições dramáticas. O Brasil ainda é um dos países mais desiguais do planeta. A superexploração do trabalho assalariado cava um imenso fosso que divide a sociedade entre uma elite que vive na pujança e acumula privilégios sem limites, enquanto, no extremo oposto da escala social, milhões vivem no abandono e na pobreza, sem acesso aos direitos sociais básicos e excluídos do espaço da cidadania. Essa absurda concentração de renda e privilégios acaba por corromper o Estado e deteriorar o conjunto das relações sociais, mergulhando o país na violência urbana e na criminalidade e gerando um sentimento generalizado de impunidade e descrença nas instituições. E essa divisão socioeconômica do país, que se projeta em todos os planos das relações sociais e representações simbólicas, não poderia deixar de se refletir na língua.

Se a divisão da língua espelha a situação atual do país, as raízes dessa clivagem linguística são, contudo, mais profundas e alcançam os primórdios da história nacional, relacionando-se diretamente ao processo social que esteve na base de todo o projeto colonial português na América: a escravidão. Durante quase quatro séculos, um terço da população do Brasil, formada por senhores europeus, implementou um projeto colonial baseado na escravização da população autóctone e de povos africanos. Essa violenta divisão original da sociedade brasileira deu ensejo a um fosso linguístico entre a língua do colonizador e as centenas de línguas faladas por indígenas e africanos. A dominação física e a sujeição espiritual implicou a submissão linguística de indígenas aculturados e africanos escravizados, de modo que os descendentes destes últimos foram abandonando a língua de seus antepassados e adotando como materna a língua do colonizador, conquanto guardassem as marcas de sua aquisição imperfeita e nativização mestiça.

Uma sociedade não passa impunemente por mais de trezentos anos de escravidão, e seus efeitos ainda se fazem presentes nos dias de hoje. A maioria da população das favelas e das periferias das grandes cidades é composta de negros e pardos, bem como são esses que predominam na população carcerária e são as maiores vítimas da violência urbana e policial. Mas os efeitos mais profundos e sutis da escravidão situam-se no plano da cultura e das mentalidades. Ainda se fazem sentir os efeitos dos mecanismos simbólicos que o sistema escravista engendrou para se legitimar. A inferioridade intrínseca atribuída ao negro legitimava sua condição de escravo, bem como sua pressuposta má índole justificava os castigos e toda violência das punições que se aplicavam inclusive às crianças. A dialética da escravidão conjugava a violência física com a violência simbólica, gerando o racismo, que impregnou a sociedade brasileira e ainda se insinua e ressurge onde mais passa despercebido.

Entretanto, desde meados do século XX, o Brasil assistiu a lutas e mobilizações que alteraram bastante o panorama do país. Para além das conquistas nos planos econômico e social, foram alcançados expressivos avanços nos planos político e ideológico. Hoje o racismo é tipificado como crime inafiançável pelo Código Penal. Políticas de ações afirmativas têm buscado a reparação histórica de setores tradicionalmente marginalizados, facilitando o acesso de indígenas e afrodescendentes ao ensino superior. Contudo, velhas concepções discriminatórias de origem racista ainda vicejam em um plano importante da cultura: a língua.

Ideologia e contraideologia no debate social sobre a língua

O enfrentamento da questão da língua no Brasil tem sido crítico desde a formação da nacionalidade. A independência política, em 1822, desencadeou uma série de manifestações e movimentos nativistas, que tinham no índio o grande símbolo da nacionalidade. Contudo, grandes escritores brasileiros, como José de Alencar, que abraçaram a temática indigenista e tentaram adequar a língua a essa nova realidade cultural foram alvo de virulentas críticas provenientes do purismo gramatical, por parte muitas vezes de escritores e críticos portugueses radicados no Brasil. Mais uma vez, a língua se descolou dos demais aspectos da cultura; pois, se todos os elementos representativos da brasilidade deveriam ser valorizados em detrimento dos símbolos da velha ordem colonial, a linguagem brasileira passou a ser vista como imprópria e corrompida, devendo prevalecer o cânone coimbrão, da antiga metrópole colonial.

A vitória dos puristas na questão da língua no Brasil, ocorrida entre o final do século XIX e o início do século XX, expressa a essência do projeto elitista e excludente da classe dominante brasileira, expressão legítima de uma sociedade patriarcal e latifundiária, assentada no trabalho escravo. Pronunciamentos de escritores e intelectuais da época revelam que as motivações da adoção da língua da ex-metrópole como modelo de correção gramatical eram claramente racistas. Era preciso eliminar as corrupções que haviam se infiltrado na língua brasileira pela ação insidiosa de negros e mulatos. E essas alterações oriundas das classes populares eram rejeitadas até mesmo pelos defensores da língua brasileira (Faraco, 2008).

A adoção de um modelo adventício de correção gramatical criou uma norma de referência linguística artificial e estranha aos hábitos linguísticos mesmo dos brasileiros letrados, o que teve nefastas consequências até os dias de hoje, não apenas para o ensino de Língua Portuguesa, mas também para a autoestima do povo brasileiro. É generalizado o sentimento de insegurança linguística que aflige todos os brasileiros, mesmo os mais escolarizados. É comum ouvir afirmações do tipo "o português é uma língua difícil" ou "o brasileiro não sabe falar português". E não poderia ser diferente, já que a tradição gramatical no Brasil exige que se escreva, ou até mesmo se fale, com a sintaxe portuguesa – o que é impraticável, porque a língua não parou de mudar, tanto em Portugal quanto no Brasil, em um processo que, por vezes, assumiu direções distintas, ou mesmo contrárias, em cada um dos lados do Atlântico.

Assim, a construção das representações ideológicas da língua no Brasil se insere em uma ampla tessitura que perpassa as relações de produção material e de reprodução simbólica, interagindo com estereótipos que estão na base da construção da nacionalidade. Numa sociedade patrimonialista de tradição bacharelesca, o modelo ideal de língua não poderia deixar de ser rebuscado e artificial, engendrando uma primeira contradição entre as formas linguísticas renovadas que melhor expressam a dinâmica da cultura brasileira urbana e contemporânea, mesmo em sua expressão escrita, por um lado, e as filigranas parnasianas que formam a quintessência do discurso gramatical, por outro. Tal contradição linguística reflete a convivência entre o enorme desenvolvimento das forças produtivas, que promovem a renovação da norma culta real (ou seja, a fala e a escrita de intelectuais, juristas, jornalistas, professores etc.), e a manutenção de relações arcaicas de produção, que criam a demanda por uma norma gramatical purista e artificial. Porém, a principal contradição sociolinguística do Brasil é a que opõe as formas da elite letrada às marcas mais características da linguagem popular. Essa contradição não apenas reflete o *apartheid* social brasileiro, mas se coloca hoje como um poderoso instrumento ideológico de sua legitimação e reprodução.

Pode-se compreender, assim, o quanto é subversivo (ou seja, transformador) distribuir amplamente um livro didático que reconhece a diversidade linguística e a legitimidade da linguagem popular. Reconhecer o caráter de classe do preconceito linguístico é desnudar as relações de dominação e exploração que estão na base da desigualdade na sociedade brasileira. Assim, não interessa de forma alguma à ideologia dominante a difusão do conhecimento científico da língua. Foi muito sintomático a esse respeito o fato de que raramente um linguista fosse convidado nos inúmeros programas de televisão que se realizaram durante a polêmica do livro de Português do MEC. Os "especialistas" convocados para debater o episódio eram sempre escritores, pedagogos, gramáticos, filósofos e até poetas, que Platão expulsaria de sua República...

Mais significativa foi a clivagem que se quis estabelecer entre o estudo científico da língua e seu ensino nas escolas. O grande porta-voz dessa posição foi o mais prestigiado gramático em atividade no Brasil na atualidade, Evanildo Bechara, que expôs sua posição nos seguintes termos:

> Há uma confusão entre o que se espera de um cientista e de um professor. O cientista estuda a realidade de um objeto para entendê-lo como ele é. Essa atitude não cabe em sala de aula. O indivíduo vai para a escola em busca de ascensão social.[15]

É impressionante que se receba com naturalidade a proposição de que "não cabe em sala de aula" fornecer elementos para o aluno "entender [a língua] como [ela] é". É como dizer que o darwinismo não cabe em sala de aula, devendo o ensino da Biologia ser orientado pelos princípios do criacionismo. Acenando com a cenoura da "ascensão social", Bechara mantém o domínio da tradição normativista sobre o ensino da língua vernácula. A visão científica da língua, que reconhece a variação e a diversidade linguística como propriedades essenciais a qualquer língua viva, deve ficar hermeticamente confinada entre os muros da universidade. Na escola e na sociedade, deve predominar a visão dogmática e discriminatória de que existe uma única forma de falar e escrever, enquanto as demais variedades devem ser vistas como deteriorações produzidas por mentes inferiores.

Nesse sentido, deve-se registrar uma perversa inversão que ocorre nesse plano. Quando os linguistas, baseados em suas pesquisas empíricas, proclamam, por exemplo, que não há variedades linguísticas inferiores e superiores, pois toda variedade linguística possui organização estrutural e goza de plenitude funcional em seu universo cultural próprio, esse discurso é percebido na sociedade como um discurso ideológico – e, geralmente, associado a posições de esquerda, o que, como se acabou de ver, atrai ataques violentos dos grupos conservadores de direita, para além da reação que normalmente despertaria por se contrapor a "verdades" fortemente enraizadas no senso comum.

O linguista inglês James Milroy (2011 [2001], p. 62) argumenta que esse discurso dos linguistas não deixa de ser ideológico "em parte, porque, ao expressarem sua opinião, esses linguistas de fato têm uma agenda ideológica – modificar a opinião pública sobre o uso da língua". Entretanto, o emprego do termo *ideologia* não é o mais apropriado nesse caso, já que ele estende em demasia o campo semântico do conceito. Seria mais apropriado usar o termo *contraideologia*, no sentido que lhe empresta Alfredo Bosi (2010), já que o discurso dos linguistas visa desconstruir um julgamento socialmente valorativo, cujos juízos de valor beneficiam claramente um grupo social em detrimento dos demais. E não parece haver dúvida quanto ao caráter ideológico do discurso hegemônico sobre a língua na sociedade, como se pode ver nesta passagem do próprio Milroy (2011 [2001], p. 60):

> A ideologia exige que aceitemos que a linguagem (ou uma língua) *não é algo que os falantes nativos possuem*: eles não são pré-programados com uma faculdade da linguagem que lhes permite adquirir (ou desenvolver) "competência" na língua sem ser formalmente ensinados (se for admitido que eles são equipados com tal faculdade, isso é tratado como algo desimportante). O que eles adquirem de modo informal antes da idade escolar não é confiável e não plenamente correto ainda. Nesse contexto geral, a "intuição do falante nativo" não significa nada, e as sequências gramaticais não são produto da mente do falante nativo. Elas são definidas externamente – em compêndios gramaticais – e a escola é o lugar onde ocorre a verdadeira aprendizagem da língua. Faz parte do senso comum que é preciso ensinar às crianças as formas *canônicas* de sua própria língua nativa, sobretudo na escola, ensino feito por aqueles que sabem as regras da "gramática", o significado correto das palavras e a pronúncia correta, e todas essas regras e normas existem fora do falante. As autoridades (normalmente não nomeadas) das quais dependem os falantes (e seus professores) têm acesso privilegiado aos mistérios da língua e têm algo do *status* de sumo sacerdotes. Se pusermos a coisa em termos de errado e certo, talvez possamos notar também, de passagem, que para muitos a questão não é apenas social, mas também *moral*.

Não obstante o caráter evidentemente ideológico do discurso da *correção gramatical*, o interessante é que a maioria das pessoas não percebe isso.

[...] embora as atitudes do senso comum sejam ideologicamente carregadas, aqueles que a sustentam não as veem de modo algum como tais: eles acreditam que seus juízos desfavoráveis sobre pessoas que usam a língua "incorretamente" são juízos puramente linguísticos sancionados por autoridades sobre a língua [...]. As pessoas não associam necessariamente esses juízos com preconceito ou discriminação em termos de raça ou classe social: elas acreditam que, sejam quais forem as características sociais do falante, estes simplesmente usaram a língua de um modo errado e que existe para eles a possibilidade de aprender a falar corretamente. Se não o fizeram, é por culpa própria deles, como indivíduos, seja qual for sua raça, cor, credo ou classe; existe uma abundância de modelos do "bom" falar para eles. (Milroy, 2011 [2001]: 59)

Mas dissimular sua verdadeira natureza é a característica essencial do *discurso ideológico*, tanto que o filósofo alemão Max Horkheimer o definiu como o saber que não reconhece sua dependência. Não obstante esteja a serviço de uma classe social, o discurso ideológico nega essa relação, assumindo um *status* de conhecimento técnico, racional e objetivo. No discurso dos "economistas" de plantão nos principais meios de comunicação de massa do país, por exemplo, os gastos do governo com os programas sociais e a Previdência devem ser restringidos para garantir o superávit primário, que "é o resultado positivo de todas as receitas e despesas do governo, excetuando gastos com pagamento de juros".[16] Dessa forma, as despesas do governo na área social, que atendem aos interesses de milhões de brasileiros, podem ser restringidas para garantir o superávit primário, enquanto os gastos para pagar os juros da dívida pública são intocáveis, o que interessa apenas a uma minoria de agentes financeiros. Porém, esse sistema é apresentado como "tecnicamente" imparcial e baseado nos princípios da racionalidade econômica e administrativa.

Essa universalização dos interesses de uma minoria em detrimento dos interesses da maioria é essencial para que a dominação de classe se realize por meio do convencimento, sem a necessidade do emprego da força, constituindo o que o teórico marxista italiano Antonio Gramsci denominou *hegemonia ideológica*. Dessa forma, o sistema que favorece uma classe dominante minoritária é apresentado como o mais "racional" e o que melhor garante "o bem-estar comum". A universalização de representações que atendem a interesses particulares, e não universais, está na base da construção da hegemonia ideológica da classe dominante. É assim que o direito à propriedade é consignado na Declaração Universal dos Direitos Humanos, "adotada e proclamada" pela Assembleia Geral das Nações Unidas em 10 de dezembro de 1948. Porém, uma observação mais rigorosa deverá constatar que a grande maioria da humanidade pode muito bem ser colocada na classe dos despossuídos, não exercendo nem se beneficiando desse "direito universal", que só interessa a uma minoria de proprietários.

No plano da língua, essa universalização promovida pelo discurso ideológico transforma a língua da elite na *própria língua*, abolindo a pluralidade do idioma (embora uma autoridade em matéria de língua como o escritor português José Saramago, que foi agraciado com o Prêmio Nobel de Literatura em 1998, tenha dito que é melhor se referir à língua no plural do que no singular). E a eleição das formas que constituem essa única língua legítima é feita por critérios racionais, objetivos e neutros, por autoridades legítimas e inquestionáveis. Nesse contexto, o discurso dos linguistas, chamando a atenção para a organização estrutural e a funcionalidade plena de todas as variedades da língua, soa para o público leigo como uma espécie de logro, mesmo quando o ouvinte não consegue identificar em que passagem ele foi ludibriado, tal é a força das verdades sobre a língua arraigadas no imaginário coletivo.[17]

Os fundamentos da ideologia da correção gramatical, independentemente de sua falta de sustentação empírica, de consistência teórica e de coerência lógica, estão de tal maneira enraizados no senso comum por uma tradição cultural milenar que a tarefa dos linguistas que se engajam no debate público, com o intuito de desconstruir a visão discricionária de língua e o preconceito linguístico, difundindo os avanços do conhecimento científico, é de tal monta que talvez possa ser comparada, sem o risco de exagero, ao que se colocou para um Copérnico e para um Galileu quando se viram diante da tarefa de convencer seus contemporâneos de que a Terra não era o centro do Universo. Portanto, para romper o isolamento social em que se encontram, linguistas e sociolinguistas têm de ter consciência da dimensão dos obstáculos com que se deparam, até para traçar as estratégias discursivas adequadas às condições em que o debate vai se desenrolar.

No caso do Brasil, os estereótipos profundamente enraizados no senso comum em relação à língua têm sido cuidadosamente mantidos e reforçados desde o processo de formação da nacionalidade, no século XIX, por agentes fortemente comprometidos com a legitimação e sustentação ideológica de um sistema de violenta exploração do trabalho e exclusão social. Dessa forma, esses estereótipos estão profundamente imbricados no conjunto de representações que estão na base de todo o processo de construção simbólica da nacionalidade. Essa é uma das principais questões abordadas neste livro, cujo principal objetivo é sistematizar um modelo de análise sociolinguística que formalize o amplo e complexo sistema de relações que une a língua e a organização social do Brasil, particularmente no que concerne aos meios de produção material e à apropriação da riqueza, considerando o fenômeno linguístico não apenas em sua dimensão comportamental, mas também em sua representação ideológica.

Na consecução desse propósito, é travado um debate em duas frentes distintas, porém interligadas. De um lado, o debate social em torno da língua, em que o discurso da Linguística e da Sociolinguística não apenas tem sido isolado, como visto anteriormente, mas, sobretudo, tem-se mostrado muito pouco capaz de conquistar espaço nesse plano do debate mais amplo, envolvendo não iniciados. Infelizmente, a maioria dos linguistas não apenas parece estar conformada com seu isolamento como também pensa que essa é a ordem natural das coisas, simplesmente ignorando ou considerando de somenos as questões mais relevantes que a sociedade levanta em relação à língua, como a *normatização linguística* – também referida como *padronização* (Milroy, 2011 [2001]). Envolvidos no debate em torno de suas formalizações abstratas, esses linguistas dão as costas à sociedade, deixando o campo livre para que os gramáticos normativistas deem forma à visão de língua que predomina no senso comum. Na conclusão da argumentação desenvolvida ao longo deste livro, procura-se definir estratégias discursivas que permitam à Linguística e à Sociolinguística, em particular, desenvolverem uma intervenção mais eficaz no debate social sobre a língua.

Na segunda frente de trabalho, será focalizado o debate teórico da Linguística contemporânea (uma área do conhecimento dividida em torno de questões em princípio inconciliáveis), a partir de uma abordagem bastante recente dos estudos linguísticos, a Sociolinguística, que vê a língua como um fenômeno variável e heterogêneo e um produto das relações sociais.[18]

A Sociolinguística na tradição dos estudos sobre a língua

A Sociolinguística se apresentou de forma mais significativa no cenário da ciência da linguagem na década de 1960, sob a liderança de William Labov (1966a, 2008 [1972]), que, assumindo uma posição bastante radical, pôs em questão até mesmo a possibilidade de a linguagem ser estudada fora do contexto social. O programa de pesquisa da Sociolinguística se contrapôs, em primeiro lugar, ao estruturalismo saussuriano, que havia definido o objeto próprio da Linguística moderna, por meio de seu conceito de *língua*: um sistema homogêneo e unitário, imune a qualquer influência dos fatores sociais (Saussure, 1973 [1916]). No entanto, a Sociolinguística se contrapunha também ao Programa Gerativo-Transformacional, de Noam Chomsky (1957, 1975 [1965]), que construía seu objeto de estudo como a *competência linguística* de um falante ideal pertencente a uma comunidade linguística idealmente homogênea. Porém, pode-se dizer que os axiomas da Sociolinguística se contrapõem aos princípios que têm orientado os estudos da língua no mundo ocidental desde, pelo menos, os trabalhos filológicos de Alexandria, no século III a.C.

Durante os mais de dois mil anos em que a língua tem sido objeto de reflexão sistemática na tradição do conhecimento no mundo ocidental, é a dimensão abstrata e mental da língua que tem atraído a atenção de filósofos, gramáticos, filólogos e da maioria dos linguistas. Esses estudos visam descrever e fixar o sistema mental de regras gramaticais através do qual os indivíduos transformam seus pensamentos em frases, sendo que a homogeneidade e a unidade desse sistema são tomadas axiomaticamente como condições necessárias para seu pleno funcionamento, ou, pelo menos, para sua descrição racional. Contudo, mesmo a mais rápida observação da fala não deixa de perceber as variações inerentes à atividade linguística.

Dessa forma, estabelece-se uma contradição insuperável entre saber uma língua e falar essa língua. É como se o uso da língua corrompesse o saber linguístico, já que as pressões, as contingências e os acidentes da interação verbal em sua concretude, sobretudo na oralidade, não permitissem a realização perfeita dos dispositivos do sistema linguístico, determinado o caráter heteróclito da *fala*, em oposição ao caráter homogêneo e unitário da *língua*. E as "deformações" produzidas na e pela fala, que constituem o que se definiu como *variação linguística*, vão-se reproduzindo e sedimentando com o passar do tempo e desencadeando as *mudanças linguísticas*, que acabam por afetar o próprio sistema abstrato da língua. E o processo progressivo, no qual as mudanças vão se sucedendo em cadeia, acaba por transformar de tal maneira esse sistema linguístico que não se pode mais falar da antiga língua, mas de outra, ou de outras, na(s) qual(is) ela se transformou, como aconteceu na passagem do latim para as modernas línguas românicas.

A forma como as variações da fala se convertem em mudanças que transformam o sistema da língua tornou-se uma questão insolúvel nos marcos do estruturalismo, o primeiro grande paradigma da Linguística moderna. Saussure chegou mesmo a negar tal questão, no plano teórico, afirmando que o sistema seria imune às mudanças. Na medida em que era difícil sustentar tal posição em face dos avanços da pesquisa linguística, estruturalistas, como Charles Hockett (1958), passaram a negar a possibilidade de observação controlada do processo de implementação da mudança linguística. Na base de tudo isso, estava a incapacidade da teoria estruturalista em dar conta do fato empírico da mudança. E essa contradição entre sistema e mudança acabou por produzir um dos pontos de ruptura com o paradigma estruturalista no desenvolvimento da ciência da linguagem, por onde emergiu o paradigma da Sociolinguística, tanto que seu texto programático, escrito por Uriel Weinreich, William Labov e Marvin Herzog (2006 [1968]), se denominou *Fundamentos empíricos para uma teoria da mudança linguística* (Lucchesi, 2004). Em um balanço do programa, feito catorze anos após a sua publicação, Labov (1982) afirmou que "a estratégia de Weinreich, Labov e Herzog (1968) era contribuir para a teoria geral da linguagem através de uma teoria da mudança linguística". Ou seja, a questão da mudança foi o caminho para desenvolver uma nova concepção do objeto de estudo da Linguística, determinando uma ruptura com o estruturalismo, o modelo teórico até então hegemônico, e promovendo, de certa maneira, o que Thomas Kuhn (1975 [1962]) denominou *revolução científica.*

Os fundamentos do programa de pesquisa da Sociolinguística derivam da assunção de que é possível desenvolver um estudo empírico consistente da mudança linguística por meio da análise sistemática dos processos de variação observados em um dado momento na língua. Em outras palavras, a análise do processo *diacrônico* da mudança seria possível através da observação sistemática do quadro *sincrônico* da variação linguística, para usar os termos da famosa dicotomia saussuriana.

Uma mudança linguística não acontece de um dia para o outro; em vez disso, a forma inovadora convive durante um longo período de tempo com a forma antiga no plano concreto do uso da língua – no que se denominou *variação linguística.* A chave da interpretação da *mudança linguística* toma como base empírica a descrição sistemática desses processos de variação.[19] A distribuição da variante conservadora e da variante inovadora, tanto na estrutura da língua quanto na estrutura social, fornecem as evidências empíricas para entender como a mudança linguística se implementa. Dessa forma, é possível escrutinar o processo através do qual as inovações que a todo momento surgem na fala dos indivíduos podem se generalizar ao ponto de mudarem o próprio sistema da língua. Para Labov (1972, 1994), entretanto, as inovações individuais só se tornam relevantes quando são assumidas por um determinado segmento social. Só a partir desse momento é que a mudança pode ser analisada. E uma boa análise da mudança linguística deve responder a cinco questões, que Weinreich, Labov e Herzog (2006 [1968]) denominaram *problemas.*

O *problema da transição* (*transition problem*) diz respeito a todas as fases do processo que conduz à substituição de uma forma linguística por outra, considerando tanto o desenvolvimento da mudança na estrutura linguística quanto o seu desenvolvimento na estrutura social. O *problema do encaixamento* (*embedding problem*) também se desdobra nos planos linguístico e social e diz respeito à distribuição das variantes linguísticas na estrutura da língua e na social. Os contextos linguísticos em que a variante inovadora é mais frequente revelam os fatores que impulsionam a mudança, enquanto os contextos em que a variante conservadora tem maior frequência revelam os fatores que retardam a implementação da mudança. Já a distribuição social da mudança fundamenta o diagnóstico que a análise sociolinguística deve fazer sobre a possível implementação da mudança linguística, pois nem todo processo de variação se pode resolver em mudança, posto que a variante inovadora e a variante conservadora podem se conservar em uso na língua indefinidamente. Portanto, se a mudança implica necessariamente variação, a variação não implica necessariamente mudança. Analisar como os falantes avaliam as formas que se alternam na língua, as variantes linguísticas, é fundamental para mensurar a potencial implementação de uma mudança, o que define o *problema da avaliação* (*evaluation problem*). Se uma variante inovadora passa a despertar uma forte reação negativa entre os falantes, por exemplo, um potencial processo de mudança tende a se retrair.

O *problema das restrições* (*constraints problem*) relaciona-se a uma reflexão teórica de natureza mais geral e diz respeito ao conjunto de mudanças possíveis; ou seja, coloca em questão os limites da variação e da mudança na estrutura linguística. Essa abordagem seria o *locus* privilegiado para um diálogo entre aqueles que buscam explicar o funcionamento da língua (isto é, os gerativistas) e aqueles que se debruçam sobre o devir histórico da língua no contexto social (isto é, os sociolinguistas), mas esse espaço da reflexão linguística não prosperou até o momento. O *problema da implementação* (*actuation problem*) se apresenta como uma pergunta que sintetizaria todas as questões anteriores: por que dada mudança ocorreu em um momento e em um lugar determinados, e não em outro momento e/ou em outro lugar? Porém, esse enquadramento da mudança numa perspectiva causal denuncia uma das limitações teóricas e epistemológicas do programa variacionista, na medida em que a abordagem do fenômeno da mudança linguística como um processo sócio-histórico cede lugar a uma abordagem mecanicista que se encerra no estabelecimento de correlações imediatas entre a variável linguística e algumas variáveis sociais.

A Sociolinguística laboviana representou um ponto de ruptura no desenvolvimento histórico da pesquisa linguística em relação a concepções até então hegemônicas sobre a língua. Suas proposições colocaram em xeque, entre outras coisas, as rígidas dicotomias saussurianas que dividiam, na época, a pesquisa linguística em áreas bem delimitadas, tais como as *dicotomias* entre língua e fala e entre sincronia e diacronia. Saussure havia apartado o sistema abstrato (a língua) da atividade linguística concreta (a fala) na construção teórica do objeto da Linguística, de modo que a língua seria por excelência seu objeto de estudo, enquanto a fala deveria ser descartada como um subproduto teórico (Bourdieu, 1983 [1972]). Ao colocar a variação na estrutura da língua, através de sua concepção de língua como um *sistema heterogêneo*, a teoria sociolinguística rompe a dicotomia saussuriana, resgatando a atividade linguística concreta como objeto legítimo de investigação.

A chave de tal concepção residia na quebra da relação entre homogeneidade e funcionalidade. Weinreich, Labov e Herzog negam, por princípio, o caráter disfuncional da variação e da mudança, concepção que estava na base da linguística da língua de Saussure e do descarte da fala. E argumentam que, se a língua continua funcionando enquanto muda, a variação e a mudança devem ser integradas no funcionamento da língua (2006 [1968]: 35). Ao relacionar a variação (e *a fortiori* a mudança linguística) ao funcionamento sincrônico da língua, a Sociolinguística rompe também com a dicotomia entre a sincronia e a diacronia, que dividia a Linguística estruturalista em duas frentes de pesquisa incomunicáveis entre si: a análise do funcionamento da língua em um determinado momento (abordagem sincrônica), que pressupunha a abstração da variação e da mudança (como ainda o fazem na atualidade os gerativistas); e a análise das mudanças que acometem a língua em seu devir histórico (abordagem diacrônica). Contudo, a questão que se coloca é: a abordagem da variação e da mudança no sistema linguístico proposta pela Sociolinguística consegue apreender a lógica do funcionamento da língua?

A Sociolinguística também derrubou a visão positivista de língua como *fato social*, que Saussure foi buscar junto ao sociólogo Émile Durkheim (Coseriu, 1979 [1952]). Segundo essa concepção, a língua é um fato social externo ao indivíduo e a ele se impõe. Colocando o falante como agente da mudança, através de suas reações subjetivas às variantes (como sistematizado no problema da avaliação), a abordagem sociolinguística revela que, longe de aceitar passivamente a língua, o falante participa ativamente do seu processo de constituição histórica (Lucchesi, 2004).

Não obstante as profundas transformações promovidas pela Sociolinguística na concepção do objeto de estudo da Linguística e na sua agenda de pesquisa, a adesão dos linguistas em geral a esse programa de pesquisa tem sido muito modesta. Isso pode ser explicado pelas limitações e impasses teóricos que os mentores da Sociolinguística ainda não conseguiram superar. Algumas dessas limitações e impasses foram mencionados anteriormente e constituem o principal objeto do capítulo "A polarização sociolinguística do Brasil: fundamentos teóricos". Nessa reflexão teórica sobre os impasses com que se tem deparado o programa de pesquisa da Sociolinguística, busca-se sistematizar um instrumental teórico que possa fundamentar visão aqui exposta acerca da *polarização sociolinguística do Brasil*.

A polarização sociolinguística do Brasil

Neste livro, é apresentado um algoritmo da realidade sociolinguística brasileira baseado na polarização entre a norma sociolinguística da elite letrada, por um lado, e a norma da população socialmente marginalizada, por outro. O conceito de *norma sociolinguística* é aqui proposto para capturar o fato de que a oposição sociolinguística entre as classes sociais não se dá apenas em função da diferença no comportamento linguístico dos seus membros, mas igualmente em função da maneira pela qual esses membros avaliam os diversos usos da língua e de como as mudanças linguísticas se propagam em cada segmento social. Assim, a proposição de uma divisão axial entre uma norma culta, das classes mais altas, e uma norma popular, das classes mais baixas, assentaria teoricamente na consideração desses três parâmetros. Ainda dentro de uma visão social da língua, a estrutura sociolinguística deve ser vista sempre como a resultante de uma rede de correlações que se estende da infraestrutura socioeconômica à superestrutura político-ideológica. É com esse enquadramento que é desenvolvida a concepção da polarização sociolinguística da sociedade brasileira aqui apresentada.

O Brasil é um dos países com maior concentração de renda do planeta, onde o um por cento mais rico tem a mesma renda da metade da população mais pobre. Essa absurda concentração de renda, fundada na superexploração da força de trabalho, dilacera o tecido social e corrompe as instituições, mantendo na periferia das grandes metrópoles hordas de miseráveis que vivem sob a égide da promiscuidade e da violência policial e do crime organizado, instaurando em toda a sociedade um verdadeiro clima de guerra civil. No campo, a exploração desenfreada da terra promove agressões irreversíveis ao meio ambiente, não poupando das mais bárbaras violências as populações pobres que dela tiram o seu sustento há várias gerações, particularmente as populações indígenas. Numa sociedade desigual, enquanto uns poucos privilegiados têm acesso pleno ao consumo suntuário de bens materiais, a todos os direitos da cidadania e aos mais valorizados bens simbólicos, boa parte da população vive na pobreza e na miséria, sem acesso aos direitos sociais básicos, dentre os quais a escolarização.

Segundo a teoria da variação linguística (Weinreich, Labov e Herzog, 2006 [1968]; Labov, 2008 [1972], 1994), a heterogeneidade da língua reflete as condições sociais do seu uso, bem como garante sua plena funcionalidade no universo da diversidade sociocultural em que é usada. A maleabilidade do sistema linguístico produzida pelo mecanismo da variação linguística permite que a língua capture em sua configuração estrutural as diversas nuanças das diferenças sociais, de modo que dialeticamente não é possível compreender a configuração estrutural de uma língua como fenômeno sócio-histórico sem compreender a história e a configuração da sociedade em que essa língua é falada. No caso brasileiro, a polarização sociolinguística é, na atualidade, o reflexo inexorável das abissais diferenças materiais e culturais que apartam as classes sociais no país.

Porém, suas raízes são mais profundas e remontam ao início da colonização do território brasileiro, quando o colonizador português escravizou muitos povos que falavam centenas de línguas diversas entre si, para compor, por mais de trezentos anos, a força motriz da sociedade brasileira. A divisão do Brasil, a um só tempo socioeconômica e étnica, ao longo do período colonial e do Império, forneceu as bases para a primeira configuração da polarização sociolinguística do país, que opunha o contingente dominador, de falantes nativos da língua portuguesa cujos pais também o eram, à grande massa de explorados, entre os quais a língua portuguesa era segunda língua ou uma variedade de português nativizada através de um processo de *transmissão linguística irregular* (Lucchesi, 2003, 2008a, 2012b).

O fim do tráfico negreiro, a abolição da escravatura e o ingresso no país de milhões de imigrantes europeus e asiáticos, entre o final do século XIX e o início do século XX, foram esmaecendo os matizes étnicos da polarização sociolinguística. E os processos de industrialização e urbanização da sociedade brasileira, que se iniciaram efetivamente a partir de 1930, acabaram por definir os contornos atuais da polarização sociolinguística do país. A industrialização promove a urbanização, com a inserção de largos contingentes da antiga população rural no mercado consumidor e no espaço urbano, o que tem como contraparte linguística a ampla difusão da variedade de língua socialmente valorizada (que é genericamente denominada norma culta).

Dessa forma, pode-se dizer que a polarização sociolinguística do Brasil foi se atenuando a partir de 1930. Contudo, as características do desenvolvimento tardio e dependente do capitalismo no país fizeram com que a difusão da norma culta fosse muito restrita, quando não precária. No universo cultural da sociedade brasileira contemporânea, a inovação tecnológica convive, lado a lado, com relações sociais tão arcaicas quanto o trabalho análogo à escravidão. Mais uma vez, a realidade social não poderia deixar de se refletir no plano da língua. Nos bolsões de miséria ao redor das grandes cidades, migrantes rurais preservam, em grande medida, a cultura e a linguagem do campo, ao tempo em que sofrem a avassaladora influência cultural e linguística dos poderosos meios de comunicação de massa. Contradições como essa dão o tom ao complexo cenário da polarização sociolinguística do Brasil.

Na sociedade brasileira contemporânea (dominada pela indústria cultural e pela comunicação de massa), a voragem da comunicação instantânea e imediata propaga vertiginosamente imagens, valores e padrões de comportamento linguístico para todos os segmentos sociais em todos os quadrantes do país, promovendo inexoravelmente a sua homogeneização.[20] Se nesse processo opera um *nivelamento linguístico* que aproxima a fala das classes baixas dos modelos da norma culta, a avaliação social reforça o valor simbólico das diferenças linguísticas, utilizando a clivagem da língua para reforçar a divisão social. Assim, o conceito de norma sociolinguística se faz necessário para capturar o fato de que a polarização linguística do Brasil é tanto objetiva quanto subjetiva. Assim sendo, esse conceito se funda não apenas nas diferenças no comportamento linguístico das classes altas e das classes baixas, mas também no estigma que se abate sobre as características mais típicas da fala popular, com destaque, no plano da morfossintaxe, para a generalizada falta de concordância nominal e verbal. O valor social atribuído às variantes linguísticas afeta, por sua vez, os padrões coletivos de uso da língua. Assim, a avaliação positiva do emprego das regras de concordância faz com que os indivíduos das classes mais baixas assimilem esse mecanismo sintático, à medida que vão se inserindo no mercado consumidor e no espaço da cidadania. Completa-se, dessa forma, o circuito da relação dialética entre *uso*, *avaliação* e *mudança linguística*.

Ao capturar tanto as manifestações objetivas quanto as representações sociais da língua, a análise sociolinguística alcança a dimensão ideológica do fenômeno linguístico no que concerne ao estabelecimento das relações de poder na sociedade. Portanto, ao tomar como objeto a equação da polarização sociolinguística do Brasil, busca-se sistematizar uma chave interpretativa da realidade social da língua no país, não apenas em suas manifestações objetivas, mas em suas representações ideológicas. Com isso, pretende-se alcançar suas determinações mais profundas, no plano da infraestrutura socioeconômica, bem como as relações que, nos planos político e ideológico, definem sua configuração atual.

Como já foi dito, as origens da polarização sociolinguística remontam aos primórdios da colonização do Brasil, podendo-se mesmo afirmar que os fatores que definem os seus aspectos mais essenciais atuaram, sobretudo, nos quatro primeiros séculos da formação da sociedade brasileira. Mas no recorte aqui feito, não é abarcado esse período formativo da polarização sociolinguística, no qual o contato do português com as línguas indígenas brasileiras e as línguas dos escravos africanos desempenhou um papel central (Lucchesi, Baxter e Ribeiro, 2009).

A abordagem aqui desenvolvida delimita seu foco na configuração atual da polarização sociolinguística do Brasil, que está diretamente ligada aos processos de industrialização e urbanização do país, desencadeados a partir da Revolução de 1930, que pôs fim à chamada República Velha. Para tanto, serão aprofundados os fundamentos teóricos do algoritmo da polarização sociolinguística que têm sua base no programa de pesquisa da Sociolinguística Variacionista. A teoria sociolinguística será o ponto de partida para o desenvolvimento do aparato teórico utilizado no estabelecimento das relações entre o desenvolvimento da estrutura da língua e as transformações socioeconômicas e políticas ocorridas no período. Dessa forma, ao aparato teórico, vão-se conjugar interpretações da história econômica, social e política do Brasil, no período de 1930 até os dias atuais. Por fim, os resultados de análises sociolinguísticas de fenômenos variáveis do chamado português brasileiro fornecerão as bases empíricas para a verificação das hipóteses interpretativas formuladas. Os capítulos deste livro estão estruturados para cumprir esses objetivos.

As partes constituintes deste livro

O primeiro capítulo ("A polarização sociolinguística do Brasil: fundamentos teóricos") sistematiza a polarização sociolinguística tomando como ponto de partida as duas maneiras como o conhecimento científico tem abordado o fenômeno linguístico. De um lado, está a visão mais tradicional, que aborda o lado psíquico-biológico da linguagem humana, concebendo a língua como o sistema através do qual o indivíduo transforma os seus pensamentos em frases. Do outro lado, está a abordagem que focaliza a dimensão sócio-histórica do fenômeno linguístico, na qual a língua se transforma em um mosaico de comportamentos linguísticos diferenciados que se ajustam no jogo das representações sociais da língua, sobretudo nas sociedades de classe, que contêm uma grande diversidade cultural. As duas abordagens têm-se mantido inconciliáveis ao longo do desenvolvimento da Linguística moderna (Lucchesi, 2004). Pelo viés da abordagem da dimensão psíquico-biológica, a *Gramática Gerativa* só consegue analisar o funcionamento da língua abstraindo duas de suas características essenciais – a variabilidade inerente e a ininterrupta mutação –; ao passo que a Sociolinguística Variacionista, ao focalizar o diversificado comportamento linguístico da coletividade, se afasta do que é essencial no fenômeno linguístico – o mecanismo que nos torna falantes de uma língua natural (Lucchesi, 2011c).

Como a abordagem apresentada neste livro se insere na segunda vertente, a primeira seção do capítulo trata do que é chamado aqui de *dois grandes impasses no desenvolvimento da Sociolinguística*. O primeiro impasse estaria relacionado a essa incapacidade do modelo de integrar uma teoria do funcionamento da língua (isto é, da gramática) em suas análises dos processos de variação e mudança linguísticas. O segundo impasse situa-se no plano da análise dos condicionamentos sociais da mudança e decorre do predomínio, no campo, de análises mecanicistas nas quais os efeitos dos fatores sociais são considerados isoladamente (Lucchesi, 2012a).

Essa reflexão crítica é a base para a discussão acerca da construção teórica do objeto de estudo da Sociolinguística, a *comunidade de fala*, o que é feito na seção seguinte. Nessa seção, é destacado o avanço alcançado com a definição da comunidade de fala pela Sociolinguística, com base na adoção de um sistema único de avaliação social da língua, em contraposição à concepção estruturalista, baseada na pressuposição de um sistema funcional subjacente a toda a heterogeneidade da fala. Porém, a existência de divergências e conflitos no plano da avaliação social da língua no seio de uma mesma comunidade é a base para o resgate do conceito de norma linguística no quadro teórico da Sociolinguística – reflexão contida na terceira seção do capítulo.

A discussão aqui proposta sobre o conceito de comunidade de fala baseia-se na constatação feita pelo próprio Labov da existência de sistemas de avaliação social da variação linguística distintos, e até divergentes, dentro de uma mesma comunidade. Para resolver o paradoxo que essa constatação instaura dentro do modelo da Sociolinguística Variacionista, o conceito de norma linguística foi resgatado e reformulado, propondo-se um novo conceito aqui denominado norma sociolinguística, que delimita subconjuntos dentro do diassistema maior da comunidade de fala, com base em três parâmetros: (i) diferença nas frequências de uso das variantes linguísticas entre os grupos sociais; (ii) diferença de como os membros desses grupos avaliam subjetivamente as variantes linguísticas; (iii) diferença na direção específica que os processos de variação e mudança assumem no interior de cada um desses grupos. O capítulo se encerra com uma seção que contém uma análise das categorias relativas ao sistema de avaliação social da variação linguística.

O objeto central deste livro é o processo que define as características atuais da polarização sociolinguística do Brasil, que, como proposto anteriormente, se iniciou com a industrialização e urbanização da sociedade brasileira desencadeadas pela Revolução de 1930. Porém, para revelar as raízes históricas desse quadro atual de polarização sociolinguística, é traçado, no segundo capítulo, um breve panorama da história sociolinguística do Brasil, desde o início da colonização. Esse capítulo se inicia com uma seção que apresenta um panorama da história social da língua desde o início da colonização portuguesa, nas primeiras décadas do século XVI, até as primeiras décadas do século XX, no qual é destacado o papel central do contato do português com as línguas indígenas e africanas. Na segunda seção, é sistematizada uma análise de como as situações de contato linguístico massivo afetaram diretamente a formação das variedades populares do português no Brasil, com base no conceito de transmissão linguística irregular (Lucchesi, 2003, 2008a, 2013). Por fim, a terceira seção contém um esboço da situação sociolinguística do Brasil, entre meados do século XIX e princípio do século XX, período que antecede imediatamente o período aqui em foco.

Em conformidade com a ideia de que os sistemas de representação simbólica (entre os quais se encontra a língua) são condicionados pelas condições materiais de produção e reprodução da existência, o terceiro capítulo ("A polarização sociolinguística do Brasil: condicionamentos socioeconômicos") busca descrever as motivações socioeconômicas e político-ideológicas da configuração atual da realidade sociolinguística do Brasil. Como foi dito anteriormente, encampa-se aqui a hipótese de que o processo de industrialização e urbanização, iniciado efetivamente a partir de 1930, tem sido determinante para a definição dos contornos atuais da polarização sociolinguística do Brasil, já que as condições objetivas e subjetivas produzidas por esse processo social estão na base de um movimento de mudanças linguísticas nas classes populares em direção aos modelos da norma urbana culta, por um lado, e de uma renovação do comportamento linguístico da elite letrada, por outro.

Assim, na primeira seção desse capítulo, traça-se um panorama socioeconômico e político-ideológico do Brasil, de 1930 até os dias atuais, com base na visão de que o desenvolvimento do capitalismo no Brasil tem um caráter tardio e dependente. Em função disso, o processo de industrialização do Brasil foi marcado por dependência externa, acelerada monopolização da economia e predomínio do setor de produção de bens de consumo duráveis e baseado em um mercado consumidor reduzido e elitizado e na superexploração da força de trabalho. A concentração do poder real nas mãos da elite econômica mantém até os dias atuais esse sistema de concentração de renda e exclusão social, apesar dos avanços dos movimentos populares e de algumas significativas conquistas sociais ocorridos nos últimos anos.

O processo através do qual o capitalismo se desenvolve no Brasil cria uma contradição entre a renovação do processo social e a manutenção de um discurso hegemônico conservador e discriminatório, que se origina na manutenção de formas arcaicas de propriedade e produção, em meio ao desenvolvimento econômico. Tal contradição desempenha um papel determinante no plano da cultura e da língua, que é o objeto da segunda seção do capítulo, com uma análise dos efeitos desses condicionamentos socioeconômicos e político-ideológicos sobre a configuração da norma popular no período, considerando fatores como a urbanização e a escolarização de populações rurais historicamente marginalizadas. A terceira seção aborda a aparente contradição entre a visão de polarização desenvolvida neste livro e o modelo proposto pela sociolinguista Stella Maris Bortoni-Ricardo (2005), baseado na noção de *continuum*, argumentando que a perspectiva epistemológica aqui adotada, inspirada na teoria dos conjuntos difusos, desfaz essa aparente contradição, apontando antes para a complementaridade entre os dois modelos. Assim, conjugando as duas abordagens, procede-se a um diagnóstico preliminar da realidade sociolinguística brasileira com base em dados extralinguísticos, como o nível de escolaridade da população. Em que pese o caráter preliminar e provisório de tal diagnóstico, ele é útil para formular hipóteses e delimitar os universos de observação da pesquisa sociolinguística propriamente dita. Esse capítulo se encerra com uma seção que focaliza os processos de variação e mudança que afetam a norma culta, desde a segunda metade do século XX até os dias atuais, colocando em questão a cronologia dessas mudanças, em função dos seus condicionamentos socioeconômicos e político-ideológicos.

Considerando a importância das representações ideológicas da língua na configuração da realidade sociolinguística, o quarto capítulo ("A polarização sociolinguística do Brasil: fundamentos ideológicos") focaliza os sistemas de avaliação social da língua no Brasil, com particular destaque para o sistema institucional de normatização linguística, o qual produz o que é aqui denominado norma padrão. O capítulo se inicia com uma seção que analisa os fundamentos da normatização linguística no

Brasil, a partir de uma exegese dos textos introdutórios de nossas gramáticas normativas. A segunda seção focaliza a gênese da norma padrão brasileira, no século XIX, com base no projeto purista de submissão aos modelos linguísticos da ex-metrópole portuguesa, que suplantou a visão nacionalista de uma norma brasileira, defendida, entre outros, pelo grande romancista José de Alencar. A terceira seção analisa os prejuízos pedagógicos e linguísticos da manutenção até os dias de hoje dessa norma padrão adventícia e anacrônica. A seção seguinte analisa como o discurso científico da Linguística estruturalista contribuiu, em meados do século XX, para a manutenção e legitimação dessa norma padrão lusitanizada e estranha aos usos da língua no Brasil; enquanto a quinta seção procura deslindar seus fundamentos ideológicos. E a sexta e última seção do capítulo focaliza as bases ideológicas do preconceito linguístico que se abate sobre as formas mais típicas da linguagem popular na sociedade brasileira.

Por fim, o quinto e último capítulo ("A polarização sociolinguística do Brasil: fundamentos empíricos") apresenta os fundamentos empíricos da polarização sociolinguística do Brasil com base no conjunto de dados produzidos pelas análises variacionistas realizadas desde a década de 1980. Na primeira seção do capítulo, é feito um balanço crítico da pesquisa sociolinguística no Brasil. Nas seções seguintes, é apresentada uma interpretação de dados de análises variacionistas já realizadas, sob o enfoque da formulação da polarização sociolinguística do Brasil. Na segunda seção, são focalizados os processos de variação e mudança que afastam a norma culta da norma padrão, sendo selecionados dois fenômenos de variação linguística para demonstrar isso: o primeiro afeta a forma do pronome da 3ª pessoa do discurso na função de objeto direto, e o segundo atinge a formação das orações relativas. A escolha desses dois fenômenos foi motivada pela existência de análises variacionistas que utilizam dados da variação estilística e informações provenientes de testes de avaliação e percepção, para além dos dados referentes à frequência de uso das variantes linguísticas. A análise revelará tratar-se de processos de variação e mudança que se espalham por todos os segmentos sociais, mesmo no caso em que tais processos possam ter-se originado nas classes sociais mais baixas.

Contudo, há processos de variação e mudança provenientes da base da pirâmide social que não conseguem se difundir para os segmentos sociais mais altos, porque sofrem forte restrição no sistema social de avaliação da língua. São esses processos de variação e mudança que configuram centralmente a polarização sociolinguística do Brasil. A terceira seção desse último capítulo sistematiza os resultados de análises sociolinguísticas de um aspecto da morfossintaxe do português brasileiro, a concordância verbal junto a 3ª pessoa do plural, que está no cerne da polarização sociolinguística do Brasil. A configuração dos resultados atualmente disponíveis será fundamental para confirmar empiricamente, ou não, o algoritmo aqui proposto.

A combinação dos dados demográficos sistematizados no terceiro capítulo com os dados sociolinguísticos sistematizados no quinto capítulo fornecerá a base para uma estratificação sociolinguística da sociedade brasileira em seu conjunto, feita em "Conclusão: balanço e perspectivas", que constitui um dos principais produtos que este livro oferece. Além disso, a Conclusão também contém um esboço de programa para a pesquisa sociolinguística no Brasil, com base na *equação da polarização sociolinguística*. Por fim, a relação entre língua e sociedade é enfrentada, focalizando a questão da normatização linguística. Nessa discussão, procura-se demonstrar como uma análise sócio-histórica que apreenda a realidade linguística em seu conjunto pode orientar a postura dos linguistas para o importante debate que se trava na sociedade atualmente em torno da língua.

Agradecimentos

Este texto foi escrito inicialmente como tese para o concurso público de professor titular de Língua Portuguesa da Universidade Federal da Bahia (UFBA), no qual fui aprovado em maio de 2012. De lá para cá, empreendi um longo trabalho para verter o texto para uma linguagem mais apropriada a um público mais amplo, depurando-o dos ranços acadêmicos. Desde o início do processo, recebi importantes apoios que agora registro e agradeço. Inicialmente, gostaria de mencionar o apoio dos colegas do Departamento de Letras Vernáculas, aqui referidos nas pessoas das professoras Edivalda Araújo e Alba Valéria e da diretora do Instituto de Letras da UFBA, a professora Risonete Batista de Souza, no período em que escrevi a tese de professor titular, em um tempo em que não se escrevem mais teses dessa natureza. Em seguida, o texto se beneficiou dos comentários, das sugestões e das críticas da banca julgadora do concurso público, composta dos professores Célia Telles, Dinah Callou, Mary Kato, Ataliba Castilho e Carlos Alberto Faraco. Tanto no período de escrita da tese quanto no período de reescrita do texto para a forma de livro, recebi importantes contribuições, na forma de comentários, sugestões, críticas e incentivos, dos colegas e amigos Sônia Borba Costa, Ilza Ribeiro, Alan Baxter, Jacyra Mota, Suzana Cardoso, Tânia Lobo, Américo Venâncio Machado Filho, Silvana Ribeiro, Stella Maris Bortoni-Ricardo, Marco Antônio Martins, Dermeval da Hora, Henrique Monteagudo, Charlotte Galves, Sonia Cyrino, Eugênia Lamoglia Duarte, Silvia Rodrigues, Célia Lopes, Sílvia Brandão, Xoán Lagares, Letícia Cao Ponso, Jair Ferreira dos Santos e Maurício Santana Dias. É escusado dizer que as falhas e equívocos eventualmente remanescentes são de inteira responsabilidade do autor deste livro. Quero agradecer também ao editor Jaime Pinsky, que apostou na viabilidade editorial desta obra. E, por fim, quero agradecer especialmente aos colegas e amigos Carlos Alberto Faraco e José Luiz Fiorin, cujos comentários, sugestões e apoio foram decisivos para a viabilização deste projeto.

Notas

[1] Projeto de Lei nº 1.676, sobre a promoção, a proteção, a defesa e o uso da língua portuguesa, que visava, em sua essência, coibir o uso de palavras estrangeiras no país, particularmente as de língua inglesa.

[2] O Acordo Ortográfico da Língua Portuguesa foi firmado por todos os países de língua oficial portuguesa (Brasil, Portugal, Angola, Moçambique, Guiné-Bissau, Cabo Verde e São Tomé e Príncipe), em 1990 (Timor Leste aderiu ao Acordo em 2004, após a sua independência). Ao unificar o sistema ortográfico no mundo lusófono, o Acordo visava fortalecer a língua portuguesa nos organismos internacionais, facilitar o intercâmbio cultural e a circulação de obras científicas e literárias, eliminando os custos de sua reedição. No Brasil, somente cerca de 0,5% das palavras foram afetadas pelo Acordo, por conta da eliminação do trema, de alguns acentos (*idéia* passou a *ideia*; e *vôo* passou a *voo*, por exemplo) e de alterações nas regras de hifenação.

[3] Veja-se, por exemplo, o que foi capaz de escrever uma senhora, que se apresenta como pedagoga e professora de português [sic]:

"Não tenho notícia de que haja ou tenha havido algum governo de algum país que planejasse e implementasse projeto tão cruel, como se isso pudesse ser apelidado de projeto educacional. O Brasil consegue ser surpreendente e nefasto com um discurso pretensamente politicamente correto. Com pompa e circunstância, o MEC do governo petista quer assegurar que os futuros cidadãos fiquem privados de empregos, de crescimento intelectual, de relações culturais; no futuro, o MEC deseja que os brasileiros estejam no estado de barbárie linguística e sejam incapazes de entender um edital de concurso, por exemplo; salvo se o edital informar que 'os candidato deve apresentarem os seguinte documento'."

Nem Hitler, com sua mente diabólica e homicida, realizou um projeto desse tipo para dominar a juventude nazista, ganhando simpatias e aplausos dos pouco letrados daquela época. Com pompa e circunstância, em uma palhaçada do politicamente correto, o governo petista organiza um exército de futuros adultos privados de proficiência no vernáculo, cuidadosamente preparado no sistema público de ensino, que servirá aos interesses do Estado brasileiro que está sendo forjado desde 2003, em conformidade com as lições de Gramsci.

(Publicado em <portal100fronteiras.com.br>. Acesso em: 15 de maio de 2011.)

[4] Cf. notícia publicada pelo jornal *O Globo* (versão on-line), em 16 de maio de 2011 (disponível em <http://oglobo.globo.com/sociedade/educacao/procuradora-da-republica-preve-acoes-contra-uso-de-livro-com-erros-pelo-MEC-autora-se-defende-2789080>, acesso em 23 abr. 2015), onde se lê:

Diante da denúncia de que o livro *Por uma vida melhor*, da professora Heloísa Ramos – que foi distribuído a 485 mil estudantes jovens e adultos pelo Programa Nacional do Livro Didático, do Ministério da Educação, defende o uso da linguagem popular e admite erros gramaticais grosseiros como "nós pega o peixe", a procuradora da República Janice Ascari, do Ministério Público Federal, previu que haverá ações na Justiça. Para ela, os responsáveis pela edição e pela distribuição do livro "estão cometendo um crime" contra a educação brasileira. "Vocês estão cometendo um crime contra os nossos jovens, prestando um desserviço à educação já deficientíssima do país e desperdiçando dinheiro público com material que emburrece em vez de instruir. Essa conduta não cidadã é inadmissível, inconcebível e, certamente, sofrerá ações do Ministério Público", protestou a procuradora da República em seu blog.

[5] Disponível em: <http://noticias.terra.com.br/educacao/MPF-arquiva-acao-contra-livro-do-MEC-com-quoterrosquot-de-concordancia,f1491a4045cea310VgnCLD200000bbcceb0aRCRD.html>. Acesso em: 23 abr. 2015.

[6] Vale registrar, nesse sentido, o honesto reconhecimento público por parte da procuradora Janice Ascari do erro cometido em seu julgamento inicial do livro (cf. nota 4):

Expressei-me muito mal. Crime, no sentido técnico-jurídico da palavra, não há. Peço desculpas ao prof. dr. Clecio, aos autores do livro e a quem mais possa ter se sentido ofendido. Utilizei o termo no sentido leigo, querendo significar um absurdo, algo inaceitável. Por isso, fica aqui a minha retratação formal e meu esclarecimento, no sentido de que o termo "crime" foi por mim mal utilizado. Não acusei o MEC nem os autores do livro de nenhuma conduta que, sob o aspecto estritamente jurídico, possa configurar crime. Como fosse um castigo, a linguagem vulgar me pregou uma peça.

(Disponível em: <http://janiceascari.blogspot.com.br/2011/05/recebendo-e-prestando-esclarecimentos.html>. Acesso em: 23 abr. 2015).

[7] No final da primeira página do capítulo que gerou toda a polêmica, encontra-se a seguinte afirmação: "Neste capítulo, vamos exercitar algumas características da linguagem escrita. Além disso, vamos estudar uma variedade da língua portuguesa: a norma culta".

[8] Nessa época, o presidente da República era o sociólogo Fernando Henrique Cardoso, que tinha como ministro da Educação Paulo Renato Souza, ambos do PSDB.

[9] "Uma densidade de comunicação relativamente alta em um grupo significa que os falantes têm mais acesso e exposição aos usos linguísticos de outros membros do grupo. Logo, podem mais provavelmente ouvir o que os outros membros da comunidade estão fazendo com a linguagem, o que cria a possibilidade de adquirir deles certos traços linguísticos. Em contraparte, o nível relativamente baixo de comunicação com não membros torna menos provável que se adquiram usos de fora da comunidade de fala. Em outras palavras, a comunidade de fala é o domínio no qual os processos sociolinguísticos de acomodação e convergência ocorrerão."(Guy, 2000: 20)

[10] "Um dos corolários da nossa abordagem é que, em uma língua que serve a uma comunidade complexa (i.e. real), é a ausência da heterogeneidade estruturada que seria disfuncional." (Weinreich, Labov e Herzog, 2006 [1968]: 36)

[11] "A língua das classes altas é automaticamente estabelecida como a forma correta de expressão. Elas podem não só dizer que *"l'État, c'est moi"*, mas também que *"le langage, c'est le mien"*. (Haugen, 2001: 102)

[12] Nesse sentido, é bastante ilustrativa a seguinte passagem do diretório do governo português, sob o comando do egrégio Marquês de Pombal, publicado em 3 de maio de 1757, que proibia o uso da língua geral indígena no Brasil: "Sempre foi máxima inevitavelmente praticada em todas as nações que conquistaram novos domínios introduzir logo nos povos conquistados o seu próprio idioma, por ser indisputável que este é um dos meios mais eficazes para desterrar dos povos rústicos a barbaridade dos seus antigos costumes e ter mostrado a experiência que, ao mesmo tempo em que se introduz neles o uso da língua do príncipe que os conquistou, se lhes radica também o afeto, a veneração e a obediência ao mesmo príncipe."

[13] O *Dicionário Houaiss* (op. cit.) reconhece, inclusive, a expressão *preconceito linguístico*: "qualquer crença sem fundamento científico acerca das línguas e seus usuários".

[14] Referência pejorativa ao Bolsa Família, programa do governo federal de distribuição de renda que beneficia "16 milhões de brasileiros com renda familiar *per capita* inferior a R$ 70 mensais" (Disponível em: <http://www.mds.gov.br/bolsafamilia>. Acesso em: 23 abr. 2015).

[15] *Folha de S.Paulo* (versão on-line), 18 maio 2011. Disponível em: <http://www1.folha.uol.com.br/fsp/cotidian/ff1805201118.htm>. Acesso em: 23 abr. 2015.

[16] Cf. portal de notícias do Senado Federal na internet. Disponível em: <http://www12.senado.gov.br/noticias/entenda-o-assunto/superavit>. Acesso em: 23 abr. 2015.

[17] "Se dissermos às pessoas que não são verdadeiras determinadas coisas sobre a língua em que elas acreditam firmemente, elas desconfiarão de nós e rejeitarão o que dizemos." (Milroy, 2011 [2001]: 62)

[18] "[...] a teoria linguística tem dedicado muito pouca atenção à variação linguística até muito recentemente. E muitas línguas têm sido estudadas como se fossem entidades completa ou predominantemente invariantes, ou como se a variabilidade que existe nelas fosse marginal, acidental ou sem importância." (James Milroy, Lesley Milroy, 1997: 47, traduzido do original em inglês)

[19] A centralidade do estudo da variação fez com que o arcabouço teórico do programa de pesquisa da Sociolinguística laboviana passasse a ser conhecido também como teoria da variação linguística, e o próprio programa também fosse denominado paradigma variacionista (Milroy; Milroy, 1997).

[20] Um exemplo cabal da força da indústria cultural e da comunicação de massa é o fato de haver aparelho de televisão em praticamente todos os lares brasileiros, mesmo naqueles em que faltam os meios básicos para garantir a subsistência.

A polarização sociolinguística do Brasil: fundamentos teóricos

Apesar de expressar adequadamente a característica essencial da sociedade brasileira – o grande fosso que separa as classes dominantes das classes trabalhadoras –, a intuição sobre a polarização sociolinguística do Brasil só pode alcançar algum valor heurístico se tiver consistência teórica suficiente para orientar a pesquisa empírica sobre os fatos da língua no Brasil em sua dimensão social. Para responder a esse desafio teórico é preciso resgatar o conceito de *norma linguística*, no âmbito do modelo teórico da Sociolinguística. O conceito de *norma* foi desenvolvido inicialmente no estruturalismo (Coseriu, 1979 [1952]), tornando-se obsoleto com a formulação do objeto de estudo da Sociolinguística: a *gramática da comunidade de fala*, formalizada analiticamente por meio de um sistema heterogêneo de regras e unidades variáveis (Weinreich, Labov e Herzog, 2006 [1968]; Labov, 2008 [1972], 1982). Nesse resgate, o escopo do conceito de norma deve ser expandido, transformando-o no conceito de *norma sociolinguística*. Com isso, supera-se uma das contradições geradas no interior do modelo da Sociolinguística laboviana: como compatibilizar diferentes sistemas de avaliação subjetiva da variação linguística dentro de uma mesma comunidade de fala, se essa comunidade de fala se define exatamente pela uniformidade em seu sistema de avaliação subjetiva da variação linguística?

Em face disso, o conceito de norma é retomado como meio teórico para capturar os conflitos ideológicos dentro de uma comunidade de fala complexa, como as encontradas nas sociedades de classe; conflitos esses que são, por um lado, reflexos das contradições de classe no plano da infraestrutura socioeconômica e, por outro lado, se traduzem no julgamento social das formas linguísticas, que vai atuar como um poderoso mecanismo na construção da *hegemonia ideológica* que legitima e reproduz as relações infraestruturais de apropriação de renda e exploração econômica.

Em seu sentido mais básico, a expressão "norma linguística" remete a uma forma de um grupo usar a língua dentro de uma comunidade linguística. Nesse sentido, a norma culta designa como as pessoas consideradas "cultas" usam a língua, a *norma literária* traduz o uso linguístico dos poetas e escritores, assim como a *norma popular* remete ao uso da língua pelas pessoas do povo, fora do universo do letramento e do saber formal. Na tradição gramatical, o termo "norma" adquiriu o sentido prescritivo de *regra a ser seguida*, baseada em uma forma codificada de língua que é imposta à coletividade. Em sentido contrário, a Linguística moderna propugnou por uma *norma objetiva*, que poderia ser depreendida pela descrição do uso concreto da língua. Porém, tanto a tradição normativa quanto os linguistas estruturalistas enredaram-se na tensão entre *uso* e *prescrição*.

Pode-se observar, na tradição normativa, a manipulação ideológica do conceito de uso, em que a valoração, a seleção e a emenda entremeiam a descrição, gerando a falácia do *bon usage*, construção ideológica por meio da qual os puristas "se saúdam como os bons falantes" (Rey, 2001: 120). Por outro lado, a pretensa objetividade descritiva da Linguística Estrutural, que pretende deslindar uma norma no uso da língua, se esvai quando se percebe que o ato de fala não é desinteressado e que não se pode isolar um uso neutro imune a qualquer valoração; pois a avaliação, mesmo que em um nível abaixo da consciência, é inerente ao processo de interação verbal.[1] E a ideologia ressurge no discurso científico quando a objetividade da descrição dissimula os julgamentos hegemônicos sobre a língua na sociedade, como aqueles que fundamentam a normatização ou a padronização da língua (Milroy, 2011: 70-6).

Diante desses impasses, a superação da contradição poderia ser buscada em uma abordagem da língua que fosse capaz de apreender a dialética entre *avaliação* e *uso*. Até o momento, a melhor solução parece vir do modelo teórico da Sociolinguística, que define seu objeto de estudo, a comunidade de fala (*speech community*), não apenas pela semelhança nos usos linguísticos, mas, sobretudo, pela uniformidade do sistema de juízos de valores sobre os usos da língua que é compartilhado pelos membros dessa comunidade.

> Uma **comunidade de fala** não pode ser concebida como um grupo de falantes que usam todos as mesmas formas; ela é mais bem definida como um grupo que compartilha as mesmas normas a respeito da língua.[2] (Labov, 2008 [1972]: 188)

Nessa perspectiva, os membros de uma comunidade linguística[3] se reconhecem, menos pelo compartilhamento de um sistema que possibilita a intercompreensão (como propugnavam os estruturalistas) do que por um *ideal comum* de língua. Assim, a língua integra o conjunto de mecanismos que possibilitam a coesão do grupo, desde o grupo tribo até o grupo nação. Porém, quanto mais complexa e heterogênea for uma coletividade, mais profundas serão as contradições em seu interior, tanto no plano social quanto nos planos cultural e de representação simbólica. A diferenciação produzida no modo de reprodução material da vida pelo desenvolvimento das forças produtivas, nas sociedades de classe, gera diferenciações e conflitos em todos os planos das relações sociais e das representações simbólicas. Essas diferenciações acabam por gerar sistemas distintos de avaliação da língua no interior do que, em princípio, seria uma mesma comunidade linguística.

As divergências no sistema de avaliação social dos usos da língua que emergem no desenvolvimento das sociedades de classe só poderão ser plenamente apreendidas na dialética das correlações entre esses valores e os processos sociais subjacentes, tais como: conflitos de classe, integração de novos grupos étnicos, diferenças de gênero etc. Dessa forma, a avaliação social das formas em variação na língua deve ser analisada no bojo do processo de construção da hegemonia ideológica que fornece a argamassa do edifício social. E a reelaboração do conceito de norma linguística aqui proposto visa exatamente fornecer um instrumental teórico que permita a formalização analítica dessas contradições no devir histórico da língua, capturando sua relação mais profunda com as relações sociais de produção e reprodução das condições materiais de vida.

Com essa perspectiva, a teorização ora desenvolvida para a realidade linguística brasileira, ao tempo em que se situa no interior do modelo teórico da Sociolinguística, beneficiando-se de seu instrumental teórico, implica igualmente uma revisão crítica desse modelo, que tangencia seus limites de ruptura.[4] Em última instância, a apreensão dos conflitos simbólicos e das contradições de classe na formalização teórica da língua no plano social põe em xeque a visão laboviana de comunidade de fala unificada em torno da representação ideológica da língua, que, a rigor, se baseia em determinada concepção de sociedade, hierarquizada e unificada em torno de um consenso que reflete a hegemonia das classes dominantes; concepção esta que é incapaz de apreender os conflitos que caracterizam uma sociedade de classes (Milroy e Milroy, 1997: 54-5).

Portanto, toma-se como ponto de partida uma reflexão crítica sobre o desenvolvimento do programa de pesquisa da Sociolinguística Variacionista em seus cinquenta anos de existência, o que é feito na primeira seção deste capítulo, identificando dois grandes impasses teóricos com que esse modelo se tem debatido, tanto na interface com a dimensão psíquico-biológica da linguagem quanto na busca de uma apreensão mais globalizante de sua dimensão sócio-histórica. Como desdobramento inexorável, é apresentada, na segunda seção, uma revisão crítica do conceito de comunidade de fala, focalizando exatamente a incapacidade do modelo laboviano de apreender as divergências nos sistemas de avaliação social da língua no interior de uma mesma comunidade como expressão de conflitos ideológicos e contradições sociais. A terceira seção introduz o conceito de norma sociolinguística, a partir da reconstrução, no âmbito da teoria sociolinguística, da formulação estruturalista do conceito de norma. Para além de tentar apreender as contradições sociais e ideológicas na avaliação social dos usos da língua, essa formulação teórica busca abarcar também a dialética entre uso, avaliação e mudança linguística. Nessa abordagem mais ampla da dinâmica social da atividade linguística, as diferenças observadas na maneira como os grupos reagem perante as formas da língua em variação são analisadas com base na correlação entre a avaliação linguística e as disputas político-ideológicas que se travam no interior da sociedade. Por fim, como a avaliação social dos usos da língua ocupa uma posição central na formulação da visão sobre a polarização sociolinguística do Brasil, a última seção deste capítulo propõe uma taxonomia para a análise do sistema da avaliação social da variação linguística.

A análise da língua em sua dimensão social e os impasses teóricos da Sociolinguística

O fenômeno da linguagem humana pode ser apreendido por duas abordagens distintas que parecem inconciliáveis entre si, se considerarmos o desenvolvimento da Linguística ao longo do século XX (Lucchesi, 2004). Por um lado, as línguas humanas devem ser vistas sempre como criação coletiva dos povos que as falam, pois o indivíduo sozinho não cria uma língua natural. As línguas se formam nas relações sociais entre os indivíduos de uma mesma comunidade, ao tempo em que são o meio que possibilita as formas superiores de relação social que só a espécie humana atingiu. Assim, a língua é dialeticamente produto e veículo das relações sociais humanas. Por outro lado, a língua também é o produto de uma faculdade mental que faz parte do patrimônio genético da espécie (Chomsky, 1986). A *faculdade da linguagem*, que distingue os homens de todos os outros animais, é um poderoso sistema através do qual é possível representar praticamente todos os conteúdos cognitivos da mente humana a partir de um elenco limitado de sons vocais elementares. Têm-se denominado essas duas dimensões do fenômeno linguístico, respectivamente, como *dimensão sócio-histórica* e *dimensão psíquico-biológica* (Lucchesi, 2004).

Na abordagem científica da dimensão sócio-histórica do fenômeno linguístico, a observação empírica se volta para a coletividade que usa a língua, deslindando as semelhanças e diferenças que se podem observar no comportamento linguístico de seus membros, bem como nas reações subjetivas em face dessas diferenças e semelhanças – reações essas que constituem um sistema unificado no qual assenta a própria definição de comunidade de fala, como já visto. No entanto, é na relação dialética entre essas atitudes avaliativas e o real comportamento linguístico dos membros de uma comunidade que se dá o processo de constituição histórica das línguas humanas, pois a implementação ou não de uma mudança é fortemente determinada pela reação dos falantes perante o processo de variação através do qual as mudanças se atualizam na comunidade de fala (Weinreich, Labov e Herzog, 2006 [1968]: 124). Já na abordagem psíquico-biológica, o foco recai sobre a mente do falante individual, mais precisamente sobre a faculdade da mente através da qual transformamos os nossos pensamentos em frases (Chomsky, 1986). Tal abordagem busca analisar o funcionamento interno da língua como um sistema de representação de conteúdos mentais. Se a abordagem sócio-histórica procura explicar como a língua se diversifica e muda (ou vice-versa), a abordagem psíquico-biológica procura explicar o funcionamento sincrônico da língua, abstraindo sua diversidade.

Há uma contradição, em princípio, entre o funcionamento da língua e o fato empírico inegável de que toda língua em uso está em permanente processo de mudança.

> Afinal, se uma língua tem de ser estruturada a fim de funcionar eficientemente, como é que as pessoas continuam a falar enquanto a língua muda, isto é, enquanto passa por períodos de menor sistematicidade? (Weinreich, Labov e Herzog, 2006 [1968]: 35)

Para Weinreich, Labov e Herzog, essa contradição é apenas aparente, e decorre dos paradoxos artificialmente inseridos na concepção de língua pelas teorias estruturalista e gerativista.

> Em outras palavras, se pressões esmagadoras forçam uma língua à mudança e se a comunicação é menos eficiente neste ínterim (como seria forçoso deduzir da teoria [estruturalista/gerativista]), por que tais ineficiências não têm sido observadas na prática? (2006 [1968]: 35)

Para esses autores, esses "paradoxos estéreis" poderiam ser superados por uma teoria da mudança linguística derivada de "um modelo de língua que acomode os fatos do uso variável e seus determinantes sociais e estilísticos" (2006 [1968]: 34). A solução para a superação desses paradoxos residiria no "rompimento da identificação de estruturalidade com homogeneidade".

A chave para uma concepção racional da mudança linguística – e mais, da própria língua – e é a possibilidade de descrever a diferenciação ordenada numa língua que serve a uma comunidade. (2006 [1968]: 36)

Não obstante os avanços decorrentes dessas reflexões, particularmente no que concerne à ampliação das funções desempenhadas pela língua na vida social (o que confirma o caráter funcional, e não disfuncional, da heterogeneidade e da variação linguística), bem como no que diz respeito aos progressos alcançados na explicação de mecanismos atuantes na mudança linguística, esses princípios teóricos gerais enunciados pelos fundadores da Sociolinguística Variacionista não se traduziram em um modelo de análise capaz de compatibilizar satisfatoriamente o funcionamento e a mudança da língua. Ao contrário, reside aí um dos dois grandes impasses teóricos com que se tem debatido a teoria da variação linguística, de Weinreich, Labov e Herzog.

Qual é o objeto de estudo da Sociolinguística: a comunidade de fala ou a competência linguística?

A distinção entre as dimensões sócio-histórica e psíquico-biológica do fenômeno linguístico não foi apreendida satisfatoriamente no raciocínio desenvolvido por Ferdinand de Saussure em seu *Curso de linguística geral*, texto que lançou as bases teóricas do estruturalismo linguístico. Essa opção gerou uma série de contradições no desenvolvimento desse primeiro programa de pesquisa da Linguística moderna, que optou decididamente por uma análise sincrônica da língua, descartando o processo histórico de sua constituição. A mais importante dessas contradições opõe a concepção da língua como um sistema funcional pleno em cada sincronia considerada e o fato de as línguas vivas estarem em permanente e ininterrupto processo de mudança. O desenvolvimento dessa contradição criará um dos pontos de ruptura para a superação do estruturalismo no desenvolvimento da ciência da linguagem (Lucchesi, 2004).

Outra contradição importante do estruturalismo estava relacionada à tarefa de situar empiricamente o objeto de estudo da Linguística: a língua como sistema. Saussure concebeu esse sistema como unitário e homogêneo, pois entendia que a variabilidade comprometeria o seu funcionamento.[5] Assim sendo, Saussure separou esse sistema funcional que possibilita a comunicação verbal, a *língua* (*langue*), da atividade linguística concreta, a *fala* (*parole*). Por serem particulares e acidentais, os atos de fala, em seu conjunto, compõem a heterogeneidade da língua. É preciso abstrair dessa heterogeneidade o sistema homogêneo e unitário que garante a comunicação entre os indivíduos que falam a mesma língua, independentemente das diferenças entre seus *idioletos*. Portanto, o *locus* desse sistema funcional homogêneo e invariável, a língua, não seria o indivíduo, mas a coletividade, na qual a língua alcançaria sua unidade. Dessa forma, a contradição radica nessa projeção da homogeneidade na coletividade, o terreno por excelência da heterogeneidade e da variação linguística.[6] O quadro a seguir esquematiza as características que fundamentam a dicotomia entre língua e fala, proposta por Saussure.

Língua	Fala
Homogênea	Heterogênea
Abstrata	Concreta
Coletiva	Individual

Na emergência dos paradigmas da Gramática Gerativa e da Sociolinguística Variacionista, nas décadas de 1950 e 1960, podem-se encontrar duas soluções distintas para a contradição engendrada por Saussure. Por um lado, Chomsky, através de sua concepção de *Língua-I*, assumiu que o sistema funcional, a *gramática* (*grammar*), não se situa na coletividade, mas na *mente-cérebro do falante individual*. Por outro lado, Labov e os sociolinguistas, ao definirem seu objeto de estudo como a gramática da comunidade de fala, demonstraram que, na coletividade, o sistema é necessariamente heterogêneo,[7] e isso não compromete o funcionamento da língua no contexto mais amplo da diversidade das funções sociais que ela desempenha na vida social. O quadro a seguir esquematiza como a Gramática Gerativa e a Sociolinguística Variacionista reorganizaram os termos da dicotomia saussuriana, através da construção de seus objetos próprios de investigação, respectivamente: a competência linguística e a comunidade de fala.

Competência linguística	Comunidade de fala
Homogênea	Heterogênea
Abstrata	Concreta
Individual	Coletiva

Nessa recomposição do objeto de estudo da Linguística, o programa gerativista de Chomsky manteve o foco saussuriano na questão de *como a língua funciona* (ou melhor, o que capacita um ser humano a falar uma língua natural), garantindo a homogeneidade da competência linguística por meio da abstração do falante ouvinte ideal de uma comunidade homogênea; pois, para os gerativistas, a variação linguística continuou sendo disfuncional. Já a Sociolinguística laboviana, ao orientar o foco da análise para a heterogeneidade e dinamicidade dos padrões coletivos de comportamento linguístico, desviou-se do sistema linguístico como o conjunto do aparato cognitivo que possibilita a atividade linguística, focalizando apenas as mudanças que afetam pontos específicos desse sistema, e não o sistema como um todo.[8] A concepção de um sistema linguístico heterogêneo e variável afasta o olhar da Sociolinguística do funcionamento da língua na mente do falante individual e o conduz inexoravelmente para a coletividade e para a diversidade de situações em que a língua é empregada, bem como para as relações e os valores sociais que se estabelecem e se reproduzem na interação verbal. Esta é a base para a definição de seu objeto de estudo, a comunidade de fala: "o objeto da descrição linguística é a gramática da comunidade de fala: o sistema de comunicação usado na interação social" (Labov, 1982: 18). Entretanto, em seu texto programático, a Sociolinguística afirma igualmente que o sistema heterogêneo é uma expressão da competência linguística, pois a variação não se restringe a um fato do desempenho, ou seja, de fala: "Nós defenderemos que o comando nativo das estruturas heterogêneas não é matéria de multidialetalismo ou de 'mero' desempenho, mas é parte da competência linguística monolíngue" (Weinreich, Labov e Herzog, 2006 [1968]: 36).

Essa posição claudicante entre os padrões coletivos de comportamento linguístico da comunidade de fala e a competência linguística do falante individual define aqui o primeiro grande impasse teórico com que se tem debatido o modelo da Sociolinguística Variacionista. O sistema heterogêneo de regras variáveis, definidas por suas probabilidades estatísticas, é muito mais uma formalização analítica dos padrões coletivos de comportamento linguístico do que a representação da competência linguística que possibilita ao indivíduo falar uma língua natural, como bem observou Suzanne Romaine (1982: 251):

> "Saber" inglês, por exemplo, não pode ser equiparado com saber as probabilidades ou hierarquias de efeito de diferentes contextos associados com regras na gramática. Nós podemos formular leis estatísticas sobre a probabilidade de ocorrências em uma língua e mesmo assim não sermos capazes de entender qualquer coisa que seja dita. Eu não me acho capaz de acreditar que o conhecimento de uma língua pode ser separado do papel que ele desempenha na compreensão. Eu não estou afirmando que Labov negue a existência desse tipo de (ou parte da) competência, mas simplesmente que não há qualquer coisa no conceito de regra variável que nos capacite a dizer coisas interessantes sobre esse aspecto da competência.[9]

Nesse sentido, pode-se afirmar que efetivamente a Sociolinguística não conseguiu superar a antinomia sugerida por Saussure de que a pergunta sobre *como a língua funciona* é incompatível com a pergunta *como a língua muda*. Entendemos que o caminho para essa superação passa pela efetiva consideração dos mecanismos da competência linguística (i.e., da gramática) no condicionamento dos processos de variação e mudança, o que é admitido por qualquer sociolinguista razoavelmente consciente dos desafios que se colocam para seu programa de pesquisa.

> [...] qualquer teoria não categorial consistente, tal como a teoria da variação linguística, deve incorporar – ou ao menos ser coerente com e não contradizer – as propriedades gerais da competência linguística que emergiram com admirável clareza no paradigma chomskiano. Com "propriedades gerais", eu me refiro à linguagem como uma faculdade mental, inata e especificada para a espécie, que, quando estimulada pela experiência social, cria uma gramática por meio da marcação de parâmetros em princípios universais, que podem em alguma medida ser estruturalmente determinados e, dessa forma, ser independentes de princípios cognitivos não linguísticos. (Chambers, 1995: 29)[10]

Contudo, declarações como essas, até o momento, não são mais do que um gesto de retórica, sem qualquer implicação para o desenvolvimento teórico do modelo da Sociolinguística Variacionista. A má vontade com os princípios universais de uma faculdade inata da linguagem fica evidente nesta passagem do balanço dos *Empirical Foundations* feito por Labov, em 1982:

> A busca por uma restrição estritamente "universal" é, portanto, uma busca por uma faculdade da linguagem *isolada*, que não está encaixada na matriz mais ampla da estrutura linguística e social. Nada do que nós descobrimos até agora sobre a linguagem sugere a existência de tais estruturas totalmente isoladas. Parece-me, portanto, que a formulação do "problema das restrições" em Weinreich, Labov e Herzog (1968) [...] estava equivocada e que o problema das restrições deveria ser fundido com o problema do encaixamento.[11]

O problema das restrições (*constraints problem*), ao colocar em questão os limites estruturais das mudanças possíveis nas línguas humanas, seria o terreno mais profícuo para o estabelecimento de uma interface entre variação e mudança, de um lado, e o funcionamento da língua e a faculdade da linguagem, de outro. Porém, essa frente de trabalho foi simplesmente descartada por Labov. Nada é mais revelador da incapacidade da Sociolinguística de incorporar a faculdade da linguagem em sua teoria da mudança do que a sua incapacidade de gerar qualquer teoria para a estrutura da língua. E vários axiomas da teoria da variação linguística se fragilizam por falta de um suporte na teoria da estrutura ou da competência linguística.

Tal é o caso, por exemplo, da hipótese clássica de que o indivíduo estabiliza o seu padrão de comportamento linguístico na adolescência, conservando-o assim pelo resto da vida (Naro, 2003), na qual se baseia a abordagem em tempo aparente, que é central para o programa de pesquisa da Sociolinguística.[12] É assim que Labov (1972: 138-9) afirma que só os padrões de fala adquiridos até a pré-adolescência (entre os 13 e 14 anos) formarão os padrões naturais de produção verbal. Os padrões linguísticos adquiridos posteriormente necessitarão de um audiomonitoramento suplementar e raramente alcançarão uma produção consistente na fala natural do indivíduo.[13] Contudo, Labov (1994) reconhece, com o conceito de *gradação etária*, a possibilidade de o indivíduo alterar o seu comportamento linguístico na fase adulta de sua vida. A questão que se coloca então é: que aspectos da estrutura linguística se mantêm constantes após se sedimentarem na pré-adolescência e quais podem ter seus valores alterados ao longo da vida adulta? Não podemos perder de vista que a teorização laboviana se concentra no nível fônico da língua; mas é crucialmente no sistema gramatical das regras de formação das frases que a questão se coloca de forma mais candente. Que regras da gramática são automatizadas até a pré-adolescência (ou mesmo antes) e quais as que podem ser consistentemente alteradas no plano do desempenho, após esse período? Sem uma teoria da competência linguística que possa fazer algum tipo de predição sobre essa questão (até mesmo para orientar pesquisas empíricas nesse sentido), a abordagem em tempo aparente fica seriamente comprometida.

Outra questão crucial está relacionada à distinção entre um processo de variação estruturada no sistema linguístico heterogêneo e um processo de flutuação típico da fala; enquanto o primeiro seria um fenômeno de competência, o segundo ficaria restrito ao desempenho, ou seja: onde termina o acidente de performance e onde começa a variação estruturada? Labov (2003: 243) apresenta uma solução quantitativa para a questão:

Frequência de aplicação	Tipo de regra
100%	Regra categórica
95-99%	Regra semicategórica
5-95%	Regra variável

De acordo com esse esquema, a *variação estruturada* se configuraria quando uma forma variante atingisse a frequência de pelo menos cinco por cento do total de ocorrências. Se a frequência de uso da forma alternativa é inferior a esse percentual, trata-se de uma oscilação na fala, um *fenômeno de desempenho*. Acreditamos que se faz necessária uma solução qualitativa para o problema, o que mais uma vez dependeria de uma teoria consistente da competência linguística que incorporasse os processos de variação e mudança. Ou seja, a superação do impasse estaria na articulação entre a teoria da gramática e a teoria da variação linguística. Uma tentativa nesse sentido foi empreendida, no Brasil, na virada da década de 1980 para a de 1990, por iniciativa dos linguistas Fernando Tarallo e Mary Kato, mas não teve continuidade, em grande medida em função da morte prematura de Tarallo.[14] Conquanto muitas análises gerativistas se apoiem na quantificação de dados extraídos de situações reais de interação verbal e algumas análises variacionistas busquem inspiração na teoria da gramática para definir suas variáveis explanatórias, a síntese dos dois modelos ainda é um dos grandes desafios que se colocam para a teoria linguística, e sua superação está longe de ser alcançada (Lucchesi e Ribeiro, 2009; Lucchesi, 2011c).

O grande obstáculo que se coloca para um projeto de síntese dos dois modelos reside na junção da teoria gerativa, que formula *regras categóricas* pensadas dedutivamente, com o método da análise variacionista, destinado exclusivamente a *regras variáveis* que resultem de sucessivas generalizações indutivas. Uma utilização coerente de um método quantitativo em uma análise conduzida por uma teoria gerativa da gramática passa pela consideração da variação linguística nessa teorização sobre a estrutura gramatical ou por uma definição mais precisa dos limites da variação e da invariância nessa estrutura. Nesse sentido, considera-se que os aspectos que Chomsky (2008 [1996]) tem reconhecido como aparentes imperfeições da faculdade da linguagem seriam os grandes candidatos ao *locus* da variação linguística na estrutura da gramática. Trata-se aqui de coisas como as regras de movimento, de concordância nominal e verbal e de flexão de caso, ou seja, tudo o que a teoria gerativa chama de *traços não interpretáveis* na *interface semântica*. E as coisas se conjugam de forma bastante aliciadora, quando se percebe que é exatamente sobre esses mecanismos gramaticais, como as regras de concordância, que costuma recair uma valoração social mais explícita nos processos de variação e mudança (Lucchesi, 2011c).

Porém, apesar desses achados promissores, o equacionamento da contradição entre o funcionamento da língua e os processos de variação e mudança ainda está longe de ser alcançado; e as inovações produzidas pela pesquisa sociolinguística ficam, no mais das vezes, circunscritas aos mecanismos sociais que atuam na implementação das mudanças sonoras e, particularmente, na dimensão ideológica desse processo, focalizada no enfrentamento do problema da avaliação. Mas, mesmo nesse plano, a análise sociolinguística se depara com outros impasses.

A mudança linguística como processo histórico e social

O segundo grande impasse teórico com que a pesquisa sociolinguística se tem deparado ao longo de seu desenvolvimento situa-se no plano do problema da avaliação e diz respeito ao enquadramento do processo de mudança no contexto mais amplo das disposições sociais e ideológicas, ou seja, em sua dimensão sócio-histórica. A abordagem que será feita desse impasse parte da compreensão de que a lição de Martha's Vineyard se perdeu no desenvolvimento ulterior das pesquisas sociolinguísticas.

A análise laboviana da centralização dos ditongos na ilha de Martha's Vineyard, feita em 1963, assume um caráter arquetípico dentro do modelo da Sociolinguística Variacionista pela sua capacidade de apreender globalmente os processos de variação e mudança no plano social, particularmente em sua dimensão ideológica. Labov (2008 [1972]) consegue integrar o processo de variação e mudança no cerne do processo socioeconômico que estava alterando radicalmente o perfil socioeconômico daquela ilha da costa leste norte-americana. Naquele momento, estava tendo início a transformação de uma antiga vila de pescadores em um dos mais concorridos balneários da região, essa mudança socioeconômica estava determinando decisivamente os processos de variação e mudança em curso na comunidade. Conquanto fosse relativamente bem pouco numerosa, a comunidade de fala de Martha's Vineyard exibia considerável diversidade étnica, congregando, além do grupo anglo-saxão, indígenas autóctones e imigrantes portugueses.

Na análise da centralização dos ditongos [ay] e [aw] no dialeto inglês da ilha de Martha's Vineyard (um processo de mudança que atuava contrariamente a uma tendência de mudança de longo prazo na língua), o mais importante não foi saber se os descendentes de portugueses centralizavam mais ou menos os ditongos do que os descendentes da primeva comunidade indígena da ilha ou se os homens centralizavam mais do que as mulheres. O fenômeno linguístico variável foi equacionado por Labov (2008 [1972]) focalizando a forma como o processo social da ilha como um todo se refletia na atitude dos membros da comunidade em relação ao fenômeno linguístico variável. Essa análise revelou que os habitantes da ilha que eram favoráveis à transição para o turismo abandonavam mais o velho hábito linguístico da centralização, enquanto os que se opunham à invasão dos veranistas conservavam mais a marca dialetal identitária da ilha.

Porém, não é essa interpretação generalizante que ilumina o processo social como um todo que se vê na maioria das análises variacionistas que a sucederam. Ao circunscrever a análise do encaixamento social dos processos de variação e mudança à descrição dos resultados quantitativos dos fatores sociais considerados isoladamente, o resultado da grande maioria das análises sociolinguísticas que se têm feito desde então é o estabelecimento de relações mecanicistas e a-históricas entre as variantes em foco e os fatores sociais. Disso emergem generalizações do tipo: "as mulheres são mais sensíveis às formas de prestígio que os homens", "as mudanças são lideradas pela classe média baixa e pela classe trabalhadora alta" ou "na variação estável, as faixas etárias intermediárias usam mais a variante padrão". E o valor heurístico de tais generalizações é bastante questionável.

Pode-se tomar como exemplo a seguinte síntese do papel da mulher nos processos de variação e mudança:

> Em virtualmente todos os estudos sociolinguísticos que incluem grupos de homens e mulheres, há evidências para esta conclusão sobre seu comportamento linguístico: as mulheres usam menos variantes estigmatizadas e não padrão do que os homens, no mesmo grupo social e nas mesmas circunstâncias.
> Ao longo dos anos, essa conclusão tem-se apresentado de diferentes maneiras. Wolfram (1976: 76) diz que "as mulheres mostram uma sensibilidade para a avaliação social dos traços linguísticos maior do que a dos homens". Labov (1972: 243) diz: "Na fala cuidada, as mulheres usam menos formas estigmatizadas do que os homens, e são mais sensíveis que estes ao padrão de prestígio". Wolfram e Fasold (1974: 93) dizem: "As mulheres mostram mais consciência das formas de prestígio, tanto na fala concreta, quanto em suas atitudes perante a fala". Romaine (1978: 156), explicando a preferência das mulheres por uma variante diferente da dos homens em seu estudo, conclui: "As mulheres [...] são mais claramente preocupadas com as pressões exercidas pelas normas locais e assumem seu papel dentro da [...] estrutura social". Alhures (1984: 113), ela sumariza os resultados sociolinguísticos assim: "de forma consistente, as mulheres produzem, mais frequentemente que os homens, formas que são mais próximas da norma de prestígio". E relata, mais ainda, evidências para a diferenciação genérica na escolha das variantes linguísticas na faixa dos 6 anos de idade. Trudgill (1983: 161) diz que "as mulheres, em conformidade com as outras variáveis, tais como idade, escolaridade e classe social, produzem, no geral, mais formas linguísticas que são mais próximas daquelas da língua padrão, ou têm mais prestígio, do que os homens". Labov (1990: 205) assevera: "Na estratificação sociolinguística estável, os homens usam as formas não padrão em uma frequência maior do que a das mulheres". Cameron e Coates (1988: 13) dizem que "as mulheres se desviam menos das formas do padrão de prestígio do que os homens" e acrescentam que, "nas sociedades urbanas modernas, isso é tipicamente verdadeiro para todas as classes sociais". (Chambers, 1995: 102-3)

Porém, a generalização alcançada por todos os estudos citados é negada pelos resultados das análises sociolinguísticas levadas a cabo na periferia das grandes cidades brasileiras (Bortoni-Ricardo, 2011 [1985]; Rodrigues, 1987) e nas comunidades rurais afro-brasileiras isoladas (Lucchesi, 2007; Lucchesi, Baxter e Ribeiro, 2009). Nesses grupos sociais, são os homens que lideram a mudança em direção às formas de prestígio, e não as mulheres. Isso só pode ser compreendido à luz do cenário social mais amplo do nivelamento linguístico em curso no Brasil a partir da influência dos grandes centros urbanos (Lucchesi, 1998, 2001a, 2002a e 2002b). Nesse contexto, os processos de variação socialmente marcados (tais como os da concordância nominal e verbal) apontam para processos de mudança linguística de "cima para baixo" e de fora para dentro dessas comunidades rurais e da periferia das grandes cidades brasileiras. Dessa forma, os homens, que, em média, estão mais bem inseridos no mercado de trabalho e circulam mais para fora da comunidade, tendem a assimilar primeiro as formas do padrão urbano de prestígio, abandonando mais rapidamente o uso das formas desviantes da linguagem rural e popular.

Esses achados empíricos relativos à realidade sociolinguística brasileira demonstram que o papel da *variável sexo* só pode ser compreendido à luz da compreensão do processo social como um todo em que se definem claramente suas especificidades, como o papel social atribuído a cada gênero. Dessa forma, a mudança linguística, como processo histórico, pode assumir diferentes configurações sociais, relativamente a variáveis como sexo, idade ou classe social, consoante as especificidades do contexto sócio-histórico em que essa mudança se implementa (Lucchesi, 2004). E a compreensão de cada processo histórico particular em seu conjunto passa necessariamente pelo estabelecimento de uma relação dialética entre as partes e o todo, no sentido de que, se a compreensão do todo se baseia em resultados quantitativos parciais, ela não é apenas a soma, ou seja, a justaposição desses resultados parciais. A interpretação qualitativa do processo histórico como um todo ilumina as suas partes, de modo que os resultados parciais são reinterpretados à luz dessa compreensão global.

Porém, o objetivo da maioria das análises sociolinguísticas do encaixamento social da mudança ainda se restringe a uma descrição desarticulada das variáveis sociais clássicas (sexo, idade e classe social/escolaridade), em que os resultados dessas variáveis são apresentados isoladamente. Dessa forma, tem-se a impressão de que o objetivo da análise sociolinguística é, lamentavelmente, fornecer a comprovação empírica para o óbvio, em afirmações do tipo "as pessoas com mais escolaridade usam mais as variantes padrão do que as pessoas sem escolaridade". Na realidade, o problema de fundo é que as análises sociolinguísticas do encaixamento social dos processos de variação e mudança não se apoiam em uma teoria consistente da estrutura da sociedade, de modo que elas não conseguem ir além das relações superficiais e mais imediatas; como reconhece o sociolinguista James Milroy (2011: 75), "é bem verdadeiro que a análise social da Sociolinguística Quantitativa é bastante rala".

Portanto, o segundo impasse com que se depara a investigação sociolinguística deriva do caráter que suas análises sobre o encaixamento da variação e da mudança linguística na matriz mais ampla do contexto sócio-histórico têm assumido, no qual a explicação do condicionamento social dos processos de variação e mudança assenta na relação mecanicista entre as variantes linguísticas e os fatores sociais, considerados de maneira a-histórica. Acreditamos que esse tipo de interpretação pode, e deve, ser questionado à luz da interpretação mais ampla do processo sócio-histórico como um todo. Tal é o caso do clássico diagnóstico da *variação estável* a partir da distribuição geracional das variantes linguísticas.

Uma distribuição geracional curvilínea em que a faixa etária intermediária apresenta os maiores índices de uso da variante padrão é a base para diagnosticar um processo de variação observado sincronicamente como um processo de variação estável, e não como um processo de *mudança em progresso*, dentro dos pressupostos estabelecidos na abordagem em tempo aparente[15] (Labov, 1981). Esse diagnóstico baseia-se na seguinte interpretação. O indivíduo, ao entrar no mercado de trabalho, sofre pressões sociais que o levam a alterar seu comportamento linguístico em direção às variantes de maior prestígio social. Com a aposentadoria, essas pressões sociais cessam, e o indivíduo relaxa o monitoramento sobre seu comportamento linguístico, fazendo com que ele se aproxime do nível de uso das variantes linguísticas que tinha na juventude, antes de ingressar no mercado de trabalho. Isso explicaria por que jovens e idosos apresentam índices mais baixos de uso das variantes de prestígio do que os falantes de meia-idade. Como esse padrão tende a se repetir pelas gerações seguintes, estaria configurada uma situação de variação estável. Já uma situação em que uma variante linguística exibe um padrão consistente de queda ou elevação de uso, à medida que passa das gerações mais velhas para as mais novas, seria o ponto de partida para o diagnóstico de mudança em progresso (Labov, 1981).

A correlação entre variação estável e tal distribuição geracional pode ser questionada à luz do contexto sócio-histórico em que foram realizadas as investigações clássicas da Sociolinguística, das quais emergiu tal generalização. Esses estudos foram empreendidos nos EUA e em países da Europa ocidental, entre o final da década de 1960 e o início da década de 1980. Seu contexto sócio-histórico pode ser caracterizado, brevemente, em termos dos avanços sociais conquistados pelo movimento operário nas primeiras décadas do século XX e da política do Estado de bem-estar social (*Welfare State*), que predominou na Europa ocidental depois da Segunda Guerra Mundial. As melhorias nas condições de vida (dentre as quais, o acesso à educação formal) trazidas com esse processo histórico não afetaram da mesma maneira as gerações focalizadas nas referidas análises sociolinguísticas. A geração mais velha (com indivíduos que haviam nascido no início do século) teria desfrutado menos esses benefícios sociais do que as gerações mais novas. Esse fator sócio-histórico poderia explicar a frequência menor de uso da variante padrão entre os idosos em vez da alegada tendência ao relaxamento linguístico na aposentadoria. Com efeito, os idosos não exibem um padrão consistente de relaxamento em todos os aspectos do comportamento, tais como a vestimenta, as formas de cumprimento etc. Por que exibiriam, então, um padrão regular de relaxamento linguístico? Se a interpretação sócio-histórica aqui proposta estiver correta, seria de esperar que nas análises realizadas depois, focalizando diferentes gerações, em que todas se tivessem criado no universo cultural das sociedades de alto nível social dos EUA e da Europa ocidental do pós-guerra, o padrão geracional fosse diferente, mesmo que o diagnóstico fosse o de variação estável.[16] Portanto, a análise a-histórica dos fatores sociais pode levar a sérios equívocos de interpretação.

O enfrentamento desse impasse teórico passa necessariamente pela superação da análise mecanicista do condicionamento social da variação e da mudança linguística em função de uma análise mais globalizante que integre o contexto sócio-histórico como um todo na análise dos processos específicos de variação e mudança linguística. Essa nova abordagem pode dar ensejo a uma ruptura epistemológica, não se devendo mais falar em termos de uma Sociolinguística (presa à sua ortodoxia), mas em uma Linguística Sócio-Histórica.[17] Nessa nova perspectiva, as diferenças nos padrões coletivos de comportamento linguístico devem ser interpretadas à luz da compreensão de processos sociais mais amplos, tais como a construção da hegemonia ideológica, as relações de classe, as representações de gênero, a inserção social dos grupos étnicos etc., estabelecendo uma interface entre a Linguística e as demais ciências sociais, particularmente a Historiografia. Labov (2008 [1972]: 306-7) parece vislumbrar essa possibilidade na seguinte passagem:

> Portanto, há áreas de consenso em torno dos efeitos de certas mudanças sociais violentas sobre a língua. Ninguém negaria a importância de conquistas, invasões e imigração em massa, com a consequente extinção, superposição ou fusão de línguas inteiras. [...] Seria interessante acrescentar, se pudéssemos, as condições para cada um desses resultados, mas o problema parece ser histórico e político, apropriado para o foco mais amplo de uma "sociolinguística" interdisciplinar.[18]

O uso do termo "sociolinguística" entre aspas nessa passagem pode expressar sua inadequação em face do emprego mais corrente para designar a versão mais ortodoxa e restritiva do modelo; razão pela qual se propôs aqui a designação Linguística Sócio-Histórica. No entanto, argumenta-se aqui que uma abordagem sócio-histórica mais ampla não se justifica apenas em situações extremas (como sugerido por Labov), ela pode ser produtiva também na análise do processo de constituição histórica da língua como um todo nas sociedades de classe, mesmo nas situações de aparente estabilidade. A adoção de uma perspectiva sócio-histórica mais ampla se coloca, portanto, como a mais adequada para capturar as particularidades e as especificidades da atualização da língua em seu devir histórico, descartando generalizações sobre efeitos de fatores sociais isolados sobre a mudança linguística, de questionável valor heurístico.

Dentro dessa perspectiva, várias interpretações produzidas no âmbito da ortodoxia sociolinguística poderiam ser revistas. Tal é o caso da tendência da classe média baixa e da classe trabalhadora alta liderarem os processos de mudança em direção às formas de prestígio, proposta por Labov (1982, 2006 [1994]: 67-71) como uma característica geral da mudança linguística. A consideração do contexto socioeconômico das sociedades industrializadas da Europa ocidental e da América do Norte, em que essas análises se realizaram, possibilita uma compreensão mais precisa de tal cenário sociolinguístico. O notável movimento da classe trabalhadora alta e da classe média baixa em direção às formas linguísticas de maior prestígio social deve ser visto como reflexo do processo de inclusão social e de melhoria nas condições de vida desses segmentos, em decorrência das políticas da social-democracia, dominantes do pós-guerra até o início da década de 1980. De acordo com boa parte das análises desenvolvidas no âmbito da Economia Política, esses programas de governo, baseados nas ideias do economista John Keynes, induziram um protagonismo do Estado, regulando as relações econômicas e promovendo a distribuição de renda através de programas sociais de educação, saúde, habitação e previdência.

Porém, exatamente na época em que Labov fazia sua generalização, estava se iniciando uma reversão nessa tendência, com a ascensão ao poder dos conservadores Ronald Reagan, nos EUA, e Margareth Thatcher, na Inglaterra. Adeptos do neoliberalismo econômico, defendido pelo economista Milton Friedman e outros, esses governos quebraram a espinha dos movimentos sindicais nos dois países, para implantar uma política de desmanche do Estado de bem-estar social através da desativação ou do esvaziamento dos programas sociais e do corte de impostos sobre as classes altas. E mesmo com a redução dos salários, também imposta à classe trabalhadora, muitos capitais industriais migraram para os países periféricos, onde a mão de obra era ainda mais barata. O resultado foi uma mudança no caráter da produção industrial dos países centrais – menos maciça e mais especializada no desenvolvimento de novas tecnologias –, aumentando os níveis de desemprego; ao passo que a economia passava a ser cada vez mais dominada pela especulação financeira, em torno de ativos imateriais, do que resultaram as crises que se têm sucedido no sistema capitalista desde meados da década de 1990, como atestam as análises econômicas na atualidade.

É bem plausível que todo esse processo iniciado na década de 1980 esteja gestando um cenário sociolinguístico distinto daquele sistematizado por Labov, em relação ao comportamento linguístico das classes sociais. Mas, para apreender esse novo cenário, não basta a constituição de novas amostras de fala, é preciso se livrar também de axiomas derivados de generalizações apressadas. A generalização proposta por Labov de que a mudança linguística é liderada pelos segmentos sociais intermediários está longe de ser uma característica geral da mudança linguística, e nem sequer pode ser tomada como um padrão constante nas sociedades industrializadas. O caráter histórico da mudança social da língua desautoriza qualquer generalização decorrente de tais abordagens mecanicistas. Uma abordagem sócio-histórica da mudança linguística alcança seu valor explicativo, na medida em que consegue articular um conjunto cada vez maior de variáveis em uma interpretação globalizante, que reconhece a especificidade de cada processo histórico particular, em função da combinação dos valores específicos que cada variável assume no sistema complexo das relações socioeconômicas e político-ideológicas em que a mudança linguística se desenvolve em cada caso histórico particular.

Portanto, na mudança de orientação teórica aqui proposta, as generalizações a-históricas baseadas em correlações mecanicistas com os fatores sociais devem ser abandonadas em prol de interpretações qualitativas e globalizantes da mudança linguística, com base no diagnóstico do contexto sócio-histórico mais amplo em que essa mudança se desenvolve. Tal mudança de orientação coloca em questão a própria concepção laboviana de comunidade de fala, na medida em que essa concepção não tem sido capaz de apreender a complexidade da estrutura social em que a língua é usada, particularmente, no que diz respeito às contradições e aos conflitos que permeiam a estrutura social e se projetam nas representações ideológicas.[19]

Os limites difusos da comunidade de fala

A construção do objeto de estudo da análise sociolinguística em torno do conceito de comunidade de fala funda-se, como visto anteriormente, menos em um parâmetro objetivo do que em um parâmetro subjetivo. Labov afirmou que a comunidade de fala se define menos pela semelhança entre o comportamento dos seus membros do que por um conjunto de valores compartilhados sobre o uso da língua:

A comunidade de fala não é definida por nenhuma concordância marcada no uso de elementos linguísticos, mas sim pela participação num conjunto de normas compartilhadas; essas normas podem ser observadas em tipos de comportamento avaliativo explícito. (2008 [1972]: 150)

A convergência em torno de um modelo ideal de língua (ou seja, de uma norma padrão) é que vai determinar a constituição de uma comunidade de fala. Essa *norma de referência linguística* orienta o conjunto das reações subjetivas, positivas ou negativas, dos falantes da comunidade, em face do emprego das variantes linguísticas, nas situações concretas de interação verbal.

Em uma reflexão sobre o tema, Gregory Guy (2000: 18) reconhece que um conjunto de "características linguísticas compartilhadas" é o ponto de partida para a identificação de uma comunidade de fala, conceito que "fornece a justificativa teórica para unir os idioletos de falantes individuais (que são os únicos objetos linguísticos cuja existência se pode realmente observar)". Contudo, ele observa que essa semelhança no comportamento linguístico dos membros de uma mesma comunidade de fala seria apenas a manifestação mais imediata do fenômeno, carecendo ela mesma de uma explicação, o que coloca a seguinte questão: por que os membros de uma comunidade de fala exibem comportamento linguístico semelhante? Para Guy (2000: 18), a resposta residiria nas duas outras características definidoras da comunidade de fala:

• Densidade de comunicação interna relativamente alta, isto é, as pessoas normalmente falam com mais frequência com outras que estão dentro do grupo do que com aquelas que estão fora dele.
• Normas compartilhadas, isto é, atitudes em comum sobre o uso da língua, normas em comum sobre a direção da variação estilística, avaliações sociais em comum sobre variáveis linguísticas.

A alta densidade de comunicação não é uma inovação teórica da Sociolinguística, pois já havia sido reconhecida no âmbito do estruturalismo (Bloomfield, 1933: 476). A grande inovação desse modelo é a articulação da comunidade de fala em torno de um sistema compartilhado de avaliação linguística. Essa abordagem tem como mérito principal o reconhecimento da dimensão subjetiva e ideológica da constituição da língua no plano social. A própria adoção de um sistema de avaliação do uso da língua é, por sua vez, o resultado de um conjunto de relações econômicas, políticas e sociais, bem como de representações simbólicas e ideológicas, que possibilitam a constituição de um povo ou de um Estado, base para o sentimento de *pertencimento social*.

Nas sociedades de classe, esse sistema de avaliação linguística assumirá um caráter institucional pela ação dos organismos e mecanismos estatais (academias de Letras, ministérios e secretarias de educação e cultura, legislação específica etc.), estabelecendo uma dialética entre *avaliação social*, que ocorre entre os indivíduos na interação social, e *normatização linguística*, que ocorre no plano das relações Estado-sociedade. Essa institucionalização da avaliação social do uso da língua pode assumir um caráter transnacional, na concertação de vários países para especificar regras de uso da língua, como aconteceu com o Acordo Ortográfico dos países de língua oficial portuguesa, assinado em Lisboa, em 16 de dezembro de 1990.[20]

Esse *parâmetro ideológico* da concepção laboviana de comunidade de fala representa um notável avanço sobre a concepção estruturalista de um sistema funcional, baseado na intercompreensão, que se superpõe à variação linguística; uma representação de língua hoje já superada, em função de suas fragilidades teóricas e empíricas.[21] Uma dessas fragilidades é a impossibilidade de definir os limites de uma comunidade linguística, com base nessa concepção de um sistema linguístico subjacente que possibilita a *intercompreensão*.[22]

Para os estruturalistas, os grupos que apresentam um comportamento linguístico diferenciado dentro de uma mesma comunidade linguística compartilhariam um sistema único que define o funcionamento da língua, basicamente em termos de suas oposições distintivas – concentradas, sobretudo, no nível fonológico. Acontece que grupos pertencentes a uma mesma comunidade linguística podem apresentar diferenças no elenco de oposições distintivas que pode ser depreendido na análise dos seus atos de fala, ou seja, podem compartilhar sistemas parcialmente diferenciados de funcionamento da língua. E grupos que compartilham sistemas de oposições distintivas muito semelhantes entre si podem não se reconhecer como membros de uma mesma comunidade linguística. Além disso, o pressuposto da existência de um sistema funcional comum está necessariamente associado ao parâmetro da intercompreensão, que também não se mostrou produtivo, já que, por exemplo, holandeses e cidadãos do noroeste da Alemanha que falam variedades linguísticas historicamente aparentadas e mutuamente inteligíveis não se reconhecem como membros de uma mesma comunidade de fala; enquanto venezianos e napolitanos, que têm intercompreensão bastante restrita, falando em suas variedades linguísticas regionais, podem ser agrupados em uma mesma comunidade linguística, pois adotam a mesma norma de referência linguística em interações interdialetais e situações de maior formalidade – o italiano padrão, formado com base no dialeto da Toscana.

Assim, o parâmetro da Sociolinguística resolve tanto o problema dos italianos quanto a situação dos holandeses, pois estes últimos também seguem a normatização

linguística própria do seu país, não se reconhecendo como falantes de uma variedade do alemão (denominada tradicionalmente como *baixo alemão*). Além disso,
o caráter político e ideológico da definição da comunidade de fala representa um
avanço da Sociolinguística, pois, nessa perspectiva teórica, a adoção de um sistema
de avaliação linguística comum deve ser integrada na matriz mais ampla das relações
sociais, políticas e ideológicas que se estabelecem no seio da comunidade, o que era
negado pela pretensa objetividade do sistema funcional da concepção estruturalista.

Bourdieu (1983 [1972]: 47) interpretou essa superação da visão estruturalista de
língua pela concepção de comunidade de fala da Sociolinguística como a passagem
do *modo objetivista do conhecimento* para o *modo praxiológico do conhecimento*,
em que o "sistema de relações objetivas que o modo de conhecimento objetivista
constrói" é integrado "nas relações dialéticas entre essas estruturas e as disposições
estruturadas nas quais elas se atualizam e que tendem a reproduzi-las".[23]

Com esse caráter, a concepção de comunidade de fala da Sociolinguística certamente não atenderá às expectativas mais ingênuas por uma solução objetiva, em que
as comunidades linguísticas se coloquem como entidades discretas, com fronteiras
claramente delimitadas entre si, e com uma absoluta coerência interna. Ao contrário,
a concepção de comunidade de fala deve ser pensada fora da racionalidade da ciência
clássica, nos termos definidos pela teoria dos conjuntos difusos (*Fuzzy Sets Theory*),
proposta por Lotfali Zadeh (1965a: 339, 1965b), que define o conjunto como "um
continuum de graus de pertencimento" (*a continuum of grades of membership*). No
âmbito dos paradigmas contemporâneos da teoria do conhecimento, isso implica
que a concepção de que os sistemas complexos se caracterizam por uma fluidez ou
borrosidade nos seus limites seria mais adequada à representação do real do que a
concepção clássica de conjuntos com limites fixos e claramente definidos, que se
baseia na visão aristotélica das três leis fundamentais do pensamento: o *princípio
da identidade*, a *lei do terceiro excluído* e a *lei da contradição*. Em vez de se basear
em princípios absolutos, a visão dos conjuntos difusos recupera a contextualização
do processo de construção do pensamento, tanto no que diz respeito aos limites dos
conjuntos quanto no que concerne às suas propriedades definidoras.[24] Assim, a *lógica
difusa* (*Fuzzy Logic*) deve ser aplicada tanto no plano intersistêmico (da relação do
sistema com outros sistemas e com o supersistema do qual faz parte – o contexto em
que se insere –, bem como com o seu observador) quanto no plano infrassistêmico,
das unidades que o constituem e das propriedades que o definem.

Aplicando tal abordagem à questão da delimitação das comunidades de
fala, pode-se pensar que pelo menos alguns holandeses (provavelmente os mais
cosmopolitas) se reconhecem como membros de uma comunidade linguística

germânica mais ampla. Por outro lado, venezianos e napolitanos, apesar de se submeterem ao mesmo sistema institucionalizado de normatização linguística, se reconhecem como membros de comunidades linguísticas específicas, a contraparte de sua cultura regional própria (Gonçalves, 2011). Assim, o que há é um *continuum* que vai desde os grupos de fala locais até as grandes comunidades linguísticas transnacionais. Quanto mais local e restrito for o grupo, mais densa será a rede de comunicação verbal, com uma consequente homogeneização do comportamento linguístico dos seus membros, em função dos processos de convergência e acomodação, determinando também uma forte coesão nas atitudes em relação ao uso da língua. E, quanto mais ampla for a comunidade, mais esgarçada será a rede de comunicação verbal e mais profundas serão as diferenças tanto nos usos linguísticos quanto nas reações subjetivas.[25] Assim, pode-se pensar numa sobreposição de (níveis de) comunidades de fala.[26]

O grande problema é determinar quando as *diferenças quantitativas* se transformam em *diferenças qualitativas*, ou seja, em que ponto o aumento na diferenciação linguística é tanto que já se pode falar em duas comunidades de fala distintas, e não mais de uma mesma comunidade. Nesse caso, o parâmetro subjetivo do sistema de avaliação proposto pela Sociolinguística tem-se mostrado o mais decisivo, mesmo que se tenha sempre em mente que os limites traçados nunca serão absolutos. Abre-se, então, uma frente de investigação teórica e empírica relativamente às categorias e ao *modus operandi* do sistema de avaliação linguística.

Um aspecto que parece ser decisivo nesse sentido é aquele que pode ser denominado de *indulgência com o estrangeiro*. Um falante do português pode se entender com um falante do galego ou mesmo do castelhano, cada um falando em seu idioma. E o falante do castelhano, ou do galego, poderia usar a forma *pregunta*. Um falante culto do português vê aí uma metátese do /r/, o que seria para ele um erro grave, já que a forma fonética da palavra em português é *pergunta*. Porém, o bom senso determina que não se aplique o critério de correção de sua língua a uma língua estrangeira, e o falante do português reconhece a legitimidade histórica da outra variante. Isso pode ser adotado como um critério decisivo de delimitação de comunidades linguísticas. Portanto, quando um falante reconhece na fala de seu interlocutor uma forma que seria condenada na sua comunidade de fala, mas que ele reputa como legítima na fala do outro, é porque eles pertencem a comunidades de fala distintas. Assim, mesmo que falantes do português e do galego, e até do castelhano, possam se reconhecer como membros de uma comunidade linguística mais ampla, em oposição à dos falantes germânicos, eslavos, ou mesmo de outras línguas latinas, há entre eles uma fronteira crucial determinada pela adoção de

uma norma própria de correção idiomática.[27] Assim, aplicando o parâmetro sociolinguístico de uma norma de referência linguística comum ao universo da língua
portuguesa, pode-se dizer que brasileiros e portugueses fariam parte de uma mesma
comunidade linguística, pois adotam uma mesma norma de referência linguística.[28]
Já os galegos, que têm uma normatização própria e diferenciada, não integrariam,
de acordo com esse parâmetro, a mesma comunidade linguística, juntamente com
os portugueses e os brasileiros, não obstante a origem comum dessas variedades
linguísticas e o grau de intercompreensão que ainda subsiste entre elas.[29]

A constituição de uma comunidade de fala em torno da adoção de uma norma
de referência linguística comum (ou seja, uma norma padrão) recobre, como já foi
observado aqui, uma gama de diferenças no comportamento linguístico efetivo
dos seus membros, maior ou menor em cada caso histórico que se observe. No
caso de brasileiros e portugueses aqui em foco, essas diferenças são notáveis não
apenas na forma dos enunciados efetivamente produzidos (particularmente, em
termos de sua prosódia e composição sintática) como também no saber subjacente que está na base da produção desses enunciados. Nesse sentido, linguistas
de orientação gerativistas têm postulado que brasileiros e portugueses produzem
seus atos de fala a partir de gramáticas mentais distintas. Essa formulação recoloca
em questão a necessidade de compatibilização das dimensões psíquico-biológica
e sócio-histórica do fenômeno linguístico, já referida neste capítulo.

É inegável que a *competência* determina, de alguma maneira, o comportamento linguístico do indivíduo, bem como a sua avaliação da variação linguística.
Algumas mudanças que aconteceram no Brasil acabaram por enfraquecer o mecanismo da concordância verbal na competência linguística dos brasileiros. Como
essas mudanças não aconteceram em Portugal, tal mecanismo se mantém bem forte
no processamento linguístico dos portugueses. Essa diferença psíquico-biológica
produz diferenças significativas no julgamento social da variação linguística entre brasileiros e portugueses. Para um português, uma pergunta como "*Tu foi* na
festa ontem?" é, por assim dizer, *agramatical*;[30] enquanto essa mesma construção
passa despercebida em interações informais, em regiões do Brasil onde ainda se
conserva o uso do pronome *tu*. Em contrapartida, uma construção como "*A gente
fomos* à festa ontem", que sofre uma avaliação social muito negativa no Brasil,
é recorrente entre os portugueses (inclusive entre os que têm um nível elevado
de escolarização), não sofrendo, por isso, uma avaliação social tão negativa.[31]

Tais fatos revelam toda uma dialética que une competência, uso e avaliação.
À medida que uma variante linguística se generaliza entre os diversos grupos de
uma comunidade, diminui a resistência social ao seu uso; resistência essa que é

tanto maior quanto mais subalterna for a posição do grupo social em que essa variante se generalizou primeiramente. Assim, a competência linguística determina o comportamento linguístico, que, por sua vez, é a base da avaliação social. Porém, em um sentido contrário, a avaliação social, como se verá adiante, interfere nos processos de mudança no comportamento linguístico dos grupos sociais, e a alteração na frequência de uso de certas variantes pode desencadear mudanças na competência linguística na passagem de uma geração a outra.[32]

Por outro lado, tais fatos remetem aos diferentes níveis que se podem postular para o *sistema social de avaliação da variação linguística*. Como se disse anteriormente, há sistemas de avaliação linguística mais explícitos e institucionalizados e outros menos explícitos e mais espontâneos. A institucionalização do sistema de avaliação do comportamento linguístico foi um dos elementos integrantes do processo de constituição dos modernos Estados nacionais. Essa ação concertada conferiu um caráter institucional e mais explícito ao processo mais espontâneo e implícito, através do qual todo agrupamento social regula a prática linguística em seu seio. Mais do que isso, ao estar associada a um processo político de dominação de vários grupos sociais em vastos territórios abarcados na constituição dos Estados nacionais, essa normatização constituiu um poderoso instrumento de homogeneização linguística, tanto geográfica quanto social, em uma ação que, não raro, assumiu um caráter de opressão e mesmo de violência simbólica e cultural. Nessa linha de ação, a norma padrão, que deveria orientar a prática linguística em situações formais, particularmente na modalidade escrita, adquiriu tamanha força ideológica que passou a ser usada como referência para todas as situações de interação verbal, dando ensejo ao que passou a ser denominado pejorativamente de *purismo gramatical* (Rey, 2001).

Contudo, ao contrário do que pensa o senso comum, essa normatização não abrange todo o espectro de variação possível na língua; e há um conjunto de reações sociais perante a variação linguística que não se guia por esse modelo, havendo inclusive reações que se opõem à norma de prestígio que é imposta de cima para baixo na estrutura social. Labov (2008 [1972]: 288-9) postula "a existência de um conjunto oposto de normas encobertas que atribui valores positivos ao vernáculo", inclusive às "formas vernaculares estigmatizadas", mas adverte que, "em situações formais em áreas urbanas, como uma entrevista ou um teste psicolinguístico, tais normas são dificílimas de elicitar". Não obstante tal dificuldade, informa que "em nosso trabalho recente na comunidade negra, conseguimos fazer emergir a existência de tais normas opostas". A emergência dessas "normas opostas" no grupo afro-americano seria um indicador de que tais reações no plano da avaliação linguística tendem a ocorrer em grupos socialmente marginalizados que passam a se opor ao poder central, com maior ou menor organização e consciência política, no que pode ser definido como um mo-vimento de contra-hegemonia ideológica em seu espectro mais amplo.[33]

As diferenças e contradições que se podem observar no interior do sistema de avaliação social da variação linguística em uma mesma comunidade de fala são cruciais para uma formalização analítica do uso social da língua que pretenda capturar todo o processo histórico da luta de classes, bem como o processo de construção da hegemonia ideológica da classe dominante, de um lado, e de cons-trução de uma contra-hegemonia por parte dos grupos dominados, de outro. Tal perspectiva está na base da construção da visão da polarização sociolinguística do Brasil e implica uma revisão do conceito de comunidade de fala como ele se apresenta na formulação mais ortodoxa da Sociolinguística.

As contradições no interior da comunidade de fala e o resgate do conceito de norma no quadro teórico da Sociolinguística

Se uma comunidade de fala se define pela adoção de um sistema comum de ava-liação da variação linguística, o sociolinguista deveria, ao se deparar com grupos sociais que têm sistemas de avaliação diferenciados, defini-los como comunidades de fala distintas. Essa atitude conduziria a uma atomização da comunidade de fala, impedindo a análise de capturar o processo social mais amplo no qual a língua se constitui como entidade histórica, e iria de encontro ao principal objetivo da análise sociolinguística – apreender a heterogeneidade da língua em toda a sua amplitude. Além disso, tal análise também seria incapaz de integrar os diversos níveis do sistema de avaliação social da língua, desde os mais formais e institucionalizados até os mais espontâneos e intuitivos. Ademais, pode-se pensar que, levado às últimas consequências, esse pro-cedimento faria com que a análise da comunidade de fala confinasse com a análise do idioleto, conduzindo a um claro paradoxo, já que o conceito de comunidade de fala, conforme citação de Guy (2000) no início da seção anterior, foi proposto exatamente para que a análise linguística pudesse se elevar para além desse plano. Diante disso, a tarefa teórica que se impõe é a de reformular o conceito de comunidade de fala, de modo que ele possa integrar analiticamente os distintos sistemas de avaliação social da variação linguística que emergem dos diferentes grupos sociais.

Apesar de destacar a uniformidade dos sistemas de valores como parâmetro para delimitar a comunidade de fala, Labov (1974) reconhece, como visto anteriormente, a existência de sistema valores divergentes dentro de uma mesma comunidade, ou ainda a possibilidade de conflito entre esses sistemas. Através do que chamou de *índice de insegurança linguística,* Labov observou em seu estudo da comunidade de Nova York que a influência do *padrão* (do inglês *standard*) era muito mais notável entre os falantes de classe média do que entre os falantes das classes alta e baixa. Do mesmo modo, constatou que os sistemas de valores dos nova-iorquinos negros e brancos eram inteiramente opostos – enquanto "muitos nova-iorquinos brancos gostam do som da fala dos sulistas brancos", os falantes negros "gostam de quase qualquer tipo de fala nortista" e rejeitam os padrões linguísticos característicos do sul.

A existência de divergências no sistema de avaliação social da variação linguística, que Labov identificou na sociedade norte-americana, era a condição normal de uma sociedade mais complexa, e tais divergências refletiram as diferenças entre classes sociais, grupos étnicos, gêneros etc.; diferenças essas que se projetam no plano das representações simbólicas que se opõem na disputa ideológica e na construção da hegemonia nos sistemas de dominação de classe. Contudo, apesar de reconhecer diferenças na avaliação social da língua no interior de uma mesma comunidade de fala, a teorização laboviana é incapaz de apreender a correlação entre essas diferenças e as contradições sociais e os conflitos inerentes à disputa ideológica na sociedade, por conta das limitações da teoria social que fundamenta sua concepção de comunidade de fala, como bem observaram James Milroy e Lesley Milroy (1997: 54-55):

> O estudo de Labov (1966a) na cidade de Nova York procedeu a uma mensuração de covariação da língua com a variação em classes sociais, e as categorias sociais usadas foram importadas da sociologia. Elas dependiam, basicamente, de uma teoria social particular baseada no trabalho de Talcott Parsons (1952), o qual utilizava o conceito de **estratificação** das classes sociais. Isso envolve classificar indivíduos dentro de uma hierarquia de agrupamentos de classe baseada na ideia de um contínuo do mais alto para o mais baixo, que é a forma mais usual de tratar as classes sociais no Ocidente. Porém, há outras teorias de classe social, tais como as associadas a Marx, que não são estratificacionais, mas que usam um modelo processual de classe social. A classe social é vista como algo que procede de fatores econômicos, tais como os meios de produção e distribuição, e resultam em dois grandes grupos sociais, o proletariado e a burguesia. Enquanto o modelo estratificacional resulta em uma visão de consenso na sociedade, que pressupõe uma concordância geral em torno da hierarquia, o modelo marxista enfatiza crucialmente o conflito entre os diferentes grupos de interesse.[34]

Para esses sociolinguistas, "essa diferença de modelos sociais se reflete na diferença entre um modelo de comunidade de fala baseado no consenso e um modelo de comunidade de fala baseado no conflito". Diferentemente dos estudos de Labov, que são baseados no modelo do consenso, as pesquisas desenvolvidas por Milroy e Milroy na cidade de Belfast, na Irlanda do Norte, baseiam-se na distinção entre uma normatização linguística institucional, que "resulta da imposição de normas linguísticas pelos grupos sociais que detêm o poder", através da *padronização* de determinada forma de uso da língua, e o movimento de certos grupos sociais subalternos em torno da manutenção de sua norma de grupo, denominada por Milroy e Milroy de *normatização vernacular*, que se opõe à *normatização institucional*, pois pressupõe inclusive o reforço, no comportamento linguístico desses grupos, de formas linguísticas que são condenadas pela normatização institucional. "Em Estados nacionais, em que há uma consciência da padronização da língua, a normatização vernacular pode resultar no conflito entre duas normas em oposição". Dessa maneira, fica evidente a diferença em face do modelo laboviano (Milroy e Milroy, 1997: 52-3):

> Essa ênfase no conflito social é uma das coisas que diferencia [nossa] pesquisa da de Labov, e isso tem óbvias consequências para a caracterização de uma idealizada "comunidade de fala" em que todos os falantes concordam com a avaliação das normas variantes da língua.[35]

O modelo de pesquisa desenvolvido em Belfast busca exatamente apreender a maneira distinta como os grupos sociais avaliam as formas variantes na língua. Isso pode explicar por que formas estigmatizadas pela normatização institucional se mantêm ou até se difundem entre certos grupos sociais. Portanto, o padrão que emerge é o do conflito, e não o do consenso. E esse conflito linguístico deve ser compreendido à luz das disputas ideológicas que são determinadas pelas contradições de classe em torno das formas sociais de produção e distribuição da riqueza.[36]

O modelo desenvolvido por Milroy e Milroy (1980, 1992) se baseia no conceito de *rede social*, importado da Antropologia. Tal modelo visa desenvolver uma metodologia de mensuração da resistência de determinados grupos sociais à normatização linguística institucional (em outras palavras, visa medir a força da normatização vernacular). O princípio teórico básico é o de que o comportamento do falante individual, em grande parte, é determinado por sua *rede de relações sociais*. Dessa forma, um grupo social caracterizado por uma rede de relações *densa* e *multiplex* (ou seja, todos os indivíduos da coletividade se relacionam entre si de várias maneiras) seria mais refratário à normatização linguística institucional, conservando, assim, mais suas formas vernáculas tradicionais. Essa seria a situação de muitos grupos subalternos e marginalizados. Já no contexto dos grandes centros urbanos, em que o indivíduo se relaciona de uma única maneira apenas com uma parte da coletividade, predominaria a influência da normatização linguística institucional, com uma tendência de mudança em direção às formas linguísticas de prestígio.

A teorização desenvolvida aqui caminha na mesma direção trilhada por Milroy e Milroy, no sentido de apreender os conflitos sociais em torno da língua como parte das disputas ideológicas determinadas pelas contradições sociais. Porém, essa teorização não implica uma revisão ou alteração nos procedimentos metodológicos essenciais da pesquisa sociolinguística, ela propõe antes uma nova forma de ler os resultados produzidos através dessa metodologia, numa interpretação do processo linguístico na matriz mais ampla do processo histórico de constituição e reprodução das relações sociais, o que fornece as bases para a proposição de uma Linguística Sócio-Histórica. No plano específico da *teoria do campo*,[37] o caminho trilhado nessa direção foi o de resgatar o conceito de norma linguística do estruturalismo e reformulá-lo com base no instrumental teórico da Sociolinguística (cf., particularmente, Lucchesi, 2002b).

No âmbito do estruturalismo, a mais refinada e elegante elaboração sobre o conceito de norma pertence a Eugênio Coseriu (1979 [1952]). Em sua reflexão, Coseriu se propõe a reorganizar os termos da famosa antinomia de Saussure entre língua e fala. Para ele, o caráter essencial da dicotomia saussuriana residiria na oposição entre o que é *sistemático* – ou, melhor, *forma* – e o que é *assistemático* – ou, melhor, *substância*. Na realidade, como esclarece Coseriu, a oposição se dá entre *concreto* e *abstrato*; pois, se a língua como sistema funcional resulta de um processo de formalização analítica, isto é, de um processo de abstração, ela se comprova concretamente na fala, ou seja, a forma se comprova na substância em que existe. Com essa visão de sistema funcional, Coseriu pretende eliminar o que considera uma das mais graves imprecisões da concepção saussuriana: a identificação entre sistemático e social e entre assistemático e individual, pois o que é sistemático na língua se comprova no falar individual, e o que é social não é necessariamente sistemático, ou seja, funcional. Desse modo, Coseriu rejeita o caráter demasiadamente rígido da distinção que Saussure faz entre *individual* e *social*, pois "o ato linguístico é ao mesmo tempo social e individual" (Coseriu, 1979 [1952]: 23), de modo que "o elemento social será comprovado no próprio falar individual, abandonando-se toda a oposição fictícia entre um indivíduo-social e uma sociedade extraindividual" (Coseriu, 1979 [1952]: 36).

Na realidade, o que Coseriu pretende é encontrar uma solução teórica para um ponto crítico da teoria saussuriana e de todo modelo estruturalista: a separação entre o que é social e o que é funcional. Coseriu milita pela concepção estrutura-lista de que o sistema funcional é unitário, invariável e independente de qualquer determinação social e buscará uma formulação teórica que desvincule o sistema funcional de qualquer condicionamento social, o que fará através dos seus conceitos de *sistema funcional* e *sistema normal*, ou seja, entre *sistema* e *norma*. A partir do eixo concreto-abstrato definido por Coseriu, podem-se depreender na atividade linguística concreta estruturas e oposições funcionais, que são essenciais ao funcionamento da língua como sistema de comunicação de conteúdos informacionais. Essas unidades invariáveis, em seu conjunto, e as relações que se estabelecem entre elas constituem, no plano mais alto de abstração, o sistema funcional, ou simplesmente o sistema. Assim, a essas unidades constantes e invariáveis do sistema corresponderia o conjunto potencialmente infinito de realizações verificadas na fala.[38] Contudo, Coseriu chama a atenção também para o fato de que, para além das múltiplas realizações acidentais e contingenciais que caracterizam a fala, verificam-se também certas variantes que, não tendo valor funcional, são relativamente constantes e frequentes dentro da comunidade, e ele as chama de *variantes normais*. Para dar conta dessas variantes, propõe um nível de abstração intermediário entre a fala e o sistema que seria ocupado pelo que ele chama de sistema normal, ou simplesmente norma. A constância das variantes normais estaria associada a fatores como grupo social, região, idade sexo etc., e suas frequências seriam estudadas em termos estatísticos[39] (Coseriu, 1979 [1952]: 37).

Com essa formulação do conceito de norma, Coseriu busca uma solução para a contradição instaurada por Saussure ao situar a língua no plano da coletividade (cf. seção "A análise da língua em sua dimensão social e os impasses teóricos da Sociolinguística" deste capítulo). Para preservar o caráter homogêneo e unitário do sistema linguístico (axioma central do modelo estruturalista), Coseriu propõe a existência de um sistema normal, distinto do sistema funcional da língua e no qual ocorreriam as variações regulares que, situando-se acima da variação acidental dos atos de fala individuais (os *acidentes de performance*), seriam determinadas por fatores sociais, tais como sexo, idade, classe social etc. Porém, para que tal formulação pudesse lograr adequação empírica, seria preciso que essa variação normal não atingisse o sistema funcional da língua. Decorridos quase cinquenta anos de pesquisas variacionistas, há evidências empíricas mais do que suficientes para refutar completamente esse pressuposto. Até no nível estrutural em que a concepção estruturalista de sistema funcional alcançou os seus maiores êxitos em termos de representação analítica – o sistema fonológico da língua, fundado nas oposições distintivas (Lucchesi, 2004) –, abundam, em qualquer idioma que se considere, exemplos em que a variação social atinge o sistema funcional de oposições distintivas. Tomando como exemplo o português brasileiro, tem-se a vocalização da consoante lateral em distribuição pós-vocálica, que afeta uma oposição distintiva da língua (*e.g.*, "mal" : "mau", ambas realizadas como ['maw]).

A possibilidade de apagamento do -r final também compromete a distinção entre *estar* e *está*, entre tantos outros exemplos. E as variações mais radicais que se observam no português popular do Brasil comprometem ainda mais o sistema funcional de oposições distintivas (*e.g.*, "falta" : "farta", ambas realizadas como ['fahta]). Portanto, a alegada existência de um sistema funcional, independente da variação social e a ela imune, como postulado por Coseriu e pelos estrutura-listas,[40] não se sustenta mais no quadro atual de pesquisas sobre os processos de variação na língua. Além disso, tal formulação não resolve o paradoxo em relação à questão da mudança: se a variação não afeta o sistema, como é que o sistema muda? A concepção de língua como um sistema funcional imune à variação lin-guística tornou o estruturalismo incapaz de enfrentar adequadamente a questão da mudança linguística (Lucchesi, 2004).

Não foi à toa que um dos modelos que sucedeu o estruturalismo no desenvol-vimento da Linguística no século xx, a Sociolinguística, se constituiu exatamente a partir de um programa de investigação sobre a mudança linguística. A solução encontrada por Labov e pelos sociolinguistas para superar a incapacidade do es-truturalismo de lidar com a questão da mudança foi exatamente a de operar uma *fusão* entre o sistema normal e o sistema funcional. Através da concepção da língua como um sistema heterogêneo, fundado na unidade teórica da variável linguís-tica, Weinreich, Labov e Herzog (2006 [1968]) integraram a variação social no funcionamento da língua. Com isso, resolveram o impasse saussuriano do sistema que não muda (Lucchesi, 2004). Integrada no funcionamento do sistema, a variação constituiria a atualização dos potenciais processos de mudança em curso, em cada estado sincrônico de língua que se considerasse. Essa solução teórica eliminou o falso problema da impossibilidade de observar diretamente o processo de mudança estabelecido pelos estruturalistas[41] e lançou as bases para décadas de pesquisa socio-linguística, que tem buscado deslindar os processos de mudança em curso na língua através da análise sistemática dos processos sincrônicos de variação linguística, no que se denominou de análise da mudança em tempo aparente.[42]

A fusão entre o sistema funcional e o sistema normal na concepção do sistema heterogêneo tornou obsoleto o conceito de norma linguística no constructo teórico da Sociolinguística. Contudo, propomos, não um mero resgate desse conceito, mas sua reformulação, para que se possam delimitar os subconjuntos da comu-nidade de fala, a partir das diferenças entre os grupos sociais, no que concerne ao sistema subjetivo de avaliação das variantes linguísticas. Esse conceito, que assume um novo conteúdo teórico, é denominado aqui norma sociolinguística e pode ser definido da seguinte maneira:

A norma sociolinguística circunscreve um grupo social dentro de uma comunidade de fala, em primeiro lugar, em função da maior semelhança no comportamento linguístico dos seus membros, já que a frequência média de uso das variantes linguísticas é diferente consoante o grupo social considerado. Em um segundo plano, a norma sociolinguística se constitui a partir da avaliação particular que esse grupo faz da variação linguística, que é distinta dos demais grupos sociais. E, por fim, a norma sociolinguística define um grupo social dentro de uma comunidade de fala em função da convergência na direção dos processos de mudança que se observam nesse grupo.

Portanto, o conceito de norma sociolinguística, como contraparte linguística dos grupos sociais que formam a comunidade de fala, assenta-se nesses três parâmetros:

(i) a frequência relativa de uso das variantes linguísticas entre os membros de cada grupo social;

(ii) a avaliação subjetiva das variantes linguísticas comum aos membros de cada grupo;

(iii) as tendências de mudança em curso em cada grupo social.

Deve-se ressaltar a inter-relação dos parâmetros (ii) e (iii), nos termos do problema da avaliação, na medida em que a implementação de um processo de mudança na comunidade de fala é em grande medida determinada pela forma como os seus membros reagem às variantes linguísticas. A emergência de uma reação negativa quando os falantes começam a tomar consciência do uso de uma variante inovadora (normalmente proveniente dos estratos sociais mais baixos e de menor prestígio social) tende a inibir o processo de mudança; ao passo que uma variante inovadora que passa a ser avaliada positivamente naquele grupo social tem o seu processo de implementação acelerado, em detrimento da variante conservadora, que perdeu prestígio. Assim, o comportamento de um grupo social que reage uniformemente diante das variantes linguísticas em uso tende a mudar na mesma direção; em contrapartida, outro grupo social que reaja de maneira diferente tenderá a mudar em outra direção, configurando normas sociolinguísticas distintas dentro de uma mesma comunidade de fala.

Com base no que foi aqui sistematizado, pode-se afirmar que a visão sobre a polarização sociolinguística do Brasil, baseada na dicotomia entre norma culta e norma popular (Lucchesi, 1998, 2001a, 2002a, 2002b, 2006a), não é intuitiva, mas teoricamente fundamentada, e, assim sendo, sua adequação deve ser avaliada em função dos requisitos estabelecidos pela teoria. Ou seja, tal distinção só será válida à medida que se comprovem, para além das diferentes frequências de uso das variantes linguísticas, distintos sistemas de avaliação social da variação linguística e diferentes tendências de mudança no interior de cada um dos dois grandes grupos demarcados (a norma culta e a norma popular).

Algumas críticas a essa visão da polarização sociolinguística baseiam-se no argumento de que seria mais apropriado falar em normas cultas e normas populares, no plural (Bagno, 2005; Callou, Barbosa e Lopes, 2006). Porém, qualquer subdivisão no universo da norma culta ou da norma popular, dentro do enquadramento teórico aqui proposto com base no conceito de norma sociolinguística, só será pertinente mediante a comprovação empírica de que grupos no interior dos conjuntos inicialmente delimitados exibem reações sociais e tendências de mudança diferenciadas. O mero reconhecimento da heterogeneidade da norma culta e da norma popular não tem valor heurístico, pois não passa de um *truísmo*, já que a heterogeneidade é inerente à atividade linguística de qualquer grupo social. E, como demonstraram Weinreich, Labov e Herzog (2006 [1968]), a busca por conjuntos homogêneos conduz ao idioleto, e a abordagem da dimensão sócio-histórica do fenômeno linguístico funda-se precipuamente na necessidade de generalizações que permitam à análise abarcar a coletividade e a heterogeneidade a ela inerente.

Com efeito, a oposição entre a linguagem da elite letrada e a linguagem do povo é uma constante nas sociedades de classe, e a ideia de polarização aqui proposta serve para configurar uma situação específica dentro dessa oposição recorrente. Nem sempre as diferenças linguísticas entre as classes dominantes e subalternas configurará uma polarização nos termos aqui sistematizados, mas é provável que essa seja uma situação muito frequente. O capítulo "A polarização sociolinguística do Brasil: fundamentos empíricos" busca demonstrar que a realidade sociolinguística do Brasil se enquadra no que é definido aqui como polarização sociolinguística. Para isso, será sistematizado um conjunto de dados de análises variacionistas para determinar não apenas as diferenças nas frequências de uso das variantes linguísticas em diferentes grupos sociais, mas também os sistemas diferenciados de avaliação subjetiva das variantes linguísticas e as tendências divergentes de mudança, para configurar a oposição entre a norma culta e a norma popular no Brasil, dentro dos parâmetros aqui estabelecidos. E, como todo fundamento teórico do conceito de norma sociolinguística aqui formalizado baseia-se, em grande medida, na reação social à variação linguística, a última seção deste capítulo conterá uma breve descrição das categorias utilizadas na análise do sistema de avaliação social da língua.

Para uma taxonomia da avaliação social da variação linguística

A teorização que se tem desenvolvido aqui reuniu em um mesmo conceito os dois sentidos que o termo "norma" tem assumido separadamente na literatura linguística.[43] Na tradição gramatical, o termo assume um caráter prescritivo; já a pesquisa da linguística estruturalista buscou conferir ao termo um significado mais objetivo. Rey (2001: 116) observou ainda que a morfologia da língua captura tal ambiguidade através da derivação do substantivo *norma*, que pode gerar dois adjetivos distintos: *normal* e *normativo*. Por *normal* se entende o que é habitual, costumeiro, tradicional, já o adjetivo *normativo* remete a um sistema ideal de valores que, não raro, é imposto dentro de uma comunidade. A partir daí, Celso Cunha (1985) propôs uma distinção entre *norma objetiva* e *norma subjetiva*; aquela relativa aos padrões observáveis na atividade linguística de um grupo social, e esta relativa a um sistema de valores que norteia o julgamento subjetivo do desempenho linguístico dos falantes.

Tal distinção revelou-se particularmente interessante na análise da normatização linguística no Brasil, tanto que Lucchesi e Lobo (1988) propuseram uma clara separação entre norma padrão e norma culta, apesar de essas expressões serem usadas, amiúde, como sinônimos.[44] A norma padrão deveria ser vista como uma norma subjetiva, resultante de um processo de seleção/idealização de uma forma de usar a língua que é prescrita pelas gramáticas normativas. Já a norma culta seria propriamente uma norma objetiva, referindo-se à forma como os indivíduos plenamente escolarizados efetivamente usam a língua.[45] A complexidade da questão impõe que suas implicações sejam analisadas separadamente.

Em primeiro lugar, deve-se argumentar que, embora a distinção entre uma norma objetiva e uma norma subjetiva seja um instrumento metodologicamente útil, essa distinção, na realidade, não é tão nítida assim. A norma prescrita pela tradição gramatical não se situa apenas no plano do *dever ser*, ela também possui uma correspondência no *plano ontológico*. As formas prescritas não foram inventadas pelos gramáticos, como afirma, às vezes, o discurso simplista (embora eivado de uma legítima indignação ideológica), elas se originam na descrição de um uso específico da língua. Assim, a sua idealização (ou *ideologização*) não deriva da invenção, mas da manipulação do (conceito de) uso,[46] que confunde o que se usa de fato com o que se quer impor.

> O discurso prescritivo da classe dominante se abriga por trás da constatação de uma lei abstrata. E a regra da *ratio*, que os gramáticos se empenham em descobrir por trás dos usos, é assimilada a uma pseudocoerção da norma social (o uso geral) e recobre de fato uma intenção unificadora e constrangedora. (Rey, 2001: 120)

Essa manipulação do uso fica muito evidente, atualmente no Brasil, na ação dos gramáticos tradicionais e midiáticos, que justificam as suas prescrições com base no que denominam "uso culto da língua". Contudo, autores como Marcos Bagno (2001, 2003, 2007) têm demonstrado que formas condenadas por esses gramáticos podem ser encontradas no uso de vários dos melhores escritores brasileiros, o que justifica a distinção proposta por Lucchesi e Lobo (1988) entre norma padrão e norma culta no Brasil.[47] Com isso, revela-se também o caráter ideológico que a sinonímia entre as duas expressões assume no discurso dos gramáticos; pois, com ela, pretendem conferir uma legitimidade às suas prescrições, que elas efetivamente não têm.[48]

Por outro lado, Rey (2001: 115) questiona também o recorte epistemológico que subjaz à representação de uma norma objetiva por parte da Linguística Estruturalista e Funcionalista:

> Toda linguística indiferente às relações entre os sistemas de signos e as funções antropológicas que os implementam está condenada ao isolamento e às ilusões. A descrição sistemática do discurso, observação de um objeto fônico ou gráfico, análise e classificação de seus elementos, enfim, indução que conduz a um modelo abstrato de relações e de leis, elude as condições prévias da atividade da linguagem. Assim, as linguísticas descritivas (distribucionais, funcionais) descartam o estudo dessas condições prévias [...], o das variações autorizadas por todo sistema de comunicação [...] e sobretudo a tomada em consideração das retroações devidas à consciência linguística, à existência de um discurso sobre a língua, à ação psicológica e social sobre a comunicação.

A almejada objetividade de análises como as do estruturalismo (baseadas na concepção de língua como um sistema encerrado em suas relações formais internas) impõe a abstração das relações sociais e disposições ideológicas em que a atividade linguística se desenrola e nas quais a língua se atualiza como objeto histórico, e o seu questionamento se justifica na medida em que as formas que a língua assume nesse plano histórico não resultam apenas das relações que essas formas mantêm entre si em um suposto sistema fechado, mas são também determinadas pelas relações e disposições do contexto social em que elas se perpetuam ou se renovam. Dessa forma, a reflexão de Rey vai ao encontro da definição de Bourdieu (1983 [1972]) do estruturalismo como *modo objetivista do conhecimento* e da necessidade da sua superação por um *modo praxiológico do conhecimento*, referida anteriormente. E as reflexões de ambos podem ser aduzidas para justificar a proposição que aqui se faz de um conceito de norma sociolinguística que se apoia crucialmente na dialética entre o uso concreto da língua e a avaliação subjetiva (*i.e.*, ideológica) que se faz desse uso. Esse papel crucial da valoração subjetiva e ideológica das formas em variação na constituição histórica da língua coloca a necessidade de uma sistematização da teorização da Sociolinguística acerca do sistema de avaliação social da variação linguística, o que será feito agora.

A análise sociolinguística das reações dos falantes perante a variação linguística baseia-se precipuamente na observação do que se chama *variação estilística*, que se coloca além do plano da *variação social* da língua. A variação social deriva das diferenças entre o comportamento linguístico dos indivíduos em função de fatores como idade, sexo, classe social, nível de escolaridade, grupo étnico etc. Já a variação estilística ocorre em um mesmo indivíduo, em função do grau de monitoramento metalinguístico em cada ato de fala, ou do *audiomonitoramento* de Labov (2008 [1972]). Quanto mais atenção o indivíduo presta à sua fala, mais a ajusta ao seu ideal de língua. Isso explica por que a matéria básica da investigação sociolinguística é o *vernáculo*, compreendido como a produção linguística em que o indivíduo presta o mínimo de atenção ao seu discurso, porque é nesse tipo de desempenho que se pode capturar a variação linguística em seu espectro mais amplo. Um crescente monitoramento do discurso implica uma crescente uniformização em direção a um modelo ideal de língua – a *norma de referência linguística* (Faraco, 2008).

A variação estilística se interpenetra com o que se pode chamar de *variação modal*, derivada da oposição entre o uso oral e o uso escrito da língua. Em princípio, a modalidade escrita pressupõe um monitoramento maior da expressão verbal, enquanto as formas mais espontâneas da interação verbal normalmente ocorrem no plano da oralidade. Dessa forma, a modalidade escrita corresponderia ao registro formal da língua, enquanto a modalidade oral, aos registros mais informais (Preti, 1994). Porém, essa correlação nem sempre se aplica, havendo decerto usos escritos informais e discursos orais bastante monitorados que ocorrem em situações solenes (Marcuschi, 2001, entre outros).

A utilização da escrita em situações de comunicação informal tem crescido ao longo da história, sobretudo com o advento da Revolução Industrial, que promoveu um acelerado desenvolvimento das condições materiais que facilitaram sobremaneira o ato da escrita, tornando-o acessível a uma parcela cada vez maior da população, nas mais diversas situações de interação verbal. E, na contemporaneidade, particularmente após a consolidação da rede mundial de computadores (internet), a interpenetração entre a modalidade e o grau de formalidade de uso da língua atingiu níveis até então inimagináveis. A interação simultânea (on-line) que a internet possibilita entre indivíduos separados por até milhares de quilômetros criou uma modalidade absolutamente híbrida entre fala e escrita. Contudo, como se verá mais adiante, a variação modal ainda demarca a alternância de uso de formas linguísticas variantes, como no caso da variação na forma do pronome da 1ª pessoa do plural: enquanto a forma canônica "nós" predomina na escrita, a variante inovadora "a gente" predomina largamente na fala.

Outro eixo de variação que também se tem revelado estruturante do sistema social de avaliação de uso da língua é o que se pode denominar de *variação discursiva*. Ao que tudo indica, o uso de algumas formas e estruturas linguísticas, bem como um maior grau de monitoramento, parece ser requerido em certos tipos específicos de discurso, tais como o discurso jurídico ou o discurso religioso. A utilização da variável *tipo de discurso* em análises variacionistas da fala popular no Brasil, no registro semiformal de uma entrevista sociolinguística, destacando-se, por exemplo, as passagens em que o informante professa sua fé ou aborda temas religiosos, tem-se revelado profícua na identificação dos fatores condicionadores da variação linguística (Bandeira, 2010).

Portanto, é na combinação dos planos da variação social e da variação estilística (esta inter-relacionada à variação modal e à variação discursiva) que a análise sociolinguística pode melhor equacionar a análise das variantes linguísticas, no âmbito do problema da avaliação. Labov (2008 [1972]: 360-3) adotou, a esse repeito, a seguinte taxonomia: indicadores, marcadores e estereótipos. Os *indicadores* são aquelas variáveis linguísticas em que se observa variação social, mas não se observa variação estilística. Isso significa que a avaliação ainda estaria abaixo do nível de consciência. Pelo menos à primeira vista, um exemplo de indicador no português brasileiro seria a realização do sujeito pronominal (*e.g.*, "nós não saímos ontem" *versus* "não saímos ontem"). As pessoas mais velhas tendem a realizar menos o sujeito pronominal do que as pessoas mais jovens; porém, não haveria um esforço consciente para apagar os sujeitos pronominais nos atos de fala mais formais (Duarte, 1995). Os *marcadores*, "por sua vez, exibem estratificação estilística, tanto quanto estratificação social" (Labov, 2008 [1972]: 360). O uso do clítico acusativo (*e.g.*, "procurei a Maria, mas não **a** encontrei") poderia servir para exemplificar um caso de marcador no português brasileiro. Além de ser mais usado por pessoas com nível mais elevado de escolaridade, o seu uso também aumenta no discurso mais formal (Duarte, 1986). Por fim, os *estereótipos* constituem "formas socialmente marcadas, rotuladas enfaticamente pela sociedade" (Labov, 2008 [1972]: 360). No Brasil, os estereótipos linguísticos assumem geralmente uma conotação negativa,[49] por exemplo, no caso do -*r* retroflexo, como marca da fala caipira, em São Paulo; a realização oclusiva de /t/ e /d/ antes de /i/, como marca da fala nordestina; e o rotacismo do /l/ (*e.g.*, "assembreia" por "assembleia") e a falta de concordância nominal e verbal como marcas da fala popular (*e.g.*, "meus colegas já chegou" em vez de "meus colegas já chegaram").

Há ainda um tipo de reação subjetiva que seria possível no Brasil, mas não consta da taxonomia de Labov. Na fala popular, sobretudo no meio rural, é possível encontrar frases do tipo "dei os meninos o remédio" em vez da construção "dei o remédio aos/pros meninos". A primeira construção, que a teoria da gramática denomina *construções de objeto duplo*, existe no inglês ("*I've given the boys the medicine*"), no holandês e em outras línguas germânicas, mas não existe nas línguas românicas. Para um falante culto de uma grande cidade do Brasil, tal construção seria agramatical, o que colocaria essa variável linguística no limite da comunidade de fala. A existência de tais variantes linguísticas, que, na ausência de uma solução melhor, podem ser denominadas agramaticais, é significativamente reveladora do abismo existente na realidade sociolinguística brasileira, bem como da possibilidade da concorrência de processos de mudança radicalmente distintos em sua formação sócio-histórica.

Essas categorias taxonômicas do sistema de avaliação social da variação linguística, bem como as frequências de uso das variantes linguísticas e as tendências de mudança nos padrões coletivos de comportamento linguístico, ou seja, todos os parâmetros aqui reunidos na composição do conceito de norma sociolinguística serão mobilizados no capítulo "A polarização sociolinguística do Brasil: fundamentos empíricos", no qual se pretende desenvolver uma análise de conjunto da realidade sociolinguística do Brasil. Mas, antes, os próximos capítulos terão como objetivo maior explicitar os condicionamentos históricos, socioeconômicos e político-ideológicos que plasmaram a configuração atual dessa realidade sociolinguística, o que também fornecerá o fundamento para a análise que se fará no capítulo sobre os fundamentos empíricos da questão.

Notas

[1] "Depois que a mudança sonora, com seus valores associados, alcançou os limites de sua expansão, a variável linguística se tornou uma das normas que definem a comunidade de fala, e todos os membros da comunidade reagem de maneira uniforme a seu uso (sem necessariamente ter consciência disso)." (Labov, 2008 [1972]: 211)

[2] Destaque nosso.

[3] Aqui a expressão *comunidade linguística* é usada como sinônimo de *comunidade de fala*, apenas para evitar a repetição enfadonha.

[4] Nesse sentido, vai-se aqui ao encontro da compreensão de Bortoni-Ricardo (2005: 19), expressa nos seguintes termos: "[...] a situação sociolinguística brasileira apresenta peculiaridades que a distinguem da de outros países. As atividades científicas na área não se podem restringir, portanto, a uma simples importação. É indispensável o desenvolvimento de um aparato teórico-metodológico adequado à realidade nacional".

[5] "Entretanto, como repugna à língua manter dois significantes para uma só ideia, as mais das vezes a forma primitiva, menos regular, cai em desuso e desaparece." (Saussure, 1973 [1916]: 189)

[6] "O objeto da descrição linguística é a gramática da comunidade de fala: o sistema de comunicação usado na interação social. As técnicas da descrição linguística devem ser capazes de lidar com a heterogeneidade desse objeto." (Labov, 1982: 18, traduzido do original em inglês)

7 Cf. nota anterior.

8 "A mudança linguística, ela mesma, raramente é um movimento de um sistema inteiro para o outro. Em vez disso, descobrimos que um conjunto limitado de variáveis num sistema altera seus valores modais gradualmente de um polo para outro." (Weinreich, Labov e Herzog, 2006 [1968]: 123)

9 Traduzido do original em inglês.

10 Idem.

11 Idem, itálico do original.

12 A abordagem em tempo aparente baseia-se, sobretudo, "na distribuição do comportamento linguístico através de várias faixas etárias da população" (Labov, 2008 [1972]: 163), mas também leva em consideração os resultados da distribuição das variantes linguísticas por outras variáveis sociais, particularmente sexo e classe social (Labov, 1981). O princípio essencial é o de que se pode depreender a forma como uma mudança linguística está se implementando na comunidade de fala através da distribuição sincrônica da variação linguística na estrutura social dessa comunidade, bem como na variação estilística, que, com a elicitação dos julgamentos subjetivos das variantes linguísticas, fornece a base empírica para o enfrentamento do problema da avaliação. Os dados provenientes dessa análise sincrônica da variação forneceriam, assim, as bases empíricas para qualquer teorização sobre os mecanismos sociais que atuam na mudança linguística.

13 "Embora os hábitos básicos possam ser modificados, eles não são facilmente abandonados depois da infância e são virtualmente imutáveis após a puberdade." (Haugen, 2001: 108)

14 Sobre esse projeto, veja-se Kato (1999).

15 Ver nota 12.

16 O próprio diagnóstico nos termos da dicotomia entre variação estável e mudança em progresso não pode ser visto, como acontece na Sociolinguística ortodoxa, como um fim em si mesmo no âmbito de uma Linguística Sócio-Histórica, da qual se falará a seguir. Deve ser visto apenas um instrumento para se chegar a uma interpretação com maior valor heurístico.

17 Suzanne Romaine (1982) é pioneira no emprego do termo (*Socio-Historical Linguistics*), mas em um sentido diferente do que se emprega aqui. Ela o emprega com o significado de um estudo da história de períodos passados da língua que busca integrar o contexto social. Nesse sentido, é também corrente a expressão Sociolinguística Histórica (e.g., Jahr, 1998) ou, ainda, a denominação História Social da Língua (Leith, 1983; Burke e Porter, 1997 [1987]; Burke, 2010 [2004]). A grande diferença entre essas abordagens e a que se propõe aqui é que aquelas aplicam a perspectiva sociolinguística ao estudo do passado histórico da língua, enquanto esta consiste na análise sociolinguística do presente numa perspectiva histórica mais ampla.

18 Traduzido do original em inglês.

19 "[...] o formato social da comunidade de fala tal como conceitualizada pelo paradigma quantitativo é mais simples do que uma comunidade real provavelmente é." (James Milroy, 2011: 75)

20 O texto desse Acordo está disponível na internet, entre outros sites, em: <http://download.uol.com.br/educacao/UOL_Educacao_Integra_do_Acordo_Ortografico.pdf>. Acesso em: 23 abr. 2015.

21 "No passado, a suposição tácita de que, por trás de toda variação constitutiva de uma língua, existe uma unidade sistêmica adquiriu uma forma teórica na concepção de língua como um sistema social uniforme que se materializaria nos usos individuais (estes sim heterogêneos), resumida na famosa dicotomia *langue/parole* formulada por Ferdinand de Saussure. No entanto, por mais produtiva que esta concepção possa ter sido em algumas áreas dos estudos linguísticos (em especial na criação da Fonologia), ela se mostrou insuficiente para explicitar a imaginada unidade sistêmica, bem como para dar conta da variedade linguística supraindividual." (Faraco, 2008: 36)

22 "[...] sociolinguistas (e.g., Downes, 1984; Chambers e Trudgill, 1980) têm afirmado que as fronteiras entre as línguas não podem ser completamente determinadas em termos de diferença estrutural ou mútua (in)compreensibilidade." (J. Milroy e L. Milroy, 1997: 63) (traduzido do original em inglês)

23 Cf., por exemplo, Labov (1980: 252): "parece claro que qualquer explicação do curso flutuante da mudança fônica deve envolver as flutuações contínuas que ocorrem na estrutura da sociedade em que a língua é usada".

24 Um exemplo recorrentemente usado para provar a importância do contexto na definição dos conjuntos e suas propriedades definidoras diz respeito ao conjunto de *homens jovens*, baseado na qualidade *ser jovem*. Um homem de 35 anos é jovem, se estamos tratando de presidentes da República; mas não o é, em se tratando de jogadores de futebol.

[25] "Uma densidade de comunicação relativamente alta em um grupo significa que os falantes têm mais acesso e exposição aos usos linguísticos de outros membros do grupo. Logo, podem mais provavelmente ouvir o que os outros membros da comunidade estão fazendo com a linguagem, o que cria a possibilidade de adquirir deles certos traços linguísticos. Em contraparte, o nível relativamente baixo de comunicação com não membros torna menos provável que se adquiram usos de fora da comunidade de fala. Em outras palavras, a comunidade de fala é o domínio no qual os processos sociolinguísticos de acomodação e convergência ocorrerão." (Guy, 2000: 20)

[26] "[...] uma comunidade de fala local, com características localmente distintas, pode, no próximo nível ascendente, compartilhar características dialetais regionais, a seguir, pertencer a uma comunidade de fala nacional mais ampla e, finalmente, no nível mais alto, participar de uma comunidade internacional de falantes de uma mesma língua. Em tal caso, as comunidades estariam encaixadas umas dentro das outras como bonecas russas, e os falantes compartilhariam o maior número de características com seus vizinhos imediatos, seguidos por compatriotas regionais e nacionais, terminando com um mínimo de características compartilhadas com outros falantes da mesma onde quer que se encontrem no globo terrestre." (Guy, 2000: 21-2)

[27] Esse aspecto não pode ser visto apenas como reflexo de fronteiras políticas. Galegos e castelhanos vivem sob o mesmo Estado, cujo poder central está localizado em Castela; mas um falante do castelhano, em sã consciência, não se arvora a corrigir a fala galega com os critérios de correção do castelhano. O que ocorreu historicamente foi a tentativa de alienar um povo do seu idioma, na coação ao uso da língua galega, em favor do castelhano (Lagares, 2011).

[28] Para além do já referido Acordo Ortográfico, ratifica isso o fato de uma mesma gramática normativa, a *Nova gramática do português contemporâneo*, de Celso Cunha e Lindley Cintra (1985), ser editada e largamente usada nos dois países.

[29] Obviamente esse não é o único parâmetro utilizado para a definição de comunidades linguísticas e identidades linguageiras, sendo o tratamento da questão largamente influenciado por fatores políticos e ideológicos. Assim, na comunidade galega, há aqueles que, em função de suas opções políticas, se reconhecem como membros de uma comunidade linguística galego-portuguesa, bem como aqueles que integram os galegos numa comunidade linguística que tem seu centro no castelhano, além daqueles que militam pela autonomia de uma comunidade linguística galega autônoma. Não obstante suas motivações político-ideológicas, todos buscam conferir uma fundamentação linguística à sua opção (Monteagudo, Pintos, 2010).

[30] No sentido gerativo do termo, ou seja, quem fala assim, para um português, não é falante nativo de sua língua.

[31] Nesse caso, o que a tradição gramatical condena como *falta de concordância* é exatamente o contrário. A força da concordância verbal no sistema linguístico (leia-se competência linguística) dos portugueses faz com que o emprego da forma nominal *a gente* com o valor semântico do pronome *nós* seja acompanhado do uso da forma verbal correspondente a esse valor semântico, ou seja, a primeira pessoa do plural. Segundo Inês Duarte (2002: 108), essa concordância semântica estende-se também à 3ª pessoa do plural (*e.g.*, "*uma dúzia* de ovos *custam* para cima de cem mil réis"); mas para ela essas seriam "características da variedade do português europeu utilizada por falantes com baixo nível de escolaridade".

[32] Tomando por base aqui a visão de mudança linguística desenvolvida por gerativistas, como Lightfoot (1979, 1991, 1999).

[33] No Brasil contemporâneo, um exemplo expressivo dessa atitude pode ser encontrado na periferia das grandes cidades, em torno do movimento cultural denominado *hip-hop*, inspirado em um movimento norte-americano da mesma natureza. Essa questão será retomada no capítulo "A polarização sociolinguística do Brasil: fundamentos ideológicos".

[34] Traduzido do original em inglês; grifo do original.

[35] Idem.

[36] "O padrão que emerge é, claro, o do conflito, e não o do consenso; e esse padrão de conflito pode ser, ao menos parcialmente, entendido como a resultante de um conflito entre ideologias do *status quo* e ideologias baseadas na solidariedade de grupo." (Milroy e Milroy, 1997: 53, traduzido do original em inglês)

[37] No sentido que Roger Lass (1980) empresta ao termo.

[38] "O pressuposto forte dessa concepção era o de um sistema único e uniforme, pensado como um nível de grandes relações invariantes que conteria, em potência, todas as possibilidades expressivas materializáveis nos atos individuais de fala." (Faraco, 2008: 36)

[39] O leitor de hoje não pode deixar de perceber aí uma antecipação visionária de todo o conjunto de pesquisas com tal abordagem que viriam a ser realizadas a partir do surgimento do programa de pesquisa da Sociolinguística Quantitativa.

[40] Cf., por exemplo, a seguinte afirmação de Manuel Alvar: "É certo que o conhecimento da norma em falantes de um mesmo estrato social reflete tão somente as modalidades pessoais de cada um deles dentro dos elementos constitutivos da norma, mas um inventário de todas as camadas previsíveis permite-nos descobrir o funcionamento do sistema por cima de cada uma das particularidades de grupo ou classe." (apud Cunha, 1985: 55)

[41] "De fato, Bloomfield (1933, p. 347 e 365) e Hockett (1958, p. 439 e 444) sustentavam que a mudança fonética, em princípio, não pode ser observada por nenhuma das técnicas então disponíveis. Hockett escreve: 'Ninguém até hoje observou a mudança sonora: só temos podido detectá-la por meio de suas consequências. Veremos mais tarde que uma observação de fato mais direta seria teoricamente possível, embora impraticável'." (Labov, 2008 [1972]: 195)

[42] Cf. nota 12.

[43] "Antes de toda tentativa de definir a **norma**, a consideração lexicológica mínima descobre por trás do termo dois conceitos, um atinente à observação, o outro, à elaboração de um sistema de valores; um corresponde a uma situação objetiva estatística, o outro, a um feixe de intenções subjetivas." (Rey, 2001: 116)

[44] Essa distinção foi retomada e desenvolvida em Lucchesi (2002b).

[45] "Se a norma culta é a variedade que os letrados usam correntemente em suas práticas mais monitoradas de fala e escrita, a norma padrão não é propriamente uma variedade da língua, mas um construto sócio-histórico que serve de referência para estimular um processo de uniformização." (Faraco, 2008: 75)

[46] "Em matéria de linguagem, a construção ideológica da norma repousa por inteiro no conceito habilmente manipulado de *uso*." (Rey, 2001: 118)

[47] Essa distinção tem sido reconhecida e destacada por outros linguistas, como Faraco (2008: 23): "Algumas vezes [a expressão *norma culta*] é utilizada intercambiavelmente com a expressão *norma padrão*, como se fossem nomes diferentes do mesmo fenômeno – quando, de fato, se trata de duas realidades distintas".

[48] A questão da norma padrão no Brasil será retomada no capítulo "A polarização sociolinguística do Brasil: fundamentos ideológicos".

[49] Labov (2008[1972], p. 361) observa que, nos EUA, "alguns traços estereotipados são muito estigmatizados", enquanto "outros têm prestígio variável, positivo para algumas pessoas e negativo para outras".

A polarização sociolinguística do Brasil: formação histórica

A polarização sociolinguística é ainda o traço que define centralmente a realidade social da língua no Brasil, sendo o reflexo, no plano linguístico, das profundas contradições que marcam a sociedade brasileira, sobretudo no plano econômico, em função da violenta concentração de renda e da superexploração do trabalho. Essa profunda clivagem socioeconômica se projeta no plano ideológico das representações sociais da língua através do preconceito linguístico, que promove a forte discriminação das formas mais típicas da linguagem popular. Porém, as raízes históricas dessa divisão sociolinguística entre a elite socioeconômica e as classes subalternas e exploradas são longínquas e remontam ao início da colonização portuguesa das terras do Brasil.

No período que se estende do efetivo início da colonização portuguesa, ocorrido em São Paulo, com a fundação da Vila de São Vicente, em 1532, até os meados de 1695, com a destruição do Quilombo de Palmares e a descoberta das primeiras minas de ouro e pedras preciosas no território do atual estado de Minas Gerais, o Brasil se caracterizava pelo que Rosa Virgínia Mattos e Silva (2004) denominou *multilinguismo generalizado*. Nesse cenário, a polarização sociolinguística era muito mais radical, opondo a língua da minoritária elite colonial às centenas de línguas indígenas e africanas faladas pela população subjugada e escravizada, além das variedades bastante alteradas da língua portuguesa faladas por esse contingente e seus descendentes, entre as quais se podem incluir variedades pidginizadas ou mesmo crioulizadas do português, como as que hoje se falam em Cabo Verde e São Tomé e Príncipe, na África. Assim, o português era apenas uma das muitas línguas que se falavam na então América Portuguesa. Em São Paulo, a maioria da população de mamelucos (filhos de mulheres indígenas com colonizadores portugueses) falava a língua geral paulista, uma versão alterada do tupi das populações indígenas da região; e o português se restringia à administração e às primeiras escolas dos jesuítas. O mesmo se passava na província do Grão-Pará, que compreendia os atuais estados do Maranhão e do Pará, onde outra língua geral, baseada no tupinambá (uma língua muito aparentada com o tupi paulista), era a língua corrente, que foi levada pelos colonos e jesuítas na exploração da Amazônia, tanto que chegou até os nossos dias nos confins da Amazônia, sob o nome de nheengatu, ou seja, "língua boa" (Rodrigues, 1993, 2006). Na Bahia e em Pernambuco, a crescente importação de escravos africanos, requerida pela vigorosa economia açucareira, fez com que mais da metade da população dos engenhos de cana-de-açúcar falasse uma língua banto, principalmente o quimbundo, tanto que a primeira gramática dessa língua foi escrita por um jesuíta em Salvador e publicada em Lisboa, no ano de 1693 (Rosa, 2013). O objetivo da obra era o de preparar os sacerdotes para pregar para a grande massa de escravos africanos que vivia em Salvador e no Recôncavo Baiano. É provável que variedades pidginizadas de português tenham emergido no seio dessa população africana, que podem ter se crioulizado entre seus descendentes, tanto em torno dos engenhos de cana-de-açúcar quanto nos quilombos que se formavam com as crescentes fugas de escravos. No maior desses quilombos, Palmares, na região do atual estado de Alagoas, que chegou a reunir algumas dezenas de milhares de habitantes, variedades pidginizadas e crioulizadas de português podem ter convivido com uma língua africana franca, baseada no quimbundo (Silva Neto, 1963 [1951]: 85).

Esse cenário de multilinguismo generalizado começou a arrefecer no período seguinte, que se estende dos últimos anos do século XVII até o início do XIX, com um expressivo avanço da língua portuguesa, que resultou do vertiginoso crescimento demográfico da América Portuguesa; devendo-se destacar que, entre 1700 e 1800, a população do Brasil registrou o seu maior crescimento em termos relativos de todos os séculos, superando até o crescimento experimentado ao longo do século XX. No primeiro período, a população brasileira passou de cerca de 300 mil indivíduos para aproximadamente 3,3 milhões de indivíduos – um crescimento da ordem de 11 vezes; enquanto a população do país passou de pouco mais de 17 milhões, em 1900, para cerca de 170 milhões, em 2000; crescendo, portanto, 10 vezes (IBGE, 2000: 221). A multiplicação da população do Brasil ao longo do século XVIII deve-se, sobretudo, ao estupendo afluxo de colonos portugueses atraídos pela perspectiva do enriquecimento rápido que a descoberta das minas de ouro e diamantes descortinou, juntamente com o enorme crescimento da importação de escravos para atender às demandas por mão de obra da mineração. Estima-se que tenham vindo para o Brasil no período pelo menos 300 mil colonos portugueses de todos os estratos sociais, enquanto a importação anual de escravos passou de uma média anual de 7 mil indivíduos, nas últimas décadas do século XVII, para cerca de 15 mil ao longo do século XVIII (IBGE, 2000: 223). Esse maciço povoamento do sudeste brasileiro por colonos portugueses e seus escravos africanos promoveu um avanço da língua portuguesa sobre a língua geral paulista, embora a língua geral de base tupinambá ainda predominasse na província do Grão-Pará – ao que o governo português respondeu, em 1758, com um decreto que proibia o seu uso nessa região. A língua portuguesa também avançava do Nordeste para o Sudeste através do curso do rio São Francisco, em função do avanço da pecuária na Bahia, que buscava o grande mercado consumidor das *Minas Geraes*. A riqueza extraída das minas também promoveu o primeiro surto de urbanização, liderado pela cidade de Vila Rica de Ouro Preto, cuja população chegou a cerca de 100 mil habitantes no período. Essa cultura urbana e letrada produziu uma primeira variedade de português brasileiro, diferenciada da língua que seguia o seu devir próprio em Portugal. Apesar de todo esse avanço que pode ser definido como a *primeira grande onda de lusitanização* do território brasileiro (Lucchesi, 2006b), a polarização sociolinguística manteve sua radicalidade, porque o português ainda tinha de conviver com as línguas francas africanas que a população escrava conseguiu conservar, apesar da violenta opressão cultural e linguística, como atesta um manual de conversação em língua fon, proveniente do oeste africano (mais precisamente, da região do atual Benin), escrito por um português, em Vila Rica, entre 1731 e 1741 (Castro, 2002). Além disso, variedades pidginizadas e crioulizadas da língua portuguesa provavelmente continuavam a vicejar, sobretudo nos quilombos que se formavam, fora da influência cultural e linguística lusitana.

Uma *segunda onda de lusitanização* do Brasil, mais intensa e profunda, teve início com a fuga da Corte portuguesa para o Brasil, em 1808. As grandes transformações econômicas, sociais e culturais que esse fato desencadeou culminaram na independência política do Brasil, em 1822. Deve-se destacar o processo de urbanização decorrente da instalação, no Rio de Janeiro, de cerca de 25 mil membros da elite portuguesa, acompanhados de comerciantes, trabalhadores intelectuais e artistas de outras nacionalidades europeias. Com isso, o Rio de Janeiro tornou-se a grande urbe brasileira até pelo menos meados do século XX. Para além do avanço da língua portuguesa decorrente desse processo de urbanização, o fim do tráfico negreiro em 1850 eliminou a grande fonte do multilinguismo no Brasil, já que a população indígena continuava a ser dizimada e se refugiava nos confins do território brasileiro, em regiões de baixíssima densidade demográfica. Com o fim do tráfico negreiro, a importação de mão de obra europeia e asiática passou a ser estimulada pelo governo brasileiro, que encampou um projeto de "branqueamento" do país, o que não deixou de contribuir com o avanço de uma cultura europeia no Brasil (Lucchesi, 2009a).

Entretanto, todos esses avanços ainda esbarravam na dura realidade econômica e social. Até as primeiras décadas do século XX, o Brasil continuava a ser o que sempre fora: um país agroexportador, baseado na superexploração do trabalho braçal e com um reduzidíssimo mercado consumidor interno. É bem verdade que a homogeneização linguística do Brasil estava em um estado bastante avançado na passagem para o século XX. Decorridos mais de cinquenta anos do fim do tráfico negreiro, a presença de línguas africanas no Brasil era residual, sendo mais significativa em apenas alguns pontos, como em Salvador, na Bahia, onde o iorubá (língua africana da família kwa, proveniente da atual Nigéria) ainda subsistia, com algum vigor, entre a população afrodescendente (Rodrigues, 2004 [1933]). Porém, essa homogeneização linguística não resultou de uma assimilação dos contingentes da base da pirâmide social ao mercado consumidor e ao espaço da cidadania, mas da imposição da língua dominante em um processo de violenta opressão simbólica e cultural.

Se a polarização sociolinguística do Brasil deixou de opor línguas distintas – o português da elite colonizadora *versus* as línguas indígenas e africanas dos grupos subjugados –, ela ainda se manteve, no limiar do século XX, muito próxima a uma situação de *diglossia*. Nessa altura, quase 60% da população do Brasil era constituída por descendentes de africanos e índios, menos de 10% da população vivia nos centros urbanos, e o analfabetismo atingia mais de 75% dos brasileiros. A falta de qualquer política governamental de integração da antiga população escrava, após a abolição da escravatura, em 1888, condenou o grosso do contingente de afrodescendentes à pobreza e à marginalidade. Considerando que a imensa maioria do contingente de origem africana ou indígena era analfabeta e vivia no interior do país, esses segmentos deviam falar variedades bastante alteradas do português. E essa clivagem linguística era ainda acentuada no plano ideológico, na medida em que a elite brasileira importava deliberadamente os modelos linguísticos da antiga metrópole portuguesa para acentuar as diferenças idiomáticas que a separavam da plebe mestiça e negra, legitimando, assim, no plano linguístico, a violenta divisão que rasgava a sociedade brasileira, já marcada pela disseminada mentalidade racista.

A intensidade dessa polarização sociolinguística da sociedade brasileira, que se estende em um plano ligeiramente decrescente do início da colonização até o início do século XX, começou a diminuir, de forma mais efetiva, a partir da Revolução de 1930, que pôs fim à República Velha e desencadeou o processo de industrialização e urbanização da sociedade brasileira. Esse vertiginoso processo inverteu, ao longo do século XX, a distribuição da população brasileira no binômio *campo-cidade*, já que, neste limiar do século XXI, mais de 80% da população brasileira vive em centros urbanos – situação inversa àquela que se observava no país no início do século XX, quando menos de 10% da população vivia nas cidades.

O processo de industrialização e urbanização das sociedades modernas, como o ocorrido na Europa, tem como contraparte um processo de *nivelamento linguístico*, em que a variedade urbana de base letrada se impõe sobre o mosaico de dialetos rurais, cujas origens remontam à sociedade agrária feudal. A universalização do letramento em seus níveis mais elevados é um poderoso agente desse nivelamento linguístico, como se vê na Europa Ocidental, onde já se universalizaram os oito anos de escolarização. Assim, a consequência natural da industrialização e da urbanização da sociedade brasileira seria esse nivelamento linguístico, sob o modelo da norma urbana culta, que desencadearia mudanças "de cima para baixo" na norma linguística dos segmentos populares, sobretudo nos contingentes que se deslocaram para os grandes centros urbanos, eliminando em sua fala as formas e estruturas que antigas mudanças desencadeadas pelo contato entre línguas teriam produzido em sua formação histórica.

Contudo, as características do desenvolvimento tardio e dependente do capitalismo no Brasil, fundado na superexploração do trabalho, na concentração de renda e em um reduzido mercado consumidor interno, impediram que esse nivelamento linguístico atingisse o nível que seria esperado. Desse modo, a polarização sociolinguística do Brasil ainda mantém sua radicalidade, sobretudo no plano ideológico da avaliação social das variantes linguísticas, com o pesado estigma que se abate sobre as formas mais típicas da linguagem popular, que sintomaticamente são exatamente aquelas que decorrem das mudanças desencadeadas pelo contato do português com as línguas indígenas e africanas. Isso revela o caráter racista do preconceito linguístico, que constitui hoje uma das mais poderosas armas de dominação ideológica da elite socioeconômica brasileira.

Este livro focaliza o período histórico que define os contornos atuais da polarização sociolinguística do Brasil, ou seja, o período que se estende da Revolução de 1930 até os dias atuais. Porém, para contextualizar historicamente esse período em foco, será traçado, no presente capítulo, um breve panorama da história sociolinguística do Brasil, desde o início da colonização, focalizando precipuamente as situações de contato entre línguas. Com esse propósito, este capítulo se estrutura da seguinte maneira: em sua primeira seção, é traçado um breve panorama da formação histórica da sociedade brasileira, em que estão fincadas as raízes da polarização sociolinguística do Brasil; na segunda seção, enfrenta-se o desafio teórico de definir como o maciço contato entre línguas afeta a estrutura da gramática, recorrendo ao conceito de *transmissão linguística irregular* e buscando especificar os contextos sócio-históricos em que esse processo afetou a língua portuguesa nos primeiros séculos da formação da sociedade brasileira; na terceira seção, traça-se um panorama sociolinguístico do Império e da chamada República Velha, ou seja, o período histórico que antecede o período focalizado aqui.

O contato entre línguas e as raízes da polarização sociolinguística do Brasil

As origens históricas da polarização sociolinguística do Brasil remontam ao início da ocupação do território brasileiro pelos colonizadores portugueses. O projeto colonial lusitano fundou-se desde sempre no emprego do trabalho forçado. Inicialmente, os portugueses subjugaram e escravizaram os povos indígenas que habitavam a costa do Brasil, mas a baixa imunidade destes aos microrganismos trazidos pelos europeus, associada à sua resistência ao trabalho forçado, fez com que rapidamente escasseasse a mão de obra indígena, que se conservou apenas nas zonas periféricas da colônia (Ribeiro, 1995). Com isso, já em meados do século XVI, os portugueses passaram a recorrer à importação de escravos africanos para compor a força motriz do seu projeto colonial, fazendo do tráfico negreiro uma das mais lucrativas atividades econômicas do Brasil por mais de trezentos anos. Foi assim que o tráfico negreiro forneceu, até a sua extinção, em 1850, o grosso da mão de obra que movimentou as plantações de fumo e algodão e os engenhos de cana-de-açúcar do Nordeste, as minas de ouro e pedras preciosas do Sudeste e as fazendas de café do Vale do Paraíba e do Planalto Paulista (Lucchesi, 2009a). Portanto, historicamente, a polarização sociolinguística assenta no fato de o Brasil ter sido por mais de três séculos uma economia agroexportadora, baseada no trabalho escravo, na qual os proprietários eram falantes do português e os possuídos, seres humanos reduzidos à condição de coisa, falantes das línguas indígenas autóctones e das línguas africanas.[1]

No primeiro momento, a polarização se deu entre o português e as chamadas línguas gerais indígenas, como bem observou o historiador John Manuel Monteiro (1995: 165) neste comentário sobre a situação linguística da sociedade paulista do século XVI:

> A rigor, a divisão linguística de São Paulo refletia a estrutura bipolar da sociedade colonial; na sua base, os escravos provavelmente de diversos grupos étnicos e linguísticos comunicavam-se na versão paulista da língua geral[...]; no topo, a comunidade luso-brasileira diferenciava-se da massa cativa por meio do uso da língua colonial.

Com a consolidação da sociedade açucareira no Nordeste brasileiro no século XVII, a polarização passou a opor a língua da casa-grande, o português do senhor de engenho e dos seus, às línguas das senzalas, geralmente línguas da família banto, com proeminência para o quimbundo, o quicongo e o umbundo. No século seguinte, nas *Minas Geraes*, juntaram-se aos falantes dessas línguas os escravos do oeste africano – falantes principalmente do iorubá, do fon, do ewe e do hauçá – para se esfalfarem todos, nos rios e minas, na busca insana de ouro e pedras preciosas. Por fim, já no período do Império, voltaram a predominar nas grandes fazendas de café do Sudeste os escravos bantos; enquanto, na primeira capital do Brasil, predominavam os oeste-africanos, em geral os falantes do iorubá, aqui chamado nagô, língua que era usada pela população pobre de Salvador até o início do século XX (Rodrigues, 2004 [1933]).

Dessa forma, a polarização sociolinguística do Brasil se atualizou, durante os quatro primeiros séculos da formação da sociedade brasileira, na diglossia entre o português falado pela elite colonial e do Império e as centenas de línguas indígenas e africanas faladas pelos povos subjugados. Porém, a babel da massa explorada não subsistiu por muito tempo nas terras brasileiras, pois os filhos de índios apresados e africanos escravizados foram adquirindo, como língua materna, não as línguas de seus pais, mas o português defectivo que estes mastigavam, como segunda língua, em função da violenta repressão simbólica e cultural que a classe dos senhores exercia sobre a massa trabalhadora, sendo o uso das línguas nativas um dos principais alvos dessa sanha opressiva, visto que a comunicação de índios apresados e escravos africanos em sua(s) língua(s) nativa(s) era vista, não sem razão, como meio privilegiado para a preparação dos violentos motins que permeiam a história da sociedade escravocrata brasileira.

A língua indígena que se integrou ao projeto colonial, dita *geral*, foi proibida pelo governo português, em 3 de maio de 1757, por meio do famoso *Diretório que se deve observar nas povoações dos índios do Pará e Maranhão, enquanto Sua Majestade não mandar o contrário*, que foi transformado em lei por meio de alvará em 17 de agosto de 1758 (Edelweiss, 1969: 18-9). Entretanto, a mesma repressão linguística já era perpetrada contra os africanos sem carecer de lei para isso, pois estes eram sistematicamente misturados por traficantes e senhores, para que não pudessem usar suas línguas nativas em tramas de motins e rebeliões.[2] A dominação física e material era acompanhada pela violência simbólica e cultural, já que, para explorar ao máximo a força de trabalho do escravo, era preciso quebrar-lhe qualquer resistência psicológica. Anulando a identidade do escravo, este se ajustava ao papel de *coisa*, que lhe cabia na sociedade escravista.

> [...] a captura foi violenta, brutal, rompeu todo o seu relacionamento anterior, todas essas ligações que formam o indivíduo social, como os laços familiares, de clã e comunidade. Dessocialização que implica fatalmente em despersonalização. Ficou dito que o escravo se torna em coisa, objeto, mercadoria. (Mattoso, 2003: 101)

O reflexo linguístico de todo esse processo de exploração e opressão é que nenhuma língua africana subsistiu no Brasil, e só se conserva um quinto das línguas indígenas que existiam no início da colonização, a grande maioria delas em vias de extinção. O glotocídio das línguas indígenas decorreu, em grande medida, do genocídio dos povos que as falavam. Já o desaparecimento das línguas africanas se deveu ao pelourinho, onde os escravos aprendiam a "superioridade" do idioma de Camões.[3] Presentes em maior número e mais integrados na sociedade dos brancos, os africanos e seus descendentes desempenharam um papel decisivo na forma como o português se plasmou no Brasil, como bem observou o grande antropólogo Darcy Ribeiro (1995: 166):

> Concentrando-se em grandes massas nas áreas de atividade mercantil mais intensa, onde o índio escasseava cada vez mais, o negro exercia um papel decisivo na formação da sociedade local. Seria, por excelência, o agente da europeização que difundiria a língua do colonizador [...].

Mas o português que os descendentes dos escravos africanos difundiram por todas as regiões do país (secundados pelos descendentes dos índios aculturados remanescentes nas regiões mais periféricas) não era o português "castiço" da elite colonial, mas o português "estropiado" por sua aquisição precária e pela nativização mestiça.

Nesse processo, a polarização sociolinguística do Brasil logo passou a opor a língua dos colonizadores portugueses e de seus filhos brasileiros às variedades mais ou menos defectivas de português faladas como segunda língua por índios aculturados e africanos escravizados, juntamente com uma versão nativizada desse português defectivo, que se foi tornando a língua materna dos filhos mestiços e endógamos desses índios e africanos. Define-se, assim, em suas grandes linhas, o processo histórico que deu origem à polarização sociolinguística do Brasil. A ideia de uma formação polarizada da realidade linguística brasileira foi esboçada, já na década de 1950, por Serafim da Silva Neto (1963 [1951]: 88-9), da seguinte maneira:

> Dos princípios da colonização até 1808, e daí por diante com intensidade cada vez maior, se notava a dualidade linguística entre a nata social, viveiro de brancos e mestiços que ascenderam, e a plebe, descendente dos índios, negros e mestiços da colônia.

Nesse universo, situavam-se, de um lado, os pequenos centros urbanos, onde se encontravam os órgãos da administração colonial, sob forte influência cultural e linguística da metrópole. A elite colonial era naturalmente bastante zelosa dos valores europeus, buscando assimilar e preservar ao máximo os modelos de cultura e de língua vindos d'além-mar – o que é previsível nessas situações. Essa faceta da sociedade brasileira foi bem capturada pelo cronista que, em 1618, definiu o Brasil como "academia pública, onde se aprende com muita facilidade [o] bom modo de falar" (Abreu, 1956: 65). Esse caráter conservador e purista e a influência dos padrões europeus sobre o antecedente histórico da atual variedade culta do português brasileiro perdurariam até depois de proclamada a Independência, em 1822, quando passariam a conviver, lado a lado, manifestações exaltadas de nacionalismo indigenista e manifestações igualmente contundentes de subserviência linguística à antiga metrópole.[4]

A outra vertente da história sociolinguística do Brasil fincou suas raízes no interior, onde se concentrava a maior parte da população colonial. Fora dos reduzidos centros urbanos costeiros, a língua portuguesa passava por drásticas alterações, nas mais diversas regiões do interior do país, em função da aquisição precária que dela faziam negros e índios da nativização desse modelo defectivo de português falado como segunda língua entre os seus descendentes endógamos ou mestiços. O contexto socioeconômico do Brasil colonial guarda muitas semelhanças com o de outras regiões do continente americano, como o Caribe e o sul dos EUA, onde ocorreram processos de crioulização da língua europeia transplantada pelo segmento colonizador dominante. Esse processo resultou do contato massivo, radical e abrupto, desencadeado pelo sequestro e pela escravização de quase 10 milhões de africanos trazidos para o continente americano pelos colonizadores europeus entre os séculos XVI e XIX. Só para o Brasil, vieram mais de 40% desses africanos escravizados, estimando-se em mais de 4,3 milhões os africanos que chegaram ao Brasil trazidos pelo tráfico negreiro (Reis, 2000: 82). Entretanto, os registros históricos sobre variedades crioulizadas do português no Brasil são raros e vagos.[5] Assim, apesar de reunir condições sócio-históricas, em princípio, muito propícias à crioulização da língua do colonizador europeu, não ocorreu no Brasil um processo estável, duradouro e representativo de crioulização da língua portuguesa.[6]

Mas, se a crioulização do português no Brasil foi um fenômeno historicamente efêmero e localizado, não se pode pensar seriamente que a língua portuguesa não foi diretamente afetada pelo contato do português com as línguas africanas de forma bem ampla e representativa, até porque os afrodescendentes se integraram em todos os segmentos sociais e nos mais diferentes ramos da atividade econômica em todas as regiões do país – concentrando-se, porém, na base da pirâmide social, em função das adversidades históricas que tiveram de enfrentar.

A dimensão do contato entre línguas na história sociolinguística do Brasil pode ser mensurada pelo fato de que, ao longo de todo o período colonial e do Império, os portugueses e seus descendentes diretos sempre constituíram cerca de um terço da população brasileira; enquanto os outros dois terços eram constituídos por africanos, índios e seus descendentes, com larga predominância dos primeiros na maior parte do território brasileiro, como se pode ver na tabela a seguir, que contém uma síntese feita por Alberto Mussa a partir dos dados de demografia histórica disponíveis.

Tabela 1 – População do Brasil por etnia do século XVI ao XIX

Etnia	1583-1600	1601-1700	1701-1800	1801-1850	1851-1890
Africanos	20%	30%	20%	12%	2%
Negros brasileiros	–	20%	21%	19%	13%
Mulatos	–	10%	19%	34%	42%
Brancos brasileiros	–	5%	10%	17%	24%
Europeus	30%	25%	22%	14%	17%
Índios integrados	50%	10%	8%	4%	2%

Fonte: Mussa, 1991, p. 163.

A grande maioria dos africanos trazidos para o Brasil tinha de aprender o português nas condições mais adversas, trabalhando como escravos nas grandes plantações do interior do país, de modo que o conhecimento que adquiriam da língua do colonizador se restringia a um vocabulário reduzido, praticamente desprovido de estrutura gramatical. E as crianças que nasciam nessas condições não tinham, normalmente, acesso à língua nativa dos seus pais, muitas vezes falantes de línguas mutuamente ininteligíveis, tendo aquelas de desenvolver a sua língua materna a partir do modelo altamente defectivo de português falado como segunda língua por estes.

Na perspectiva das teorias da competência linguística, a aquisição da língua materna é um momento crítico na implementação de mudanças na estrutura da gramática (Lightfoot, 1999; Roberts, 2007). No caso dos filhos dos escravos nascidos no Brasil, que tinham de aprender sua língua materna tendo como modelo, em grande medida, variedades defectivas de português, faladas como segunda língua por boa parte dos adultos, no ambiente das senzalas, pode-se pensar em um contexto bastante favorável a alterações na gramática das variedades linguísticas que assim se formaram, mesmo que esse processo não tenha atingido um nível tal de intensidade que faça com que surja, na língua materna da nova geração, uma gramática inteiramente original, como ocorre na *crioulização* (Rougé, 2008).

Considerando que as variedades de português faladas por pelo menos dois terços da população brasileira passaram em sua história por situações desse tipo, definir os efeitos que o contato entre línguas teve na formação do português brasileiro é certamente uma das grandes questões que desafiam a pesquisa linguística brasileira na atualidade e um tema que ainda suscita controvérsia entre os linguistas.[7] A resposta a tal questão depende, primeiramente, de uma reflexão teórica sobre como a estrutura da língua pode ser afetada em situações de contato massivo e radical, como as que a expansão colonial europeia produziu em todas as regiões do planeta entre os séculos XVI e XIX. Há quase vinte anos, tem-se enfrentado esse desafio teórico por meio do desenvolvimento do conceito de transmissão linguística irregular (Baxter e Lucchesi, 1997; Lucchesi, 2003, 2008a; Lucchesi e Baxter, 2009). A seção seguinte contém uma síntese dessa reflexão.

O processo de transmissão linguística irregular e os seus reflexos na fala popular

As situações mais radicais de contato linguístico maciço e abrupto dão ensejo à formação, em um curto período de tempo, de uma língua nova, distinta em sua estrutura gramatical de todas as outras que concorreram para sua formação (uma *língua pidgin* ou uma *língua crioula*), não obstante seu léxico seja majoritariamente proveniente de apenas uma das línguas em contato e alguns mecanismos de sua gramática possam ter sido transferidos da gramática das outras línguas. A formulação do conceito de transmissão linguística irregular tem por objetivo estender o escopo das mudanças que afetam a estrutura gramatical da língua em situações de contato massivo, para além da *pidginização* e da *crioulização* típicas. Nessa perspectiva, o processo de formação de uma variedade linguística em situação de contato é concebido como variável em seus resultados, em função da gradação nos valores de certas variáveis sociais que o estruturam, de modo que seu resultado pode não ser um pidgin ou um crioulo, mas apenas uma variedade da língua que prevalece na situação de contato, com alterações em sua estrutura gramatical que podem inclusive resultar da transferência de estruturas das línguas dos outros grupos étnicos.

Historicamente, boa parte dos processos de pidginização e crioulização atualmente conhecidos tem sua origem entre os séculos XVI e XIX, durante a expansão colonial europeia e o sequestro de populações africanas para trabalharem como escravas no continente americano. Nesse contexto, o cenário prototípico da pidginização/crioulização compreende uma situação de sujeição, em que um grupo minoritário monolíngue subjuga grupos que muitas vezes falam línguas diversas e ininteligíveis entre si. Nessa situação, a língua do grupo dominante é imposta aos grupos dominados; mas sua aquisição é defectiva, pois ocorre em condições adversas, por indivíduos em sua maioria já adultos. E, por ser imposta, além das limitações decorrentes do fato desses indivíduos adultos não terem mais acesso aos dispositivos que facilitam a aquisição da língua materna, deve-se acrescer a potencial resistência cultural e ideológica que faz os indivíduos do grupo dominado não almejarem alcançar uma proficiência plena na língua de seu senhores. Dessa forma, o restrito código de comunicação que se estabelece entre dominantes e dominados é formado por um reduzido elenco de itens lexicais da língua do grupo dominante e é praticamente desprovido de qualquer estrutura gramatical regular; sendo denominado *jargão* ou *pré-pidgin* (Wekker, 1996; Field, 1997; Siegel, 2008).

Porém, a manutenção da situação de dominação por várias gerações dá ensejo à formação de uma nova comunidade de fala, cuja língua se desenvolve a partir desse jargão ou pré-pidgin, que, com o tempo, se transforma em uma língua pidgin ou em uma língua crioula. Portanto, a formação de uma variedade linguística numa situação de contato massivo e radical conjuga dois processos: (i) por um lado, a *eliminação* da estrutura gramatical no código linguístico que se forma na comunicação interétnica inicial; e (ii), por outro lado, a *reestruturação* gramatical dessa variedade linguística defectiva, à medida que a situação de contato se sedimenta, ocorrendo a sua socialização entre os grupos dominados (o *substrato*). Essa socialização entre os falantes do substrato é crucial para aumentar o espectro funcional do jargão ou pré-pidgin, o que desencadeia o processo de sua reestruturação gramatical (Whinnom, 1971).

Se o acesso aos modelos da língua-alvo se mantém muito restrito, o desenvolvimento da estrutura gramatical da nova língua tem de buscar fontes alternativas, restando assim duas possibilidades:

(i) os mecanismos gramaticais das línguas nativas dos falantes adultos dos grupos dominados (ou de uma dessas línguas falada por um grupo preponderante); e/ou

(ii) os dispositivos inatos que atuam na aquisição da língua materna, quando ocorre a nativização do jargão ou pré-pidgin entre as crianças que nascem na situação de contato, no seio dos grupos dominados.

No primeiro caso, os adultos desenvolvem a gramática do jargão, dando origem a uma língua pidgin.[8] No segundo caso, a nativização do jargão ou pré-pidgin dá origem à língua crioula.[9] Assim, as estruturas da gramática nativa dos falantes adultos dos grupos dominados ou os dispositivos inatos que atuam na aquisição da língua materna com um *input* muito restrito constituem os dois possíveis fatores que determinam o processo de crioulização. A opção por um desses dois fatores define cada um dos dois grandes modelos da crioulística contemporânea: respectivamente, a hipótese do substrato e a teoria dos universais linguísticos.

Para Derek Bickerton (1981, 1984, 1999), um dos expoentes da teoria dos universais linguísticos, as crianças que nascem na situação de contato maciço entre línguas são os grandes agentes da crioulização, particularmente nas sociedades de plantação (*plantations*). Assim, essa primeira geração é responsável pela formação de uma nova língua "a partir de um *input* que pode ser caracterizado como um *jargão* ou um *pré-pidgin* que tem pouca, senão nenhuma, estrutura gramatical" (1999: 49). Bickerton não usa a expressão *transmissão linguística irregular*, embora esta se ajuste bem ao seu raciocínio, pois ele distingue o processo de aquisição da língua materna que ocorre na crioulização, um caso historicamente excepcional, do processo mais comum de aquisição da língua materna em que determinada língua natural passa de uma geração para outra, o que Bickerton chama de normal.

> No caso normal, a criança de quatro ou cinco anos terá de adquirir uma larga gama de itens gramaticais – o bastante para satisfazer os requerimentos estruturais (em termos de regência, anáfora e assim por diante) impostas pela sintaxe inata. No caso crioulo, para a maioria desses requerimentos, a criança simplesmente não tem como encontrar os itens gramaticais apropriados no pidgin. Portanto, os itens gramaticais terão que ser criados através do recrutamento de itens lexicais, num processo em que o significado referencial desses itens é enfraquecido. (Bickerton, 1999: 57)[10]

Assim, a regramaticalização do pré-pidgin só ocorreria quando da sua nativização, pela ação do que Bickerton denominou *bioprograma de aquisição da linguagem*, dispositivo mental comum a todos os indivíduos da espécie humana responsável pelo desenvolvimento gramatical da língua materna das crianças.

Porém, essa visão de Bickerton está longe de ser consensual no âmbito da crioulística, enfrentando forte oposição dos defensores da hipótese do substrato (Lefebvre, 1998, 2001; Lumsden, 1999; Siegel, 2008). Para estes, os falantes adultos das outras línguas, ao se comunicarem utilizando um conjunto reduzido de itens lexicais da língua do grupo dominante, mobilizariam os mecanismos gramaticais de suas línguas nativas, criando as condições para a ocorrência do processo que Siegel (2008) denomina *transferência* de mecanismos gramaticais do substrato, ou para o processo de *relexificação*, formulado por Lefebvre (1998, 2001), em que os falantes das outras línguas usam um item lexical da língua-alvo com as especificações gramaticais de um item similar de sua língua nativa. Os processos de transferência/relexificação implementariam a estrutura gramatical do pidgin, e essa estrutura estaria potencialmente disponível para o processo de aquisição da língua materna das crianças nascidas na situação de contato, sobretudo nos casos em que o substrato fosse relativamente homogêneo. Segundo Siegel (2008), seria necessário que, pelo menos, a primeira geração de indivíduos nascidos entre os grupos dominados, na situação de contato, fosse bilíngue na língua de seus pais e no pidgin para que o processo de transferência se implementasse efetivamente.

Independentemente de sua fonte (bioprograma de aquisição da linguagem ou processos de transferência/relexificação), o fato é que as línguas crioulas caracterizam-se pela recomposição original da sua estrutura gramatical conjugada à manutenção de grande parte do léxico da língua do grupo dominante (denominada, por essa razão, *língua lexificadora*), submetidos esses itens lexicais a uma forte redução em sua substância fonética. Nesse sentido, o processo de transmissão linguística irregular pode ser esquematizado, em sua essência, através da perda de elementos gramaticais que ocorre na formação do jargão ou do pré-pidgin, seguido de um processo, mais ou menos longo, de *regramaticalização*, cujo resultado, nas situações de contato mais radical e abrupto, é a formação da gramática original da língua crioula ou da língua pidgin plenamente expandida.

Os elementos reconstituídos no processo de reestruturação gramatical acabam por constituir aquelas características mais gerais entre as línguas pidgins e crioulas. Destacam-se aí:

(i) o sistema de tempo, modo e aspecto (TMA)

Diferentemente do caráter flexional das línguas europeias, as línguas crioulas delas derivadas indicam as categorias gramaticais de tempo, modo e aspecto do verbo por meio de partículas pré-verbais que resultam da gramaticalização de verbos auxiliares ou advérbios da língua lexificadora. O quadro a seguir oferece alguns exemplos do sistema de TMA do crioulo cabo-verdiano.

Sistema de TMA no crioulo português de Cabo Verde		
n'fla	Forma básica (Passado)	eu falei
n'stá duenti	Forma básica (Presente)	eu estou doente
n'tá fla	Presente	eu costumo falar
n'já stá duenti	Passado	eu estive doente
n'já tá duenti	Passado habitual	eu estava doente

As línguas crioulas se caracterizam pela otimização dos recursos gramaticais. No crioulo de Cabo Verde (ou cabo-verdiano), assim como na maioria das línguas crioulas, a forma básica (não marcada morficamente) dos verbos de ação (como o verbo "falar") expressa o passado – tal é o caso de "fla" (proveniente da forma portuguesa "fala" ou "falar"), que significa "falei, falou etc.", e não "falo, fala etc.". Já no caso dos verbos de estado (como o verbo "estar"), a forma básica "stá" expressa o presente, como se pode ver no quadro apresentado. O aspecto funcional é decisivo nesses casos; pois os verbos de ação são mais empregados no passado, enquanto os verbos de estado são mais empregados no presente. Consequentemente, os verbos de ação devem receber uma marca específica – a partícula pré-verbal *tá* (derivada da forma portuguesa "está" ou "estar") – para expressar o valor de presente, ao passo que os verbos de estado recebem a partícula pré-verbal "já" (derivada do advérbio português "já") para expressar o passado. As partículas pré-verbais de TMA podem se combinar, como no caso de "*n'já tá duenti*", que expressa o valor de passado habitual nos verbos de estado.

(ii) preposições

As preposições da língua-alvo costumam desaparecer no processo de erosão gramatical. Para suprir essa lacuna, pode ocorrer a gramaticalização de verbos, que passam a funcionar como preposições, em um processo denominado *serialização verbal*. Tal é o caso do verbo "dar", que pode ser empregado como preposição de dativo, como se vê nos exemplos a seguir.

Crioulo português de São Tomé (forro)
a. "*complá sapé da mu*" ("comprar chapéu para mim"; lit. "comprar chapéu dá eu")
Crioulo francês do Haiti
b. "*pot veso bã-m*" ("trazer o vaso para mim"; lit. "trazer o vaso dá eu")

(iii) os complementizadores

O mesmo acontece com os complementizadores. Nesse caso, são os verbos *dicendi* que são gramaticalizados para desempenhar tal função, em outro caso de serialização verbal. Vejam-se os seguintes exemplos:

Crioulo inglês do Suriname (sranan)

a. *"M sab **tak** a true."*   *tak* (do inglês *talk*, "falar")
   *"I know **that** it is true".* (inglês)
   "Eu sei **que** é verdade."

b. Crioulo inglês de Serra Leoa (krio)
   *"A no **se** yu bízi."*   *se* (do inglês *say*, "dizer")
   *"I know **that** you are busy."* (inglês)
   "Eu sei **que** você é ocupado."

Entretanto, nem todos os elementos da gramática da língua-alvo são reconstituídos no processo de pidginização/crioulização. Os mecanismos gramaticais que mais rápida e frequentemente se perdem na situação inicial de contato são os que normalmente não são reconstituídos. Esses mecanismos apresentariam as seguintes características:

(i)   não têm valor referencial (ou seja, a sua presença ou ausência não altera o conteúdo informacional da frase);

(ii) expressam conceitos mais abstratos e formais no repertório dos conceitos gramaticais;

(iii) a relação entre a sua forma e o conteúdo que expressam (*i.e.*, a relação entre o seu *significante* e o seu *significado*) é menos imediata e transparente.

Entre os mecanismos gramaticais que mais frequentemente se perdem na formação das línguas pidgins e crioulas, destacam-se:

(i) os morfemas de pessoa e número do verbo

Em geral, as línguas crioulas empregam uma única forma verbal inflexionável para todas as pessoas do discurso. Tal forma deriva da forma verbal do infinitivo ou da forma da 3ª pessoa do singular da língua lexificadora, no caso dos crioulos portugueses. O quadro a seguir exibe um exemplo do forro, crioulo português falado na Ilha de São Tomé, na África.

Ausência de morfologia de pessoa e número no crioulo português de São Tomé	
n'sebê	eu sei
bo sebe	você sabe
e sebe	ele/ela sabe
nõ sebe	nós sabemos
nãsse sebe	vocês sabem
inem sebe	eles sabem

A consequência dessa eliminação da flexão de pessoa e número dos verbos é que as línguas crioulas são línguas em que o sujeito referencial tem de ser obrigatoriamente expresso, não permitindo a omissão do pronome sujeito como ocorre em português – exemplo (1). Nos crioulos, a presença do pronome sujeito é obrigatória, e sua omissão torna a frase agramatical – exemplos (2) e (3), respectivamente.

(1)   "Fomos à praia."

(2)   "*Nu bai mar.*" (cabo-verdiano – dialeto de Santiago)
       "*Non ba plé.*" (são-tomense – forro)
       "Nós fomos à praia." (lit. "nós vai mar/praia")

(3)   *Bai mar.*"[11]
       *"*Ba plé.*"
       (lit. "vai mar/praia.")

(ii) a concordância nominal de gênero e número

As línguas crioulas normalmente não exibem os mecanismos morfossintáticos da concordância de gênero e de número no sintagma nominal (SN), mesmo quando esses mecanismos estão presentes na língua-alvo europeia, como se pode ver nos exemplos a seguir, retirados de dois crioulos de base lexical portuguesa.

Crioulo português de Cabo Verde
"*kes* mininu *tá fla tcheo.*"
"Aqueles meninos falam demais."
(lit. "Aqueles menino fala muito.")
Crioulo português da Guiné-Bissau
"*I tene **un** fiju fêmya **bonitu**.*"
"Tem uma filha bonita."
(lit. "Tem um filho fêmea bonito.")

Portanto, as línguas pidgins e crioulas caracterizam-se tanto pela originalidade de seus elementos gramaticais em face de sua língua lexificadora quanto pela ausência de certos elementos da morfologia aparente que eventualmente possam figurar nesta.

Porém, a intensidade do processo de reestruturação da variedade linguística que se forma na situação de contato deve ser vista como função de um conjunto de variáveis sociais que estruturam cada situação histórica em particular. Para que ocorra a crioulização ou a pidginização típicas, certas condições históricas e demográficas são requeridas, como as encontradas nas chamadas *plantations* e nas comunidades quilombolas:[12]

(i) a retirada de populações de seu contexto cultural e linguístico de origem, como ocorreu com o tráfico negreiro;

(ii) a concentração de um grande contingente linguisticamente heterogêneo sob o domínio de um grupo dominante numericamente muito inferior (a referência nas situações típicas de crioulização seria a proporção de pelo menos dez indivíduos dos grupos dominados para cada indivíduo do grupo dominante);

(iii) a segregação da comunidade que se forma na situação de contato.

Da superioridade numérica do substrato e da segregação da nova comunidade linguística resulta o pouco acesso dos falantes das outras línguas e de seus descendentes aos modelos gramaticais da língua-alvo. Esse pouco acesso, que já havia determinado o alto grau de erosão gramatical na formação do jargão ou pré-pidgin, determina igualmente as condições para a reestruturação gramatical que dá origem à língua pidgin ou crioula. Assim, a crioulização implica "uma ruptura tipológica com a língua 'mãe' ou 'lexificadora'" (Rougé, 2008: 63).

Porém, numa situação em que as possibilidades de integração dos grupos dominados na sociedade dominante são maiores e a proporção de falantes da língua-alvo é maior que dez por cento, o acesso dos falantes do substrato aos modelos gramaticais da língua dominante aumenta, inibindo potenciais processos de pidginização e crioulização. Por gozar de maior prestígio, as variantes gramaticais da língua do grupo dominante acabam por prevalecer sobre as estruturas das línguas do substrato que eventualmente poderiam estar sendo transferidas para a variedade linguística em formação, inibindo a pidginização. Por outro lado, com a maior assimilação dos mecanismos gramaticais da língua-alvo pelos indivíduos dos grupos dominados e, principalmente, pelas crianças que nascem na situação de contato, essas últimas passam a ter menos lacunas nos dados linguísticos primários para a aquisição da língua materna, sustando um potencial processo de crioulização. Ocorrem, nessas condições, processos de *transmissão linguística irregular de tipo leve*, que dão ensejo a variedades linguísticas cuja gramática exibe processos de variação e mudança induzidos pelo contato, sem que estes sejam suficientemente intensos para gerar uma gramática qualitativamente distinta daquela da língua-alvo, como ocorre na crioulização. A consequência mais notável dos processos de transmissão linguística irregular de tipo leve é a *erosão* dos mecanismos gramaticais que não têm valor informacional, tais como as marcas de concordância nominal e verbal, a flexão de caso e as regras de movimento, mecanismos associados aos traços não interpretáveis na interface semântica (Chomsky, 1995).

A partir dos dados históricos disponíveis, tem-se argumentado aqui que predominaram na formação histórica das variedades populares do português brasileiro as situações de transmissão linguística irregular de tipo leve, e não as situações de crioulização típica (Lucchesi, 2003, 2008a, 2008b, 2009a, 2012b, 2012c, 2013). O primeiro grande fator a inibir uma crioulização generalizada do português no Brasil teria sido a proporção de falantes da língua dominante. Como visto na Tabela 1, a proporção de população branca no Brasil nunca foi inferior a 30%, crescendo significativamente no século XIX, quando chegou quase à metade do total. Esse quadro está bastante distante das situações prototípicas de crioulização, como as do Caribe. No Haiti e na Jamaica, a proporção de brancos sempre ficou abaixo dos 10% durante praticamente todo o período da colonização, e o nível de miscigenação entre brancos e negros foi muito mais baixo do que o observado no Brasil. Portanto, de modo geral, o acesso aos modelos da língua-alvo no Brasil sempre foi maior do que o que se observa na crioulização.[13]

O segundo grande fator que inibiu a crioulização no Brasil foi a possibilidade de inserção do escravo na sociedade branca, particularmente no caso do escravo nascido no Brasil, o chamado *crioulo*. "Em geral, criados na família do senhor, são fortemente marcados pela sociedade dos brancos" (Mattoso, 2003: 105). Se os crioulos se integraram muito mais intensamente na sociedade branca que os africanos, sendo esses muito mais refratários à assimilação em função de suas solidariedades étnicas, a integração daqueles não deixou de ser marcada por violentas contradições, que geravam profundos conflitos identitários.

> Para [os crioulos] os problemas de adaptação serão muito sérios, pois cedo sentem a necessidade de serem melhor assimilados pelo conjunto da sociedade. Nessa sociedade escravista, existe uma certa mobilidade que permite passar da condição de mão de obra à de artesão de talento ou de doméstico, por exemplo, que proporciona também a esperança de uma alforria, se os valores ocidentais

forem aceitos e renegada a herança africana. De fato, o forro é sempre relançado pelos brancos à comunidade dos negros; esta comunidade negra está sempre a receber novos membros vindos da África e não está necessariamente disposta a repelir a herança cultural dos ancestrais para aceitar a dos brancos. Daí as tensões que agitam continuamente o grupo escravo, retesado entre seus crioulos e seus africanos: *o crioulo é objeto de contradições irredutíveis entre brancos e negros*, é o que tem maiores dificuldades em assumir a sua individualidade, pois os poderosos esperam muito mais do escravo crioulo que do africano, e não lhe perdoam coisa alguma. (Mattoso, 2003: 105-6)[14]

No plano linguístico, as diferenças entre os africanos e crioulos são flagrantes. Para os primeiros, chegados ao Brasil já adultos, a aquisição do português foi difícil e penosa, e, muitas vezes, a língua se tornou uma barreira intransponível, particularmente no caso dos chamados *boçais*, escravos africanos que não conseguiam dominar minimamente a língua dos brancos.[15] De outra parte, "o problema da língua não se apresenta ao escravo crioulo, criado desde pequeno na língua dos senhores" (Mattoso, 2003: 112). Contudo, resta saber que tipo de português falavam os crioulos. Certamente não era o português castiço dos *reinóis*;[16] pois, em sua formação, a *criança-escrava* também se via dividida entre o mundo da casa-grande e o mundo da senzala.

A criança-escrava brasileira é, pois, na maioria dos casos objeto de uma dupla criação, pouco coerente: de um lado, seus senhores e os homens livres requerem sua afeição, porém desejam que ela seja obediente, humilde e fiel. De outro lado, sua comunidade tenta absorvê-la. [...] Nas grandes propriedades – engenhos de açúcar e fazendas de café, por exemplo – as crianças pretas passeiam em total liberdade, participando das brincadeiras das crianças brancas e das carícias de todas as mulheres da casa [...]. Quantas mães escravas morrem de parto ou nunca têm tempo para cuidar do filho! Quer se torne "cria da casa", isto é, um protegido privilegiado do senhor que o tem em sua casa, ou burro de carga de meninos e meninas brancos, o pequeno escravo está bem mais perto da comunidade branca do que da negra. [...] Em geral, a criança das fazendas somente vive nesses alojamentos de escravos durante a noite. [...] O grupo de escravos vive de noite, possui seus ritos, sua moral, às vezes também a sua língua, suas práticas sociais. Assim, pois, a criança-escrava tem de travar exatamente o mesmo combate que o negro mais velho, vindo já adulto da África, e aprender dois mundos entre os quais deverá optar. (Mattoso, 2003: 128-9)

Esse cenário dual pode ser tomado como tipicamente propício ao processo de transmissão linguística irregular de tipo leve. Assim, não seria um *crioulo português* o *português do crioulo* do Brasil, embora a fala dos escravos crioulos tenha sido, em geral, marcada por uma ampla variação no emprego dos mecanismos gramaticais sem valor informacional, como as regras de concordância nominal e verbal e a flexão de caso dos pronomes pessoais, entre outros. Porém, tais processos de variação e mudança induzidos pelo contato também se insinuariam na fala dos filhos dos colonizadores nascidos no Brasil, mas especificamente no contexto das grandes propriedades rurais do interior; pois, como bem adverte a historiadora Kátia Mattoso (2003: 128):

> As crianças brancas, com as quais [a criança-escrava] passa frequentemente os seus primeiros anos, não são também criadas pelas escravas, as mucamas africanas? Crianças brancas e pretas são embaladas pelas mesmas canções de ninar, aprendem os mesmos contos vindos da África, hoje inteiramente incorporados ao folclore brasileiro.

Assim, a polarização étnica começa a se matizar, ao se infiltrar na população branca brasileira, em certos contextos. Essa diluição do caráter étnico da polarização sociolinguística do Brasil se manifesta também no fenômeno da mestiçagem, que alcançou enormes proporções na história do Brasil, tornando-se assim crucial para o entendimento de nossa formação sociolinguística. Portanto, o terceiro e último fator decisivo para que não tenha ocorrido um processo representativo de crioulização do português no Brasil foi a *miscigenação racial*.

Desde o início da colonização, a miscigenação entre o colonizador europeu e as mulheres índias e negras foi geral e constituiu um dos vetores mais importantes da composição étnica da sociedade brasileira; ao ponto de o contingente de mestiços, no final do século XIX, atingir quase a metade da população do Brasil (cf. Tabela 1). O impacto demográfico traz em si a força profunda de um processo sociocultural de grande amplitude. Alargando os níveis de interação sociocultural entre os setores dominantes e dominados, a miscigenação foi descortinando progressivamente, para os indivíduos mestiços, novas vias que lhes permitiam uma maior integração na sociedade.[17] Como consequência disso, tem-se a posição particular do *mestiço*, que, apesar de estar a cavaleiro entre duas culturas, tende historicamente a buscar a sua integração na cultura do grupo dominante.

De fato, a condição social do mestiço e a sua crescente representatividade demográfica lhe proporcionaram condições muito mais favoráveis à integração cultural e à ascensão social do que as que se ofereciam para o seu ancestral africano, ou mesmo ao crioulo negro. Se foram poucos os mulatos que, como Machado de Assis e José do Patrocínio, alcançaram a elite da sociedade brasileira, pode-se pensar que um expressivo contingente deles estava perfeitamente integrado nas disposições socioculturais hegemônicas.[18] Os reflexos, no plano linguístico, desse esforço do mestiço em se integrar aos padrões culturais da sociedade branca são inegáveis; como atestado na observação perspicaz (ainda que um tanto quanto romântica) do conhecido poema de Oswald de Andrade, em que o negro e o bom brasileiro dizem "me dá um cigarro", enquanto o mulato, *mais realista que o rei*, diz "dá-me um cigarro". Antonio Risério (2004: 356) descreve assim a situação sociológica e linguística do mestiço:

> É mais do que célebre, entre nós, a figura do preto ou do mulato pernóstico. Freyre cita anúncios de escravos fugidos, publicados em nossos jornais oitocentistas, que se referem a casos de escravos mulatos "muito poetas no falar". Antes que mero estereótipo racista, o "mulato pernóstico" é uma entidade que, sobrevivendo ainda hoje, deve ser examinada em pauta sociológica. A empáfia linguística nasce no terreno movediço da busca mulata de símbolos de *status*. "Se falasse com demasiada simplicidade, talvez as más línguas denunciassem traços da herança materna [negra] em seus versos", disse Roger Bastide, a propósito de Silva Alvarenga. O mulato sempre quis "falar difícil", porque via a classificação social de quem sabia "falar difícil".

Portanto, as condições em que eram criadas as crianças brancas e negras, bem como as possibilidades de assimilação dos crioulos, aprofundadas no caso bem representativo dos mestiços, fizeram com que a população afrodescendente não ficasse apartada em guetos sociais de um mundo cultural à parte, do qual a formação de uma língua crioula claramente diferenciada da língua dominante seria a contraparte linguística esperada. No Brasil, as variedades de português mais faladas pelos crioulos e mestiços, escravos ou forros, não continham estruturas gramaticais originais, frutos de uma reestruturação profunda que chegasse a incorporar elementos exógenos, como ocorre na crioulização típica, mas uma indelével erosão em certas áreas da gramática.

E no que concerne a essa erosão, vale fazer uma distinção em relação aos casos mais radicais de transmissão linguística irregular. Na crioulização típica, como a que se deu na formação dos crioulos portugueses de Cabo Verde e São Tomé e Príncipe, na África, a flexão de número e pessoa do verbo e a concordância nominal foram totalmente eliminadas; enquanto, no Brasil, o resultado foi um amplo processo de variação no uso desses mecanismos gramaticais que se observa até os dias de hoje nas variedades populares do português brasileiro, sem que esses mecanismos tenham sido totalmente eliminados.

O quadro a seguir apresenta uma comparação entre o forro e o português popular do Brasil, no que concerne à flexão de número e pessoa do verbo. No caso do forro, os morfemas verbais de pessoa e número se perderam completamente; já no português popular do Brasil, o que se observa é um amplo processo de variação que atinge quase todas as pessoas do discurso (com exceção da 1ª pessoa do singular), de modo que a flexão verbal se reduz praticamente a duas formas: a da 1ª pessoa do singular ("sei") e uma forma não marcada para as demais pessoas do discurso ("sabe"):

Crioulo de São Tomé (forro)	Português popular do Brasil
n'sebê	eu sei
bo sebe	tu/você sabe
e sebe	ele/ela sabe
nõ sebe	nós sabe/sabemo(s)
nãsse sebe	vocês sabe(m)
inem sebe	eles/elas sabe(m)

Em algumas variedades do português popular brasileiro contemporâneo que foram mais diretamente afetadas pelo contato entre línguas em sua formação, como é o caso de algumas comunidades rurais isoladas, formadas majoritariamente por descendentes diretos de escravos africanos (muitas delas oriundas de antigos quilombos), a variação pode alcançar também a 1ª pessoa do singular, registrando-se construções do tipo "eu sabe", como ocorre na comunidade de Helvécia, situada no extremo sul do estado da Bahia (Lucchesi, Baxter e Silva, 2009).

Mantidas em relativo isolamento até bem pouco tempo, essas comunidades rurais afro-brasileiras isoladas constituem verdadeiros sítios arqueológicos da história sociolinguística do Brasil.[19] A fala dessas comunidades é particularmente importante para uma perspectiva que busca integrar o contato entre línguas na formação histórica das variedades populares do português brasileiro, pois essas comunidades seriam as que supostamente mais teriam sido mais afetadas pelo processo de transmissão linguística irregular em sua formação. Nesse sentido, é possível encontrar no vernáculo dessas comunidades certas características típicas de situações de contato massivo que não se encontram em outras variedades populares do Brasil. Para além da variação na concordância verbal com a 1ª pessoa do singular já referida, registra-se a variação na concordância de gênero no interior do sn, como exemplificado a seguir:

(1)   "Às vez, duece **um** *pessoa*, num tem **um** *ambulança*."

Além da erosão gramatical mais intensa, que ultrapassa os limites da variação observada nas demais variedades populares do português brasileiro, certos processos de variação observados na fala das comunidades rurais afro-brasileiras podem ser vistos como o resultado de um processo de mudança mais profundo, um processo original de reestruturação da gramática desencadeado pelo contato entre línguas. Tal é o caso de um fenômeno denominado *alternância dativa* (Lucchesi e Mello, 2009a, 2009b). Na gramática das comunidades rurais afro-brasileiras isoladas, bem como em algumas outras variedades populares do português do Brasil, é possível encontrar ao lado da estrutura canônica de dativo em português – a construção de *dativo preposicionado* (CDP), exemplificada em (2) – a construção de *objeto duplo* (COD), exemplificada em (3).

(2) "Eu dei *o remédio* **aos/para os meninos**."
(3) "Eu dei **os menino** *o remédio*."

A COD, que está presente nas línguas germânicas, como o inglês e o holandês,[20] não faz parte do repertório gramatical das línguas românicas, tanto que, para um falante brasileiro urbano escolarizado, a construção em (3) se apresenta como agramatical (cf. última seção do capítulo anterior). Dessa forma, a presença da COD em variedades populares do português brasileiro pode ser vista como um caso de reestruturação original da gramática desencadeado pelo contato entre línguas. Essa hipótese é reforçada pelo fato de que a COD é geral entre as línguas crioulas, mesmo aquelas derivadas de línguas românicas, como pode ser visto no exemplo (4), retirado do fa d'ambu, um crioulo de base lexical portuguesa falado na ilha de Ano Bon, no golfo da Guiné, na África:

(4) "*Malía da pe-d'eli tabaku.*"
(lit. "Maria deu pai dela tabaco.")
"Maria deu tabaco ao pai dela."

As análises sociolinguísticas da fala das comunidades rurais afro-brasileiras isoladas têm revelado que o processo de nivelamento linguístico em curso atualmente na sociedade brasileira, como referido na introdução deste capítulo, tende a eliminar os traços mais notáveis provenientes do contato linguístico que marca a origem dessas comunidades. Tal é o caso do cenário observado na gradação geracional relativa à variação na concordância de gênero no SN, exemplificada em (1) anteriormente, na comunidade afro-brasileira de Helvécia, situada no extremo sul do estado da Bahia.[21] Como se pode ver no Gráfico 1, o nível de aplicação da regra de concordância sobe à medida em que passa da geração de falantes mais idosos para as gerações de falantes mais jovens.

Gráfico 1 – Aplicação da regra de concordância de gênero no sintagma nominal em Helvécia (BA) segundo a variável faixa etária (pesos relativos)

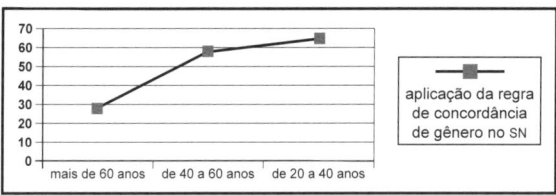

Fonte: Lucchesi, 2009b, p. 310.

Um cenário semelhante é encontrado na variação na concordância verbal junto à 1ª pessoa do singular (*e.g.*, *eu trabalha* por *eu trabalho*) na mesma comunidade de Helvécia. O Gráfico 2 revela uma reta ascendente no que concerne à aplicação da regra de concordância quando passa dos falantes mais velhos para os mais novos.

Gráfico 2 – Aplicação da regra de concordância verbal com a 1ª pessoa do singular em Helvécia (BA) segundo a variável faixa etária (pesos relativos)

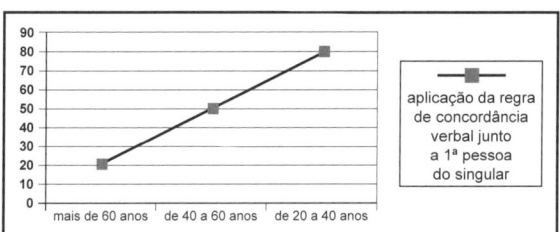

Fonte: Lucchesi, Baxter e Silva, 2009, p. 344.

Em relação à alternância dativa, exemplificada anteriormente em (2) e (3), o cenário é análogo. Tendo um universo de observação mais amplo, que abarca quatro comunidades rurais afro-brasileiras isoladas de diferentes regiões do interior do estado da Bahia, a análise sociolinguística revela que a construção de duplo objeto (*e.g.*, "eu dei os meninos o remédio"), decorrente de uma mudança induzida pelo contato entre línguas, é mais frequente na fala das pessoas mais velhas, decaindo à medida que passa para as faixas dos falantes mais jovens, como se pode ver no Gráfico 3.

Gráfico 3 – Uso das construções de duplo objeto em quatro comunidades rurais afro-brasileiras isoladas segundo a variável faixa etária (pesos relativos)

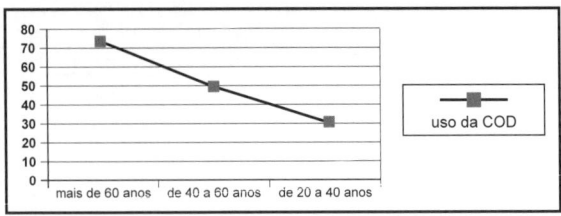

Fonte: Lucchesi e Mello, 2009a, p. 450.

Essa tendência atual de mudança que se observa em vários aspectos da gramática das comunidades rurais afro-brasileiras isoladas pode dar fundamento empírico à seguinte interpretação histórica. Os indivíduos que formaram tais comunidades, entre os séculos XVIII e XIX, eram africanos, que falavam o português como segunda língua em graus variados de proficiência, e seus descendentes já nascidos no Brasil, que utilizavam uma variedade nativizada desse português falado como segunda língua. Portanto, esses indivíduos falavam variedades da língua portuguesa com uma forte *simplificação morfológica*, em função das mudanças de tipo pidginizante/crioulizante inerentes ao processo de transmissão linguística irregular, conforme descrito anteriormente. Nesse contexto, praticamente não seriam usadas marcas de pessoa e número do verbo nem a regra de concordância nominal, e as construções de objeto duplo deveriam ser a mais frequente forma do dativo.

Com o passar do tempo, o contato dessas comunidades com o mundo exterior foi aumentando à medida que elas se integravam, de alguma maneira, no sistema econômico brasileiro. O deslocamento de seus membros para trabalhar fora, o comércio, os meios de comunicação de massa (primeiramente o rádio, depois a televisão) e a criação de escolas públicas foram os vetores de mudanças linguísticas que levaram os modelos do português *standard* para dentro dessas comunidades, promovendo a substituição das antigas formas geradas pelo processo de transmissão linguística irregular. As *diferenças geracionais* apresentadas nos gráficos são o *reflexo sincrônico* desse *processo diacrônico de mudança* atualmente em curso nessas comunidades.

Esse cenário de mudança observado nas comunidades rurais afro-brasileiras pode ser projetado, em sua essência, para todas as variedades populares do português brasileiro (definidas aqui da seguinte maneira: os padrões coletivos de comportamento linguístico dos indivíduos de pouca ou nenhuma escolaridade do interior do país e das grandes cidades). É claro que esses processos de mudança linguística estariam bem mais avançados nessas outras variedades populares, do que nas comunidades afro-brasileiras, principalmente nas grandes cidades, onde os efeitos da escolarização e, sobretudo, dos meios de comunicação de massa seriam bem mais intensos. Nessas variedades, as formas mais desviantes que o contato entre línguas produziu no passado já teriam desaparecido, ou seriam residuais; e nos processos de variação e mudança ainda remanescentes, a frequência das variantes de prestígio social, como o emprego das regras de concordância nominal e verbal, seria certamente maior do que a frequência de uso dessas regras nas comunidades oriundas de antigos quilombos que ainda se subsistem no interior do Brasil.[22] De qualquer forma, esse quadro geral de mudança é um dos parâmetros que definem a norma popular na equação da polarização sociolinguística do Brasil que aqui é proposta.

A constatação de que estão em curso processos de mudança que recompõem a morfologia flexional do nome e do verbo nas variedades populares do português coloca a seguinte questão: quando e como essa morfologia flexional se perdeu? Acreditamos que a interpretação aqui proposta, com base no conceito ampliado de transmissão linguística irregular, se ajusta bem ao quadro observado na atualidade, produzindo uma explicação adequada para o processo histórico que plasmou o quadro de variação que se observa atualmente. Nesse sentido, as evidências empíricas e sua interpretação servem para refutar a hipótese defendida por Naro e Scherre (2007) de que a variação no emprego das regras de concordância nominal e verbal que se observa hoje no português popular brasileiro seria o resultado de uma *deriva secular* de origem românica.[23]

Outras evidências empíricas de que as principais características que hoje distinguem as variedades do português da norma culta podem ser encontradas na obra de escritores do século XIX. Para caracterizar personagens africanos ou crioulos, escravos ou libertos, em romances e peças teatrais, seus autores recorriam aos traços típicos da fala desses indivíduos. Não obstante o caráter estereotipado de tais representações, estas servem para revelar a natureza étnica da polarização sociolinguística do Brasil na época. Com efeito, a notável diferenciação entre a língua da elite branca e fala de africanos, crioulos e mestiços, no cenário sociolinguístico do Império e da Velha República, deixa muito claro que o contato entre línguas teria desempenhado um papel central na clivagem linguística do Brasil. Esse fato não escapou aos observadores mais argutos da época. Tal é o caso do médico e antropólogo *avant la lettre* Nina Rodrigues (2004 [1933]: 149-50), que sobre o tema assim se posicionou, no início do século XX:[24]

> Ora, não tem crédito a errônea suposição de que fosse quase nula a influência das línguas pretas no falar brasileiro, quando muito se limitando a legar ao português alguns termos africanos. Menos nessa riqueza de vocabulário do que nas construções sintáticas e modos de dizer, deve buscar-se a origem de numerosos desvios populares brasileiros do genuíno português da velha metrópole.

Procuraremos demonstrar, na seção seguinte, que, no período histórico que se estende da proclamação da Independência, em 1822, até o fim da República Velha, em 1930, a natureza étnica da polarização sociolinguística do Brasil era muito mais evidente do que a que se observa agora no limiar do século XXI, em decorrência dos efeitos do processo acelerado de industrialização e urbanização da sociedade brasileira ocorrido no século passado.

A situação sociolinguística do Brasil no Império e na República Velha

A estratificação sociolinguística do Brasil no século XIX era visivelmente marcada pela cor da pele dos falantes. No topo da pirâmide social, principalmente nas cidades, vivia a elite branca, que falava uma variedade de português fortemente lusitanizada, mas que não deixava de exibir seus brasileirismos (sobretudo, no caso das elites rurais).[25] A influência reinol aprofundou-se com a vinda da Corte para o Rio de Janeiro, em 1808, trazendo para bem perto dos brasileiros os modelos da "língua civilizada e pura" da Europa – no que se pode definir como segunda grande onda de lusofonização do Brasil.[26] Em contrapartida, na base da pirâmide social, estavam os escravos, negros e mulatos. Entre estes se distinguiriam o português falado como segunda língua pelos africanos e a variedade de português falada como língua materna pelos crioulos. Essa polarização entre a fala da elite, muito influenciada pela forte presença portuguesa no Rio de Janeiro (cidade que passou a sediar a Corte),[27] e a fala alterada da população subalterna foi assim descrita pelo historiador Luiz Filipe de Alencastro (1997: 34):

> Na corte, a presença mais densa de portugueses – donos da língua –, e a presença igualmente densa de africanos e seus descendentes – deformadores da língua oficial –, levou a população alfabetizada a moldar a sua fala àquela do primeiro grupo.

Já no que concerne à fala do segundo grupo, Tânia Alkmin (2008: 255-7) consegue deslindar representações distintas para a linguagem dos africanos e para a linguagem dos crioulos analisando textos literários da época ("peças de teatro e prosa de ficção"):

> os africanos são representados como usuários de uma variedade de português bem distanciada daquela falada pelos brancos, que os identifica como estrangeiros: sua "pronúncia" e suas frases os tornam quase incompreensíveis. Quanto aos crioulos, a representação parece incidir sobre marcas fonéticas e gramaticais que os caracterizam como falantes de um "mau português", diferente do português dos brancos, próprio a indivíduos grosseiros, socialmente inferiores.

Nessa representação, todos os *traços desviantes* colocados na boca dos personagens crioulos eram também utilizados na representação dos africanos. No plano da morfossintaxe, esses traços seriam:

(i) ausência de flexão de caso nos pronomes pessoais ("encontrei *ela*", "Siá Dona mandou *nós*");

(ii) ausência de artigo ("*Marido* já tinha morrido", "*Moleque* está fino no namoro");

(iii) ausência de concordância nominal de número ("cinco vassoura", "meus filho");

(iv) ausência de concordância verbal ("*nós* agora *vai* ajusta conta", "*meus filho tudo* também *fica* livre").

O que diferencia os africanos dos crioulos são os seguintes fenômenos que aparecem na representação linguística dos primeiros, mas não aparece na fala dos últimos:

(i) ausência de concordância nominal de gênero ("numa campo", "sua pai", "esse gente");

(ii) ausência de concordância verbal junto à 1ª pessoa do singular ("eu vai", "eu toca").

Não obstante a limitação de dados provenientes da representação estética (e estereotipada) da fala de um grupo social, pode-se inferir que os autores buscavam dar forma aos processos de variação e mudança que a transmissão linguística irregular de tipo leve teria produzido no português nativizado dos crioulos; enquanto, no caso dos africanos, a representação teria como foco as variedades bem defectivas de português falado como segunda língua, que, nos termos aqui definidos na subseção anterior, constituiriam formas de pré-pidgin ou pidgin restrito. Nesse caso, as simplificações e lacunas no processo gramatical de formação de frases seriam, naturalmente, mais radicais na variedade pidginizada.[28] Contudo, não se deve deixar de ter em conta que haveria níveis muito diferenciados de proficiência de português entre os africanos: desde o pré-pidgin até um bom domínio do português como segunda língua. Mas pode-se imaginar que seriam poucos os africanos em cuja fala não se insinuassem as marcas (um acento, uma entoação) de falante estrangeiro – as poucas exceções seriam de indivíduos que teriam chegado ao Brasil muito jovens, vivendo em condições que lhes possibilitaram alcançar uma proficiência muito próxima à do falante nativo; mas esses casos seriam raros.

Em relação ao português dos crioulos, o estudo de Alkmim não informa se a falta de concordância, de artigo e de flexão de caso era sistemática ou variável na fala dos personagens. De qualquer modo, havia crioulos que teriam assimilado mais esses mecanismos gramaticais e aqueloutros que os teriam assimilado menos. É bom observar que os escravos representados (ou aqueles com que os autores tinham contato) eram escravos dos centros urbanos ou que viviam em seus arredores. No interior do país, as variedades de português usadas por africanos e crioulos deveriam ser bem mais alteradas.

Conquanto haja elementos suficientes para identificar, ao longo do século XIX, uma clivagem linguística de caráter eminentemente étnico no Brasil entre a linguagem dos brancos e as linguagens de africanos e seus descendentes, não se pode desprezar certos fatores que iam matizando as cores dessa separação. Entre esses fatores, destacam-se, por um lado, o fato de muitos filhos brancos de colonos portugueses serem criados em estreito contato com crianças afrodescendentes, com forte participação de mulheres africanas ou crioulas. Por outro lado, encontra-se o amplo processo de miscigenação racial (cf. seção anterior). Assim, entre os extremos do branco português (ou brasileiro glotologicamente lusitanizado) e o africano falante de um português pidginizado, encontram-se diversos matizes etnolinguísticos. Com isso, há registros históricos de alguns dos traços linguísticos próprios dos negros crioulos (mas não de todos) também na fala de brancos e mestiços dos estratos sociais mais baixos (Alkmin, 2008: 257-60).

Exatamente no meio do século XIX, o fim do tráfico negreiro determinou o início da saída de cena do elemento africano, criando as condições objetivas para a mudança semântica através da qual o adjetivo *crioulo* passou a ser sinônimo de *negro*. Pode-se dizer que se iniciou aí a fase da definitiva lusofonização do Brasil, já que deixaram de ingressar na sociedade brasileira expressivos contingentes de falantes de línguas africanas,[29] ao tempo em que prosseguia o extermínio e a expulsão dos povos indígenas. Esse processo conduziu à situação atual do Brasil, que Rosa Virgínia Mattos e Silva (2004) definiu como *multilinguismo localizado*, já que mais de 98% da população brasileira tem apenas o português como língua materna, enquanto menos de 1% da população é constituída pelos remanescentes dos povos indígenas que ainda conservam suas línguas nativas e estão concentrados, em sua grande maioria, nas regiões mais remotas da Amazônia e do Planalto Central. O restante da população brasileira, que não é falante de português, é constituído por imigrantes, principalmente, europeus e asiáticos, entre os quais predominam as seguintes línguas: alemão, italiano, japonês, ucraniano, polonês, pomerano e, mais recentemente, espanhol sul-americano, coreano e chinês.[30]

A presença atual dessas colônias de imigrantes remete, no passado, a outro fator que contribuiu para diluir o caráter étnico da polarização sociolinguística do Brasil: a imigração, entre a segunda metade do século XIX e as primeiras décadas do século XX, de cerca de três milhões de imigrantes europeus e asiáticos, na sua maioria alemães, italianos e japoneses. Alhures descrevi assim os efeitos linguísticos da inserção desses imigrantes na sociedade brasileira:

> Esses indivíduos, em sua maioria, ingressaram na base da pirâmide social brasileira, dirigindo-se para o trabalho braçal no campo. Nessas circunstâncias, o modelo mais acessível de que dispunham para a aquisição do português era o proveniente dos capatazes e dos trabalhadores braçais locais, que, em sua maioria, eram ex-escravos africanos e seus descendentes nativos e/ou mestiços; ou seja, o português que esses imigrantes (principalmente os italianos e japoneses) aprenderam, ao chegar ao Brasil, era o português popular, com as profundas mudanças decorrentes do processo de transmissão linguística irregular por que este havia passado. Contudo, em função de seu *background* cultural, esses imigrantes ascenderam rapidamente na estrutura social, levando para o seio da norma culta algumas das estruturas de matiz popular que haviam adquirido em seu contato inicial com o português. Pode-se perceber, assim, o caminho através do qual certas estruturas da fala popular penetraram nas camadas médias e altas, implementando as mudanças "de baixo para cima" que se observam no português culto. (Lucchesi, 2001a: 109-10)[31]

As condições objetivas para o ingresso desses contingentes de trabalhadores no país foram dadas com o processo que culminou na abolição da escravatura, em 1888, e que criou a necessidade de substituição da mão de obra escrava pelo trabalho assalariado. As violentas contradições geradas pelo regime escravista e a ideologia dominante na época impediram em grande parte um melhor aproveitamento dos ex-escravos. Em vez disso, as classes dominantes no Brasil encamparam um projeto de "branqueamento" da sociedade brasileira, estimulando a imigração de trabalhadores europeus e asiáticos e adotando medidas que favorecessem sua inserção no sistema econômico nacional.

Enquanto isso, a população de ex-escravos era entregue à própria sorte, já que a abolição não foi acompanhada de qualquer política governamental de reinserção desse contingente no sistema produtivo do país. A situação dos ex-cativos, após o colapso das empresas escravagistas, teria importantes implicações sociolinguísticas. Sem alternativas para subsistir, muitos retornaram às propriedades dos seus ex-senhores e voltaram ao trabalho em uma situação informal de escravidão. Outros ocuparam terras pouco produtivas e abandonadas com o colapso de grandes propriedades escravagistas, dedicando-se à agricultura de subsistência; situação semelhante à daqueles que abandonaram as grandes fazendas e se deslocaram ainda mais para o interior, em busca de locais ermos, onde pudessem livremente subsistir; confinando estes últimos com a situação em que já se encontravam as comunidades quilombolas, de escravos foragidos. Se se dirigiam para as cidades, os ex-escravos eram mantidos nas periferias, em situação de grande miséria e marginalidade, dando origem a um problema urbano que só se viria a agravar ao longo do século seguinte.

Assim, marginalizados do grande processo produtivo e abandonados pelas políticas públicas, os ex-escravos formaram nichos, nos quais se conservariam as variedades de português mais alteradas pelo contato linguístico, podendo-se imaginar que, nos casos mais radicais das comunidades mais isoladas, puderam subsistir variedades crioulizadas do português, como o "dialeto crioulo" descoberto, no início da década de 1960, em Helvécia, no extremo sul do estado da Bahia por Carlota Ferreira (1984), ou mesmo o uso restrito de línguas francas de base lexical africana, de que derivam as línguas secretas descobertas na década de 1980 nas comunidades de Cafundó, em São Paulo (Vogt e Fry, 2013), e Tabatinga, em Minas Gerais (Queiroz, 1998).

Dessa forma, as condições da polarização sociolinguística do Brasil, ao longo do século XIX, não se teriam alterado significativamente. No plano da composição étnica, o projeto de branqueamento da sociedade brasileira se refletiria no aumento na proporção de brancos, como se pode ver no cotejo dos números dos censos de 1850 e 1890:

Tabela 2 – População do Brasil por etnia em 1850 e 1890

Grupo étnico	1850		1890	
	Nº de hab.	%	Nº de hab.	%
Brancos	2.482.000	31%	6.302.198	44%
Mestiços	2.732.000	34%	5.934.291	41%
Negros	2.500.000	31%	2.097.426	15%
Índios	302.000	4%	–	–
TOTAL	8.020.000	100%	14.333.915	100%

Fonte: IBGE.

Pelos números do censo de 1890, os brancos passaram a constituir o grupo mais numeroso, aproximando-se da metade do total da população. Contudo, como nele se insere o expressivo contingente de imigrantes estrangeiros, isso não implica, como se argumentou anteriormente, a difusão do português da elite lusitanizada, mas, ao contrário, a difusão de variantes do português alterado da base social, criando condições para futuras mudanças "de baixo para cima". Por outro lado, deve-se ter em conta que nesse número de brancos também se inserem os mulatos que ascendiam socialmente e "embranqueciam", cujo caso mais notável foi o do grande romancista Machado de Assis. Nesse caso, ocorreria a difusão do padrão linguístico dominante, já que a assimilação dos modelos linguísticos da elite era geralmente condição para a ascensão social (cf. seção anterior). Contudo, o embranquecimento dos mestiços que ascendiam não impediu o crescimento desse grupo étnico, que, ainda assim, era o segundo mais numeroso, o que atesta mais uma vez a enorme proporção do fenômeno da miscigenação racial na formação da sociedade brasileira.

Já o grupo dos negros foi o que proporcionalmente mais diminuiu, representando em 1890 menos da metade da sua participação em 1850. Isso se deve ao fim do tráfico negreiro e ao aprofundamento da miscigenação. É certamente nesse último grupo que se localizam as variedades mais alteradas de português, tanto em suas versões nativizadas quanto nas versões pidginizadas; essas últimas já francamente minoritárias em 1890. Já os mestiços representavam o *continuum* que ligava essas variedades profundamente alteradas da língua portuguesa ao português das elites brancas (incluindo-se também nesse *continuum* os brancos dos estratos sociais mais baixos). Não se pode precisar a proporção de mestiços que falavam variedades mais próximas do português das elites e daqueloutros que falavam variedades mais alteradas. Porém, considerando-se os números da urbanização e da escolaridade da época, pode-se inferir, com muita segurança, que os primeiros eram bem minoritários.

Em 1890, dos 14.333.915 habitantes do Brasil apenas 976.038 viviam nas cidades, o que corresponde a 6,8% do total. Ou seja, mais de 90% da população do país vivia no campo. Além disso, o nível de letramento era baixíssimo, e o de analfabetismo na população com mais de 5 anos era superior a 82%, proporção semelhante à do censo de 1872. Esse percentual subia um pouco entre as mulheres, e praticamente a totalidade dos ex-escravos era analfabeta, já que a educação escolar foi proibida aos cativos até "a segunda metade do século XIX, em plena desagregação do sistema servil" (Mattoso, 2003: 113). Como a maior parte dos brancos se concentrava nas cidades, onde também estava o grosso das escolas, pode-se imaginar que, no campo, onde se concentrava a maioria dos negros e mulatos, se falavam variedades de português muito alteradas pelo contato entre línguas, provavelmente em uma intensidade superior àquela retratada pelos textos literários da época. E o abismo que separava essas variedades linguísticas do português da elite urbana só havia se aprofundado ao longo do século XIX.

Como dito anteriormente, a elite colonial era muito zelosa dos valores linguísticos da metrópole portuguesa, porém a pequena proporção de colonos portugueses nos primeiros séculos e o estreito contato que estes mantinham com a população autóctone e de escravos africanos teria produzido alterações significativas, particularmente na fala dos filhos brasileiros desses colonos, tanto que há registros históricos consistentes de que o antecedente histórico da atual norma culta brasileira já exibia uma visível diferenciação em relação à sua congênere europeia no século XVIII (Lucchesi, 2006b, 2008b; Noll, 2008).

Mas foi também ao longo do século XVIII, com o primeiro surto de urbanização ocorrido no Brasil, com o surgimento das cidades mineiras e o maciço afluxo de portugueses, atraídos pela corrida em busca de ouro e pedras preciosas, que a influência linguística de Portugal voltou a se intensificar. Esse processo se aprofundou com a transferência da Corte portuguesa para o Brasil, em 1808. E, ao contrário do que se poderia imaginar, a influência linguística da ex-metrópole não decaiu com a independência política do país, proclamada por um príncipe português, em 1822. Se a construção de uma nova nação produzia, no plano ideológico, exacerbadas manifestações nativistas, como a criação de símbolos nacionais e a negação de todas as representações que evocassem o passado colonial predominou, no plano da língua, a visão purista que pregava abertamente a submissão ao cânone gramatical português. A hegemonia alcançada por essa visão purista e discricionária de língua nada mais era do que o reflexo mais notável do projeto racista e de exclusão social das classes dominantes brasileiras.[32]

Portanto, pode-se dizer, em linhas gerais, que a polarização sociolinguística do Brasil assumiu suas feições bem notáveis no final do século XIX, com o modelo de língua socialmente hegemônico renegando até as alterações que se haviam difundido entre a elite branca e eram de uso corrente mesmo para boa parte dos brasileiros letrados. No entanto, a maioria da população do país, no interior, ainda falava variedades de português profundamente alteradas pelo contato entre línguas. E essa situação não se alterou significativamente com a proclamação da República, em 1889; pois, durante a primeira fase do novo regime, conhecida como República Velha, as disposições da infraestrutura socioeconômica e da superestrutura político-ideológica não se alteraram significativamente em relação ao período do Império. O Brasil continuou a ser um país essencialmente rural e agroexportador, cuja economia se caracterizava pela superexploração do trabalho braçal e por um reduzidíssimo mercado consumidor interno. Os números da urbanização e da escolaridade deixam isso bem claro.

Em 1920, a população urbana mal passava de 10% do total (3.287.448 cidadãos em um total de 30.635.605 habitantes), e o analfabetismo alcançava quase três quartos do total da população com mais de 5 anos de idade (18.549.085 de analfabetos em um total de 26.042.442 habitantes, o que equivale a 71,2% do total).[33] As mudanças significativas nesse cenário só começariam a ocorrer efetivamente com a Revolução de 1930, que desbancou do governo federal as elites fundiárias de São Paulo e Minas Gerais. As mudanças que se gestavam na sociedade brasileira nessa época foram anunciadas, de forma vigorosa e visionária, na Semana de Arte Moderna de 1922. Como movimento artístico-literário, fundamentalmente orgânico e engajado, o Modernismo não apenas antecipou as mudanças que viriam a constituir a sociedade brasileira contemporânea, mas contribuiu também para sua implementação. Não foi à toa que entre os principais alvos da crítica modernista estavam o purismo gramatical e a linguagem artificial da literatura parnasiana. Os efeitos linguísticos das transformações socioeconômicas pelas quais o país passou a partir da Revolução de 1930 serão objeto do próximo capítulo deste livro.

Notas

[1] "As consequências sociais de uma estrutura fortemente polarizada entre senhores e escravos são bem conhecidas da literatura e suas consequências civis e políticas não necessitam ser exageradas." (Oliveira, 2002: 42)

[2] "[...] a maioria dos senhores tomavam a precaução de misturar as etnias por motivo de segurança." (Mattoso, 2003: 101)

[3] Faz-se aqui uma referência irônica à posição ideológica de linguistas e filólogos que, em meados do século XX, "explicavam" a violenta homogeneização linguística do Brasil em função de uma superioridade cultural e linguística do colonizador português. Os trechos a seguir são bastante expressivos a esse respeito. A vitória do português não se deveu à imposição violenta da classe dominante. Ela explica-se por seu prestígio superior, que forçava os indivíduos ao uso da língua que exprimia a melhor forma de civilização (Silva Neto, 1963 [1951]: 67). Foi, portanto, a superioridade axiológica e pragmática da cultura ocidental que levou à vitória da língua portuguesa no Brasil sobre as suas concorrentes indígenas e africanas. (Elia, 1979: 18)

[4] Essa questão será tratada no capítulo "A polarização sociolinguística do Brasil: fundamentos ideológicos".

[5] Uma das poucas exceções é este testemunho, do século XVII, do padre Antônio Viera (apud Silva Neto, 1988: 600): "[...] falam [as nações asiáticas] a língua portuguesa, mas cada uma a seu modo, como no Brasil os de Angola, e os da terra [...]. A língua portuguesa tem avesso e direito: o direito é como nós a falamos, e o avesso como a falam os naturais [...]. Eram línguas partidas, não só porque eram muitas línguas, senão porque eram línguas e meias línguas: meias línguas, porque eram meio portuguesas e meio de todas as outras nações que as pronunciavam e as mastigavam a seu modo."

[6] "Não é improvável que alguns pidgins, ou mesmo crioulos, tenham-se desenvolvido em certos lugares, mas sem ter alcançado a estabilidade que lhes permitiria expandir-se no espaço e sobreviver por longo tempo." (Rodrigues, 2006: 155, nota 2)

[7] Sobre essa polêmica, veja-se: Gregory Guy (1981, 2005); Anthony Naro e Marta Scherre (1993, 2007); Dante Lucchesi (2001a, 2002a, 2012c, 2013); Dante Lucchesi e Alan Baxter (2006); Volker Noll (2008); e Rosa Virgínia Mattos e Silva (2004).

[8] A língua pidgin não é normalmente uma entidade discreta, pois a pidginização é vista mais como um *continuum* de gramaticalização (Mühlhäusler, 1986), que vai do pré-pidgin até o pidgin expandido, o que tem uma gramática compatível com o de uma língua natural qualquer, como é o caso do tok pisin, em Papua-Nova Guiné, que é usado também na modalidade escrita, inclusive em situações formais, na imprensa e no Parlamento.

9 A ideia mais geral entre os crioulistas (linguistas que se dedicam ao estudo das línguas pidgins e crioulas) é de que a língua crioula surge com a nativização da língua veicular usada na comunicação interétnica na situação de contato linguístico massivo, seja essa variedade um pré-pidgin, seja um pidgin já formado.

10 Traduzido do original em inglês.

11 O asterisco antes da frase indica que ela é *agramatical*, ou seja, é percebida pelos falantes da língua como mal formada, revelando que quem a produziu não é um falante nativo da língua.

12 Os entrepostos militares e comerciais que os europeus estabeleceram na costa africana, na Oceania e no sul do continente asiático também possibilitaram a formação de línguas crioulas, mas a diferença no contexto sócio-histórico implicou algumas diferenças *vis-à-vis* os crioulos de plantação e quilombolas, tais como uma manifesta influência gramatical do substrato em alguns pidgins e crioulos do sul da Ásia e da Oceania (Siegel, 2008).

13 Essa é uma afirmação de caráter geral. Ela não se aplica a certas situações específicas, como o caso de propriedades rurais do interior em que o número de escravos excedia em muito a proporção geral ou, ainda, o das comunidades de escravos foragidos, os quilombos. Essas situações foram mais representativas no século XVII, particularmente no Nordeste, região que concentrava os grandes engenhos de cana-de-açúcar, bem como os grandes quilombos, como o Quilombo de Palmares, em Alagoas. Nesse universo, é possível que tenham se formado pidgins e crioulos portugueses. Porém, essas variedades linguísticas teriam desaparecido, sem deixar testemunhos históricos (Lucchesi, 2009a).

14 Itálico acrescido.

15 Aqueles que adquiriam proficiência em português eram chamados *ladinos*.

16 O termo significa nascido no reino, e era empregado para denominar os portugueses que viviam no Brasil.

17 Cf. Silva Neto (1963 [1951]: 114]): "Em 1686, o rei de Portugal obrigava os jesuítas a receitar, em suas escolas, os meninos e os moços pardos, isto é, mulatos. Foi esse um passo decisivo na assimilação do mestiço, pois que as letras os habilitavam a penetrar na tradição do grupo dominante. Em 1774, uma lei conferiu aos pardos acesso 'a todos os ofícios, honras e dignidades, sem discriminação por questão de cor'". Veja-se também esta passagem de Risério (2004: 353): "ao longo desse mesmo século XVIII, conquistando sua alforria com maior facilidade, mulatos foram se distanciando mais e mais dos pretos. Foram avançando na hierarquia social".

18 "Ao tempo em que Saint-Hilaire visitou o Brasil, aí por 1820, eram mulatos, na maior parte, os atores de teatro. Cerca de vinte anos depois, informam Kidder e Fletcher, meticulosos observadores da vida brasileira: 'Alguns dos homens mais inteligentes que encontrei no Brasil – homens educados em Paris e Coimbra – eram descendentes de africanos cujos antepassados foram escravos [...]. Alguns dos mais assíduos estudantes que aí [na Biblioteca Nacional] se encontram são mulatos'." (Silva Neto, 1963 [1951]: 114])

19 Um amplo estudo da fala de quatro comunidades rurais afro-brasileiras do interior do estado da Bahia veio à luz com a publicação do livro *O português afro-brasileiro* (Lucchesi, Baxter e Ribeiro, 2009).

20 Em inglês, por exemplo, se pode dizer tanto "*I gave the medicine to children*" quanto "*I gave children the medicine*".

21 A comunidade afro-brasileira de Helvécia, por conta de suas particularidades históricas, é uma das poucas comunidades afro-brasileiras que pode ter passado por um processo mais profundo de transmissão linguística irregular, em níveis próximos ao da crioulização típica (Ferreira, 1984).

22 Uma descrição geográfica dessas comunidades pode ser encontrada em Anjos (2000).

23 Para uma análise crítica da visão de Naro e Scherre, veja-se Lucchesi (2012c).

24 Além dessa manifestação de Nina Rodrigues, veja-se a seguinte passagem do verbete *Elemento negro* do *Dicionário gramatical* do filólogo brasileiro João Ribeiro, de 1889: "Sob a denominação de *Elemento negro* designamos toda a espécie de alterações produzidas na linguagem brasileira por influência de línguas africanas faladas no Brasil. Essas alterações não são tão superficiais como afirmam alguns estudiosos: ao contrário, são bastante profundas, não só no que diz respeito ao vocabulário, mas até ao sistema gramatical do idioma".

25 Desde pelo menos o século anterior, essas nascentes marcas linguísticas da brasilidade eram invariavelmente estigmatizadas na metrópole portuguesa (Noll, 2008: 157-65).

26 A primeira grande onda de lusofonização teria ocorrido no século XVIII, com o enorme afluxo de portugueses atraídos pela descoberta de ouro e pedras preciosas no atual estado de Minas Gerais (cf. introdução deste capítulo).

27 Para uma análise sócio-histórica do impacto linguístico da maciça presença de portugueses na cidade do Rio de Janeiro no século XIX, veja-se Callou e Avelar (2002).

[28] Considerando o conjunto de análises de aspectos da morfossintaxe da fala de quatro comunidades rurais afro-brasileiras isoladas do interior do estado da Bahia (algumas delas oriundas de antigos quilombos) publicado em Lucchesi, Baxter e Ribeiro (2009), é interessante observar que esses traços mais radicais da fala dos africanos, em uma representação do século XIX, são exatamente aqueles que, na atualidade, se encontram na fala das pessoas mais velhas de apenas uma das quatro comunidades estudadas nessa pesquisa. A comunidade de Helvécia, situada no extremo sul do estado da Bahia, é exatamente a única para a qual se tem evidências de ter passado, em sua formação, por um processo mais radical de transmissão linguística irregular, em um nível muito próximo ao de crioulização (Ferreira, 1984).

[29] Nina Rodrigues (2004 [1933]) registra, no final do século XIX, o uso de seis línguas africanas nos bairros populares de Salvador, com predomínio do iorubá. Essa situação deve ter-se prolongado até o início do século XX, quando essas línguas desapareceram na sociedade baiana, conservando-se, na atualidade, apenas um código restrito de base iorubá que é utilizado como língua ritual nas cerimônias do candomblé.

[30] Não há dados estatísticos oficiais sobre a proporção dos falantes dessas línguas na população total do país.

[31] Pode-se pensar aí numa sorte de seleção operada pela reação dos falantes nativos cultos, que seriam mais refratários às estruturas populares mais estigmatizadas e mais tolerantes com as estruturas que colidissem menos com as estruturas mais normais do seu falar. Porém, como os julgamentos linguísticos não operam no plano abstrato da estrutura linguística, mas nas relações sociais e ideológicas que efetivamente se travam entre os falantes (Lucchesi, 2004), pode-se pensar que os falantes nativos das classes média e alta seriam muito menos refratários aos desvios linguísticos de um emergente empresário de origem europeia do que diante dos padrões de fala dos trabalhadores braçais negros e mulatos.

[32] Essa questão será retomada no capítulo "A polarização sociolinguística do Brasil: fundamentos ideológicos".

[33] Fonte: IBGE, Censo de 1940.

A polarização sociolinguística do Brasil: condicionamentos socioeconômicos

O *algoritmo da polarização* ora proposto para a interpretação da realidade sociolinguística do Brasil fundamenta-se em uma concepção de língua na qual o sistema de relações estruturais se integra no conjunto de disposições estruturantes da atualização desse sistema em um contexto sócio-histórico específico. Não se trata, portanto, de um sistema estático, regido por uma lógica racional ou pretensamente objetiva, mas de um sistema dinâmico que alcança sua concretude como produto de múltiplas determinações. Assim, a equação da realidade sociolinguística do Brasil, que integra a análise dos padrões coletivos de comportamento linguístico dos diversos estratos da sociedade brasileira, toma por base o sistema socioeconômico das relações de produção material e de distribuição de renda em que se movem e se configuram os diferentes grupos sociais. Dentro dessa perspectiva, propõe-se que as feições que a polarização sociolinguística do Brasil assume na atualidade são em grande medida determinadas pelo processo de industrialização e urbanização da sociedade brasileira, que se iniciou efetivamente em 1930, com o fim da chamada República Velha.

Esse processo, de certa forma, vem atenuando a clivagem linguística que se foi constituindo ao longo de cerca de quatrocentos anos em uma sociedade rural, agro-exportadora, baseada no trabalho escravo (cf. capítulo anterior). Nessa sociedade, a classe dominante dos proprietários de terras e de gentes foi formada majoritariamente por colonizadores portugueses, enquanto a força de trabalho era formada majoritaria-mente por africanos escravizados e índios aculturados. A polarização sociolinguística do Brasil se funda, historicamente, nessa dicotomia entre senhores falantes da língua portuguesa e subalternos falantes de centenas de outras línguas, que, pela imposição e pela violência, foram assimilando precariamente a língua de seus senhores. Essa clivagem social e linguística ainda se manifestava nitidamente na sociedade brasileira no início do século XX, com uma elite que, em seu anseio de assumir uma identidade branca e europeia, tomava como norma de correção gramatical os modelos de língua da ex-metrópole, adotando uma norma padrão baseada no modelo do português europeu moderno (Pagotto, 1998; Faraco, 2008); enquanto, na base da pirâmide social, formada majoritariamente por mestiços e negros, falavam-se variedades bastante alteradas de português (Lucchesi, 2001a, 2009a, 2013).

Porém, com a Revolução de 1930, esse cenário foi-se modificando substancialmente. A industrialização e a urbanização da sociedade brasileira concentraram, em torno das grandes cidades, grandes contingentes populacionais que até então viviam isolados no interior do país. Aos poucos esses indivíduos foram-se inserindo no sistema produtivo e tendo acesso a alguns benefícios da cidadania, como a educação formal. Com isso, começaram a assimilar os traços linguísticos da elite urbana, mais valorizados socialmente (Bortoni-Ricardo, 2005: 33). Define-se, assim, a primeira grande característica da realidade sociolinguística do Brasil contemporâneo – um conjunto de mudanças "de cima para baixo" que afetou a fala das classes populares. Por outro lado, a dinamização da cultura promovida pela urbanização foi fazendo com que a elite urbana abandonasse progressivamente os modelos do anacrônico cânone gramatical lusitanizado. Essas mudanças, por meio das quais a elite letrada do país se afastou da norma de correção gramatical fixada no final do século XIX, determina o segundo grande movimento que estrutura a realidade sociolinguística do Brasil na atualidade. Portanto, foi o processo de industrialização e urbanização da sociedade brasileira que produziu as condições para a implementação desse nivelamento linguístico que define, em suas grandes linhas, a realidade sociolinguística do Brasil contemporâneo.

Com o objetivo de sistematizar esses condicionamentos históricos e socioeconômicos que estão na base da formação da realidade sociolinguística do Brasil contemporâneo, este capítulo se organiza da seguinte maneira: em sua primeira seção, faz-se uma análise das características estruturantes do processo de industrialização e urbanização da sociedade brasileira, em suas dimensões socioeconômica e político-ideológica; na segunda seção, são analisados os efeitos no plano sociolinguístico desse processo de urbanização e industrialização, focalizando os segmentos das classes sociais mais baixas, particularmente aquela massa de indivíduos que migraram para as grandes cidades do país, no chamado êxodo rural, que ocorreu ao longo do século XX – os falantes do que se denomina norma popular –; na terceira seção, traça-se um diagnóstico preliminar da estratificação sociolinguística do país, tomando por base dados demográficos do nível de escolarização e alfabetização da população; na quarta e última seção deste capítulo, são abordados os efeitos linguísticos dos processos socioeconômicos e político-ideológicos nos padrões linguísticos da elite letrada, o que é aqui denominado norma culta, focalizando especificamente a cronologia de mudanças que teriam afetado essa norma sociolinguística da segunda metade do século XIX até a atualidade.

O processo de industrialização e urbanização da sociedade brasileira

Desde o início da colonização portuguesa, o sistema econômico implantado no território brasileiro se baseou na exportação de uns poucos produtos agrícolas primários e na importação de todos os produtos manufaturados necessários à manutenção da colônia. Esse caráter dependente se manteve após a independência política, no período do Império, com a economia brasileira fortemente concentrada na exportação do café e, em contrapartida, na importação da Inglaterra de praticamente todos os produtos industrializados consumidos e empregados no país.[1] Essa relação econômica desigual determinou, por um lado, uma subordinação política aos interesses comerciais ingleses, comprometendo significativamente a soberania nacional. Por outro lado, tal sistema só se sustentava em função da forte concentração de renda do sistema escravista na sociedade brasileira da época, na qual largos contingentes da população ficavam alijados do seu mercado consumidor interno, formado apenas pelos membros das classes possuidoras.

Porém, o sistema agroexportador se estagnou durante o período da chamada República Velha e entrou em colapso, em 1929, com o *crash* da Bolsa de Nova York, criando as condições para a Revolução de 1930, que promoveria mudanças estruturais no sistema socioeconômico do país. Com o apoio dos segmentos de uma nascente classe média urbana (com militares e intelectuais assumindo um papel destacado), o gaúcho Getúlio Vargas assumiu a liderança de um movimento revolucionário, ocupando o governo federal em lugar de Júlio Prestes, candidato dos cafeicultores paulistas, que havia sido proclamado vencedor das eleições presidenciais.[2] Pode-se dizer que se encerrava assim um ciclo cujas origens mais remotas alcançam o início da colonização do território brasileiro. E o processo de industrialização e urbanização da sociedade brasileira que se implementou efetivamente a partir de então formaria as disposições socioeconômicas sobre as quais se estrutura a realidade sociolinguística do Brasil contemporâneo.

O fim da chamada República Velha marca um ponto de inflexão na política econômica do país, com o governo revolucionário de Getúlio Vargas promovendo a industrialização, por meio do sistema de *substituição de importações* (Tavares, 1973: 67-72). Para promover a industrialização, Vargas implementou a indústria de base (a indústria que produz a base da produção industrial), com a criação da Companhia Siderúrgica Nacional e a Companhia Vale do Rio Doce, e dinamizou o mercado interno. O período de 1930 a 1945 foi marcado ainda por grandes avanços políticos e sociais. A constituição da Justiça Eleitoral e a instituição do voto universal e secreto, estendendo o direito de voto às mulheres, foram medidas que democratizaram a cena política. Já a criação da primeira legislação trabalhista, a Consolidação das Leis do Trabalho (CLT), com a fixação da jornada de trabalho de oito horas e do salário mínimo, promoveu uma melhoria social, com o aumento no poder de compra dos trabalhadores, o que viria a fortalecer o mercado interno, constituindo assim a base para o processo de industrialização.

Contudo, a constituição do que viria a ser chamado Estado Novo (1937-1945), com a formação de um forte aparelho de repressão política, viria a conferir um caráter autoritário ao governo Vargas, o que contribuiu para a sua derrubada ao final da Segunda Guerra Mundial. Essa dualidade entre reformas econômicas e sociais, por um lado, e regimes autoritários, de outro, foi uma constante no processo de industrialização e urbanização do Brasil, que oscilou igualmente entre dois projetos, os quais determinaram duas lógicas distintas que deveriam orientar a industrialização do país.

Com o fim do Estado Novo, esses dois grandes projetos entraram em disputa na sociedade brasileira. De um lado, estava a continuidade do projeto nacional-desenvolvimentista do governo Vargas, que havia se fortalecido em função de uma conjuntura internacional favorável, por conta da Segunda Guerra Mundial, que afetou diretamente o centro do sistema capitalista mundial. De outro lado, estava o projeto conservador de abertura da economia ao capital estrangeiro. Esses dois modelos de desenvolvimento podem ser caracterizados da seguinte maneira (Souza, 2008: 49-50):

1. **Modelo nacional-desenvolvimentista:**
   - controle sobre a economia nacional;
   - expansão do mercado interno;
   - desenvolvimento do setor de bens de consumo popular e da indústria de base;
   - atuação crescente do Estado na economia;
   - importantes concessões aos setores populares.

2. **Modelo conservador:**
   - maior abertura ao capital estrangeiro;
   - formação de um mercado de consumo de elite;
   - desenvolvimento do setor de bens de consumo duráveis;
   - monopolização precoce da economia;
   - maior concentração de renda.

O modelo nacional-desenvolvimentista predominou até o final do segundo governo de Getúlio Vargas (eleito presidente da República em 1950), em 1954, quando o seu suicídio encerrou dramaticamente seu mandato. Nesse período, Vargas buscou implementar o projeto nacional-desenvolvimentista, investindo na produção de bens de consumo necessário (têxteis, alimentos etc.), com a alavancagem de uma indústria de base nacional voltada para a produção de insumos básicos e bens intermediários.[3]

Porém, as forças conservadoras que haviam sitiado o governo Vargas, provocando o seu suicídio, ganharam cada vez mais força na sociedade, de modo que o sucessor de Vargas, Juscelino Kubitschek (JK), que se elegeu com o *slogan* de fazer "50 anos em 5" e governou o país de 1955 a 1960, promoveu uma grande abertura da economia nacional ao capital estrangeiro. Isso não impediu que a economia experimentasse um grande crescimento no período, com a implantação no país da indústria de bens de consumo duráveis, capitaneada pela indústria automobilística, e com a construção de Brasília, a nova capital do país, em pleno Planalto Central.

Contudo, não se tratava de um crescimento sustentável, pois, ao contrário do que acontecia nos países centrais, onde havia uma forte transferência dos setores de bens de consumo duráveis e não duráveis para o setor de base, no Brasil isso não acontecia– a instalação das indústrias de bens duráveis se deu com a importação dos equipamentos usados dos países centrais, não estimulando o desenvolvimento tecnológico do setor de base; além disso, os insumos produzidos por esse setor no país eram vendidos a preços abaixo do valor de mercado, aumentando ainda mais a margem de lucro das subsidiárias das transnacionais instaladas no país. Essa lógica dependente de desenvolvimento do capitalismo no país inibiu o desenvolvimento do setor de produção de bens de consumo popular (têxteis e alimentos, entre outros), em geral pulverizado por pequenos grupos de capital nacional, e favoreceu a concentração de renda e a monopolização precoce da economia.

Além disso, a grande produção de bens de consumo suntuário (automóveis e eletrodomésticos) demandava um mercado consumidor de alta renda, que se foi formando em torno dos empresários, administradores dos setores público e privado e quadros intermediários do setor industrial, que crescia rapidamente em função da alta margem de lucro da indústria, dando ensejo a um círculo virtuoso restrito ao mercado da elite, já que essa taxa de lucro era igualmente garantida pela contenção do salário do operariado, que não acompanhava o aumento da taxa de produtividade da indústria.[4] E, como a indústria de bens suntuários se instalou no Brasil com a entrada de grandes grupos transnacionais, que rapidamente passaram a controlar o mercado e a produção, a monopolização da economia brasileira se deu em um ritmo muito mais acelerado do que o que havia ocorrido nos países mais desenvolvidos da Europa e da América do Norte.

Após o governo JK, houve uma tentativa de retomada do projeto nacional-desenvolvimentista, com a ascensão de João Goulart (Jango) à presidência da República, em 1961. Jango buscou apoio nos movimentos sociais e tomou medidas de caráter eminentemente democrático e popular, de restrição ao capital estrangeiro e de desenvolvimento da economia interna, dentre as quais se destacam (Souza, 2008: 54):

- aumento real do salário mínimo;
- extensão dos direitos trabalhistas e da Previdência Social para o campo, através do Estatuto do Trabalhador Rural;
- instituição do 13º salário e da escala móvel de vencimentos para os funcionários públicos;
- regulamentação da Lei de Remessa de Lucros, aprovada em 1962;
- restrição de crédito à importação de máquinas e equipamentos que pudessem ser fabricados no país;
- instalação da Eletrobras;
- instituição do Conselho Nacional de Telecomunicações e da Comissão Nacional de Energia Nuclear.

No início de 1964, João Goulart, através de mensagem intitulada *Caminho brasileiro*, encampou o programa das reformas de base, dentre as quais se destacava a reforma agrária. A violenta concentração fundiária do Brasil tem representado desde sempre um verdadeiro *nó górdio* para o desenvolvimento social e econômico do país. A reforma agrária foi uma condição *sine qua non* para o desenvolvimento econômico e social do capitalismo nos países centrais, pois sua implementação tem os seguintes efeitos positivos: barateamento e dinamização da produção de alimentos, distribuição de renda e desenvolvimento do mercado consumidor interno.

No Brasil, o poder ancestral dos latifundiários sempre impediu a implementação de uma efetiva reforma agrária, e o desenvolvimento industrial do país foi sempre cerceado pelo atraso da propriedade fundiária. A concentração da terra em grandes propriedades rurais de baixa produtividade entravava o desenvolvimento da produção agrícola, mantendo na pobreza e excluindo do mercado consumidor interno (e *a fortiori* do espaço da cidadania) largos contingentes da população rural. O atraso endêmico que o latifúndio produz se estende da economia para a política e daí para o plano das mentalidades. Esse atraso estabeleceu o conflito com os projetos e as ideias inovadoras geradas no bojo da industrialização e da urbanização do país, conferindo um caráter paradoxal à política e à ideologia no país, em que as imagens e as metáforas da mudança e do progresso se mesclam com os tons de um conservadorismo empedernido. Como será visto no próximo capítulo, essa dualidade também se manifesta no plano da língua, através da contradição entre a renovação no comportamento linguístico da elite letrada que a dinamização da cultura produz e a manutenção de uma norma de correção gramatical purista e anacrônica.

O enfrentamento direto com o latifúndio e o capital estrangeiro criou as condições para o golpe militar que deporia Jango, em 1964,[5] sem que se esboçasse qualquer resistência popular consistente ao movimento golpista. Entre o leque de interesses que os militares golpistas resguardavam, pontificavam os das grandes empresas transnacionais, que não deixavam de dinamizar a economia nacional, e os do grande latifúndio, que atravancavam esse desenvolvimento. Mas, como esse desenvolvimento se restringia a um reduzido mercado elitizado, não abarcando as grandes massas que penavam sob o tacão dos grileiros e latifundiários, não se desenvolveram maiores contradições entre esses dois segmentos ao longo de mais de duas décadas de ditadura militar.

Com o golpe militar de 1964, retomou-se a conjugação de crescimento econômico com regime político autoritário. A ditadura militar, que perdurou por 21 anos, também foi marcada pela dualidade de sua política econômica, com a incorporação de certos elementos do projeto nacional-desenvolvimentista (como o protagonismo do Estado) subordinados à lógica da dependência externa e da violenta concentração de renda.[6] E foram esses últimos aspectos que deram o tom do sistema econômico gestado durante o regime militar. A produção industrial manteve-se excessivamente concentrada no setor de bens de consumo duráveis, no qual se monopolizava o capital estrangeiro e cuja produção se voltava a um reduzido mercado interno de consumo suntuário. Como o desenvolvimento desse setor da indústria se deu às expensas de todo um investimento público na infraestrutura, promoveu-se uma violenta transferência de renda do Estado para os grandes grupos econômicos, sobretudos os estrangeiros. Ou seja, em vez de distribuir renda através de programas sociais universais e de qualidade nas áreas de saúde, educação, Previdência, segurança etc., o Estado brasileiro tem-se ocupado em destinar a grande massa de recursos de uma crescente carga tributária, que penaliza, sobretudo, os mais pobres, ao financiamento do lucro dos grandes grupos econômicos, promovendo a concentração de renda.

Assim, a lógica desse capitalismo dependente que se instalou no Brasil, ao tempo em que inibia o desenvolvimento de uma indústria nacional de base, promovia uma acelerada monopolização da economia.[7] Não se criaram também as condições para o desenvolvimento do setor de bens de consumo popular, pois o mercado interno não se expandiu, em função do arrocho salarial e da concentração fundiária. O regime militar, ao contrário, criava as condições propícias à ação ilegal dos grileiros, empurrando uma grande massa de miseráveis do campo para a periferia das grandes cidades; criando, assim, as condições para a crise urbana que marca a sociedade brasileira até os dias atuais.

O arrocho salarial imposto durante o "milagre econômico"[8] – período em que a economia brasileira mais cresceu durante o regime militar – configurou no país uma situação que Marini (2000) denominou *superexploração do trabalho*, ou seja, o pagamento de um salário insuficiente para sustentar a família do trabalhador. Essa superexploração da força de trabalho, por sua vez, inibiu o desenvolvimento do setor de produção de bens de consumo não duráveis (alimentos, têxteis, calçados etc.), em face da fragilidade de um mercado interno de consumo popular. Todo esse quadro foi agravado estruturalmente pela concentração fundiária, que impedia o barateamento da produção de alimentos[9] e a inserção de largos contingentes da população no processo produtivo baseado nas pequenas e médias propriedades. Todos esses fatores, em uns poucos anos, levariam ao esgotamento o modelo de desenvolvimento econômico da ditadura militar no Brasil.

A grande herança econômica da ditadura militar foi um brutal endividamento externo, fazendo com que toda a economia do país ficasse, desde então, subordinada ao pagamento da dívida externa. A redemocratização do país, ocorrida em 1985, não conseguiu reverter esse quadro. Até porque, apesar de toda a mobilização popular em defesa do restabelecimento das eleições diretas para a presidência da República, através da histórica campanha das Diretas Já,[10] a transição para o regime democrático se deu através de um acordo de cúpula, com a eleição de Tancredo Neves no colégio eleitoral dentro dos moldes estabelecidos pela legislação da ditadura. Mais uma vez na história do país, o concerto das elites se sobrepôs à vontade popular. E, sintomaticamente, a fatalidade da morte de Tancredo Neves fez com que seu vice, José Sarney, representante dos dissidentes do regime militar que integraram a chamada Aliança Democrática, viesse a assumir a presidência da República em março de 1985. Assim, à frente do primeiro governo democrático estava um ex-serviçal da ditadura militar.

O governo conservador de José Sarney acabou se submetendo aos interesses do capital financeiro internacional em detrimento dos interesses nacionais e populares. Com isso, o governo Sarney se encerrou melancolicamente, no final do ano de 1989, consolidando a *primeira década perdida* da economia brasileira. O sacrifício de toda a economia com o pagamento da dívida externa comprometeu o desenvolvimento do país: a taxa média de crescimento anual foi de apenas 2,9% no período (contra uma média histórica de 7%), e a produção industrial cresceu somente 11,46% em toda a década; "enquanto isso, a participação do setor financeiro na renda nacional subiu de 7,8% em 1980 para 19,5% em 1989" (Souza, 2008: 198). No plano social, os resultados mais notáveis foram a concentração de renda, cujo índice de mensuração, o índice de Gini,[11] passou de 0,59 para 0,64 no período, e o aumento da pobreza, com o número de pessoas vivendo abaixo da linha de pobreza passando de 29,5 milhões para 39,2 milhões de pessoas, o que corresponde, em termos percentuais, a 24,8% da população brasileira em 1980 e 27,2% em 1990 (Souza, 2008: 197-8).

Uma das sequelas mais graves dessa política econômica foi a disparada da inflação, que atingiu o patamar de hiperinflação no final do governo Sarney.[12] A inflação penaliza, sobretudo, os mais pobres, e a hiperinflação desorganiza toda a economia e o processo produtivo. Por isso, o período que se estende de 1985 a 1995 foi marcado por uma sucessão de choques econômicos que visavam estancar a sangria da inflação.

Apesar de a economia andar patinando no período que se segue ao fim da ditadura militar, observa-se um vigoroso aumento na consciência e na organização do movimento democrático e popular no país, intensificando-se um processo que já se vinha gestando desde a luta contra o regime autoritário. O mais expressivo resultado desse movimento foram as conquistas alcançadas na Assembleia Nacional Constituinte de 1988.[13] Esse aumento na consciência da população exacerbou o sentimento de frustração perante os fracassos do governo Sarney. O profundo anseio da população por mudanças, na primeira eleição presidencial após 29 anos, foi galvanizado por dois jovens candidatos, que superaram figuras mais consolidadas no cenário político nacional e chegaram ao segundo turno da eleição.

De um lado, estava o líder metalúrgico Luís Inácio Lula da Silva, candidato do Partido dos Trabalhadores (PT), o partido que congregava o que havia de mais avançado no movimento popular e democrático que se forjara no combate à ditadura militar, tendo sido formado pela ação conjunta do movimento sindical, das organizações políticas de orientação marxista-leninista e da ala progressista da Igreja Católica, organicamente articulada nas comunidades eclesiais de base, sob a inspiração da Teologia da Libertação. De outro lado, estava o candidato que passou a receber o apoio das elites econômicas do país. Fernando Collor de Melo, oriundo de uma oligarquia do Nordeste, viabilizou a sua candidatura por meio de uma legenda artificial – o Partido da Reconstrução Nacional (PRN) – e capitalizou a grande insatisfação popular com seu discurso demagógico de matiz udenista,[14] no qual proclamava um combate aos "marajás".[15]

E mais uma vez se revelou o caráter antidemocrático e antipopular da concentração dos meios de comunicação de massa do país na mão de uns poucos e poderosos grupos econômicos. A Rede Globo, maior emissora de televisão do país, manipulou a edição do último debate entre os dois candidatos, favorecendo nitidamente o candidato das elites às vésperas da votação do segundo turno, quando não havia mais tempo hábil para qualquer reação por parte dos apoiadores de Lula. Esse foi o coroamento do conjunto de intervenções do poder econômico que garantiram a vitória apertada de Collor sobre Lula, com uma diferença de apenas 5% do total de votos, em novembro de 1989. Assim, mais uma vez, a concentração do poder econômico prevaleceu sobre a vontade popular. E os resultados disso vieram de forma cristalina no governo Collor.

Esse governo iniciou uma década em que a economia do país seria crescentemente controlada pelo capital estrangeiro, particularmente pelo capital financeiro especulativo, que alcançou um campo de ação em escala mundial, com a *globalização* da economia, implantando um sistema que passou a ser conhecido como *neoliberalismo*, com base em um ideário econômico que prega a liberdade de ação dos grandes capitais, sem o controle dos Estados nacionais. Através da ação de organismos internacionais (como o Fundo Monetário Internacional (FMI) e a Organização Mundial do Comércio (OMC)), foram propostas – no que ficou conhecido, desde 1989, como Consenso de Washington – medidas que visavam, no essencial, abrir a economia dos países menos desenvolvidos, particularmente na América Latina, criando novos mercados para as grandes empresas transnacionais e o capital financeiro especulativo, sobretudo norte-americanos.[16] Entre essas medidas, destacavam-se (Souza, 2008: 201):

- diminuição das barreiras alfandegárias entre as nações;
- privatização de empresas estatais;
- desregulamentação do movimento internacional do capital financeiro especulativo;
- flexibilização das relações trabalhistas.[17]

Essas diretrizes se orientaram centralmente para a América Latina, e a eficácia da política externa norte-americana se traduziu na adoção, em sequência, de planos econômicos com as mesmas características em vários países da região e que se baseavam fundamentalmente nessas diretrizes.[18] Vale ressaltar que essas medidas, vendidas como a única via para modernizar as economias dos países menos desenvolvidos, não eram adotadas pelos países ricos, que, ao contrário, passaram a adotar, cada vez mais, medidas protecionistas em defesa de sua economia nacional e ampliar o papel do Estado na economia aumentando o investimento público.[19]

O governo Collor, que havia tentado debelar a inflação com mais um choque econômico, através do qual se confiscou toda a moeda circulante no país, implementou a política de abertura da economia ao capital estrangeiro e deu início ao "desmonte do Estado", por meio do programa de privatização das empresas estatais, expediente que passou a ser usado pelos governos, a partir de então, para atrair os capitais estrangeiros e equilibrar a balança de pagamentos. Segundo o governo, a privatização era a maneira de o Estado se livrar de empresas ineficientes e deficitárias, o que revelou ser falso em relação à maioria das empresas privatizadas, como no caso emblemático da privatização da Usiminas.[20] Assim, o fracasso de sua política econômica levou o governo Collor a um progressivo isolamento político, favorecendo a propagação de denúncias de corrupção em sua administração. Com base nisso, o Congresso Nacional levou a cabo um processo que culminou no *impedimento* (*impeachment*) do presidente, em outubro de 1992.

Após o breve interregno do governo Itamar Franco, assumiu a presidência, em 1995, o sociólogo Fernando Henrique Cardoso (FHC), que retomou as grandes linhas da política econômica do governo Collor. A grande obra de FHC foi ter estancado a inflação com o Plano Real, que conferiu estabilidade à moeda do país. Depois de ser penalizada por mais de uma década de inflação galopante,[21] a sociedade recebeu a estabilização da economia como uma grande conquista, o que possibilitou não apenas a eleição de FHC em 1994 (com os dividendos políticos de ter sido o responsável pela implantação do Plano Real), mas também a sua reeleição em 1998, possibilitada pela aprovação de uma emenda constitucional com fortes suspeitas de compra de votos no Congresso.

Porém, os custos embutidos em seu plano econômico se mostraram demasiadamente elevados, e a conta viria a ser cobrada de forma cruel durante seu segundo mandato. A valorização artificial da moeda e a abertura da economia[22] contiveram de fato a desvalorização do real, em função de uma enxurrada de produtos estrangeiros no mercado interno, mas isso teve nefastas consequências para a economia do país. A primeira e mais sentida foi o desequilíbrio na balança das transações externas;[23] pois a valorização que promovia as importações também inibia as exportações, já que a alta do real tornava os produtos brasileiros menos competitivos no mercado internacional.[24] Isso, além de comprometer importantes setores da indústria nacional,[25] deixava o país dependente da entrada de capitais estrangeiros especulativos para equilibrar as contas públicas. Para atrair esses capitais, o governo passou a ser obrigado a elevar a taxa de juros a patamares astronômicos,[26] o que teve um efeito de bola de neve sobre a dívida pública.[27] Sem gerar divisas, o governo não tinha como honrar os seus pagamentos, o que produzia a fuga de capitais e a insolvência do país. Nesse quadro, os únicos recursos disponíveis passaram a ser a liquidação do patrimônio público e a geração de superávits fiscais, à custa de violentos cortes nos investimentos públicos e nos programas sociais. Assim, o governo FHC foi o responsável por executar "o maior programa de privatização do mundo" e iniciou o processo de reforma da Previdência.

Segundo o governo FHC, o Estado brasileiro, com o programa de privatização, iria sanear as finanças públicas e se desfazer de empresas deficitárias, o que mais uma vez se revelou falso. Outro caso emblemático foi o da Companhia Vale do Rio Doce (CVRD), a maior produtora e exportadora de minério de ferro do mundo e, acima de tudo, uma empresa altamente competitiva e lucrativa (além de constituir um dos mais expressivos símbolos da soberania e do desenvolvimento nacional), que foi privatizada por US$ 3,3 bilhões, quando só seu patrimônio físico era avaliado em US$ 42 bilhões. O mesmo se deu na telefonia, a participação do Estado no Sistema Telebras foi transferida para a iniciativa privada (dominada pelo capital estrangeiro) por US$ 19,1 bilhões, metade do que havia sido previsto pelo próprio governo. No setor bancário, o Banespa, 3º maior banco do país, foi arrematado em novembro de 2000 pelo Banco Santander, da Espanha, por R$ 1,85 bilhão, "quando uma equipe de economistas da Unicamp e do Dieese havia avaliado o seu patrimônio em R$ 11,9 bilhões" (Souza, 2008: 246-8). E o mais grave é que grande parte dos recursos que as empresas privadas usaram para adquirir as empresas públicas privatizadas era proveniente do Banco Nacional do Desenvolvimento (BNDES).

Portanto, a privatização constitui um processo maciço de transferência de renda do setor público, isto é, da sociedade, para os grandes grupos econômicos. E o pior é que nem eram grupos nacionais, mas estrangeiros.[28] Para além dos prejuízos evidentes para o país, o processo foi marcado por fortes suspeitas de corrupção, o que levava a oposição a se referir ao processo de privatização como "a *privataria*" (Ribeiro Jr., 2011). E mais uma vez os grandes meios de comunicação de massa mostraram claramente a que interesses têm servido. Pouco se viu do tão propalado "jornalismo investigativo" sobre os rumores de corrupção, o que predominou foi o engajamento da mídia na construção do convencimento ideológico do grande capital, tecendo muitas loas aos benefícios da privatização para a população, como a melhoria dos serviços, principalmente na área da telefonia. E, depois da privatização, pouco se falou do fato de se pagar no Brasil uma das mais caras tarifas telefônicas do mundo e das empresas de telefonia figurarem entre as campeãs de reclamação do Programa de Orientação e Proteção ao Consumidor (Procon).

Ao final de seu segundo mandato, o saldo do governo FHC não era nada alentador. O rendimento real médio dos trabalhadores havia caído 15% entre 1998 e 2002. O crédito que fomenta o crescimento econômico também havia recuado de 37% do PIB em 1995 para 24% em 2002, em função da política de juros altos adotada pelo Banco Central para tentar conter o avanço da inflação. O crescimento econômico foi de apenas 1,3% do PIB em 2001, devido não somente ao raciona-mento da energia, mas, sobretudo, pela combinação da queda nas exportações, dos juros altos e da perda de poder aquisitivo dos trabalhadores. Em 2002, o PIB só cresceu 2,7%, e a inflação ameaçava fugir ao controle (Souza, 2008: 283-6). Essa situação econômica, aliada a uma divisão no bloco político do governo, criou as condições que permitiram que, finalmente, o ex-metalúrgico e líder sindical Luís Inácio Lula da Silva fosse eleito presidente da República, em novembro de 2002.

Nos oito anos de seus dois mandatos, o governo Lula não alterou, em sua essência, os fundamentos da economia brasileira, mas promoveu significativas mudanças no que concerne a uma maior participação do Estado na economia, uma maior distribuição de renda e uma elevação no poder aquisitivo dos trabalhadores. Em face disso, o então presidente recebeu, desde a sua eleição, uma forte oposição dos meios de comunicação de massa, concentrados nas mãos de uns poucos grupos econômicos de grande porte. Sintomaticamente, um dos expedientes mais usados pela imprensa conservadora para "provar" a suposta incapacidade de um operário para governar o país era a sua falta de domínio da norma culta, particularmente os seus erros de concordância nominal e verbal (Bagno, 2003).

Como se verá no próximo capítulo, isso só revela como o mais poderoso sistema social de avaliação social da língua vigente no país, que se funda na estigmatização das formas mais típicas da fala popular, constitui um poderoso instrumento de legi-timação de um sistema político e econômico baseado na concentração de renda e na exclusão social. E o cerco montado contra o governo Lula se mantém no governo de sua sucessora, Dilma Rousseff, eleita em novembro de 2010. Porém, sobre esta, oriunda da classe média, não recai a pecha de *mau falante do português*.

Um dos pontos fortes do discurso da mídia conservadora são as denúncias de corrupção, numa retórica que lembra muito o estilo udenista que sitiou o governo Vargas (cf. nota 41). A corrupção do Estado brasileiro é estrutural e decorre da sujeição desse Estado aos interesses dos grandes grupos econômicos. Essa é uma das contradições inerentes ao Estado capitalista, que naturalmente se agrava e se manifesta mais nitidamente nos países periféricos e menos desenvolvidos. Assim, a corrupção no Brasil é endêmica, e a permanência no poder de políticos que ser-viram à ditadura militar e hoje têm papel de destaque nos governos do PT é a prova mais cabal disso. Ocorre que não interessa à grande mídia, que está a serviço dos grandes grupos econômicos, atacar as causas estruturais da corrupção, mas usar as "denúncias" de corrupção com objetivos político-partidários. A mesma imprensa que tornou a prisão de *um ladrão de galinhas*, com um punhado de dólares escondidos na cueca, um escândalo nacional foi omissa ou conivente no processo das privatizações, quando os grupos estrangeiros se apropriaram de boa parte do patrimônio público em operações obscuras que envolviam bilhões de dólares (Ribeiro Jr., 2011).

E o paralelo com os sistemas de avaliação social da variação linguística é mais uma vez revelador. Como se verá no próximo capítulo, o discurso da correção gramatical da norma padrão no Brasil perdeu em grande medida, ao longo do século XX, a sua eficácia como norma de referência linguística que oriente efetivamente o desempenho dos falantes letrados em situações formais, particularmente na modalidade escrita, de modo que, a rigor, ninguém "usa a língua corretamente". Assim, a indicação de um "erro de português" no discurso do adversário está sempre disponível como uma arma no embate retórico. Da mesma forma, a corrupção endêmica do Estado brasileiro faz da denúncia de corrupção uma poderosa arma que a qualquer momento pode ser utilizada contra um governante indócil ou inconveniente, como ocorreu com o governo Collor.

A forte oposição da imprensa conservadora aos governos de Lula e de sua sucessora, Dilma Rousseff, revela a contradição que permeia todo o processo de industrialização e urbanização do Brasil entre a dinâmica do processo de desenvolvimento econômico e social e a permanência de um discurso hegemônico conservador e discricionário, que encontra na conservação de estruturas arcaicas de propriedade e na concentração de renda a sua maior base de sustentação. A força que esse discurso ainda tem na sociedade brasileira ficou patente com atuação diligente da mídia conservadora, nos últimos anos, na defesa do interesse dos grandes grupos econômicos, mesmo que, no fundamental, esses interesses não tenham sido contrariados.

Em aspectos centrais, o governo Lula manteve a política econômica do governo FHC, baseada na elevação das taxas de juros para manter a estabilidade da moeda e controlar a inflação. Sua sucessora, Dilma Rousseff (também do PT), buscou uma alteração dessa política, mas a crise econômica mundial e os insucessos de sua política econômica apontam para uma inflexão para a política de juros elevados em seu segundo mandato. Assim, o Brasil continua a praticar uma das maiores taxas de juros do planeta, o que vai ao encontro, sobretudo, do rentismo dos especuladores do mercado financeiro.[29]

Muito se tem discutido sobre se o governo Lula foi beneficiado por uma conjuntura internacional favorável ou se os êxitos econômicos do seu governo se devem aos acertos e às correções operados na política econômica. Muitos defendem que os sucessos do governo Lula na área econômica se devem à manutenção da política adotada no governo FHC. Entretanto, pode-se pensar também que o crescimento experimentado pelo Brasil desde 2003 se deve, em grande medida, a aspectos cruciais em que o governo Lula inverteu a orientação que vinha dos governos anteriores. Entre as importantes mudanças promovidas por Lula na política econômica, destacam-se (Souza, 2008: 292):

- em primeiro lugar, suspendeu-se o processo de privatização que vigorava desde o início dos anos 1990;
- o BNDES deixou de financiar a aquisição de empresas estatais pelo capital estrangeiro para financiar o investimento das empresas nacionais;
- o Ministério das Minas e Energia recuperou parte de seu poder de comando no setor energético, antes entregues às agências reguladoras, ademais de suspender o processo de privatização no setor;
- a Petrobras estabeleceu um programa de compra de plataformas e navios construídos no país (num total de 42), com o objetivo de estimular a produção nacional, em lugar da anterior política importadora.

Os êxitos na macroeconomia também possibilitaram a Lula implementar políticas econômicas e sociais, no plano interno, que tornaram o seu governo um ponto de inflexão no desenvolvimento do capitalismo no Brasil. Mesmo estando muito aquém das expectativas que existiam em torno da assunção do PT ao poder, o governo Lula se destacou notavelmente por dois aspectos centrais de sua política: a distribuição de renda e o desenvolvimento do mercado interno. Dois mecanismos têm sido essenciais na implementação dessa política: a elevação do valor real do salário mínimo e o Programa Bolsa Família.

Quando Lula assumiu o governo em 2003, o valor do salário mínimo equivalia, em março de 2003, a US$ 77. Ao deixar o governo, Lula garantia um salário mínimo de R$ 545,00, em março de 2011, o que equivale a US$ 333,00.[30] Esse aumento espetacular do salário mínimo foi um dos mecanismos decisivos para um desenvolvimento econômico sustentado, já que promovia um vigoroso crescimento do mercado consumidor interno. Contribuíram muito para isso a ampliação e o aprofundamento da política de programas sociais de transferência de renda (ou de *imposto negativo*), já iniciada no governo de FHC. Essa política ganhou vulto com a implementação do Programa Bolsa Família. Tecnicamente definido como "um programa de transferência direta de renda com condicionalidades", o Bolsa Família atende a famílias com renda *per capita* de até R$ 140,00, concedendo um benefício que pode variar entre R$ 32,00 e R$ 306,00. A contrapartida exigida é que a família mantenha os filhos na escola e vacinados.

Trata-se, portanto, de um programa de distribuição que promove a inclusão social. E seu impacto pode ser medido pelo seu raio de ação atual, que atinge mais de 13 milhões de famílias em todo o território nacional.[31] Essa política de desenvolvimento econômico e inclusão social se complementa com vários outros programas do governo federal, dentre os quais se destacam o Programa Minha Casa, Minha Vida – um programa habitacional que entregou 3,75 milhões de moradias, entre 2011 e 2015 – e o Programa Luz para Todos – que tem levado a eletrificação para populações rurais de forma gratuita.

Em seu conjunto, essas políticas têm forte impacto na estrutura socioeconômica do país. Em primeiro lugar, o desenvolvimento econômico derivado do crescimento do mercado interno, da ampliação do crédito e do direcionamento do investimento público para as empresas nacionais tem como consequência direta o crescimento da oferta de emprego e o aumento do valor médio dos salários. Durante o governo Lula, foram criadas mais de 15 milhões de novas vagas de trabalho com carteira assinada, descontadas as demissões. Isso tem impacto direto na redução da pobreza e no aumento da renda média da população. Como se pode ver na Tabela 3, a seguir, o segmento dos *não pobres* cresceu, entre 2004 e 2009, de 29% para 42% do total da população do país; enquanto os *pobres* e *extremamente pobres* decresceram de 16% para 9,5% e de 8,5% para menos de 5% do total da população, respectivamente. Além disso, a renda média dos brasileiros saltou, no mesmo período, de R$ 495,12 para R$ 634,65; enquanto o índice de Gini, que mede a desigualdade social,[32] caiu 6%, passando de 0,565 para 0,538.

Tabela 3 – Mudanças na estratificação por renda entre 2004 e 2009

Segmento Social	Ano	
	2004	2009
Não pobres	51,3 milhões	77,9 milhões
(renda *per capita*: R$ 465 ou mais)	29,06%	42,13%
Renda média	R$ 1.207,99	R$ 1.189,32
Vulneráveis	**82,0 milhões**	**80,8 milhões**
(renda *per capita*: de R$ 134 a R$ 465)	**46,45%**	**43,69%**
Renda média	**R$ 267,49**	**R$ 278,82**
Pobres	28,2 milhões	17,5 milhões
(renda *per capita*: de R$ 67 a R$ 134)	15,97%	9,46%
Renda média	R$ 101,61	R$ 104,04
Extremamente pobres	**15,0 milhões**	**8,7 milhões**
(renda *per capita*: até R$ 67)	**8,49%**	**4,70%**
Renda média	**R$ 41,09**	**R$ 38,09**

Fonte: Pnad-IBGE. Elaboração Ipea.

Com essa ênfase na distribuição de renda e no desenvolvimento do mercado consumidor interno, o governo Lula inverteu a orientação do desenvolvimento do capitalismo no Brasil, baseado na concentração de renda e no desenvolvimento de um mercado de consumo elitizado. Pode-se entender, assim, a virulenta reação dos monopólios da mídia conservadora a esse governo e ao governo de sua sucessora, Dilma Rousseff, que manteve essa política econômica em sua essência. Como esses grupos expressam os interesses dos setores do capital nacional que tradicionalmente se aliam ao capital estrangeiro, um dos seus alvos principais foi a política externa do governo Lula, que inverteu a direção da política externa do governo FHC, marcada por um submisso alinhamento automático com imperialismo norte-americano. No plano econômico, o Brasil fortaleceu o Mercosul (bloco econômico formado por Argentina, Brasil, Paraguai e Uruguai), esvaziado durante o governo FHC, e se contrapôs à criação da Alca (Área de Livre Comércio das Américas), que visava abrir os mercados da América Latina aos capitais norte-americanos, dentro dos princípios do neoliberalismo.

Em escala global, o Brasil articulou o G-20, um grupo de países em desen-volvimento que se contrapõe às políticas protecionistas dos países desenvolvidos, no âmbito da OMC, concentrando a sua atuação na área da agricultura, e fortaleceu a ação do Brics, grupo formado por Brasil, Rússia, Índia, China e África do Sul que visa transformar a crescente importância econômica desses países em peso geopolítico. Politicamente, o governo do PT também estreitou os laços com outros governos populares eleitos na América Latina, como os governos da Venezuela e da Bolívia. A postura independente do governo brasileiro aumentou o seu peso no cenário político internacional, o que levou o Brasil a mediar conflitos, como o da crise nuclear do Irã. Não obstante os seus êxitos e o crescente prestígio político de Lula no cenário internacional, que se estendeu à presidenta Dilma Rousseff, a mídia conservadora, que representa os interesses mais profundos da associação entre capitais brasileiros e norte-americanos, tem promovido uma sistemática e violenta campanha que visa desqualificar a política externa brasileira.

Essa contradição entre as políticas progressistas do governo federal e a oposição dos grupos conservadores que controlam o poder econômico fornece o pano de fundo para o grande embate que se travou em torno do ensino de Língua Portuguesa em maio de 2011 (cf. Introdução deste livro). De um lado, está a re-novação promovida pelo Ministério da Educação (MEC), no sentido de um ensino de língua materna pluralista e inclusivo, baseado nos princípios desenvolvidos no âmbito da pesquisa linguística; do outro lado, encontra-se o discurso conservador e discriminatório, baseado nos dogmas da tradição gramatical e amplificado pelos meios de comunicação de massa oligopolizados.

A pouca politização dos linguistas tem dificultado a concertação de uma ação articulada da comunidade científica no debate em torno da língua, embora esta ocupe hoje uma posição crucial no debate político e ideológico mais amplo que se trava na sociedade entre aqueles que defendem a efetiva democratização da sociedade brasileira, com base na justiça social e na distribuição de renda, e aqueles que buscam sempre desqualificar o debate ideológico, com a estratégia discursiva da retórica tecnocrática, fundada na pseudorracionalidade econômica da liberdade de mercado, que, na verdade, está a serviço da exploração econômica e da concentração de renda. Tal debate atingiu um grau de polarização e radicalidade inédito na reeleição da presidente Dilma Rousseff, em novembro de 2014, numa vitória apertada sobre o candidato do PSDB, que representava um retrocesso às políticas neoliberais do governo FHC.

Não obstante a forte oposição conservadora, tem havido muitos avanços em diversas áreas, não apenas no campo das conquistas sociais dos governos recentes do PT. Já há algumas décadas que a sociedade tem avançado em direção ao respeito à diferença e à pluralidade cultural; entretanto, a língua ainda se mantém como espaço do preconceito e da discriminação. Há, nesse sentido, significativos paralelos que podem ser traçados com a atual situação político-econômica do país. Apesar dos avanços alcançados recentemente, as características do desenvolvimento do capitalismo no Brasil continuam essencialmente as mesmas.

O Brasil ainda é um dos países de maior concentração de renda do planeta. Segundo Barros et al. (apud Fochezatto, 2011),[33] a renda da parcela de 1% da população mais rica equivale à dos 50% mais pobres da população. No mesmo estudo, os 10% mais ricos se apropriam de mais de 40% da renda nacional, ao passo que os 40% mais pobres se apropriam de menos de 10%. Considerando o Relatório do Desenvolvimento Humano, divulgado pelo Programa das Nações Unidas para o Desenvolvimento (Pnud) em novembro de 2011, o Brasil ocupa apenas a 84ª posição entre 187 países avaliados, com um Índice de Desenvolvimento Humano (IDH) de 0,718, numa escala que vai de 0 a 1;[34] ficando bem atrás de outros países da América Latina, como o Chile (com IDH de 0,805, na 44ª posição), a Argentina (0,797, na 45ª posição), Uruguai (0,783, na 48ª posição) e Cuba (0,776, na 51ª posição).[35]

O poder econômico garante aos segmentos sociais privilegiados, que se apoderam da maior parte da renda nacional, o poder real na sociedade, através da corrupção do Estado, do financiamento de maiorias parlamentares e do controle da comunicação social, com os oligopólios dos meios de comunicação de massa. A construção da hegemonia ideológica das classes dominantes na sociedade vai desde a defesa dos interesses das grandes corporações econômicas nacionais e transnacionais, com base na retórica da *racionalidade econômica* e do *equilíbrio social*, até a veiculação de uma visão discricionária de língua, baseada no dogmatismo normativista. Esse poder real dos grandes grupos econômicos pode, em grande medida, explicar as tímidas políticas do governo federal em áreas cruciais, como a distribuição do orçamento da União e a reforma agrária.

Como se pode ver na Tabela 4, a seguir, quase 35% do orçamento geral da união se destina à estupenda remuneração do capital financeiro – sempre beneficiado com a política de juros altos (cf. supra) –, enquanto a Previdência Social, que é considerada o grande vilão dos gastos públicos pela mídia conservadora, consome pouco mais de um 26% das verbas da União. Ou seja, os oligopólios da comunicação de massa, que atacam sistematicamente o investimento público crucial para a manutenção de dezenas de milhões de famílias, sobretudo no interior das regiões mais pobres do país, como o Nordeste, defendem incontinentes a manutenção do rentismo, que abarca no máximo vinte mil investidores, sob a retórica do "equilíbrio financeiro", essencial para merecer a "confiança dos mercados". Já áreas essenciais, como a saúde, e estratégicas, como a educação, são aquinhoadas com menos de 4% do orçamento da União.

Tabela 4 – Distribuição do orçamento da União em 2011[36]

Item do orçamento	Valor destinado	%
Refinanciamento da dívida pública federal	R$ 678.514.678.262,00	34,5
Saúde	R$ 77.149.363.987,00	3,9
Educação	R$ 63.707.154.459,00	3,2
Seguridade social	R$ 520.044.590.932,00	26,5
Outras despesas	R$ 626.600.108.571,00	31,9
TOTAL	R$ 1.966.015.896.211,00	100

Em outra frente crucial para o desenvolvimento – a reforma agrária –, houve um refluxo no governo Lula (contrariando as expectativas iniciais), que se aprofundou no governo Dilma Rousseff. Segundo matéria da revista *Carta Capital*,[37] os gastos com a distribuição de terras declinaram no segundo mandato do governo Lula e continuaram a cair nos primeiros meses de governo de sua sucessora. Com isso, a concentração fundiária no país ainda é superior à que havia em 1967, em plena ditadura militar. O índice de Gini, usado para medir a concentração de terras, era de 0,836 em 1967, e hoje chega a 0,854. Concretamente, isso significa que quase a metade das propriedades rurais (47,86% do total) têm menos de 10 hectares e ocupam apenas 2,36% do total de terras, enquanto os latifúndios, com mais de mil hectares, que correspondem a menos de 1% do total de propriedades, abocanham 44,42% das áreas disponíveis.

Esse processo de concentração da terra se deve ao crescente poder do chamado *agronegócio* (grandes empresas capitalistas que produzem e exportam *commodities*, como a soja), em função da igualmente crescente importância econômica desse setor, já que a exportação de *commodities* desempenha hoje um papel fundamental no equilíbrio da balança comercial do país. Alguns argumentam até que uma reforma agrária clássica não seria mais viável na conjuntura econômica atual. Contribui para isso a legislação de desapropriação de terra, que garante a indenização, a preço de mercado, aos proprietários de grandes extensões de terras improdutivas. Assim, para fazer frente à alta produtividade do agronegócio, os assentamentos demandariam vultosos investimentos públicos. À escassez de verba se soma a falta de vontade política, já que as coalizões que têm sustentado os governos do PT são formadas por uma maioria de partidos contrários à reforma agrária. Assim, aos cerca dos 7,6 milhões de miseráveis do campo só resta a esperança de programas sociais, como o Brasil sem Miséria, mas a perspectiva de distribuição de terras é remota. Porém, há especialistas que argumentam que a distribuição de terras seria essencial para o combate à pobreza e para o incremento da produção de alimentos.

O grande óbice, nesse caso, é a atual dependência do país em relação ao setor primário. Parece haver, portanto, um retrocesso, já que o Brasil estaria voltando a ficar dependente da exportação de produtos agrícolas. E muitos questionam a sustentabilidade do desenvolvimento econômico recente do país, na medida em que ele tem sido impulsionado pela alta dos preços das *commodities* no mercado internacional, que é determinada, por sua vez, pelo fabuloso crescimento econômico da China, que já se tornou o maior importador de produtos brasileiros, superando os EUA.

O fato é que o poder do agronegócio tem tido nefastas consequências, tanto no plano social quanto no que diz respeito à preservação ambiental. No que concerne ao meio ambiente, a aprovação do novo Código Florestal, decorrente da força política da chamada *bancada ruralista*, agravou o desmatamento e as agressões ao meio ambiente praticadas pelos grandes empreendimentos agrícolas. No plano social, a violência no campo constitui uma grande chaga nacional, com o assassinato de centenas de lideranças camponesas, ano após ano, com a impunidade garantida pela ineficácia do poder judiciário. Assim, a expansão da fronteira agrícola brasileira é feita em grande medida por meio do desmatamento ilegal, da grilagem e da violência contra as populações de posseiros. E a imprensa conservadora mais uma vez revela todo o seu caráter ideológico, publicando reiteradamente matérias que visam criminalizar os movimentos sociais, como o Movimento dos Trabalhadores Sem Terra (MST), sem dar o mesmo destaque ao assassinato de líderes campesinos. Assim, a força do poder econômico no poder legislativo, no poder judiciário e no poder midiático fortalece a tendência à continuidade da concentração da terra e da exclusão social no campo.

Pode-se, então, concluir esse panorama do processo de industrialização e urbanização da sociedade brasileira iniciado em 1930 afirmando que, apesar dos avanços sociais dos últimos anos, o desenvolvimento do capitalismo no Brasil, por seu caráter tardio e dependente, ainda mantém sua contradição central entre o desenvolvimento econômico e social, por um lado, e a concentração de renda e a manutenção de formas arcaicas de produção e propriedade, por outro. Do ponto de vista de uma Linguística Sócio-Histórica, as contradições do desenvolvimento do capitalismo no Brasil, que se atualizam tanto no plano socioeconômico quanto no plano político e ideológico, são cruciais para o entendimento da conformação dos padrões sociolinguísticos que hoje se observam na sociedade brasileira no que concerne às classes mais baixa, assim como em relação à elite socioeconômica e aos estratos intermediários.

Nesse sentido, destacam-se dois aspectos cruciais. Em primeiro lugar, colocam-se os efeitos da inserção precária de largos contingentes da mão de obra do país no processo produtivo e no mercado consumidor sobre os processos de variação e mudança que se implementam no que se denomina norma popular, ou seja, o conjunto de padrões sociolinguísticos das classes que se situam na base da pirâmide social. Em segundo lugar, estaria a contradição entre o renovado comportamento linguístico das classes mais altas e mais letradas, denominado aqui norma culta, e a manutenção de uma norma padrão adventícia e anacrônica; contradição essa, no plano linguístico, que nada mais é do que o reflexo da contradição entre a renovação da cultura urbana e a manutenção de um discurso hegemônico conservador e autoritário. Nas seções seguintes, será analisada a relação entre os condicionamentos socioeconômicos e esses dois subsistemas que formam o sistema sociolinguístico brasileiro (Lucchesi, 1998, 2001a, 2002a, 2008b e 2013).

As consequências sociolinguísticas do processo de industrialização e urbanização do Brasil: a norma popular

Não obstante as suas contradições internas, é inegável que o processo que se iniciou com a Revolução de 1930 levou a cabo a urbanização e a industrialização da sociedade brasileira. O Gráfico a seguir expressa bem esse processo, através da participação na formação do Produto Interno Bruto (PIB) dos três setores da atividade produtiva – o setor primário (agropecuária), o setor secundário (indústria e construção civil) e o setor terciário (comércio e serviços) – no período de 1950 a 2008.[38]

Gráfico 4 – Brasil: evolução da composição setorial do PIB (em %)

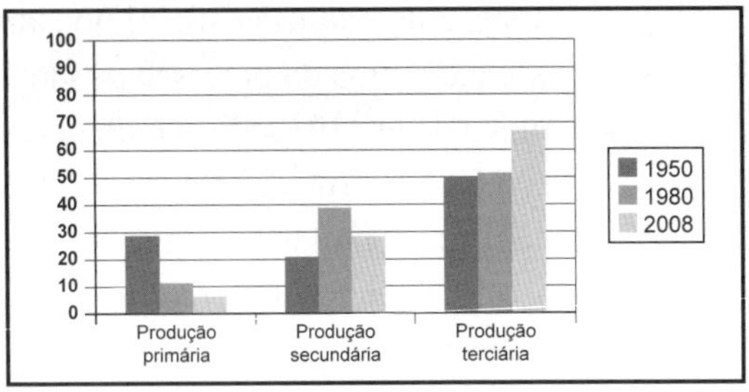

Fonte: IBGE/Contas Nacionais (elaboração Ipea).

Como se pode constatar, o setor primário só tem diminuído a sua participação no PIB, recuando de 29,4% em 1950 para 10,7% em 1980 e 5,9% em 2008.[39] O processo de industrialização se manifesta claramente no período de 1950 a 1980, quando a participação do setor secundário no PIB passou de 20,5% para 38,6%, ou seja, praticamente dobrou. Entretanto, de 1980 a 2008, a participação desse setor recuou para 27,9%, refletindo a estagnação da economia nas décadas perdidas de 1980 e 1990 (cf. supra). Entretanto, observa-se um crescimento do setor terciário nesse período de 1980 a 2008, refletindo uma dinamização das atividades urbanas. Essas transformações na infraestrutura econômica são acompanhadas por uma ampla urbanização da sociedade brasileira como se pode ver na Tabela a seguir.

Tabela 5 – Distribuição da população rural e urbana no Brasil de 1872 a 2010

Ano	População total		População urbana		População rural	
	N.	%	N.	%	N.	%
1872	9.930.478	100	582.749	5,9	9.347.729	94,1
1890	14.333.915	100	976.038	6,8	13.357.877	93,2
1900	17.438.434	100	1.644.149	9,4	15.784.285	90,6
1920	30.635.605	100	3.287.448	10,7	27.348.157	89,3
1940	41.326.315	100	12.880.182	31,2	28.448.133	68,8
1950	51.944.397	100	18.782.891	36,2	33.161.506	63,8
1960	70.992.343	100	32.004.817	45,1	38.987.526	54,9
1970	94.508.583	100	52.904.744	56,0	41.603.839	44,0
1980	121.150.573	100	82.013.375	67,7	39.137.198	32,3
1990	146.917.459	100	110.875.826	75,5	36.041.633	24,5
2000	169.590.693	100	137.755.550	81,2	31.835.143	18,8
2010	190.755.799	100	160.925.792	84,4	29.830.007	15,6

Fonte: IBGE, Censos Demográficos.

Pode-se observar nesses dados que a população urbana do Brasil, que até 1920 ficava em torno de 10% do total, saltou para mais de 30% em 1940, observando-se um crescimento de mais de 200% na taxa de urbanização da sociedade brasileira no período. Isso confirma a Revolução de 1930 como um ponto de inflexão no desenvolvimento histórico da sociedade brasileira, sendo a partir daí que se implementou efetivamente a industrialização e a urbanização do país. Observe-se que, a partir de 1940, considerando os intervalos de 20 anos, a taxa de urbanização cresceu consistentemente na ordem de 50% (44,6%, no período de 1940 a 1960, e 50,1%, no período de 1960 a 1980).[40] No período de 1980 a 2000, a taxa de crescimento relativo da população urbana caiu para 19,9%, mas isso não significa que o processo de urbanização da sociedade brasileira cessou; deve-se observar, inclusive, que a população rural no país começou a decrescer em termos absolutos a partir de 1970, e não parou de decrescer desde então, passando de 41.603.839 de indivíduos, em 1970, para 29.830.007, em 2010. De qualquer forma, o crescimento no percentual da população urbana na última década (2000-2010) foi de apenas 3,9%, refletindo uma tendência de queda no crescimento da taxa de urbanização que vem desde 1980, já que o crescimento na taxa de urbanização na década de 1980 foi de 11,5%, contra 20,9% na década de 1970, enquanto o crescimento relativo da população urbana na década de 1990 ficou em 7,5%. Essa queda no crescimento da taxa de urbanização se deve a vários fatores, dentre os quais podem-se destacar o crescimento do agronegócio, o esgotamento das grandes cidades e os programas de distribuição de renda (como o Bolsa Família) e de benefícios que chegam hoje ao interior do país através de programas governamentais como o Luz para Todos, que favorecem a fixação das populações rurais. De qualquer forma, a urbanização da sociedade brasileira atualmente é cabal, já que 84,4% de toda a população do país vive nas zonas urbanas.

Esse processo é fundamental para a compreensão da atual realidade sociolinguística do país, mas ainda há pouca reflexão, no âmbito da Sociolinguística, em torno das correlações que se podem estabelecer entre as características desse processo de industrialização e urbanização e a conformação dos atuais padrões sociolinguísticos da sociedade brasileira. Como bem observou Stella Maris Bortoni-Ricardo (2011 [1985]: 11-2):

> Quando abordamos o estudo das modernas línguas nacionais em uma perspectiva sociolinguística, uma tendência fundamental a considerar é a transformação de dialetos rurais, definidos por critérios geográficos, em dialetos urbanos, definidos por critérios socioeconômicos. [...]

> Entender como a urbanização se processa e, mais especificamente, como os indivíduos interioranos e camponeses se transformam em moradores da cidade e trabalhadores industriais tem sido uma preocupação central desde o século XX, mas, surpreendentemente, o estudo das mudanças linguísticas concomitantes não parece ter merecido ainda a atenção dos linguistas na mesma proporção. [...] A transformação de dialetos rurais em variedades urbanas não padrão [...] está no âmago dos processos de mudança linguística e padronização da língua no Brasil. A migração de massas do campo para as cidades, a introdução em áreas rurais de um modo urbano de vida juntamente com a tecnologia e um alto nível de movimentação populacional inter-regional são, hoje em dia, as características fundamentais da sociedade brasileira e devem ser compreendidas no contexto de um país em desenvolvimento que só recentemente emergiu de uma economia predominantemente agrária e é marcado por sérios desequilíbrios regionais e por uma perversa e persistente concentração de renda.

A urbanização do Brasil se deu basicamente através do maciço deslocamento da população rural para as grandes cidades. Esse êxodo rural trouxe para o perímetro urbano as variedades de português alteradas pelo contato entre línguas que se espalharam por todas as regiões do interior do país. Esse processo, que transformou o que era *variação diatópica* em *variação diastrática*, foi assim descrito por Bortoni-Ricardo (2005: 33):

> Os vernáculos ficaram por muito tempo mais ou menos circunscritos às regiões interioranas e isoladas. No século XX, assistimos, porém, a dois fenômenos de notáveis consequências linguísticas: a migração das populações de pequenas cidades e zonas rurais para os grandes centros e a difusão dos meios de comunicação de massa. Instala-se, então, nesses centros, um processo de diglossia, onde atuam duas forças antagônicas: por um lado, o padrão tradicional de redução flexional da própria língua, exacerbado pela situação de contato entre dialetos diferentes; por outro, a pressão do prestígio da norma culta, imposta pela ação da escola, dos meios de comunicação e do *status* das classes mais favorecidas. Decorre desse processo o declínio dos vernáculos que se transformam em dialetos urbanos de classe baixa, acentuando-se provavelmente a estratificação vertical da língua. Ao se radicar na zona urbana, o indivíduo egresso de zonas rurais ou rurbanas percebe mais facilmente a estigmatização que recebem os itens lexicais e expressões mais salientes de sua fala regional. Por isso tende a substituí-las por sinônimos de cunho urbano.

Como visto no capítulo anterior, a consequência mais notável do contato entre línguas na formação de variedades da língua portuguesa no Brasil foi a forte erosão da morfologia flexional, que tem efeitos diretos sobre a aplicação das regras de concordância nominal e verbal. Ao se inserir no universo urbano, o falante dessas variedades passa a ter um maior contato com os modelos de língua usados pelas classes mais altas, em que figuram esses mecanismos gramaticais praticamente ausentes de sua fala. Pelo prestígio social de que desfrutam essas formas, o imigrante rural tende a assimilá-las à medida que vai tomando consciência do seu valor social. Esse processo tende a se multiplicar com o desenvolvimento tecnológico, que facilita enormemente o deslocamento populacional e amplifica a influência dos meios de comunicação de massa. Desse modo, a assimilação das formas linguísticas que gozam de prestígio social constitui a característica nuclear dos padrões sociolinguísticos da parcela da população brasileira composta dos indivíduos de baixa renda, com pouca ou nenhuma escolaridade, que vivem na periferia das grandes cidades ou no interior do país, a que se chama aqui de norma popular. Assim, algumas características do processo de industrialização e urbanização fornecem parâmetros objetivos para a análise dos elementos estruturantes desse padrão sociolinguístico.

Se uma parte daqueles que migraram para as grandes cidades foi em busca das reais possibilidades de uma vida melhor que a industrialização e o desenvolvimento econômico ofereciam, o êxodo rural, em grande medida, nada mais era do que uma tentativa desesperada de populações que viviam na mais absoluta miséria no interior do país, em função da concentração fundiária. Por outro lado, ao chegar às cidades, boa parte desses retirantes não conseguia se inserir efetivamente no processo produtivo – por conta das limitações anteriormente descritas do desenvolvimento dependente do capitalismo no Brasil, baseado em um mercado interno reduzido e elitizado –, tendo que buscar a sua sobrevivência na economia informal ou sendo cooptada pelo tráfico de drogas ou pelo crime organizado. Assim, aglomerados em bolsões de miséria na periferia das grandes cidades ou nas pequenas cidades do interior do país, esses indivíduos ficaram no meio do caminho, entre o universo rural que deixaram para trás e o universo urbano no qual não conseguiram entrar, dando origem à figura do *rurbano*. Esse conceito da Antropologia Social foi introduzido na análise sociolinguística por Bortoni-Ricardo (2005; 2011 [1985]), que dele lança mão para se referir a "comunidades urbanas de periferia onde predomina forte influência rural na cultura e na língua" (2005: 44) ou, ainda, a "populações rurais com razoável integração com a cultura urbana e populações urbanas com razoável preservação de seus antecedentes rurais" (2005: 92).

Como será visto no capítulo "A polarização sociolinguística do Brasil: fundamentos empíricos", a adoção desse conceito se revelou muito profícua na análise dos padrões sociolinguísticos que definem a norma popular brasileira. Não sendo incorporados ao processo produtivo, os rurbanos também não ingressam no mercado consumidor (especialmente dos bens simbólicos) e não têm acesso aos benefícios da cidadania, dentre os quais a efetiva escolarização. Por isso, as variantes forjadas no contato entre línguas que o migrante trouxe em sua fala rural não são completamente substituídas pelas variantes do padrão culto como ocorreria normalmente em uma inserção efetiva no universo urbano. Assim, o nivelamento linguístico que normalmente ocorreria com a industrialização, através da difusão das formas socialmente valorizadas da norma culta, fica muito aquém do esperado, já que essas formas só chegam a expressivos segmentos da sociedade brasileira de forma muito limitada, ou quase nula. Com isso, o fosso da clivagem linguística, escavado pelo contato entre línguas nos tempos da colônia e do Império, ainda está longe de ser aplainado, mantendo-se muito nítidos os reflexos linguísticos das violentas desigualdades sociais que ainda rasgam a sociedade brasileira.

E, mesmo entre os segmentos que de alguma maneira se integraram ao processo produtivo, a assimilação da norma culta ainda é restringida pelas limitações impostas pelo desenvolvimento tardio e dependente do capitalismo no Brasil. Como observa Faraco (2008: 59-60), a completa escolarização da população se tornou uma característica das sociedades capitalistas plenamente desenvolvidas, em função do avanço tecnológico desencadeado pela Revolução Industrial e pelas pressões ideológicas decorrentes da consolidação nessas sociedades do regime da democracia representativa. O vertiginoso desenvolvimento tecnológico requer uma mão de obra cada vez mais qualificada, aumentando progressivamente o nível de escolaridade necessário para o indivíduo se inserir no processo produtivo.

> Se no início bastava ser alfabetizado, logo a indústria começou a exigir um mínimo de quatro anos de escolaridade. Assim é que – nos fins do século XIX – vemos a França, a Inglaterra e alguns outros países europeus universalizando a educação primária de quatro anos.
> Cinquenta anos depois, terminada a Segunda Guerra Mundial, a demanda nesses países era já por onze anos de escolaridade e vamos ver a educação média se universalizando na Europa, nos Estados Unidos e no Japão já no início da década de 1950. Hoje, passados outros cinquenta anos, discute-se nesses mesmos países a universalização de uma educação superior básica de quatro anos para todos os jovens entre 18 e 22 anos. (Faraco, 2008: 59-60)

No Brasil, o processo de escolarização da população está muito mais atrasado do que isso, em decorrência das características de seu capitalismo tardio e dependente. O Brasil ainda não conseguiu erradicar o analfabetismo e, quando os países capitalistas mais desenvolvidos estavam universalizando a escolaridade mínima de 11 anos (nos anos de 1950), a metade da população brasileira com mais de 15 anos era composta de analfabetos, como se pode ver na Tabela a seguir.

Tabela 6 – Taxa de analfabetismo no Brasil de 1920 a 2010,
entre a população com mais de 15 anos de idade

Ano	População total	Analfabetos	%
1920	17.557.282	11.401.715	**64,9**
1940	23.709.769	13.242.172	**55,9**
1950	30.249.423	15.272.632	**50,5**
1960	40.278.602	15.964.852	**39,6**
1970	54.008.604	18.146.977	**33,6**
1980	73.542.003	18.716.847	**25,5**
1991	95.810.615	18.587.446	**19,4**
2000	119.533.048	16.294.889	**13,6**
2010	144.823.504	13.949.729	**9,6**

Fonte: IBGE, Censos Demográficos.

Comparando os dados das Tabelas 5 e 6, vê-se que não há um paralelismo entre a taxa de crescimento da urbanização e o da taxa de crescimento da população alfabetizada. E a grande diferença se encontra exatamente na fase inicial do processo de urbanização, entre 1920 e 1940, quando a proporção da população urbana cresceu 200%, e o crescimento da taxa de escolarização ficou em torno de 25%, ou seja, quase dez vezes menor que o avanço da urbanização. No período de 1940 a 1960, a taxa de crescimento da escolarização ficou próxima à taxa do crescimento da urbanização (40% contra 50% *circa*), voltando a cair para menos da metade desta no período de 1960 a 1980 (23% contra 50%). Só no período de 1980 a 2000 as taxas voltam a se aproximar – 16% contra 20%. E, na última década, a taxa de crescimento da escolarização foi um pouco maior do que a taxa de crescimento da urbanização – 4,6% contra 3,9%.

Atualmente, o analfabetismo ainda atinge quase 10% da população brasileira, o que coloca o país entre os piores da América do Sul. E a situação se agrava quando se pensa nos níveis mais elevados de escolaridade. No conjunto da população brasileira, as pessoas com mais de 18 anos têm, em média, menos de oito anos de estudo (7,6 anos, na média geral), segundo os dados do IBGE para o ano de 2009. Assim, o Brasil está longe de alcançar o patamar de escolarização média da população já atingido nos países de capitalismo plenamente desenvolvido, o que tem consequências diretas para a difusão da norma culta.

Os dados oficiais (cf. Lima, 2004, p. 93) indicam que, nesta década de 2000, dos 10 milhões de jovens brasileiros entre 15 e 17 anos, a metade está fora da escola. Um milhão destes jovens está ainda na escola fundamental. Estão, portanto, com sua escolaridade atrasada. E os demais alunos do atual ensino médio têm 18 anos ou mais, ou seja, estão também com a sua escolaridade atrasada. Nesse quesito, estamos, portanto, cinquenta anos atrás das sociedades industriais avançadas.

Se a maioria da atual população adulta brasileira não chegou a completar o ensino médio, a maioria dos nossos jovens não tem ainda acesso garantido a esse nível de ensino. Ou seja, os bens educacionais e culturais estão muito mal distribuídos na nossa sociedade. Uma das consequências disso é que só uma minoria tem acesso efetivo à cultura letrada, o que inclui o estudo da chamada norma culta. (Faraco, 2008: 61)

Se se considerar os resultados efetivos da escolarização, com bases nos dados do Indicador de Alfabetismo Funcional, do Instituto Paulo Montenegro,[41] pode-se ter um quadro mais concreto da situação. A Tabela 7, a seguir, revela que um pouco mais de um quarto da população brasileira com idade entre 15 e 64 anos (27%) é composto de analfabetos ou pessoas que exibem um *alfabetismo rudimentar*.[42] Na medida em que o total da população nessa faixa etária pode ser estimado em 140 milhões, tem-se um contingente de 38 milhões de falantes da norma popular, para os quais se pode imaginar que a assimilação das formas linguísticas da norma culta socialmente valorizadas seja baixa ou quase nula. A Tabela informa ainda que 46% da população tem apenas um *nível básico de alfabetismo funcional*,[43] e somente pouco mais de um quarto da população é *plenamente alfabetizada*.[44] Transformando os percentuais em números absolutos, têm-se quase 65 milhões que estão em níveis sociolinguísticos intermediários – que exibem, em sua fala, as formas linguísticas socialmente valorizadas em níveis variáveis, consoante os fatores considerados em cada caso – e apenas cerca de 38 milhões de potenciais falantes de uma norma culta, o mesmo número dos falantes da norma popular.

Tabela 7 – Nível de alfabetismo funcional no Brasil de 2001 a 2011-12

| Inaf/BRASIL - Evolução do Indicador de Alfabetismo População de 15 a 64 anos (%) | | | | | | |
	2001-2002	2002-2003	2003-2004	2004-2005	2007	2009	2011-12
Analfabeto	12	13	12	11	9	7	6
Rudimentar	27	26	26	26	25	21	21
Básico	34	36	37	38	38	47	47
Pleno	26	25	25	26	28	25	26

Fonte: Instituto Paulo Montenegro. Disponível em: <http://www.ipm.org.br/ipmb_pagina.php?mpg=4.02.01.0 0.00&ver=por&ver=por>. Acesso em: 24 abr. 2015.

Portanto, pode-se concluir afirmando que seria esperado que o amplo processo de industrialização e urbanização da sociedade brasileira desencadeasse um processo de nivelamento linguístico que aplainasse o fosso da polarização sociolinguística escavado, durante quase quatrocentos anos, em uma sociedade rural escravocrata. Porém, as características do desenvolvimento tardio e dependente do capitalismo brasileiro impediram que esse nivelamento linguístico alcançasse os efeitos esperados, ou seja, uma ampla difusão da norma linguística socialmente valorizada para o conjunto da população.

A concentração de renda e a exclusão social impediram que a escolarização atingisse adequadamente os segmentos da base social, como tem ocorrido nos países capitalistas plenamente desenvolvidos. Socialmente marginalizados e alienados dos bens e serviços produzidos pelo desenvolvimento econômico, quase um terço dos brasileiros ainda conservam muito nítidas em sua fala as marcas que o contato linguístico produziu no passado – como a não aplicação das regras de concordância nominal e verbal –, sobre as quais se abate o preconceito, em uma dialética perversa na qual as desigualdades sociais reproduzem as diferenças linguísticas em que recai o estigma que visa legitimar ideologicamente a exclusão social.

Modelos para a análise da realidade sociolinguística do Brasil e um diagnóstico preliminar de estratificação sociolinguística da sociedade brasileira

As diferenças linguísticas que separam as classes privilegiadas da população socialmente marginalizada são amplificadas pelo preconceito linguístico, que é disseminado pela escola e, sobretudo, pelos meios de comunicação de massa, tornando-se um poderoso instrumento ideológico de legitimação de relações sociais de dominação e exploração econômica e de uma desmedida concentração de renda. O modelo da polarização sociolinguística do Brasil assenta exatamente nesses contrastes entre os padrões linguísticos das classes abastadas e os padrões linguísticos da massa de excluídos, tendo como parâmetros de análise tanto as frequências de emprego das variantes linguísticas quanto a avaliação subjetiva do uso da língua e as tendências de mudança em curso, como sistematizado no capítulo "A polarização sociolinguística do Brasil: fundamentos teóricos".

Em uma perspectiva algo distinta, Bortoni-Ricardo (2005: 39-52) propôs "um modelo para a análise linguística do português brasileiro" que assenta no que ela chamou de três *continua*: um *continuum* de urbanização, um de letramento e um de monitoração estilística. O *continuum* de urbanização "se estende desde as variedades rurais geograficamente isoladas [...] até a variedade urbana culta" (2005: 40) e "é muito relevante porque as categorias rural e urbano são indispensáveis para conhecer a realidade do Brasil, país que até meados do século XX tinha uma economia essencialmente rural"; a autora adverte, porém, que "a localização do falante ao longo do *continuum* depende mais de sua rede de relações sociais que de sua própria história social" (2005: 51). Por fim Bortoni-Ricardo destaca que, enquanto "o *continuum* de urbanização se destina especialmente à análise dos atributos socioeconômicos dos falantes", "o *continuum* de oralidade/letramento destina-se especificamente à análise das práticas sociais em que o indivíduo toma parte" e "o *continuum* de monitoração estilística volta-se para os processos cognitivos de atenção e planejamento no momento da enunciação" (2005: 52).

À primeira vista, haveria uma oposição entre esse modelo de *continua* e o modelo da polarização que ora se tem desenvolvido. Contudo, a perspectiva epistemológica aqui adotada da teoria dos conjuntos difusos (cf. capítulo "A polarização sociolinguística do Brasil: fundamentos teóricos") elimina qualquer contradição entre as duas abordagens, apontando antes para a sua complementaridade – até porque ambas reconhecem que as características centrais da realidade sociolinguística brasileira decorrem das mesmas contradições nas relações econômicas e sociais. Assim, o cenário da polarização sociolinguística pode ser matizado, adotando-se como parâmetros os *continua* propostos por Bortoni-Ricardo.

Retomando os dados inferidos a partir da Tabela 7, a polarização sociolinguística do Brasil se configura no contraste entre os padrões de comportamento linguístico dos 27% da população brasileira que é analfabeta ou exibe um alfabetismo rudimentar *vis-à-vis* os outros 27% da população plenamente alfabetizados que estão no topo da pirâmide social. Os restantes 46% da população se dispõem num *continuum* que liga os dois extremos, em que se encontra "um gradiente de variedades [socio]linguísticas", pois, como observou Bortoni-Ricardo (2005: 22):

> Das sociedades ditas tradicionais, conserva o Brasil pelo menos duas características: a grande variação no repertório verbal e o aceso limitado à norma padrão. Apresenta, todavia, a característica da fluidez e permeabilidade típica das sociedades modernas, que resulta numa situação de um gradiente de variedades linguísticas, muito diferente da dialetação discreta e compartimentada das sociedades de castas.

As características das sociedades ditas tradicionais que o Brasil conserva decorrem das limitações impostas pelo desenvolvimento tardio e dependente do capitalismo no país, que não consegue eliminar os contrastes produzidos por quase 400 anos de uma sociedade rural fundada no trabalho escravo. Porém, a dinamização social imposta pelo processo de industrialização e urbanização, que se implementou a partir de 1930, introduziu fluidez e permeabilidade em um conjunto de grandes contrastes. Daí a pertinência da conjugação do modelo da polarização com o modelo dos *continua*.

Outro aspecto interessante a ser explorado no modelo dos *continua* é a inter-relação que se pode estabelecer entre eles. Dessa forma, a passagem do rural para o urbano implica uma presença crescente do letramento, como se pode ver nos dados relativos à média de anos de estudo da população brasileira com mais de 15 anos em 2007. Naquele ano, nos centros urbanos, os brasileiros tinham em média 7,8 anos de estudo, mas essa média cai para apenas 4,5 anos de estudo no meio rural.[45] Um maior grau de letramento, associado à diversidade da cultura urbana, amplia sobremaneira o repertório linguístico do falante urbano com alto grau de escolaridade, o qual exibe, assim, um espectro da variação estilística muito mais amplo que o de um falante rural iletrado.

Por outro lado, as práticas de letramento implicam, em média, um maior grau de monitoração do que as práticas da oralidade. Nesse sentido, pode-se conjugar o parâmetro da *modalidade* (oral/escrita) com o parâmetro da *monitoração*. Muitas formas linguísticas que se têm generalizado na oralidade não conseguem penetrar na escrita, tal é o caso, por exemplo, do emprego da expressão nominal "a gente" como pronome de 1ª pessoa do plural e o uso como acusativo da forma do caso reto do pronome de 3ª pessoa.

Assim, aplicando o modelo dos três *continua* ao quadro de polarização, têm-se, no ponto extremo da norma popular, as comunidades rurais mais isoladas do interior do país, cujos falantes, imersos na oralidade, exibiriam um espectro de variação estilística bastante reduzido, já que é escasso também o seu contato com as demais variedades do português. No outro extremo da norma culta, estariam os falantes dos grandes centros urbanos, com alto grau de escolaridade, cujo extenso repertório linguístico amplia bastante o espectro de sua variação estilística. Entre um extremo e outro, vislumbra-se um *continuum* de níveis intermediários.[46] À medida que se passa do polo extremo da norma popular para o ápice da norma culta, cresce progressivamente o grau de urbanização e letramento, bem como o espectro da variação estilística. Assim, vão-se descortinando sucessivos cenários sociolinguísticos, que podem ser assim discriminados, considerando a escala *rural* > *rurbano* > *urbano*.

rural	• membros analfabetos ou semianalfabetos de comunidades rurais mais isoladas • membros analfabetos ou semianalfabetos de comunidades rurais menos isoladas
rurbano	• habitantes de baixa ou pouca escolaridade das pequenas cidades do interior (distinguindo-se imigrados do campo e nativos da cidade) • habitantes de baixa ou pouca escolaridade emigrados do campo para a periferia das grandes cidades
urbano	• habitantes de baixa ou pouca escolaridade da periferia das grandes cidades • habitantes de baixa ou pouca escolaridade dos bairros populares mais centrais e tradicionais das grandes cidades • trabalhadores e operários qualificados das grandes cidades e centros industriais • comerciantes e trabalhadores técnicos e administrativos das pequenas e médias cidades do interior do país • comerciantes e trabalhadores técnicos e administrativos dos grandes centros urbanos • altos funcionários do executivo e do judiciário, profissionais liberais e intelectuais das pequenas e médias cidades do interior do país • altos funcionários do executivo e do judiciário, profissionais liberais e intelectuais dos grandes centros urbanos

Em princípio, a norma popular recobriria as comunidades rurais, os indivíduos rurbanos e os habitantes de pouca ou nenhuma escolaridade das grandes cidades. Já a norma culta se circunscreveria à elite intelectual das cidades, formada pelos indivíduos com nível superior de escolaridade. As faixas intermediárias ainda estão por classificar, dependendo de dados empíricos que possam vir a fundamentar o traçado de um perfil sociolinguístico da sociedade brasileira. A disposição dos segmentos aqui apresentada deve ser vista apenas como um ponto de partida, e uma taxonomia mais precisa da polarização sociolinguística do Brasil deve articular, em uma análise mais ampla e profunda, dados independentes, isto é, extralinguísticos (tais como local de moradia, nível de renda, nível de escolaridade, ocupação, rede de relações sociais, exposição à mídia etc.), e dados linguísticos, consoante os pressupostos teóricos aqui formulados, com base no conceito de norma sociolinguística, ou seja, a articulação dos padrões de desempenho com a avaliação subjetiva e as tendências de mudança em curso.

A consideração dos dados independentes extralinguísticos é relevante e deve ter precedência, com o objetivo de traçar um diagnóstico sociolinguístico inicial da sociedade brasileira, em termos quantitativos, e definir os recortes da observação empírica da pesquisa sociolinguística propriamente dita. A análise sociolinguística dos processos de variação e mudança, por sua vez, produzirá e sistematizará os dados empíricos referentes às frequências de uso por grupo social, bem como seus juízos de avaliação subjetiva das formas linguísticas e tendências de mudança em curso. Os resultados das análises permitirão a demarcação dos limites definitivos da norma culta e da norma popular, bem como de suas subdivisões e de novas categorias intermediárias.[47]

Contudo, deve-se ter sempre em conta que a perspectiva epistemológica aqui adotada não prevê o estabelecimento de conjuntos discretos, antes pressupondo zonas difusas de transição entre os conjuntos. Por outro lado, como bem advertiu Romaine (1982), a pesquisa sociolinguística lida com agregados, não com indivíduos. Isso significa que, ao estabelecer o perfil de determinada norma sociolinguística, trabalha-se com uma média, e tal modelo não é capaz de capturar desvios de indivíduos que idiossincraticamente assumem um comportamento e uma atitude diferenciados do seu grupo social.

Feitas essas considerações, pode-se proceder a um diagnóstico sociolinguístico preliminar da sociedade brasileira, com base nos dados extralinguísticos independentes, tomando como ponto de partida o nível de escolaridade. Segundo os dados do Censo Demográfico de 2000 do IBGE, a população brasileira com mais de 25 anos de idade se distribui pelo nível de escolaridade da seguinte maneira:[48]

Tabela 8 – População brasileira com mais de 25 anos de idade por nível de escolaridade (2000)

Nível de escolaridade	Nº de habitantes	%
Sem escolaridade	13.160.194	15,40
Alfabetização de adultos	158.450	0,19
1ª a 3ª série	15.250.782	17,85
4ª a 7ª série	26.168.785	30,62
Fundamental	10.974.667	12,85
Médio	13.963.821	16,35
Graduação	5.485.710	6,42
Mestrado ou doutorado	302.043	0,35
TOTAL	85.464.452	100

Fonte: IBGE, Censo Demográfico de 2000.

O primeiro grande projeto coletivo de pesquisa sociolinguística do Brasil, o Projeto da Norma Linguística Urbana Culta (Projeto Nurc), por volta de 1970, definiu como falantes da norma culta os indivíduos com curso superior completo. Com base nesse critério, os falantes da norma culta corresponderiam a menos de 7% do total da população brasileira com mais de 25 anos de idade,[49] bem abaixo do percentual de 27% dos plenamente alfabetizados (cf. Tabela 7); o que coloca em questão o parâmetro que deve ser tomado para definir um falante da norma culta: ter curso superior completo ou ser plenamente alfabetizado?

Nesse sentido, Faraco (2008: 48) observou que "a norma culta brasileira falada se identifica, na maioria das vezes, com a linguagem urbana comum", com base nas constatações de Dino Preti (1997) sobre os resultados das análises do Projeto Nurc. Com base nisso, Faraco (2008: 59) questiona o parâmetro do Nurc e defende que "é mais adequado considerar letrados todos os que concluem pelo menos o ensino médio". Nessa *norma culta estendida*, haveria, então, cerca de 23% da população brasileira, ou seja, quase um quarto da população seria de falantes da norma culta, o que nos aproxima do parâmetro dos plenamente alfabetizados do Instituto Paulo Montenegro (cf. supra).

No outro extremo da pirâmide social, podem-se classificar como falantes da norma popular os analfabetos e os que não concluíram sequer a 4ª série do ensino fundamental (incluindo os que estudam em programas de alfabetização de adultos). Tem-se, então, 28.569.426 brasileiros nessa situação, o que corresponde a 33,45% da população com mais de 25 anos, ou seja, um terço da população seria constituída por falantes da norma popular. Ficariam por classificar os 30,6% que cursaram entre a 4ª e a 7ª série e os 12,85% que completaram o ensino fundamental, um contingente nada desprezível de quase 45% da população brasileira.

Tomando como ponto de partida, o critério mais restritivo do Nurc, podem-se colocar os falantes com ensino médio completo em uma norma semiculta, os falantes com ensino fundamental completo em uma norma média, aqueles que cursaram entre a 4ª e a 7ª série numa norma média baixa e o restante na norma popular. Tem-se então o seguinte diagnóstico sociolinguístico da sociedade brasileira:

Tabela 9 – Distribuição da população brasileira por normas sociolinguísticas (2000)

Norma sociolinguística	Percentual da população
Norma culta	6,77%
Norma semiculta	16,35%
Norma média	12,85%
Norma média baixa	30,62%
Norma popular	33,44%

A proporção de habitantes que usam a norma linguística valorizada socialmente fica entre 7% e 23%, consoante se adote um critério mais ou menos restritivo. De qualquer forma, fica patente que menos de um quarto da população tem acesso efetivo aos bens culturais socialmente valorizados. Assim, tem-se, no outro extremo de uma sociedade elitista e excludente, quase dois terços da população (64%) de falantes das normas popular e média baixa, que falam variedades mais afastadas do padrão urbano culto e sobre os quais recai um pesado estigma social. Restaram, numa faixa intermediária, cerca de 13% da população com mais de 25 anos de idade, dos que concluíram o ensino fundamental. Já no cenário de uma norma culta mais restrita (composta apenas de falantes com nível superior completo), essa faixa intermediária cresce para quase 30% do total da poluição (29,2%), congregando os falantes com nível médio e os com nível fundamental completo. Constata-se, portanto, que a injustiça social impossibilita a distribuição democrática dos bens culturais; o que se traduz, no plano linguístico, na marginalização de quase dois terços da população, enquanto menos de um quarto da população se beneficia plenamente dos bens culturais e dos serviços sociais.

Uma consideração do eixo rural-urbano revela de forma ainda mais dramática o problema da distribuição desigual dos bens culturais. Os dados do Censo Demográfico de 2000 do IBGE relativos ao nível de escolaridade da população com mais de 25 anos de idade também foram tabulados pela situação de domicílio, da seguinte maneira:

Tabela 10 – População brasileira com mais de 25 anos de idade
por nível de escolaridade e situação de domicílio (2000)

Nível de escolaridade	População urbana		População rural	
	Nº de habitantes	%	Nº de habitantes	%
Sem escolaridade	8.558.320	12,03	4.601.872	32,08
Alfab. de adultos	110.901	0,16	47.550	0,33
1ª a 3ª série	11.079.212	15,58	4.171.570	29,08
4ª a 7ª série	22.041.868	30,99	4.126.917	28,77
Fundamental	10.218.330	14,37	756.338	5,27
Médio	13.419.679	18,87	544.142	3,79
Graduação	5.393.155	7,58	92.555	0,65
Pós-Graduação	297.525	0,42	4.518	0,03
TOTAL	71.118.990	100	14.345.462	100

Fonte: IBGE, Censo Demográfico de 2000.

Como a população urbana é largamente majoritária, correspondendo a 83% do total, as diferenças desse subconjunto em relação ao universo total são pouco significativas. De qualquer forma, deve-se registrar uma pequena melhoria na distribuição dos bens culturais e no acesso à escolarização. A população com nível superior sobe para 8% (contra os menos de 7% no total da população) e a proporção dos que concluíram o ensino médio sobe para quase 19%, contra os pouco mais de 16% no universo total. Assim, como se pode ver na Tabela 11, a seguir, a soma da norma culta e da norma semiculta equivale praticamente ao percentual de 27% da classificação que toma por base os falantes plenamente alfabetizados. A norma média também cresce para quase 15%, contra os menos de 13% no universo total. Nesse cenário, a proporção de falantes da norma popular, os mais marginalizados, cai para menos de 28%, contra os mais de 33% do total da população.

Tabela 11 – Distribuição da população urbana brasileira por normas sociolinguísticas (2000)

Norma sociolinguística	Percentual da população
Norma culta	8,00%
Norma semiculta	18,87%
Norma média	14,37%
Norma média baixa	30,99%
Norma popular	27,77%

Por outro lado, o cenário no universo rural é relativamente muito mais crítico. A proporção de falantes com nível superior completo é bem inferior a 1% do total, os falantes com ensino médio completo correspondem a menos de 4%, e os que completaram o ensino fundamental mal passam de 5% do total! Assim, como se pode ver a seguir na Tabela 12, a proporção de falantes da norma culta no meio rural corresponde, na melhor das hipóteses, a menos de 5% do total; percentual praticamente equivalente ao de falantes da norma média (com ensino fundamental completo). Nesse cenário, os falantes da norma popular são mais de 60% do total, e, se forem contados também os da norma média baixa, chega-se à impressionante marca de mais 90% da população rural que exibe um padrão linguístico bastante afastado do padrão linguístico socialmente valorizado. Portanto, o problema da desigualdade social se torna dramático quando se considera a população desassistida do campo.

Tabela 12 – Distribuição da população rural brasileira por normas sociolinguísticas (2000)

Norma sociolinguística	Percentual da população
Norma culta	0,68%
Norma semiculta	3,79%
Norma média	5,27%
Norma média baixa	30,6%
Norma popular	61,4%

Retornando ao universo total, deve-se chamar a atenção para o fato de que a definição do conjunto dos falantes da norma culta ainda está em aberto, na medida em que foram considerados dois parâmetros: um mais restrito (falantes com nível superior completo) e um mais amplo (que estende a classificação para os falantes que concluíram o ensino médio). Numa tentativa de avançar no equacionamento dessa questão, serão cruzados os dados relativos à escolarização com os dados provenientes dos índices de alfabetismo funcional. Para isso, serão tomados como ponto de partida os dados da Tabela 13, que cruza os níveis de alfabetismo funcional com os anos de escolarização dos indivíduos.

Tabela 13 – Nível de alfabetismo funcional segundo a escolaridade no Brasil

Inaf/BRASIL Nível de alfabetismo segundo a escolaridade População de 15 a 64 anos (%)					
	Nenhuma	1ª a 4ª série	5ª a 8ª série	Ensino Médio	Ensino Superior
Analfabeto	66	9	0	0	0
Rudimentar	29	43	24	5	1
Básico	4	42	60	54	29
Pleno	1	6	17	41	71
Analfabetos funcionais	**95**	**52**	**24**	**5**	**1**
Alfabetizados funcionalmente	**5**	**48**	**76***	**95**	**99***

* Diferenças decorrentes de arredondamento.

Fonte: Instituto Paulo Montenegro.

Assim, podem-se considerar como falantes da norma culta os falantes com nível superior e com o ensino médio completo que atingiram o alfabetismo pleno; o que corresponde a 71% dos com formação superior e 41% dos com ensino médio, chegando a um percentual de 11,5% de falantes da norma culta, como se pode ver na Tabela 14. Como falantes de uma norma semiculta, propõe-se a reunião dos de nível superior e médio que exibem um alfabetismo básico, com os 17% que já cursaram da 5ª a 8ª série e atingiram um alfabetismo pleno; o que corresponde a uma proporção de falantes de uma norma semiculta em torno de 18% da população total. Para compor a norma média, são tomados os 5% com ensino médio que exibem um alfabetismo rudimentar, 60% dos de 5ª a 8ª série que atingiram o alfabetismo básico e os 6% que já exibem um alfabetismo pleno nas séries iniciais. Tem-se, então, cerca de 27% da população total com mais de 25 anos nessa faixa sociolinguística intermediária. Na norma média baixa, podem-se colocar os 24% de 5ª a 8ª série que só apresentam um alfabetismo rudimentar, com os 42% que já exibem um alfabetismo básico nas séries iniciais. Tem-se, então, quase 18% do total. Restando, como falantes da norma popular, algo em torno de um quarto da população.

Tabela 14 – Distribuição da população brasileira por normas sociolinguísticas considerando os anos de escolarização e os índices de alfabetismo funcional (2000)

Norma sociolinguística	Percentual da população
Norma culta	11,50%
Norma semiculta	18,17%
Norma média	26,97%
Norma média baixa	17,92%
Norma popular	25,44%

Nesse novo cenário, os que têm um padrão de comportamento linguístico socialmente valorizado (isto é, os falantes das normas culta e semiculta) chegam a quase 30% do total. A faixa linguística intermediária (a norma média) corresponde a aproximadamente um quarto da população. E os segmentos que têm um padrão de comportamento linguístico desviante e desprestigiado (os falantes da norma média baixa e da norma popular) constituiriam quase a metade da população (cerca de 45%).

As classificações aqui delineadas, com base em dados extralinguísticos, são importantes para fazer um diagnóstico inicial da comunidade de fala brasileira em seu conjunto. Dessa forma, elas têm utilidade para fundamentar uma avaliação da distribuição dos bens culturais e para subsidiar políticas públicas de ensino de Língua Portuguesa. Entretanto, no plano da investigação sociolinguística, elas têm um caráter preliminar, ou mesmo provisório, servindo apenas como ponto de partida, na medida em que podem ser tomadas para a formulação de hipóteses de trabalho ou para levantar questões, tais como:

• A norma linguística socialmente valorizada, que é a base objetiva de uma norma de referência linguística, é compartilhada apenas por menos de 10% da população ou por algo em torno de 30% da população?
• Qual é a proporção da faixa linguística intermediária, pouco mais de um quarto ou de apenas 10% da população?
• Os segmentos sociais que têm um padrão de comportamento linguístico desviante e estigmatizado correspondem a quase dois terços ou ficam um pouco abaixo da metade da população?

Uma norma culta mais ou menos representativa é o parâmetro para definir o quão elitista é a sociedade. Um segmento sociolinguístico intermediário mais amplo aponta mais no sentido de um *continuum*; ao passo que, se tal segmento for mais reduzido, configura-se um quadro mais forte de polarização. Já a proporção dos segmentos da norma popular constitui um índice significativo da exclusão social. Mas as respostas a essas questões só serão obtidas por meio de uma ampla pesquisa da realidade socio-linguística, e até as categorias aqui propostas (norma culta, norma semiculta, norma média, norma média baixa e norma popular) deverão passar pelo crivo da verificação empírica para saber se se ajustam ou não à realidade sociolinguística do país.

Dentro da perspectiva de análise aqui proposta, a definição dos segmentos so-ciolinguísticos (ou normas sociolinguísticas) baseia-se decisivamente na relação entre o comportamento linguístico dos falantes e as representações sociais da língua que definem as condutas linguísticas socialmente valorizadas ou estigmatizadas. Nesse sentido, a contradição entre o comportamento linguístico da elite letrada brasileira (base para a definição de norma culta) e a norma de referência linguística que define os critérios institucionalizados de avaliação do uso da língua (o que aqui é denomina-do norma padrão) assume uma dimensão crítica e, assim como ocorre com a norma popular, é bastante reveladora das contradições que permeiam a formação histórica da sociedade brasileira. Esse será o objeto da próxima seção, que encerra este capítulo.

As consequências sociolinguísticas do processo de industrialização e urbanização do Brasil: a norma culta

A proclamação da República, em 1889, pouco alterou a infraestrutura socio-econômica do Brasil, mantendo-se a exportação do café como a atividade mais importante, em uma sociedade eminentemente rural, cujas cidades abrigavam menos de 10% da população do país. Não havia, portanto, condições objetivas para mudanças significativas no plano das representações que constituem a su-perestrutura da sociedade. No plano da língua, a hegemonia de uma visão elitista de língua que tinha como padrão os modelos da ex-metrópole portuguesa era reforçada pelo beletrismo da poesia parnasiana.

> [...] a República – não nos esqueçamos – foi feita por militares e políticos que vinham do Império e, nele, ocuparam postos de mando, homens que eram, no particular, profundamente tradicionalistas e conservavam aquele espírito de ordem e de estado das comunidades pacientes.
> No mesmo ano da proclamação da República, Raimundo Correia [...] reclama contra a esterilidade do ambiente literário, "devastado completamente", diz ele, "pelos prejuízos dessa escola a que chamam *parnasiana*, cujos produtos aleijados e raquíticos apresentam todos os sintomas da decadência e parecem condenados, de nascença, à morte a ao olvido! Dessa literatura que importa-mos de Paris, literatura tão falsa, postiça e alheia da nossa índole, o que breve resultará, pressinto-o, é uma triste e lamentável esterilidade. [...]"

[...] Vivíamos, então, uma época em que se procurava dotar a tradição rota de falsa atualidade, em que o ideal estilístico era a imitação da imitação [...]. A obediência cega às norma lusitanas, os compêndios de língua com abonações invariavelmente hauridas em escritores portugueses – os únicos que mereciam crédito – é o que continuamos a observar nos primeiros anos do século [XX], [...]. (Cunha, 1970: 44-5)

Entretanto, algumas mudanças começaram a se insinuar por entre as retrógradas estruturas sociais e mentais daquela sociedade dominada pelas oligarquias rurais. As primeiras indústrias têxteis começavam a empregar os imigrantes europeus, e muitos deles traziam as ideias anarquistas e socialistas (já bem difundidas na Europa), impulsionando, por aqui, a organização sindical e os embriões de um movimento operário. Assim, gestavam-se as condições para o processo que viria a se desencadear quando a crise da Bolsa de Nova York criou as condições favoráveis à sua eclosão. E no plano da superestrutura ideológica, o movimento artístico e literário que se articulou em torno da Semana de Arte Moderna de 1922 se tornaria o grande arauto das mudanças que estavam por vir com o processo de industrialização e urbanização iniciado em 1930.

No cerne do revolucionário programa antropofágico do Modernismo brasileiro, estava a retomada da questão nacional e popular e uma violenta e sarcástica crítica à submissão aos cânones do Velho Mundo. E, nesse contexto, a questão da língua ocupava uma posição de destaque, o que se pode ver tanto na expressão do antológico poema "Pronominais", de Oswald de Andrade, quanto no provocador projeto da *Gramatiquinha brasileira*, de Mário de Andrade. Assim, os modernistas retomavam o questionamento de José de Alencar e dos nacionalistas do século XIX ao projeto purista de uma norma padrão brasileira fundada nos modelos do português de Portugal.[50]

O Modernismo anunciava as mudanças que viriam a se implementar na arte, na cultura e na língua no decorrer de todo o século XX. A crescente industrialização e a vertiginosa urbanização da sociedade brasileira promoveram a substituição, no plano das mentalidades e da cultura, das modorrentas representações arcaicas da antiga sociedade rural pelo mosaico dinâmico da cultura de massas da sociedade urbana. Os efeitos desse processo sobre a língua são assim descritos por Faraco (2008: 63):

A sociedade industrial moderna trouxe consigo uma série grande de efeitos, redesenhando a face do mundo contemporâneo [...]. Alteradas as condições objetivas de funcionamento da sociedade, alteraram-se também as condições objetivas de funcionamento social da língua. A urbanização intensa, a expansão do sistema educacional, a formulação e difusão política do conceito moderno de cidadania e o desenvolvimento dos sistemas de comunicação social de massa deram hegemonia e ampla difusão social a certas variedades da língua, em particular às variedades tradicionalmente urbanas, que passaram a exercer poderosa força centrípeta sobre as demais variedades. Não se trata de uma variedade de poucos e para poucos. Não se trata mais do exercício de um obsoleto beletrismo numa rarefeita "república das letras". Não se trata mais de um emblema discriminatório da nobreza. A sociedade contemporânea, em toda a sua complexidade, ao criar as condições que permitem amplificar a presença social de certas variedades da língua, as faz funcionar, pragmaticamente, como um elemento de relativa agregação social. Essas variedades passam a se sobrepor aos limites da comunicação caseira, da comunicação restrita ao imediato, ao local, ao regional; respondem aos desafios postos pela urbanização intensa, pela complexificação das relações sociais e pela massificação dos meios de comunicação.

Nesse contexto, a influência da velha Europa declinou em função de uma crescente influência da cultura norte-americana, da sociedade de consumo e da indústria cultural de massas. Assim como decaiu a influência do academicismo francês, diminuiu a influência do cânone gramatical de Lisboa e Coimbra. A linguagem de escritores, profissionais liberais, políticos e jornalistas foi-se tornando menos rígida e conservadora, mesmo em sua expressão escrita, e a norma culta foi-se renovando num ritmo até então desconhecido. Por outro lado, não se pode esquecer que, com o Modernismo, já se havia instaurado uma espécie de nacionalismo linguístico entre poetas e escritores.

Buscando correlacionar as mudanças na infraestrutura com as mudanças na superestrutura, pode-se imaginar que o processo que se iniciou em 1930 aprofundou-se a partir de 1950, com o desenvolvimento da indústria de bens de consumo duráveis (automóveis e eletrodomésticos). Não se trata apenas das mudanças na produção e no consumo, mas de um conjunto de mudanças que se dão em seu entorno, como o desenvolvimento da publicidade e dos meios de comunicação; o que só se aprofundou desde então, alçando-se a um novo patamar, entre as décadas de 1980 e 1990, com a chamada terceira revolução industrial e o advento da informática e sua massificação com a rede mundial de computadores. Portanto, pode-se inferir daí que, a partir de 1930, o comportamento linguístico da elite letrada brasileira, mesmo em sua modalidade escrita – ou seja, o que comumente se chama norma culta – foi-se afastando crescentemente do padrão lusitanizado que a elite intelectual racista e reacionária havia fixado no final do século XIX e que até hoje se perpetua, em sua essência, nas gramáticas normativas brasileiras, dando forma ao que se deve chamar norma padrão, em oposição ao que é denominado aqui norma culta.[51]

Em um texto que é muito citado, Fernando Tarallo (1993b), com base em um enquadramento gerativista, propõe a emergência de uma gramática brasileira, distinta de sua congênere portuguesa, na passagem do século XIX para o século XX.

Considerando os fundamentos lusitanos da norma padrão brasileira, tal observação pode ser transposta para o plano sociolinguístico, nos termos de uma diferenciação entre a norma culta e a norma padrão no Brasil. Ainda no âmbito de uma abordagem sócio-histórica, cabe igualmente um reparo no que concerne à cronologia.

Conquanto a abstração do calendário tenha uma grande força no imaginário coletivo, é preciso reconhecer que o mundo real tem uma dinâmica própria, e, no mais das vezes, os marcos na contagem do tempo e as mudanças no plano da realidade social, da cultura e das mentalidades não coincidem. Por isso é que se diz, por exemplo, que o século xx na Europa começou em 1914, e não em 1901. Da mesma forma, pode-se dizer que o século xx, no Brasil, se iniciou em 1930. O corolário inexorável desse raciocínio é que as mudanças na norma culta brasileira a que Tarallo se refere não se teriam implementado a partir de 1901, mas a partir de 1930 (Lucchesi, 2001a). Se a análise sócio-histórica aqui desenvolvida oferece elementos suficientes para se fazer essa retificação, os dados empíricos disponíveis também a confirmam.

Segundo Tarallo (1993b), as grandes mudanças que estariam separando o português brasileiro do português europeu – e *a fortiori* a norma culta da norma padrão –, no Brasil, dizem respeito à retenção pronominal. Enquanto os brasileiros tendem cada vez mais a reter o pronome na posição de sujeito e apagá-lo na posição de complemento verbal, em Portugal ocorre exatamente o contrário. Para ilustrar a cronologia dessas mudanças no português brasileiro, Tarallo (1993b: 84) apresenta a seguinte tabela:

Tabela 15 – Retenção pronominal de acordo com a função sintática, entre 1725 e 1981, no português brasileiro (norma culta)

Função	1725	1775	1825	1880	1981
Sujeito	23,3%	26,6%	16,4%	32,7%	79,4%
Objeto direto	89,2%	96,2%	83,7%	60,2%	18,2%
SP's	96,5%	98,9%	91,3%	72,9%	44,8%

A tabela mostra que a retenção pronominal na posição de sujeito oscila numa faixa de dez pontos percentuais (entre pouco mais de 20% e pouco mais de 30%), de 1725 até 1880; daí em diante, ocorre uma brusca elevação da realização do sujeito pronominal que atinge a expressiva frequência de 80%, cem anos depois, no final do século xx. Por outro lado, a realização do pronome na posição de objeto direto, que havia caído um pouco menos de vinte pontos percentuais entre o início e o final do século xix (passando de 84% em 1825 para 60% em 1880), despenca nos cem anos seguintes, ficando com uma frequência abaixo de 20% em 1981. Um processo semelhante ocorre com os sintagmas preposicionados (sp's) que desempenham as funções de objeto indireto, oblíquo e genitivo, só que em uma intensidade menor. Portanto, a tabela nos mostra uma drástica alteração no que concerne à retenção pronominal que teria acontecido no português brasileiro, entre 1880 e 1981. Isso significa que houve um incremento da realização do sujeito pronominal e do apagamento do pronome objeto na fala e mesmo na escrita dos brasileiros letrados, configurando, assim, um afastamento, ao longo do século xx, da norma culta brasileira da norma padrão, que continua a prescrever o sujeito nulo (exceto nos casos de ênfase) e a realização do clítico acusativo.

O problema na tabela organizada por Tarallo é que os dados se apresentam em intervalos regulares de cerca de cinquenta anos, entre 1725 e 1880, e depois há um salto de 101 anos, até 1981. Curiosamente, suprime-se exatamente o ponto cronológico que poderia dirimir a questão, que estaria situado em torno de 1930. De acordo com a visão aqui apresentada, a mudança não ocorreria numa progressão constante, ao longo desse intervalo de cem anos, entre 1880 e 1981. Pode-se assumir a hipótese de que entre 1880 e 1930 (*circa*), a mudança se tenha dado em ritmo semelhante ao do período anterior, já que não teria havido mudanças significativas nas condições objetivas e subjetivas que pudessem intensificar o processo; e só a partir daí é que a mudança se teria intensificado em função das alterações promovidas pelo processo de industrialização e urbanização.

Para verificar essa hipótese se recorrerá aos dados oferecidos por dois estudos diacrônicos publicados no mesmo volume em que foi publicado o artigo de Tarallo: o estudo de Eugênia Duarte sobre a realização do sujeito pronominal e o estudo de Sônia Cyrino sobre o objeto nulo. Na Tabela 16, extraído do estudo de Duarte (1993: 112), pode-se observar que a frequência de sujeito nulo no português brasileiro (norma culta) se mantém praticamente inalterada entre 1882 e 1918, passando de 77% para 75%. Só a partir daí a frequência do sujeito nulo cai significativamente, passando para 54% em 1937, 50% em 1955, 33% em 1975 e 26% em 1992.

Tabela 16 – Frequência de sujeitos nulos, entre 1845 e 1992, no português brasileiro (norma culta)

Período	Sujeitos nulos (%)
1845	80
1882	77
1918	75
1937	54
1955	50
1975	33
1992	26

Já a Tabela 17, extraído do estudo de Cyrino (1993: 175), mostra que o ritmo da queda na retenção do clítico acusativo de 3ª pessoa, que foi da ordem de 10% entre 1857 e 1891 (passando de 57,9% para 48,1%), mais que dobrou no período entre 1891 e 1940 (passando de 48,% para 26,7), com uma queda de mais de vinte pontos percentuais. E a tendência de queda acentuada se mantém até 1973, quando a frequência de retenção pronominal fica em apenas 4%.

Tabela 17 – Frequência de realização do clítico acusativo da 3ª pessoa, entre 1857 e 1973, no português brasileiro (norma culta)

Período	Retenção pronominal (%)
1857	57,9
1891	48,1
1940	26,7
1960	16,3
1973	4,0

Portanto os dados empíricos disponíveis confirmam que o afastamento da norma culta da norma padrão no Brasil não se deu na passagem do século XIX para o século XX, como sugerido por Tarallo, mas a partir de 1930, em função das mudanças nas condições objetivas e subjetivas desencadeadas pelo processo de industrialização e urbanização da sociedade brasileira. O balizamento feito por essa análise sócio-histórica pode direcionar o desenvolvimento de novas pesquisas empíricas realizadas com base em *corpora* cronologicamente seriados em intervalos de aproximadamente 20-25 anos, desde a segunda metade do século XIX até os dias atuais, que possam precisar ainda mais os dados referentes à retenção pronominal, mas que abarquem também outros aspectos da gramática em que ocorreram mudanças significativas na norma culta brasileira, tais como: as mudanças na pauta dos pronomes pessoais, na construção das orações relativas, na inversão verbo-sujeito nas frases interrogativas etc. Esse conjunto de análises teoricamente orientadas e empiricamente fundamentadas podem iluminar um conjunto de mudanças que se implementaram no período, ampliando em muito o conhecimento, não apenas dos seus condicionamentos estruturais, mas sobretudo de suas determinações mais profundas na estrutura social.

Se as mudanças nas relações e representações sociais desencadeadas pelo processo de industrialização e urbanização se refletiram em mudanças no comportamento linguístico dos brasileiros letrados (isto é, na norma culta), essas mudanças não foram acompanhadas de uma atualização nos modelos da chamada *correção gramatical* (isto é, na norma padrão). Ao contrário, como se poderá ver no próximo capítulo deste livro, o adventício modelo baseado nos usos da língua em Portugal, impingido pelos gramáticos puristas do século XIX, se conservou em sua essência até os dias atuais, fortalecendo-se, em meados do século XX, com o concerto entre o discurso normativo dos gramáticos e o discurso pretensamente objetivo de linguistas e filólogos de orientação estruturalista.

Se certas mudanças, como o incremento na realização do sujeito pronominal e no emprego do objeto nulo, têm-se implementado – como o atestam os dados empíricos disponíveis –, já que não recebem uma censura mais explícita da tradição normativa, gramáticos de plantão insistem em condenar formas hoje correntes na norma culta. É assim que as gramáticas normativas ainda prescrevem o uso obrigatório da mesóclise junto às formas verbais do futuro – colocação pronominal explicitamente vedada nas redações dos principais jornais do país – e não aceitam as chamadas relativas cortadoras, que já são admitidas até por documentos oficiais do Ministério da Educação, como os *Parâmetros Curriculares Nacionais*, de 1998. Os efeitos dessa contradição entre a norma padrão e a norma culta são duplamente negativos. Por um lado, dissemina um sentimento generalizado de insegurança linguística que se traduz na fórmula de que "o brasileiro não sabe falar português". Por outro lado, como essa norma padrão superada se fragiliza, não se dispõe de uma norma de referência linguística que oriente efetivamente o exercício mais monitorado da língua, sobretudo em sua modalidade escrita.[52]

A manutenção dessa norma padrão adventícia e cada vez mais anacrônica também é reflexo das disposições da infraestrutura socioeconômica determinadas pela natureza dependente e tardia do desenvolvimento do capitalismo no Brasil. Como visto anteriormente, o desenvolvimento do capitalismo no Brasil, subordinado às grandes potências imperialistas e fundado em um reduzido mercado consumidor interno, esteve sempre relacionado às formas atrasadas de propriedade do latifúndio rural e à superexploração da força de trabalho. Essa contradição, no plano da infraestrutura, entre o desenvolvimento das forças produtivas e a manutenção de formas atrasadas de propriedade dos meios de produção se reflete, no plano da superestrutura, na contradição entre a renovação da cultura e das representações que a urbanização impõe, por um lado, e a manutenção de um discurso hegemônico conservador e autoritário, por outro lado; devendo-se destacar que é a concentração das grandes redes controladoras dos meios de comunicação de massa (rádio, televisão e portais na internet) nas mãos de uns poucos conglomerados econômicos que obsta a democratização da veiculação da informação no país.

A hegemonia ideológica desses grupos é tão grande que toda tentativa da sociedade de democratizar o acesso à informação e a produção de bens culturais, por meio de projetos de lei que visem coibir o poder de manipulação da informação por parte da imprensa ou proteger a indústria cultural brasileira – limitando, por exemplo, a veiculação de "enlatados" norte-americanos na televisão aberta e por assinatura –, é prontamente distorcida e desqualificada por essas grandes corporações como "um atentado à liberdade de expressão e à livre iniciativa". Ou seja, a liberdade de imprensa hoje no Brasil significa a prerrogativa dos lacaios de umas poucas *famiglie* de difamar, criar fatos, omitir olimpicamente o que não interessa, veicular sem checar fontes, tudo o que seja necessário para manter governos reféns dos interesses dos grandes grupos econômicos. Como bem disse um cronista contemporâneo, no Brasil não existe *liberdade de imprensa*, mas *liberdade de empresa*. E qualquer projeto democrático de rádio ou televisão pública é taxado de "símbolo do atraso", de "estatismo", de "stalinismo", ou seja, de uma aberração inaceitável em uma época de hegemonia do livre mercado.

A contradição entre a renovação da norma culta e a conservação da norma padrão purista do século XIX nada mais é do que o reflexo, no plano da língua, dessa contradição mais ampla, no plano da disputa ideológica, no conjunto da sociedade, entre a renovação da cultura e das formas de representação social e a manutenção de um discurso hegemônico autoritário e conservador, fundado na monopolização dos meios de comunicação de massa, controlados por uns poucos oligopólios.

Não é à toa que gramáticos midiáticos, como Pasquale Cipro Neto – o famoso professor Pasquale –, que dão uma roupagem modernosa ao vetusto discurso purista, recebem todo o espaço e apoio das redes de rádio e televisão e dos jornais e revistas de grande circulação, que são igualmente o *locus* privilegiado do fomento ao preconceito linguístico contra as formas mais típicas da fala popular (cf. Introdução deste livro). A hegemonia desse discurso conservador e discriminatório dos usos linguísticos obsta, por um lado, a consolidação, sobretudo na escrita, de formas correntes na prática linguística dos falantes letrados e aprofunda, por outro lado, o fosso entre os padrões linguísticos das classes abastadas e da população socialmente marginalizada.

Disso pode-se concluir que as formas de representação ideológica da língua, determinadas no plano mais profundo das relações sociais de produção e dominação, desempenham um papel crucial na estruturação da realidade sociolinguística. Assim sendo, serão focalizados, no próximo capítulo, os sistemas de avaliação social da língua no Brasil, buscando deslindar seus condicionamentos mais profundos, tanto no plano da infraestrutura socioeconômica quanto no plano da superestrutura político-ideológica.

Notas

[1] Essa relação de subordinação econômica à Inglaterra já se havia consolidado, com a intermediação de Portugal, desde 1703, quando foi firmado o Tratado Comercial de Methuen, através do qual Portugal importaria preferencialmente os produtos industriais ingleses, ao passo que a Inglaterra importaria os vinhos e azeites de Portugal. Na opinião de Furtado (1971: 34), "esse acordo significou para Portugal renunciar a todo o desenvolvimento manufatureiro e implicou transferir para a Inglaterra o impulso dinâmico criado pela produção aurífera do Brasil".

[2] Tratava-se de um processo eleitoral oligárquico e viciado. Somente 2% da população votava, sendo vedado o direito de voto a mulheres e analfabetos. Além disso, os latifundiários locais, que ostentavam o título de *coronéis*, manipulavam o processo de votação, dando azo à expressão *voto de cabresto* (Souza, 2008: 78).

[3] Ocorreram nesse período a criação da Petrobras e o desenvolvimento do projeto da Eletrobras (Oliveira, 1977: 76-7).

[4] Cf. Souza (2008: 34), de 1955 a 1962, a produtividade industrial cresceu mais rapidamente que o salário real médio dos operários industriais – enquanto este cresceu 12,3%, a produtividade industrial avançou 72,8%.

[5] Às vésperas do golpe, Jango assinou um decreto desapropriando as terras ociosas às margens das rodovias e açudes federais e outro decreto que encampava as refinarias particulares de petróleo.

[6] Enquanto a participação na renda nacional dos 80% mais pobres da população brasileira caiu de 45,5% para 36,8% de 1960 a 1970, a participação dos 5% mais ricos subiu de 27,4% para 36,3% no mesmo período, fazendo com que a renda dos 5% mais ricos praticamente se equiparasse à renda de 80% do conjunto de toda a população (Werner, 2002: 99).

[7] "Uma evidência de que a entrada de capital estrangeiro promove a aceleração da concentração de capital e, por conseguinte, da monopolização da economia pode ser encontrada em uma amostra das 318 maiores empresas industriais existentes no país em 1972 e que representavam 42% da produção industrial brasileira. Por essa amostra, pode-se ver, pelo critério do patrimônio líquido, que as subsidiárias de firmas estrangeiras tinham uma dimensão 2,2 vezes maior do que a das maiores empresas privadas nacionais. A relação seria muito mais elevada se se considerasse o conjunto das empresas privadas nacionais." (Souza, 2008: 88)

[8] "A participação dos salários do pessoal ligado à produção no valor da transformação industrial caiu de 17,15% em 1970 para 15,2% em 1973. Por outro lado, enquanto a produtividade do trabalho industrial no país aumentou em 14% e em São Paulo em 21%, o salário mínimo real caiu em 15%, os salários reais mais frequentes em São Paulo baixaram 13% e o salário real dos metalúrgicos de São Paulo o fez em 12%." (Souza, 2008: 96)

[9] Até hoje, a massa de assalariados mais pobres do país ainda empenha de 30% a 40% da renda familiar no item alimentação.

[10] Nesse marcante episódio do processo de redemocratização do país, ficou patente o alinhamento dos meios de comunicação de massa aos interesses dos grandes grupos econômicos e ao discurso conservador dominante. A Rede Globo, principal rede de televisão do país, que se consolidou durante o regime militar, manteve-se fiel ao regime que sempre apoiou até o último momento, ignorando solenemente as manifestações populares que levavam mais de um milhão de pessoas às ruas, como o Comício da Candelária, no Rio de Janeiro. A postura da emissora só mudou quando o processo já era irreversível, e a população, indignada, começou a atacar seus veículos de reportagem nas ruas.

[11] Esse índice é comumente usado para medir o grau de desigualdade na distribuição de renda nos diversos países. Numa escala de 0 a 1, o valor mais baixo (0) corresponde à completa igualdade de renda, e o valor mais alto (1) indica a desigualdade máxima na distribuição da renda. Assim, quanto mais próximo de 1, maior é a concentração da renda.

[12] A taxa anual de inflação alcançou o patamar estratosférico de 1.764% em 1989.

[13] Entre as conquistas sociais, destacam-se: a redução da jornada de trabalho de 48 para 44 horas; a instituição do seguro-desemprego; aumento de 50% na remuneração das horas extras e de 30% na remuneração das férias; a extensão dos direitos trabalhistas aos trabalhadores rurais; e o reconhecimento do direito de greve para todas as categorias de trabalhadores. Na área econômica também foram tomadas decisões cruciais, tais como: a diferenciação entre empresa nacional e empresa estrangeira, sendo que só a primeira poderia se beneficiar da proteção do Estado; a reserva de mercado para setores estratégicos; a nacionalização da prospecção e exploração dos recursos do subsolo; e a definição do caráter nacional da Marinha Mercante Brasileira (Souza, 2008: 195-6).

[14] A União Democrática Nacional (UDN), partido conservador de oposição ao governo Vargas, sobretudo através de seu líder Carlos Lacerda, criou um protótipo discursivo fundado em um moralismo hipócrita, que, sob a capa de um suposto combate à corrupção (no movimento que culminou no suicídio de Vargas, em 1954, cunhou a expressão "mar de lama"), visava solapar o apoio de um governo nacional-desenvovimentista, em prol dos interesses do capital internacional e dos grandes grupos econômicos do país a ele associados. Como se verá adiante, esse protótipo discursivo define bem a essência do discurso conservador hegemônico nos meios de comunicação de massa do país até os dias de hoje.

[15] Denominação pejorativa que Collor criou para os funcionários públicos que recebiam altos salários.

[16] "Na verdade, o objetivo dos EUA [...] era ocupar o mercado da América Latina, a fim de usá-lo como plataforma para prosseguir sua política de confronto econômico com a União Europeia e o Japão. Assim, o 'Consenso' visava aplainar o caminho para a formação de uma área de livre comércio nas Américas homogeneizada pelos EUA (Alca)." (Souza, 2008: 202)

[17] Na prática, isso significava supressão de direitos trabalhistas e previdenciários para aumentar a margem de lucro das empresas e diminuir os gastos do setor público.

[18] "Foi nesse quadro que [...] a tarifa média de importação na América Latina e Caribe caiu de algo em torno de 40% para menos de 15%. Sem qualquer contrapartida, os países latino-americanos foram aderindo um a um a essa abertura: México e Chile, 1985 [...], Bolívia em 1986, a Argentina e a Venezuela, 1989, o Brasil, o Peru e a Colômbia em 1990." (Souza, 2008: 202-3)

[19] Cf. Souza (2008: 203), "os EUA não apenas têm mantido como, inclusive, reforçado suas barreiras. Só no final dos anos 1990, seu governo editou 40 leis e decisões executivas destinadas a aplicar sanções econômicas contra 75 nações, que representam 42% da população mundial. Segundo o então embaixador brasileiro em Washington, Rubens Barbosa, 60% das nossas exportações sofrem restrições nos EUA". Cf. ainda Batista Jr. (1998: 45-8): "Nos EUA, o gasto público passou de 31,2% do PIB entre 1978-82 para 33,6% em 1991-95. No G7 (grupos dos sete países mais ricos) [...] a média ponderada da relação despesa pública/PIB aumentou de 36,3% para 39,4%".

[20] A Usiminas foi privatizada em 1991, por menos de US$ 2 bilhões, quando o seu valor de mercado era estimado entre US$ 8 bilhões e US$ 10 bilhões (Biondi, 1999: 39-41). "Além de ser altamente lucrativa, era tida como uma das mais avançadas tecnologicamente no mundo, só perdendo para a usina da japonesa Nipon Steel, que foi uma de suas compradoras." (Souza, 2008: 214)

[21] A média da taxa de inflação anual na década de 1980 foi de 330% e subiu para 764% ao ano entre 1990 e 1994 (Fonte: IBGE).

[22] A tarifa média de importação que já havia caído de 37,4% para 20,8% durante o governo Collor foi rebaixada em 1993, já na gestão de FHC no Ministério da Fazenda, para 16,5%, atingindo o patamar de 14% em 1994, e 13,1% em 1995 (Souza, 2008: 234-5).

[23] "O déficit total das contas externas, resultado da renegociação da dívida externa e do importacionismo da âncora cambial, que fora de US$ 10,4 bilhões em 1993, subiu para US$ 28,6 bilhões em 1995." (Souza, 2008: 255)

[24] O saldo da balança comercial que havia sido positivo em 1994, em US$ 10,44 bilhões, tornou-se negativo em 1995, em US$ 3,16 bilhões, piorando para um saldo negativo de US$ 5,55 bilhões em 1996 e US$ 8,36 bilhões em 1997. A balança comercial brasileira só voltou a ser superavitária em 2001, com um saldo positivo de US$ 2,64 bilhões (Fontes: Banco Central do Brasil, Ministério do Desenvolvimento, Siscomex e Fundação Getúlio Vargas).

[25] A participação da produção industrial no PIB caiu de 41,61%, em 1993, para 34,7%, em 1996; além disso, a participação de produtos importados no PIB da indústria de transformação, que já subira de 12,1% para 20,6%, entre 1989 e 1993, chegou a 30,5%, em 1996 (Coutinho, 1998: 230).

[26] O Banco Central elevou a taxa básica de juros de 19,75% para 34,4% em 1997 e para 41,52% em 1998. (Fonte: FGV).

[27] A dívida externa subiu de US$ 145,7 bilhões para US$ 241,6 bilhões do final de 1993 para o final de 1998; no mesmo período, a dívida imobiliária federal subiu de R$ 62 bilhões para R$ 319 bilhões. Assim, o conjunto da dívida líquida do setor público subiu do início do governo FHC (janeiro de 1995) até janeiro de 1999 de R$ 153,45 bilhões para R$ 479,09 bilhões, passando de 29,35% para 50,49% do PIB (Souza, 2008: 268).

²⁸ O avanço do capital estrangeiro na economia nacional durante o governo FHC foi avassalador: "A participação das empresas estrangeiras no faturamento das 500 maiores empresas privadas e das 50 maiores estatais no país subiu de 32% em 1994 para 46,4% em 2001. No período de 1995 a 2000, de acordo com o Banco Central, 5.082 empresas nacionais passaram para o controle estrangeiro. Assim, o número de empresas estrangeiras no país aumentou de 6.322 para 11.404 e seu patrimônio líquido pulou no período de US$ 86,2 bilhões para US$ 179,8 bilhões." (Souza, 2008: 243)."E o mais importante é que o capital estrangeiro passou a dominar setores estratégicos da economia, controlando, no ano de 2000, 90% do setor eletroeletrônico, 89% do automotivo, 86% de higiene, limpeza e cosméticos, 77% de tecnologia e computação, 74% de telecomunicações, 74% do farmacêutico, 68% de mecânica, 58% de alimentos, 54% de plásticos e borrachas" (revista *Exame*, "Mais e Melhores", 2001).

²⁹ Mais uma vez, com o apoio incondicional da grande imprensa que encampa a defesa da elevada taxa de juros como uma medida necessária de *racionalidade econômica*, emprestando-lhe sempre uma imagem positiva, com jargões do tipo "austeridade econômica" e "equilíbrio monetário".

³⁰ Fonte: IBGE/Ipea.

³¹ Fonte: portal do Ministério do desenvolvimento social e Combate à Fome (http://www.mds.gov.br/ bolsafamilia), acesso em 29 dez. 2011.

³² Quanto mais próximo de 1, maior a desigualdade; portanto, a queda no índice indica a diminuição da desigualdade social (ver nota 38).

³³ Disponível em: <http://www.anpec.org.br/revista/vol12/vol12n1p111_130.pdf> . Acesso em: 24 abr. 2015.

³⁴ O IDH mede a qualidade de vida e o desenvolvimento, não se restringindo aos índices econômicos, pois toma como base dados relativos à expectativa de vida e à escolaridade, além da renda média. Quanto mais próximo de 1, maior o grau de desenvolvimento humano. O país com o IDH mais alto em 2011 foi a Noruega, correspondendo a 0,943. Os cinco primeiros colocados do ranking são, pela ordem: Noruega, Austrália, Holanda, Estados Unidos e Nova Zelândia.

³⁵ Dados extraídos do Portal *G1 Brasil*. Disponível em: <http://g1.globo.com/brasil/noticia/2011/11/brasil-ocupa-84-posicao-entre-187-paises-no-IDH-2011.html>. Acesso em: 30 dez. 2011.

³⁶ Dados extraídos da Lei n° 12.381, de 9 de fevereiro de 2011.

³⁷ Edição n° 657, ano XVI, de 03 de agosto de 2011, pp. 22-8.

³⁸ Extraído de *Comunicados do Ipea*, n. 104, 4 de agosto de 2011.

³⁹ Infelizmente, não dispomos de dados para o período de 1930 a 1950, mas pode-se deduzir que o processo deve ter-se dado nesse período na mesma proporção.

⁴⁰ De 1940 a 1960, a proporção da população urbana cresceu 13,9 pontos percentuais, passando de 31,2% para 45,1%. Assim, a taxa de crescimento relativo da população urbana é de 44,6%, pois 13,9 corresponde a 44,6% de 31,2.

⁴¹ Disponível em: <http://www.ipm.org.br/index.php?mpg=1.01.00.00.00&ver=por>. Acesso em: 24 abr. 2015.

⁴² O alfabetismo rudimentar "corresponde à capacidade de localizar uma informação explícita em textos curtos e familiares (como um anúncio ou pequena carta), ler e escrever números usuais e realizar operações simples, como manusear dinheiro para o pagamento de pequenas quantias ou fazer medidas de comprimento usando a fita métrica". (Disponível em: <http://www.ipm.org.br/ipmb_pagina.php?mpg=4.02.01.00.00&ver=por& ver=por>. Acesso em: 24 abr. 2015.)

⁴³ As pessoas classificadas dessa maneira "podem ser consideradas funcionalmente alfabetizadas, pois já leem e compreendem textos de média extensão, localizam informações mesmo que seja necessário realizar pequenas inferências, leem números na casa dos milhões, resolvem problemas envolvendo uma sequência simples de operações e têm noção de proporcionalidade. Mostram, no entanto, limitações quando as operações requeridas envolvem maior número de elementos, etapas ou relações". (Disponível em: <http://www.ipm. org.br/ipmb_pagina.php?mpg=4.02.01.00.00&ver=por&ver=por>. Acesso em: 24 abr. 2015.)

⁴⁴ São "classificadas neste nível as pessoas cujas habilidades não mais impõem restrições para compreender e interpretar elementos usuais da sociedade letrada: leem textos mais longos, relacionando suas partes, comparam e interpretam informações, distinguem fato de opinião, realizam inferências e sínteses. Quanto à matemática, resolvem problemas que exigem maior planejamento e controle, envolvendo percentuais, proporções e cálculo de área, além de interpretar tabelas de dupla entrada, mapas e gráficos". (Disponível em: <http://www.ipm. org.br/ipmb_pagina.php?mpg=4.02.01.00.00&ver=por&ver=por>. Acesso em: 24 abr. 2015.)

⁴⁵ Fonte: IBGE, Pesquisa Nacional por Amostra de Domicílios, 2007.

⁴⁶ "[...] podemos entender melhor a heterogeneidade do português brasileiro imaginando um *continuum* em cujas extremidades se colocam, de um lado, os falares das comunidades isoladas, quer do ponto de vista geográfico, quer social; de outro, a variedade-padrão usada pela elite urbana." (Bortoni-Ricardo, 2005: 73)

⁴⁷ Essa taxonomia da realidade sociolinguística brasileira, conjugando dados extralinguísticos com dados de análises quantitativas dos processos de variação e mudança atualmente observáveis no português brasileiro, será feita no capítulo "A polarização sociolinguística do Brasil: fundamentos empíricos".

⁴⁸ Essa tabulação com os dados do Censo de 2010 ainda não está disponível na página do IBGE na internet, por isso são analisados aqui os dados do Censo de 2000.

⁴⁹ A idade mínima de 25 anos é a idade média necessária para que o indivíduo possa concluir um curso superior, por isso trabalha-se aqui com um universo de indivíduos que compõem essa faixa etária.

⁵⁰ A formação da norma padrão brasileira será tratada no próximo capítulo deste livro.

⁵¹ Essa questão será retomada no próximo capítulo.

⁵² Essa questão será retomada no capítulo seguinte.

A polarização sociolinguística do Brasil: fundamentos ideológicos

Como visto no capítulo anterior, as características do desenvolvimento tardio e dependente do capitalismo no Brasil fizeram com que o nivelamento linguístico potencialmente associado ao processo de industrialização e urbanização da sociedade brasileira só ocorresse de forma parcial, em um nível bem abaixo daquele que se observa nos países plenamente industrializados da Europa ocidental e da América do Norte.

A industrialização pressupõe a incorporação de largos contingentes da população rural ao sistema produtivo e ao mercado consumidor da sociedade industrial, fazendo com que esses indivíduos tenham acesso a novos bens culturais e à escolarização. O reflexo disso, no plano linguístico, é que esses indivíduos passam a incorporar as formas linguísticas socialmente valorizadas no meio urbano. Por outro lado, a industrialização, com o desenvolvimento das forças produtivas, promove a dinamização da cultura que acaba por renovar os modelos das práticas linguísticas dos segmentos letrados. Essa renovação da norma culta e sua difusão para o conjunto da sociedade (através do crescimento dos meios de comunicação de massa e da universalização do ensino), que ocorrem normalmente com a plena industrialização da sociedade, acabam por promover um nivelamento linguístico, com a convergência dos diversos segmentos sociais para os padrões linguísticos socialmente hegemônicos. Essa espécie de *democratização linguística* estaria associada a um desenvolvimento social mais equilibrado, com uma melhor distribuição da renda produzida.

Contudo, o desenvolvimento do sistema capitalista baseado em um reduzido mercado interno consumidor e na superexploração da força de trabalho restringiu muito esse nivelamento linguístico no Brasil. As populações rurais que afluíram para os grandes centros urbanos ficaram retidas em bolsões de miséria na periferia das cidades e foram mantidas na marginalidade e na economia informal, sem se inserir efetivamente no sistema produtivo e no mercado consumidor, não tendo acesso efetivo à escolarização. Assim, a difusão das formas linguísticas socialmente valorizadas da norma culta para os demais segmentos sociais tem sido muito limitada e precária. No entanto, a manutenção de formas arcaicas de propriedade e de relações de produção, no plano da infraestrutura econômica e social, engendrou, no plano da superestrutura político-ideológica, uma contradição entre a dinamização da cultura urbana e a renovação das representações simbólicas e culturais, de um lado, e a manutenção de um discurso hegemônico autoritário e conservador, de outro. No plano da língua, essa contradição se traduziu claramente na manutenção de um discurso normativista, elitista e purista, que se recusa a reconhecer os padrões de uso da língua já consagrados nos principais meios letrados do país.

Assim, as contradições do desenvolvimento do capitalismo no Brasil restringiram fortemente os efeitos do processo de nivelamento linguístico que é inerente à industrialização e à urbanização da sociedade, conservando-se em grande medida o fosso sociolinguístico escavado nos primeiros séculos da história do país por uma sociedade rural escravocrata, na qual a classe dos proprietários era composta de falantes da língua portuguesa e a massa dos explorados era composta, em sua origem, de falantes de centenas de línguas indígenas e africanas. Muitas das diferenciações sociolinguísticas que têm essa gênese no multilinguismo e que ainda se mantêm no Brasil são intensificadas por um sistema ideológico de representação da língua que faz com que um pesado estigma social se abata sobre as formas linguísticas que mais refletem o caráter pluriétnico da sociedade brasileira, pois resultam diretamente de mudanças induzidas pelo contato entre línguas – como a simplificação da morfologia verbal e nominal.

Neste capítulo serão focalizados esses sistemas de representação ideológica da língua, que atuam, com maior ou menor intensidade, sobre o comportamento linguístico dos grupos sociais, consoante cada contexto histórico específico. Para atingir esse objetivo, esse capítulo se estrutura da seguinte maneira: na primeira seção, discutem-se os fundamentos da normatização linguística, ou seja, os parâmetros que os gramáticos adotam para definir a norma padrão; na segunda seção, é analisado o contexto histórico da origem da normatização linguística no Brasil, que está na base da adoção pela elite brasileira do século XIX de uma norma padrão adventícia e calcada nos modelos da variedade do português europeu contemporâneo, que se configurou na passagem do século XVIII para o século XIX; na terceira seção, são focalizados alguns dos efeitos prejudiciais da manutenção dessa norma padrão adventícia e purista até os dias atuais sobre o ensino e uso da língua portuguesa no Brasil.

Os fundamentos da normatização da língua

É recorrente na introdução das gramáticas normativas uma confusão, que não é ingênua, entre "o ideal da expressão correta" e "as formas aceitas e usadas pelos grupos mais cultos da sociedade" (Rocha Lima, 1960: 9), ou seja, entre a *prescrição de um ideal de língua* e a *descrição do uso real da língua* por parte de um grupo social (seus usuários "mais cultos"). Assim, Domingos Cegalla (1977: XIX) afirma, na introdução de sua *Novíssima gramática da língua portuguesa*, que "a Gramática Normativa enfoca a língua como é falada em determinada fase de sua evolução: faz o registro sistemático dos fatos linguísticos e dos meios de expressão" e "aponta normas para a correta utilização oral e escrita do idioma". Já Evanildo Bechara (2001: 52) afirma que "a gramática normativa recomenda como se deve falar e escrever segundo o uso e a autoridade dos escritores corretos e dos gramáticos e dicionaristas esclarecidos". A manipulação ideológica do conceito de uso – nos termos de Alain Rey (2001)[1] – entremeia-se aí por meio da aposição dos adjetivos *corretos* e *esclarecidos*, respectivamente, aos substantivos *escritores* e *gramáticos e dicionaristas*.[2]

O princípio básico da tradição gramatical é o de que os modelos da correção gramatical devem ser extraídos do cânone literário, da forma como usaram a língua os escritores clássicos. Assim, o ideal de língua deve ser buscado, em princípio, em algum ponto do passado, no qual a língua atingiu seu apogeu. Haveria, pois, a necessidade de fixar essa variedade da língua – já que, desde então, o uso cotidiano só lhe vem produzindo deteriorações (Deutscher, 2005: 73-7) – numa representação da língua corrente no senso comum que Labov (1994) definiu com o recurso ao mito da idade do ouro.[3]

O problema é que, como toda manifestação concreta de língua é heterogênea, mesmo o uso refletido de escritores de uma determinada época contém estruturas variantes em certos aspectos da gramática. E esse problema se agrava à medida que a norma de referência gramatical se vai constituindo ao longo dos séculos, através da recolha de modelos linguísticos de várias épocas. Em outras palavras, a norma padrão não é sincrônica, é *pancrônica*. Assim, ao longo dos séculos, vai-se operando uma seleção nas formas que estão disponíveis no cânone literário segundo o arbítrio dos gramáticos,[4] configurando o que Alain Rey (2001: 118) definiu como *manipulação do conceito de uso*. Coloca-se então a questão: o que guia esse julgamento, essa escolha dos gramáticos? Com efeito, os parâmetros e, *a fortiori*, os modelos dos gramáticos vão mudar, de época para época, consoante certos condicionamentos objetivos e a ideologia dominante na altura, tornando o exemplo dos clássicos apenas um argumento retórico, facilmente desmascarado.

O grande romancista José de Alencar percebeu claramente esse paradoxo, em seu embate com os gramáticos puristas brasileiros, no século XIX:

> O mais interessante, porém, é a maneira de argumentar dos puristas. Às vezes, quando se trata de uma nova palavra ou locução, repelem-na pela razão peremptória de que não se encontra nos clássicos. Outras vezes, intrometem-se a criticar os clássicos, determinando o que se deve imitar e o que se deve evitar. Manifesta contradição: ou prevalece a respeito do estilo a razão da autoridade, e neste caso eles são os mestres, respeitai-os, ou prevalece a autoridade da razão, e nesse caso a razão é de opinião: à vossa contraponho a minha.

Esse arbítrio dos gramáticos é, por sua vez, subordinado aos interesses de classe que eles representam, como bem observou Faraco (2008: 123) a respeito dessa polêmica entre Alencar e os puristas:

> Se os puristas consideravam que os clássicos não podiam ser referência segura [...], que referência sobrava para o padrão além do arbítrio dos que se arrogavam o direito de ditar normas, respaldados pelos interesses políticos maiores das elites?

No caso da formação da norma padrão brasileira, como se verá aqui, o parâmetro do discurso hegemônico da correção gramatical não era o português clássico, de Camões e de Vieira, e sim o português europeu, nas feições que este vinha assumindo na segunda metade do século XIX, fortemente distanciadas das feições que a língua estava adquirindo no Brasil. Na verdade, o que guiava o julgamento gramatical era a visão dominante na época de que os modelos da cultura deveriam ser importados da Europa, que representava o ideal de civilização; e, em um nível mais profundo, refletia o projeto racista das classes dominantes brasileiras, que propugnavam por um branqueamento da sociedade. Coloca-se, assim, a necessidade de definir, em termos sociolinguísticos, os elementos estruturantes da chamada *norma de correção gramatical*, ou seja, da norma padrão.

No enfrentamento dessa questão, Bortoni-Ricardo (2005: 26-7) recorre à taxonomia proposta por Giles e Powesland (1975), que faz a distinção entre *norma padrão contextualmente condicionada* e *norma padrão relacionada a classe*. Bortoni-Ricardo explica que:

> Nos países em que a língua padrão[5] é contextualmente condicionada, os falantes têm acesso a, pelo menos, duas variedades – um vernáculo, usado sem restrições nos ambientes onde prevalece maior intimidade, e uma variante padrão, reservada para interação de maior formalidade. Ambas gozam de prestígio, resguardada sua distinção funcional.

Esse é o caso, por exemplo, da Noruega, onde os falantes dispõem de variedades regionais usadas sem constrangimento nas interações com pessoas estranhas à comunidade (cf. Blom e Gumperz, 1972).

A língua padrão relacionada a classe ou a *status* é definida como a variedade de fala que tem maior prestígio, independentemente do contexto e que caracteriza um grupo social, geralmente o de *status* socioeconômico e cultural mais alto. Nessas circunstâncias, as variedades coexistentes não são bem definidas, e a mudança de código não é bem delineada. Ademais como observa Haugen (2001) com referência aos Estados Unidos, onde se verifica tal situação, qualquer variedade não padrão é simplesmente considerada "inglês ruim". O mesmo aplica-se ao caso brasileiro. Qualquer variedade cuja morfossintaxe e léxico desviem-se do português padrão efetivamente usado é considerada ruim e indesejável, independentemente do contexto em que ocorra.

Um primeiro reparo que se pode fazer a tal taxonomia diz respeito à possibilidade de separar efetivamente os dois parâmetros adotados. Em um país como a Noruega, com elevados índices sociais e com uma distribuição mais equilibrada da renda, pode-se pensar em uma composição mais equitativa das normas linguísticas (no geral, derivadas de diferenças regionais) e uma configuração "mais técnica" da norma padrão, baseada nas diferentes funções de uso da língua. Ocorre que, historicamente, a institucionalização de uma norma de referência linguística está relacionada à dominação de classe.[6] Particularmente na formação dos modernos Estados nacionais europeus, a norma padrão foi definida no bojo de um violento processo de dominação simbólica e cultural, de que derivou a homogeneização linguística de amplos territórios. Desde então, a imposição de uma norma padrão tem funcionado como um poderoso instrumento ideológico para a manutenção da unidade nacional e para a legitimação da dominação política e da exploração econômica.

No caso brasileiro, de uma sociedade com uma das mais desequilibradas distribuições de renda do planeta, a normatização linguística não poderia deixar de ser um poderoso instrumento de dominação ideológica e de discriminação de classe, além de obviamente ser fortemente definida em função do *status* social dos usuários da língua (Bagno, 2003; Faraco, 2008; Lucchesi, 2011a, 2011b).

Assim, pode-se pensar que a distinção proposta por Giles e Powesland (1975) pode ser útil, menos para fundamentar uma taxonomia do que para definir parâmetros para a análise do fenômeno da norma padrão. Ou seja, na constituição de uma norma padrão atuam tanto fatores funcionais quanto fatores sociais. No eixo funcional, a questão recai no que se tem definido como *registro* e *modalidade*: a norma padrão se define pelas formas que a língua assume nas situações de maior formalidade e na sua expressão escrita. É a linguagem que se usa, ou cujo uso é requerido nos atos e documentos oficiais do Estado, nas cerimônias religiosas, nos textos do sagrado e na alta cultura. E, particularmente em relação à constituição do cânone literário, se estabelece uma dialética, um tanto quanto distorcida, como já visto, pela manipulação do conceito de uso.

Dessa forma, conjugando os parâmetros funcional e social, a norma padrão terá por base a linguagem das classes dominantes, sobre a qual incide o processo de formalização que separa a linguagem espontânea do ambiente familiar e do senso comum da linguagem técnica e especializada do saber formal e da sistematização do conhecimento. Portanto, sobre a base social da linguagem dos grupos que dominam econômica, política e culturalmente a sociedade, aplica-se o parâmetro da formalização linguística (na qual está embutido o letramento) para se constituir a norma padrão.[7]

É com base nessa conjunção de fatores que a disciplina gramatical, desde as suas origens em Alexandria, no século III a.C., tem elegido como modelos da forma superior de língua os textos da literatura clássica. A escolha da *norma literária* se justificaria em função de serem os escritores os trabalhadores intelectuais cujo labor se funda, precipuamente, na exploração dos recursos formais e expressivos da língua. Tal opção seria ratificada pelos estruturalistas, para quem os grandes escritores são aqueles que exploram ao máximo todas as possibilidades definidas pelo *sistema linguístico* (*e.g.*, Coseriu, 1979 [1952]).

Conquanto o parâmetro do cânone literário, como visto anteriormente, não seja – ou não possa ser – aplicado de forma coerente e consistente, ele ainda se mantém na retórica dos gramáticos. A diferença é que atualmente os modelos não estão mais tão recuados no tempo; pois, enquanto os gramáticos de Alexandria se debruçavam sobre os textos homéricos, que haviam sido escritos há cerca de quinhentos anos, os gramáticos contemporâneos buscam modelos cronologicamente mais próximos, até para evitar um anacronismo maior de suas prescrições, em face do dinamismo que a cultura tem adquirido desde a Revolução Industrial. Entre os gramáticos brasileiros, o marco tem sido o Romantismo:

> O título do livro [*Gramática do português contemporâneo*] esclarece o seu conteúdo. Quisemos apresentar as características do português contemporâneo em sua forma culta, isto é, a língua como a têm utilizado os escritores brasileiros e portugueses do Romantismo para cá, dando, naturalmente, uma situação privilegiada aos autores dos nossos dias. (Cunha, 1981: 9)[8]

Porém, a autoridade dos grandes escritores se revela mais um gesto de retórica do que um critério efetivo para a fixação da norma padrão; tanto que linguistas, como Bagno (2001, 2003, 2007), têm demonstrado que muitas das formas hoje condenadas no Brasil pelos normativistas (inclusive em sua versão mais modernosa, a dos gramáticos midiáticos, como Pasquale Cipro Neto, que gozam de imenso prestígio nos grandes meios de comunicação de massa) são encontradas nas obras de escritores nacionais consagrados, desde o romântico José de Alencar até os modernos Carlos Drummond Andrade e Clarice Lispector, passando pelo grande nome do cânone literário nacional, Machado de Assis. São evidências empíricas irrefutáveis da manipulação ideológica do conceito de uso a que se tem referido aqui. Ao buscarem a sinonímia entre norma padrão (a forma de uso da língua por eles prescrita) e norma culta (definida pela forma como os escritores do cânone literário usam a língua), os normativistas no Brasil tentam conferir às suas prescrições uma legitimidade social que elas efetivamente não têm (Lucchesi, 2011a, 2011b).

Historicamente, o estabelecimento no Brasil, no século XIX, de uma norma de correção gramatical representou uma negação da realidade linguística nacional, tida como impura e corrompida. E, desde então, a contradição entre uma norma padrão lusitanizada e as práticas linguísticas correntes em nossa cultura letrada só se tem agravado.

A gênese da normatização linguística no Brasil

Em discurso proferido na sessão de instalação da Academia Brasileira de Letras, em 1897, Joaquim Nabuco declarou:

> A raça portuguesa, entretanto, como raça pura, tem maior resistência e guarda assim melhor o seu idioma; para essa uniformidade de língua escrita devemos tender. Devemos opor um embaraço à deformação que é mais rápida entre nós; devemos reconhecer que eles são os donos das fontes, que as nossas empobrecem mais depressa e que é preciso renová-las indo a eles. [...] Nesse ponto tudo devemos empenhar para secundar o esforço e acompanhar os trabalhos dos que se consagrarem em Portugal à pureza do nosso idioma, a conservar as formas genuínas, características, lapidárias, da sua grande época [...]. Nesse sentido nunca virá o dia em que Herculano ou Garrett e os seus sucessores deixem de ter toda a vassalagem brasileira. (apud Pinto, 1978: 197-8)

Pode-se depreender nesse trecho a preocupação de fixar uma forma de uso da língua imunizando-a das corrupções decorrentes do uso cotidiano. Assim, a língua refletida e apurada dos eruditos, dos "sábios de gabinete", é que deve ser tomada como modelo, pois esses estão imunes ao desleixo da língua das ruas, da cozinha e das tabernas. Mas o que chama a atenção no discurso de Nabuco é que esses modelos não seriam fornecidos pelos sábios do Brasil, mas pelos autores portugueses. Por que eles "guardam melhor o seu idioma"? Por que "as nossas fontes empobrecem mais depressa"? A resposta de Nabuco é clara: porque a "raça portuguesa é pura". A suposta pureza da raça portuguesa contrasta com a maciça presença de negros e mulatos, que na época já se imiscuíam em todos os estamentos da sociedade brasileira. Era essa a via pela qual a língua se corrompia mais rapidamente entre nós. As alterações e as simplificações que o contato secular com as línguas indígenas e africanas havia produzido insinuavam-se sorrateiramente na língua de todos os brasileiros, até na de sua elite letrada. As bases racistas da preocupação desse intelectual brasileiro com a pureza do idioma, a correção gramatical e a clareza de expressão são, portanto, evidentes, o que não deixa de revelar aspectos interessantes da cultura da época.

O fato de Nabuco ser um abolicionista revela, em primeiro lugar, a falta de radicalidade do movimento contra a escravatura no Brasil, o que ficou evidente com o cessamento da ação abolicionista após a abolição, deixando a massa de ex-cativos entregues à própria sorte. A abolição acabou com a escravidão de direito, mas não eliminou a escravidão de fato, a que boa parte dos recém-libertos teve de se sujeitar para sobreviver. Mas isso não feriu a sensibilidade dos abolicionistas. Na verdade, a continuidade da superexploração da mão de obra de negros e mestiços passou despercebida para eles, até porque era uma situação corriqueira no contexto da ideologia dominante na época, quando a ciência demonstrava "objetivamente" a "inferioridade da raça negra". Assim, o racismo sobreviveu com toda força à abolição da escravatura.

Historicamente, o racismo contra os negros surge e se dissemina no Brasil em função da escravidão africana. A inferioridade intrínseca atribuída ao negro legitimava a sua condição de escravo, bem como a sua pressuposta má índole justificava os castigos e toda sorte de sevícias a que eram submetidos, inclusive as crianças. A construção simbólica dos estereótipos negativos do negro e do mestiço se conservou, desde então, para legitimar ideologicamente a superexploração de sua força de trabalho. E o preconceito contra as formas derivadas do contato linguístico com esses grupos étnicos – como a falta de concordância nominal e verbal – nada mais é do que a atualização desse racismo no plano da língua. É assim que a adoção no Brasil de uma norma padrão luzitanizada se insere claramente em um projeto nacional elitista, racista e socialmente excludente de um Estado que nasceu fundado no trabalho escravo e que até os dias de hoje possibilita a grandes empresas manter, no interior do país, contingentes de trabalhadores braçais em condições análogas à escravidão, como revelam alguns autos de infração do Ministério do Trabalho.[9]

No contexto ideológico do século XIX, era preciso extirpar na constituição de um ideal de língua toda e qualquer influência de negros e mestiços:

a lusitanização progressiva da norma escrita, num período de 65 a 70 anos, se encaixa perfeitamente no projeto político da elite brasileira pós-independência de construir uma nação branca e europeizada, o que significa, entre outros muitos aspectos, distanciar-se e diferenciar-se do *vulgo* [...], isto é, da população etnicamente mista e daquela de ascendência africana, que constituíam, sem dúvida, um estorvo grande àquele projeto. Vale lembrar, neste ponto, que, não por acaso, a elite defenderá abertamente, mais tarde, a chamada "higienização da raça", que, no fundo, significa um embranquecimento da população. (Faraco, 2008: 110)

Assim, as motivações racistas que estão na base da progressiva lusitanização da norma padrão brasileira que ocorre ao longo do século XIX se inserem no quadro mais amplo da mentalidade das elites brasileiras da época, na qual a importação de padrões culturais da Europa era inevitável, já que era lá que se encontrava o ideal de civilização a ser implantado no país. Essa visão engendrava uma contradição central na formação da nacionalidade, em que a classe dirigente de uma nação recém-emancipada buscava construir uma identidade cultural própria, mas só se reconhecia na cultura do outro, o seu antigo colonizador.

A nacionalidade é estruturada a partir de um duplo enfoque: a nação é vista como criação, através da ruptura com o passado colonial; e ao mesmo tempo se procura uma unidade com o passado colonial que os aproxime da civilização europeia. (Gil apud Pagotto, 1998: 55)

E é mais uma vez Nabuco quem oferece um expressivo depoimento acerca desse conflito:

Nós, brasileiros, o mesmo pode-se dizer dos outros povos americanos, pertencemos à América pelo sedimento do novo, flutuante, de nosso espírito, e à Europa, por suas camadas estratificadas. Desde que temos a menor cultura, começa o predomínio destas sobre aquele. A nossa imaginação não pode deixar de ser europeia, isto é, de ser *humana*; ela não para na Primeira Missa no Brasil para continuar daí recompondo as tradições dos selvagens que guarneciam as nossas praias no momento da descoberta; segue pelas civilizações todas da humanidade, como a dos europeus, com quem temos o mesmo fundo comum de língua, religião, arte, direito e poesia, os mesmos séculos de civilização acumulada, e, portanto, desde que haja um raio de cultura, a mesma imaginação histórica. Estamos assim condenados à mais terrível das instabilidades [...]. A instabilidade a que me refiro provém de que na América falta à paisagem, à vida, ao horizonte, à arquitetura, a tudo o que nos cerca, o fundo histórico, a perspectiva humana; e que na Europa nos falta a pátria, isto é, a fôrma em que cada um de nós foi vazado ao nascer. De um lado do mar, sente-se a ausência do mundo; do outro, a ausência do país. O sentimento em nós é brasileiro, a imaginação europeia. (apud Cunha, 1970: 12-3)

Essa contradição entre o sentimento emancipatório de construção de uma identidade nacional e o complexo de inferioridade incutido por séculos de aculturação manifestou-se, com toda força, no plano da língua. E, no centro da discórdia, encontra-se o grande romancista José de Alencar. Calorosamente acolhido por sua idealização do índio, com base no *mito do bom selvagem* – estereótipo que se ajustava perfeitamente ao anseio romântico de construção de um tipo fundador da nacionalidade brasileira –, Alencar se tornou alvo da ira purista por tentar incorporar, sobretudo na sintaxe, aspectos específicos que a língua havia assumido no Brasil, como se pode ver nesta arrogante censura do romancista e historiador português Pinheiro Chagas:

> O defeito que eu vejo nessa lenda [*Iracema*], o defeito que vejo em todos os livros brasileiros, e contra o qual não deixarei de bradar intrepidamente, é a falta de correção na linguagem portuguesa, ou antes mania de tornar o brasileiro uma língua diferente do velho português, por meio de neologismos arrojados e injustificáveis, e de insubordinações gramaticais, que (tenham cautela!) chegarão a ser risíveis se quiserem tomar as proporções duma insurreição em regra contra a tirania de Lobato [...] nós cingimo-nos às velhas regras, nós sem nos desviarmos da linha reta, enquanto os brasileiros se comprazem em seguir umas veredas escabrosas, por onde caminha aos tombos a língua de Camões. (apud Cunha, 1970: 15)

E a mesma sorte de crítica também recebia Alencar de intelectuais brasileiros, dentre os quais muitos assumiam em outros campos posições abertamente nacionalistas:[10]

> Antônio Henriques Leal, por exemplo – em política um nacionalista que admitia "não carecermos de Portugal para o nosso desenvolvimento"; e, em literatura, um admirador da "exatidão e firmeza" das descrições alencarianas –, recriminava-lhe as inovações linguísticas nestas palavras candentes: [...] "Sem termos os conhecimentos indispensáveis e muita lição dos bons clássicos portugueses, que, pois, somos descendentes de Portugal e falamos a mesma língua, é loucura tentar empresas tais, que só servem para o descrédito de quem o faz. Deixemo-nos de inovações extravagantes, onde já é miséria e grande não sabermos usar das riquezas que herdamos, para melhor recorrermos e admitir tudo o de que precisamos a fim de exprimir coisas ou novas, ou inteiramente brasileiras." (Cunha, 1970: 14-5)

Mas a reação purista não ficaria sem resposta. Grande nome do projeto linguístico nacionalista, escreveria José de Alencar, em 1874 (apud Pinto, 1978: 122-3):

Uns certos profundíssimos filólogos negam-nos, a nós brasileiros, o direito de legislar sobre a língua que falamos. Parece que os cânones desse idioma ficaram de uma vez decretados em algum concílio celebrado aí pelo século XV. Esses cânones só têm direito de infringi-los quem nasce da outra banda e goza a fortuna de escrever nas ribas do Tejo e Douro, ou nos amenos prados do Lima e do Mondego.

Nós, os brasileiros, apesar de orçarmos já mais de dez milhões de habitantes, havemos de receber a senha de nossos irmãos, que não passam de um terço daquele algarismo.

Nossa imaginação, por força que terá de acomodar-se aos moldes europeus, sem que lhe seja permitido revestir suas formas originais.

[...]

Desde a primeira ocupação que povoadores do Brasil, e após eles seus descendentes, estão criando por todo este vasto império um vocabulário novo, à proporção das necessidades de sua vida americana, tão outra da vida europeia.

Nós, os escritores nacionais, se quisermos ser entendidos de nosso povo, havemos de falar-lhe em sua língua, com os termos e locuções que ele entende, e que lhe traduz os usos e sentimentos.

Não é somente no vocabulário, mas também na sintaxe da língua, que o nosso povo exerce o seu inauferível direito de imprimir o cunho da sua individualidade, abrasileirando o instrumento das ideias.

Contudo a contundência do discurso nacionalista de Alencar não significa que ele se batesse por um projeto radical de constituição de uma língua fundada no uso popular, até porque, no caso do Brasil, a linguagem popular era falada majoritariamente por negros e mestiços e estava impregnada de alterações que se lhe haviam introduzido através do contato linguístico.[11] Assim, o projeto nacionalista claudica entre o anseio de incorporar as inovações brasileiras e a necessidade de filtrar as inovações que vinham de baixo. A posição dúbia de Alencar se manifesta nesta passagem, em que ele rebate uma crítica dos puristas de que seu moderado uso do artigo definido era um galicismo,[12] ao tempo em que condena igualmente uma forma do uso popular:

> O que se deve e com muito cuidado evitar é a incorreção gramatical, o pleonasmo contínuo que há no emprego do artigo, por uma espécie de abuso ou lapso de língua. Dá-se nesse caso o mesmo que em grande número de verbos a que o **vulgo** juntou a letra *a* pela facilidade da sua pronúncia, como *alevantar*, *amontoar*, *acostumar* etc. (apud Pinto, 1978: 77)[13]

Essa dubiedade também se vai refletir em algumas ressalvas que pontuam o discurso nacionalista. O próprio Alencar diria "não se pretende que toda inovação seja boa – defende-se a ideia do progresso da língua, não o abuso que a acompanha" (apud Pinto, 1978: 148). E o outro grande nome do nacionalismo linguístico do século XIX, Gonçalves Dias dirá "a minha opinião é que ainda, sem o querer, havemos de modificar altamente o português", para em seguida fazer a seguinte ressalva: "que uma só coisa fica e deve ficar eternamente respeitada: a gramática e o gênio da língua" (apud Pinto, 1978: 38). Como bem observa Carlos Aberto Faraco (2008: 116-7):

> É oportuno perguntar a quem era dirigida essa ressalva? Por que, em meio ao discurso da mudança e do enriquecimento linguístico, era necessário asseverar, com força, que há na língua algo que permanece, que fica e que deve ser "eternamente" respeitado?
>
> A ressalva era, certamente, uma espécie de concessão à voz purista; ou, talvez melhor, uma demarcação de convergência ("Somos também conservadores"); ou, ainda, uma resposta a um comentário do tipo: "Ah, então, tudo vale?" (ainda hoje tão comum nas discussões sobre a língua entre nós).
>
> No fundo, o grande ausente-presente que o obrigava a asseverar o "eterno" era, sem dúvida, as variedades do português popular. Se era necessário deixar claro que abrasileirar não significava abandonar a leitura e o estudo dos clássicos (ressalva, aliás, que todos os defensores do abrasileiramento faziam), mais necessário era deixar claro que abrasileirar não implicava escancarar as porteiras.[14]

Mas nem as ressalvas, nem as preocupações depuradoras, salvaram o projeto nacionalista em meio ao conservadorismo que dominava o pensamento da época. Assim, nas últimas décadas do século, quando se intensificava o processo de normatização linguística no Brasil – com a criação da cátedra de Língua Portuguesa no Colégio Pedro II, em 1871; a proliferação das gramáticas normativas, na década de 1880; e a criação, em 1897, da Academia Brasileira de Letras, "outro instrumento importante da voz conservadora" (Faraco, 2008: 125-1) –, o projeto purista e conservador impôs-se, tornando-se progressivamente hegemônico. Essa submissão cega aos modelos de uso da língua vigentes nos meios letrados da ex-metrópole teria suas danosas consequências agravadas não apenas pelas mudanças por que a língua passava no Brasil, mas igualmente pelo fato de que a língua não havia cessado de mudar em Portugal. E, como a implementação de tais mudanças era determinada pelas disposições particulares do devir histórico da sociedade portuguesa da época, elas não se difundiam por aqui, exceto na escrita ou na fala afetada dos puristas.

Dentre essas mudanças, destaca-se a violenta redução das vogais átonas que se operou no nível fônico da língua em Portugal, entre os séculos XVIII e XIX, reduzindo a pronúncia de palavras como "perigo" a "prig^u". Essa prosódia acelerada, que confere ao português europeu contemporâneo uma entoação que é menos românica do que germânica, ou mesmo eslava, não se observa no período clássico da língua; pois, como advertia Fernão de Oliveira, autor da primeira gramática da língua portuguesa, publicada em 1536, "outras nações cortam vozes, apressando-se mais em seu falar, mas nós falamos com grande repouso, como homens assentados" (Oliveira, 1975 [1536]: 39).

A redução vocálica lusitana não se transplantou para o Brasil, onde, ao contrário, ocorreu o inverso: o fortalecimento das vogais átonas. Essas mudanças divergentes provocaram efeitos igualmente diversos em outros níveis da estrutura da língua. Em Portugal se generalizou o uso da ênclise, até nos casos em que, na língua clássica, era obrigatório o uso da próclise (*e.g.*, "O João disse que feriu-se"; "Não chegou-se a um acordo"); enquanto no Brasil se emprega normalmente a próclise, até nos contextos vedados pela tradição (*e.g.*, "Me parece que ela não veio"). No caso de Portugal, o enfraquecimento vocálico fez com que o clítico se adjungisse ao final do verbo, como mais um sufixo. Já no caso brasileiro, o fortalecimento vocálico levou o clítico a se colocar, como sílaba semitônica, na abertura do vocábulo fonológico (Câmara Jr., 1972).

Cotejando os textos da Constituição do Império de 1824 e da primeira Constituição republicana de 1891, Emilio Pagotto (1998: 51-53) encontrou uma notável evidência da crescente submissão linguística das elites brasileiras ao cânone lusitano; pois, enquanto a primeira tomava como modelo o "português clássico", a segunda seguia os modelos "das variedades modernas do português de Portugal". Dentre as diferenças encontradas, destaca-se exatamente a diferença no padrão da colocação pronominal. Enquanto a Constituição de 1824 é mais proclítica – aproximando-se do padrão do português clássico –, a Constituição de 1891 é claramente enclítica, refletindo o padrão do português europeu moderno.

Se, no plano estrutural, a difusão da ênclise no português europeu estava associada à mudança fônica de enfraquecimento das vogais átonas pela qual a língua teria passado, entre os séculos XVIII e XIX, no plano social, a difusão da mudança pode ser correlacionada à revolução social que promoveu a ascensão da burguesia em Portugal, entre 1832 e 1834, com a promulgação das leis que aboliram os direitos feudais sobre a propriedade da terra e extinguiram as ordens religiosas. Em que pesem as limitações desse movimento, que beneficiou, sobretudo, a burguesia de proprietários rurais, deixando à margem a pequena burguesia, a massa camponesa e os trabalhadores artesãos (Saraiva e Lopes, s/d: 669-70), seus efeitos, amplificados pelo movimento literário do Romantismo, teriam promovido a generalização da ênclise na norma culta de Portugal na segunda metade do século XIX.[15]

Porém, no Brasil as mudanças linguísticas caminhavam em outra direção. Ao contrário de se enfraquecerem, as vogais átonas se fortaleciam, generalizando o uso da próclise. Portanto, impor a ênclise como padrão de colocação pronominal, taxando o uso da próclise como "afrancesamento do discurso", foi uma verdadeira violência que o purismo gramatical perpetrou contra as práticas linguísticas correntes no Brasil. Contra essa violência, não podia deixar de se manifestar o grande nome do nacionalismo linguístico brasileiro:

> É também matéria de escândalo a colocação dos pronomes pessoais [...]. Entendem que nós, os brasileiros, afrancesamos o discurso, fazendo em geral preceder o pronome, quando em português de bom cunho a regra é pospor o pronome.
>
> Tal regra não passa de arbítrio que, sem fundamento algum, se arrogam certos gramáticos. Pelo mecanismo primitivo da língua, como pela melhor lição dos bons escritores, a regra a respeito da colocação do pronome e de todas as partes da oração é a clareza e elegância, eufonia e fidelidade na reprodução do pensamento.
>
> Em latim, coloca-se ao gosto do escritor e segundo aquela regra. [...] Assim, podemos dizer com os latinos – *juvat me* ou *me juvat*; *te rogo* ou *rogo-te*.
>
> Nos clássicos achamos exemplos dessas variedades:
>
> Na *Crônica do Condestável*, lê-se *nos arrasta* e logo depois *morriam-nos, se obrigam* e *acendeu-se* etc. Em Garcia de Resende, *se reunir* e *achando-se*. Em Vieira, *se prezava* e *resolve-se* etc. [...] (Alencar apud Pinto, 1978: 79)

Fica, assim, evidente que as prescrições puristas, longe de encontrarem respaldo na tradição literária, pregavam claramente uma vassalagem linguística à ex-metrópole. E essa opção linguística nada mais era do que mais um expediente ideológico para legitimar o fosso entre a elite de proprietários e a grande massa de trabalhadores superexplorados e socialmente excluídos. E, desde então, a colocação pronominal passou a ser uma das grandes questões da normatização linguística no Brasil.

Os efeitos da lusitanização da norma padrão do Brasil: a esquizofrenia das gramáticas normativas brasileiras

A prevalência do cânone lusitano, no que concerne à colocação dos pronomes complemento, na tradição gramatical brasileira, tem produzido verdadeiros absurdos pedagógicos. Toda gramática normativa brasileira tem um capítulo dedicado ao tema, que se inicia invariavelmente com a seguinte afirmação (Rocha Lima, 1960: 474): "A posição normal dos pronomes átonos é *depois* do verbo (ÊNCLISE)".[16]

O grande problema pedagógico é que, a partir dessa afirmação peremptória – na qual o significado do adjetivo *normal* é obscuro[17] –, o gramático (*e.g.*, Cunha, 1981), muitas vezes, apresenta *somente* algumas tantas regras onde se deve usar a próclise (em orações subordinadas, depois de palavras negativas, após alguns advérbios etc.). Tal gramática serviria bem a um estudante português, que usa normalmente a ênclise e pode aprender quais são os contextos excepcionais onde a tradição recomenda o uso da próclise, mas não tem a menor serventia para um estudante brasileiro, que já usa normalmente a próclise. Assim, a perpetuação da vassalagem linguística dos gramáticos aos modelos lusitanos ainda faz com que estes produzam um texto absolutamente inócuo no que concerne ao tema, no contexto linguístico-pedagógico brasileiro. Tal contradição tem sido, contudo, mitigada por meio de notas em que figuram referências ao uso brasileiro.

É assim que, após estruturar toda a seção relativa ao tema como se esta se destinasse a um estudante português, Celso Cunha (1981: 225) insere uma longa nota final, na qual reconhece que "a colocação dos pronomes átonos no Brasil difere apreciavelmente da atual colocação portuguesa e encontra, em alguns casos, similar na língua medieval e clássica" e faz a seguinte lamentação:

> Infelizmente, certos gramáticos nossos, esquecidos de que a variabilidade posicional, em tudo legítima, representa uma inestimável riqueza idiomática, preconizam, no particular, a **obediência cega às atuais normas portuguesas**, sendo mesmo inflexíveis no exigirem o cumprimento de algumas delas, que **violentam duramente a realidade linguística brasileira**.
> Dentre essas **regras arbitrárias e dogmáticas**, a mais conhecida (e, também, a mais infringida no falar normal do Brasil) é a que nos obriga a *não começar frases com pronomes átonos.*[18]

E termina a nota com uma longa citação em que o professor Martins de Aguiar faz "agudas observações", reconhecendo como legítima a colocação do pronome complemento proclítico ao verbo principal em locuções verbais, que é geral no português brasileiro.

Assim, a normatização linguística no Brasil padece atualmente dessa sorte de esquizofrenia, com graves consequências para o ensino de língua materna. O que faz o professor de português diante da dubiedade do discurso de um dos nossos mais importantes gramáticos?[19] Segue as regras lusitanas que estão no corpo do texto ou admite os usos brasileiros que são reconhecidos como legítimos, em letra miúda, numa nota final?

Mais recentemente, observa-se uma mudança de atitude superficial, sem se alterar a essência do discurso. Assim, Evanildo Bechara (2001: 587) inicia a seção dedicada ao tema em sua *Moderna gramática portuguesa*, com as seguintes considerações:

> Durante muito tempo viu-se o problema apenas pelo aspecto sintático, criando-se a falsa teoria da atração vocabular [...]. Graças a notáveis pesquisadores, e principalmente a Said Ali, passou-se a considerar o assunto pelo aspecto fonético-sintático. Abriram-se com isso os horizontes, estudou-se a questão dos vocábulos átonos e tônicos, e chegou-se à conclusão de que *muitas das regras estabelecidas pelos puristas ou estavam erradas, ou se aplicavam em especial atenção ao falar lusitano.*[20]

Observa também que "a Gramática, alicerçada na tradição literária, ainda não se dispôs a fazer concessões a algumas tendências do falar dos brasileiros cultos". Em vista disso, Bechara assume o compromisso de dar "apenas aquelas normas que, sem exagero, são observadas na linguagem escrita e falada das pessoas cultas".[21] Porém, inicia suas prescrições exatamente com a regra que Cunha taxou de *arbitrária e dogmática*: "não se inicia período por pronome átono", com observações em letra menor sobre o desrespeito do princípio no Brasil (2001: 588), e segue reiterando as regras impostas pela tradição, dentre as quais uma que é explicitamente refutada pelas redações dos jornais de maior circulação no país na atualidade – a que impõe a mesóclise junto às formas do futuro. No final, em uma "explicação da colocação dos pronomes átonos no Brasil", recorre ao mesmo texto do professor Martins de Aguiar e conclui dizendo que "pelas mesmas razões variadíssimas é que no Brasil, na linguagem coloquial, o pronome átono pode assumir a posição inicial de período" (2001: 591).

Essa sorte de esquizofrenia presente ainda hoje nas gramáticas brasileiras reflete a contradição entre a manutenção de um cânone gramatical adventício e artificialmente imposto pelo purismo gramatical do século XIX e as transformações que a dinâmica da industrialização e da urbanização impôs, ao longo do século XX, aos padrões de comportamento linguístico da elite letrada brasileira. A pergunta que se coloca então é: como um padrão tão anacrônico consegue se manter até os dias de hoje? No plano mais profundo das determinações socioeconômicas, pode-se afirmar que tal padrão esteia-se na conservação de formas arcaicas de propriedade e relações de trabalho, que engendram e alimentam um discurso conservador que atua fortemente na construção da hegemonia ideológica da dominação de classe no Brasil. Entretanto, no caso específico do cânone gramatical, este lastimavelmente foi renovado e legitimado pelo discurso científico de linguistas e filólogos ao longo do século XX.

O respaldo "científico" a uma norma padrão adventícia e anacrônica

A clivagem que as gramáticas normativas brasileiras impõem entre a linguagem coloquial, por um lado, e a norma padrão, impropriamente equiparada à norma culta, por outro, decorre, em grande medida, da relação de aproximação e tensão entre o discurso normativo e discurso científico no Brasil, desde meados do século XX. Abordando a questão, Pagotto (1998: 58) procura demonstrar que:

> O discurso científico acabou sendo o que mais contribuiu para a manutenção da norma purista, tal como configurada no final do século XIX – aquela ainda constante de nossas gramáticas escolares, aquela que ainda pauta os exames de língua portuguesa, aquela que reaparece, nos últimos tempos, comentada, defendida em colunas de jornal e programas de TV específicos. Foi o aporte teórico da Linguística [...] que acabou reforçando essa posição.

Pagotto focaliza o trabalho de linguistas e filólogos de meados do século XX, mais precisamente o trabalho de Gladstone Chaves de Melo (1972). Mas pode-se colocar em sua companhia o eminente Celso Cunha, que expressa bem essa dualidade entre o discurso normativo e o científico, até porque foi ele, ao mesmo tempo, grande filólogo/linguista e gramático.

No universo mais amplo da história da cultura, a reação à hegemonia purista só voltou a ganhar força com o surgimento do Modernismo, que retomou a questão da língua brasileira, de modo que o debate em torno da língua nacional se aprofundou nas décadas de 1930 e 1940 (Pagotto, 1998: 58). É nesse contexto que entram em cena os filólogos/linguistas, municiados dos axiomas saussurianos da Linguística moderna. O primeiro passo desses cientistas da linguagem foi desqualificar o debate entre puristas e nacionalistas como desvirtuado pelo "conflito de paixões" e "pelo radicalismo ideológico".

> No Brasil, como nos Estados Unidos, na Argentina e, mais discretamente, em outros países americanos, preconceitos, mal adormecidos ainda hoje, da longa vassalagem colonial e do agressivo nacionalismo que sobreveio à independência sensibilizaram de tal forma certas questões pertinentes à língua e à literatura, que as desviaram do **campo objetivo da ciência** para o terreno do **radicalismo ideológico**.[22] (Cunha, 1970: 11)

Essa estratégia discursiva faz com que esses autores se coloquem, por contraste, em uma posição científica, objetiva e imparcial. E, do alto de sua neutralidade objetiva, criticam tanto "o purismo exagerado", baseado em "uma concepção fossilizada de língua", quanto o "jacobinismo linguístico" dos nacionalistas (Cunha, 1970: 15-6). Assim, Cunha (1970: 18-9) vai apontando os equívocos em que se funda "o conflito entre reacionarismo historicista e o jacobinismo nacionalista". O primeiro derivaria de uma comparação assimétrica entre "a língua comum de Portugal" e "os falares das classes humildes do campo e das cidades do Brasil". A "esse método vicioso", Cunha opõe "a superior unidade não só da língua literária, mas também da língua falada pelas classes cultas nos dois países". Porém, o argumento de Cunha não se sustenta; pois, como visto anteriormente, a linguagem dos escritores nacionalistas, que era alvo da crítica purista – como era o caso de José de Alencar –, não incorporava as inovações das classes populares. Assim, a "superior unidade" só existiria no cotejo entre os escritores portugueses e os escritores brasileiros que esposavam o cânone purista, o que revela desde já o caráter vicioso de sua crítica ao suposto método vicioso a que se dirige.[23]

Indo adiante, Cunha (1970: 40-3) procura demonstrar que a tese de uma língua brasileira não teria fundamento[24] e, adotando a mesma linha argumentativa de Gladstone Chaves de Melo (apud Pagotto, 1998), afirma que, apesar de seu gênio e da legitimidade de suas posições, Alencar foi induzido ao erro pelo *calor da polêmica* e pela influência das ideias evolucionistas da época, particularmente a visão de Schleicher, que concebia "as línguas como seres vivos, que [...] nascem, crescem, envelhecem e morrem". Essa visão conduziria à hipótese de uma evolução inexorável do latim às línguas românicas e dessas às suas sucessoras no Novo Mundo. Assim, o arroubo de uma língua brasileira, na melhor das hipóteses, era fruto de uma teoria científica já devidamente superada. Como "não conhecia Saussure" (1998: 41), José de Alencar não poderia, como ele (Cunha), reconhecer que não há no português brasileiro "os elementos indispensáveis para provar a existência de um sistema linguístico diferente do português europeu, o que a rigor justificaria uma língua brasileira" (1998: 26).

Porém, como visto no capítulo "A polarização sociolinguística do Brasil: fundamentos teóricos", a visão estruturalista de que o português brasileiro e o português europeu seriam *variantes nacionais* da mesma língua (Cunha, 1985), porque compartilhariam o mesmo sistema funcional, não se sustenta, nem em seus fundamentos empíricos, nem nos marcos do atual desenvolvimento teórico da Linguística, tanto que Tarallo (1993b), adotando o enquadramento teórico da Gramática Gerativa, afirma que uma gramática brasileira distinta da portuguesa teria emergido por volta de 1900.[25] Mesmo com essas fragilidades nos planos teórico e empírico, essa concepção estruturalista se consubstanciou e acabou por fortalecer ideologicamente a manutenção de uma norma padrão brasileira lusitanizada, conferindo-lhe, com seu discurso de "unidade na diversidade e diversidade na unidade", foros de cientificidade.

O que estava em jogo, concretamente, não era uma questão teórica – se o português brasileiro e o português europeu eram duas línguas distintas ou uma mesma língua –, mas uma questão prática – que norma linguística seria adotada como padrão no Brasil –, para a qual a abstração do sistema funcional tinha muito pouca serventia. Um sistema composto de unidades e regras invariantes que supostamente subjaz à variação inerente à atividade linguística concreta e se superpõe às diversas normas sociais tem muito pouco a dizer sobre que variantes devem compor a norma de referência linguística, que é a questão central para a normatização da língua. Não são as abstratas unidades invariantes desprovidas de substância do sistema linguístico que compõem a norma padrão, mas as variantes de uma norma regional/social, em detrimento das variantes das normas das demais regiões e classes sociais. E é no vácuo entre o etéreo sistema linguístico e a concreta diversidade das normas linguísticas que penetra o enviesamento ideológico de estruturalistas, como Celso Cunha, preconizando a "unidade superior da língua" com base na norma literária lusitanizada e colocando as formas características do português brasileiro no plano subalterno da variação regional, estilística etc.

É assim que toda a massa de dados que a pesquisa linguística produziu sobre a realidade linguística brasileira desde a segunda metade do século passado só consegue figurar no texto das gramáticas normativas brasileiras – inclusive, na do gramático Celso Cunha – como notas de rodapé, mantendo-se, no corpo do texto, basicamente as mesmas prescrições fixadas pelo projeto purista no século XIX. Contudo, essa ilustração da diversidade linguística – no fim das contas, inócua, porque não interfere na fixação da norma – se converte em um poderoso instrumento ideológico de legitimação de uma norma padrão adventícia e anacrônica. E alguns gramáticos mais modernosos, como o midiático Pasquale Cipro Neto, exploraram bem a falsa clivagem engendrada pelo discurso científico. Na linguagem coloquial, na música popular, admitem-se as formas correntes do português brasileiro, porém, na "norma culta", na linguagem dos documentos oficiais, das leis, dos textos técnicos, em suma, na *linguagem do poder*, o que vale é a norma purista e discricionária.

> Assim, por mais que se pesquise a especificidade do português do Brasil, isto não abala a manutenção da norma culta, tal como está codificada, porque, no mais das vezes, a pesquisa sobre a especificidade do português do Brasil tem como pressuposto uma visão de linguagem – mesmo da Sociolinguística – em que as relações de poder estão anuladas. Está vedada a transposição dos resultados dessas pesquisas para a relação que os sujeitos falantes estabelecem com a norma culta escrita, tal como está codificada. Ela foi codificada na distância e na distância permanece. Se o discurso polêmico do século XIX colocou os

valores sociais para as formas linguísticas em tensão, o discurso científico, posterior, opera sobre um conjunto de formas cuja historicidade está apagada. Não surpreende, assim, que neste fim de século, estejam pipocando em diversos veículos de mídia as notas, artigos e programas reafirmando a norma culta tal como estabelecida no final do século XIX.[26] (Pagotto, 1998: 67)

E, no recente episódio do livro de Português do MEC, o discurso conservador avançou ainda mais, tornando bem explícita uma posição de emparedamento do discurso científico. O estudo da diversidade linguística é até admitido, desde que fique confinado aos meios acadêmicos e científicos. A sua introdução no ensino de Língua Portuguesa é perniciosa e atenta contra a manutenção da "norma culta", que garante a "unidade superior" da língua, tão necessária para evitar o "caos da intercompreensão e a anarquia social" (cf. Introdução deste livro). Com isso, consolida-se a absurda concepção de que a norma de referência linguística deve ser fixada, ignorando-se completamente a realidade atual da língua. O espaço de manipulação e de arbítrio que tal situação enseja torna a normatização linguística o terreno perfeito para a legitimação ideológica de um sistema elitista e discriminatório.

O problema é que muitos linguistas, inadvertidamente, acabam caindo na armadilha dessa dicotomia e reproduzem o discurso de que o estudo científico da língua nada tem a ver com a fixação de uma norma de referência linguística.[27] Isso só vem a confirmar a necessidade premente dos linguistas enfrentarem seriamente a questão da normatização linguística, e não debandarem do campo de luta, entregando de bandeja ao dogmatismo prescritivista esse importante espaço em que as relações de poder se estabelecem na língua.

Não cabe apenas aos linguistas fornecer subsídios para o estabelecimento de uma norma padrão mais adequada à realidade atual da língua, por meio de pesquisas sistemáticas e empiricamente fundamentadas sobre a heterogeneidade da língua (o que de resto, longe de conduzir ao caos da intercompreensão, como apregoa o terrorismo normativista, só contribuiria, como se verá adiante, para aumentar a eficácia da normatização linguística no Brasil), é preciso ir além e questionar a própria configuração da norma padrão, removendo a concepção de uma norma estreita e inflexível – concepção que refletiu o movimento autoritário e homogeneizante de constituição dos modernos Estados nacionais – e desenvolvendo a concepção de uma norma mais flexível e mais ajustada à diversidade cultural que caracteriza a sociedade contemporânea. Trata-se de um terreno crítico, em que a questão da língua se insere na disputa pela hegemonia ideológica, cabendo ao cientista, que assume uma posição crítica, desvelar, por meio de uma consistente análise sócio-histórica, as motivações mais profundas da defesa e manutenção, por tanto tempo, de uma norma padrão absolutamente estranha à realidade linguística do país. Estabelecendo as relações dessa posição conservadora com as disposições da infraestrutura socioeconômica, será possível demonstrar que ela nada tem de racional e lógica e que não passa de instrumento de defesa de interesses de classe e de perpetuação de relações específicas de poder.

Os fundamentos ideológicos da norma padrão no Brasil

Para além dos prejuízos pedagógicos, a adoção de uma norma padrão adventícia e cada vez mais anacrônica traz prejuízo também para a própria autoestima nacional, pois dissemina um sentimento generalizado de insegurança linguística, inclusive e particularmente nos segmentos ditos cultos, que se traduz nas máximas correntes de que "o brasileiro não sabe falar português" ou "o português é uma língua difícil". Como bem observa Faraco (2008: 64-5):

> Estamos há mais de um século perdidos em grande confusão quanto ao reconhecimento das nossas características linguísticas. Ainda nos atrapalha enormemente o espírito aristocrático que, no século XIX, quis nos impingir certa norma lusitana como nossa norma padrão e tachou de "incorretos" muito dos nossos usos cultos normais. E, ainda mais grave: não conseguimos ainda assimilar conceitualmente os efeitos das mudanças que têm alterado profundamente a cara da nossa sociedade, em especial suas repercussões sobre nossa realidade linguística.

De um ponto de vista mais amplo, referente ao papel que a normatização linguística desempenha na construção da hegemonia ideológica no conjunto da sociedade, uma análise sócio-histórica remete aos contextos sociais e ideológicos que têm sustentado a conservação desse paradigma gramatical desde os finais do século XIX. Esse paradigma dogmático e discricionário se consolidou no terreno fértil de uma sociedade rural elitista, cuja maior expressão cultural se encontrava no beletrismo dos saraus que deleitavam os salões das oligarquias, em uma república de bacharéis de um Estado que, longe de atender aos interesses da maioria da população, sempre serviu ao clientelismo, acolhendo os filhos e apaniguados da elite, numa sociedade baseada e movida pelo rentismo e pelo patrimonialismo, e não pelo empreendedorismo e pelo dinamismo da produção industrial. E o purismo gramatical tornou-se um poderoso instrumento de legitimação ideológica desse estado de coisas. O uso de uma linguagem artificial e empolada (quando não claramente pernóstica) era o passaporte para essas benesses: "só os que sabem falar o português corretamente podem ocupar os cargos públicos".

Contudo, esse contexto cultural começou a se alterar a partir de 1930, com o início do processo de industrialização e urbanização e, desde então, só se vem dinamizando e renovando, o que se reflete, inclusive, no comportamento linguístico de nossa elite letrada. Diante de tudo isso, persiste e ganha força a pergunta: o que explica a força desse purismo gramatical absolutamente anacrônico em face do contexto de uma sociedade brasileira contemporânea industrializada e urbanizada?

A resposta a essa pergunta deve ser buscada na infraestrutura econômica, que é a base objetiva de todas as representações ideológicas. O caráter dependente do capitalismo brasileiro impediu o desenvolvimento de uma sociedade urbana e industrial em toda a sua plenitude (cf. capítulo anterior). A sociedade brasileira ainda está situada entre o latifúndio feudal e os parques tecnológicos de informática. Essa dualidade engendra os obstáculos à renovação da normatização linguística no Brasil, fazendo-a acompanhar o dinamismo da cultura urbana. Os fortes ecos do atraso ainda sustentam esse vetusto modelo de correção gramatical, que também serve para criar representações simbólicas que legitimam a dependência do país e sua subordinação às grandes economias internacionais.

O estereótipo do brasileiro que não sabe falar o português integra uma representação mais ampla e profunda que desgraçadamente marcou o imaginário nacional: o da *inferioridade do povo brasileiro* – "uma sub-raça de mestiços resultante do cruzamento do degredado português, do índio preguiçoso e do negro boçal". Esse terrível estigma teve um papel preponderante na depreciação da autoimagem dos brasileiros, contribuindo para marcar negativamente tudo o que fosse nacional e popular. Esse construto simbólico da superestrutura encontra sua razão de ser nas disposições da infraestrutura econômica, na qual o Brasil se coloca, primeiramente, como colônia agroexportadora, depois como economia capitalista dependente e atrasada, ocupando sempre uma posição de subordinação na ordem econômica mundial.

E a suposta inferioridade do brasileiro emerge como expressão ideológica da posição subalterna do país no plano econômico e de sua subserviência no plano político. Porém, essa condição do Brasil nada tem a ver com a natureza do povo brasileiro, e sim com a incapacidade histórica de suas elites econômicas de gestar um projeto desenvolvimentista para o país, alimentando o círculo vicioso que o manteve no subdesenvolvimento e na dependência externa.[28] Nesse contexto socioeconômico, o mito da inferioridade intrínseca e da incapacidade atávica do brasileiro se encaixava perfeitamente no discurso ideológico de que as elites lançaram mão para justificar seu pífio desempenho e os sucessivos fracassos de seu projeto nacional. É esse quadro ideológico que explica a manutenção de uma norma padrão adventícia e anacrônica e a força do discurso discriminatório do purismo gramatical.

A industrialização do país (mesmo que tardia e dependente) e a consequente urbanização começaram a criar as condições para a superação dessa ideologia. E os avanços alcançados nos últimos anos, com o desenvolvimento do mercado interno e os programas de distribuição de renda, contribuem também para uma possível reversão desse quadro, criando as condições para o desencadeamento de um círculo virtuoso na economia. Porém, o mito da inferioridade do brasileiro e do purismo gramatical ainda servem muito ao discurso de grupos reacionários que se apegam ao projeto de subordinação econômica e política do país, porque sempre houve um segmento da elite brasileira, muitas vezes hegemônico, que se beneficiou desse sistema.

A presença desse discurso ficou muito evidente quando os governos do PT inverteram a orientação da política externa do governo anterior – que assumia uma posição submissa, de alinhamento automático com a política das grandes potências mundiais e particularmente com o imperialismo norte-americano –, encampando uma política externa independente, de aliança com os países emergentes e de aproximação com nações que não se submetiam aos ditames imperialistas. A mídia conservadora, controlada pelos grandes grupos econômicos, não perdeu qualquer oportunidade para alardear os supostos fracassos da diplomacia dos governos de Lula e sua sucessora, Dilma Rousseff, taxando-a de *amadora, imprópria* e até *desastrada*. Ou seja, *competente, elegante* e *profissional* era a política externa do governo anterior de submissão ao imperialismo, que atingiu as raias da humilhação quando o ministro das Relações Exteriores do Brasil se sujeitou a tirar os sapatos na revista de um aeroporto norte-americano.

Não é à toa que o discurso da correção gramatical obedece à mesma lógica do discurso de combate retórico à corrupção nos governos do PT. Não tem qualquer efeito prático, servindo apenas como um oportuno instrumento retórico para desqualificar ou desgastar politicamente o adversário, quando isso é conveniente. Nesse sentido, o purismo gramatical sustenta-se e renova-se também em outro aspecto da cultura e da política do país. Trata-se da tradição barroca do debate político, que, esvaziado de ideias, encontra sua razão de ser na disputa formal de uma retórica vazia de conteúdo, já que os grupos contendores das elites não apresentam diferenças substantivas em seus projetos, restringindo-se à disputa fisiológica pelo poder no aparelho do Estado. Assim, o recurso à *falta de correção gramatical* é um expediente poderosíssimo para desqualificar o adversário, "provando" a sua incapacidade política.

> Alguém disse que, no nosso país, toda polêmica termina na gramática. Isso quer dizer que, à falta de argumentos para sustentar o debate, nosso costume é apelar para o trambique retórico, ou seja, tentar desqualificar o oponente apontando-lhe "erros" de português. Em outros termos, quando nos faltam argumentos, nosso último recurso é xingar o adversário de ignorante, "pois nem a língua sabe falar bem". (Faraco, 2008: 67)

Para municiar tal retórica, o discurso gramatical tem-se especializado em valorizar formas artificiosas, filigranas semânticas e torneios estilísticos, que tornam a norma padrão um código absolutamente inacessível para a maioria dos brasileiros. Essa faina serve muito aos ardis bacharelescos de uma retórica barroca, pois é sempre possível encontrar um deslize na fala do adversário, já que, a rigor, ninguém domina completamente o código criptografado da norma padrão,[29] até porque suas prescrições não são unânimes, nem entre os próprios normativistas (Faraco, 2008: 88-107). Nesse sentido, veja-se, por exemplo, como o gramático Evanildo Bechara trata uma das filigranas mais cultuadas pela tradição gramatical brasileira – a que *veda* a contração entre a preposição *de* e o determinante do sujeito de uma oração reduzida de infinitivo, como no aforismo "está na hora da onça beber água".

> [...] construção normal que não tem repugnado os ouvidos dos que melhor conhecem e escrevem a língua portuguesa. Alguns gramáticos viram aí, entretanto, um solecismo, pelo fato de se reger de preposição um sujeito. Na realidade, não se trata de regência preposicional de um sujeito, mas do contato de dois vocábulos que, por hábito e por eufonia, costumam vir incorporados na pronúncia. A lição dos bons autores manda aceitar ambas as construções, *de a onça beber água* e *da onça beber água.*[30] (Bechara, 2001: 567-8)

No plano concreto do uso da língua, o maior prejuízo da perpetuação desse purismo gramatical beletrista é a ausência de uma norma de referência linguística que fundamente e subsidie, efetivamente, o uso da língua nas situações de comunicação formal. Apesar de todos os programas de rádio e televisão sobre *o que deve ser usado* e *o que não deve ser usado* e de toda a literatura de *autoajuda gramatical* que se multiplica nas bancas de revista e nas prateleiras das livrarias, o brasileiro letrado ainda se sente inseguro quando tem de escrever ou falar em uma situação de formalidade, o que só atesta a ineficácia de uma norma padrão em flagrante conflito com a realidade linguística do país.

> O paradoxo que nos acompanha é este: a norma padrão codificada no século XIX não conseguiu se estabelecer de fato, isto é, não conseguiu orientar o modo como falamos ou escrevemos a língua portuguesa no Brasil. No entanto, a ideologia da língua padrão nas várias faces que aqui adquiriu – ou seja, a crença de que os brasileiros não cuidam da língua, falam mal o português, não sabem português, falam e escrevem "um vernáculo sem lógica e sem regras" – se consolidou no imaginário e nos discursos que dizem a língua entre nós. (Faraco, 2008: 84)

Portanto, a norma padrão brasileira paira difusa sobre todos os segmentos sociais, e muitas das suas formas que o ensino tradicional de Língua Portuguesa insistentemente difunde não constituem sequer *marcadores sociolinguísticos* entre os falantes da norma culta.[31] Porém, a situação é muito distinta quando se trata dos usos mais característicos da fala dos segmentos da base da pirâmide social brasileira, ou seja, dos falantes da norma popular.

As bases ideológicas do preconceito linguístico no Brasil

O fato de muitas das formas condenadas como impróprias pela normatização linguística no Brasil serem de uso corrente no desempenho linguístico dos falantes letrados, até na modalidade escrita, produz efeitos paradoxais na constituição do sistema social de avaliação linguística. Por um lado, mantém vivo o sentimento generalizado de insegurança linguística, já que, a rigor, ninguém sabe usar corretamente o idioma. Por outro lado, esse uso "incorreto" não sofre grandes sanções sociais, exceto nas situações em que seja conveniente recorrer ao expediente da condenação gramatical para obter um efeito retórico. Diverso desse sistema difuso de avaliação social da variação linguística aqui denominado norma padrão é o sistema de avaliação social da variação linguística muito forte entre os falantes de maior nível de escolaridade, que faz parte do que é chamado aqui de norma culta.

Quando se trata das formas que não são muito frequentes na fala dos mais letrados e são típicas da fala da população de baixa renda, que ainda tem acesso muito restrito à escolarização, a condenação social é muito explícita e vigorosa. Assim, a falta de concordância nominal e verbal, bem como certas variantes fônicas, como o rotacismo (*e.g.*, "assembreia" por "assembleia"), que são características da fala popular brasileira, constituem verdadeiros *estereótipos sociolinguísticos*,[32] e o seu uso é tomado como índice inequívoco de inferioridade cultural e incapacidade intelectual. A necessidade da escola difundir o uso das regras de concordância, sobretudo entre os alunos das classes mais baixas, para garantir a esses alunos o domínio da linguagem do saber formal e do poder institucionalizado, não significa que a escola deva "corrigir" a fala desses alunos e que os indivíduos que não empregam essas regras em sua linguagem familiar devam ser discriminados; até porque a ciência da linguagem tem demonstrado, com fatos mais do que evidentes, que não há nenhuma deficiência intrínseca com as variedades linguísticas que exibem sistemas defectivos de concordância (entre as quais, se incluem o francês e o inglês contemporâneos). Porém, a difusão desses princípios elementares de uma pedagogia inclusiva e do respeito à diferença tem enfrentado uma oposição feroz, sobretudo dos grupos que controlam os meios de comunicação de massa no país, fazendo do preconceito contra as formas típicas da linguagem popular um poderoso instrumento de legitimação de um sistema econômico fundado na exclusão social e na superexploração da força de trabalho[33] (Lucchesi, 2011a, 2011b).

Para surpreender o caráter ideológico dessas atitudes discricionárias é preciso alcançar novamente as disposições socioeconômicas que determinam tais representações simbólicas. Em um país com um reduzido mercado interno e em uma sociedade marcada pela exclusão social, somente uma pequena parcela da população tem acesso ao consumo de bens materiais e culturais, bem como aos serviços sociais de educação e saúde e ao espaço da cidadania.[34] Uma das faces mais perversas desse sistema é a existência de um exército de mão de obra barata que se coloca à disposição das classes mais favorecidas para servi-las como empregados domésticos. Assim, no Brasil, não apenas a classe alta, mas até a classe média, dispõe de um verdadeiro séquito de serviçais (tais como empregadas domésticas, faxineiras, babás, cozinheiras, porteiros, zeladores, motoristas etc.), configurando o panorama de uma sociedade senhorial, absolutamente desconhecido nas sociedades industriais mais desenvolvidas socialmente, nas quais uma remuneração mais justa da força do trabalho praticamente extinguiu a figura do servo doméstico.

No Brasil, ao contrário, esses trabalhadores, em função de sua posição social frágil (sobretudo nas regiões mais pobres do país, como o Nordeste), costumam ser contratados na informalidade, sendo-lhes vedado o acesso a qualquer direito trabalhista, inclusive o recebimento do salário mínimo. Os avanços sociais alcançados nos últimos anos começam a alterar tal situação, mas ainda é possível encontrar, no interior dos imensos apartamentos dos luxuosos edifícios construídos nas avenidas à beira-mar mais concorridas das capitais nordestinas, jovens analfabetas retiradas de suas famílias no interior para trabalhar como empregadas domésticas – "a troco de casa e comida", em uma situação análoga ao do trabalho escravo – na família de membros da elite socioeconômica do país, que, do alto de sua hipocrisia, não perdem a oportunidade de afetar sua indignação diante da corrupção e do descalabro social que assolam o país. A ideologia que legitima essas relações sociais abjetas se traduz no estereótipo da "natureza inferior desses cidadãos de segunda classe", em cuja construção o preconceito linguístico desempenha um papel crucial. A posição social inferior desse indivíduo se justifica por sua *incapacidade inata*, evidenciada pelo fato dele ser *incapaz de empregar as regras básicas da língua*.[35]

No próximo capítulo, procuraremos demonstrar que esse vigoroso sistema de avaliação social que discrimina as construções mais típicas da fala popular está no cerne da profunda clivagem que marca a realidade sociolinguística do país, exercendo uma poderosa influência nas mudanças que operam no interior dos padrões coletivos de comportamento linguístico dos diversos segmentos sociais. Assim, ao tempo em que é o reflexo de um sistema econômico desigual e excludente, o preconceito linguístico é um poderoso instrumento ideológico a serviço da perpetuação desse sistema. Essa característica do tardio capitalismo brasileiro também o distingue dos países em que o sistema capitalista logrou maior desenvolvimento.

Nos países plenamente industrializados, com uma distribuição de renda menos perversa que a brasileira, como os países da Europa ocidental e os EUA, a questão do padrão linguístico desviante dos segmentos da base da pirâmide social tem sido enfrentada desde a década de 1960, com um direcionamento diverso, graças, sobretudo, ao surgimento da pesquisa sociolinguística. Assim, em um estudo que se tornou clássico, Labov (1972) demonstrou que as diferenças que separam o inglês vernáculo afro-americano do inglês usado pela população branca nos EUA (como a supressão do verbo copulativo e de certas consoantes finais) não significavam falta de estruturação e sistematicidade dessa variedade linguística nem comprometiam seu poder expressivo no âmbito do seu universo cultural próprio. Também chamado *Ebonics*, o inglês vernáculo afro-americano voltou à cena, na década de 1990, suscitando toda uma discussão em torno da adoção de estratégias pedagógicas de aquisição de segunda língua no ensino do inglês *standard*, já que o *Ebonics* deveria ter o estatuto de língua materna dos seus usuários (Baugh, 2000).

No Brasil, apesar de linguistas, como Mary Kato (1993a: 20), atribuírem ao português popular do Brasil, em relação à norma padrão, um estatuto similar ao do *Ebonics*, configurando, assim, uma situação de *diglossia*, o que se viu no recente episódio do livro de português do MEC, particularmente nos grandes meios de comunicação de massa, foi o predomínio da ignorância e do preconceito, em posições eivadas de fundamentalismo purista. E bastante significativa foi a posição da Academia Brasileira de Letras de que a pesquisa sociolinguística seria prejudicial (sic) ao bom desenvolvimento do ensino de Língua Portuguesa[36] (Lucchesi, 2011a, 2011b). A diferença no tratamento da variação linguística diastrática observada nos EUA e no Brasil deve ser entendida, assim, à luz da diferença entre um país de capitalismo desenvolvido e um país de capitalismo dependente, fundado na superexploração do trabalho.

Portanto, os condicionamentos socioeconômicos e político-ideológicos dos sistemas de avaliação social da variação linguística no Brasil permitem divisar dois sistemas que atuam de forma diferenciada em dois planos distintos da estrutura social. No plano mais alto, estaria o sistema de valoração da norma padrão, cada vez mais descolado dos usos reais mesmo dos segmentos de maior grau de letramento na sociedade, que se renovam com celeridade no cenário dinâmico da cultura urbana contemporânea. A manutenção desse sistema adventício e anacrônico coaduna-se com o construto ideológico da inferioridade atávica do povo brasileiro, expressão maior do projeto de um capitalismo dependente, e presta-se como instrumento retórico de desqualificação, nomeadamente nos embates mais esvaziados de conteúdo. Contudo, esse sistema de avaliação social da língua fragiliza-se cada vez mais como norma de referência linguística que deveria orientar as práticas verbais, particularmente nas situações de maior formalidade.

Já em um plano social mais baixo, aquele que separa as classes economicamente privilegiadas da população socialmente marginalizada, emerge com força um sistema que valora de forma fortemente negativa as características mais proeminentes da fala popular. A força desse sistema, que constitui o que é denominado aqui norma culta, é tão grande quanto é perversa a necessidade de legitimar ideologicamente um sistema abjeto de concentração de renda e superexploração da força de trabalho. Dentro da perspectiva teórica aqui adotada, segundo a qual os sistemas de avaliação subjetiva da variação linguística são determinantes na atualização dos padrões coletivos de comportamento linguístico, a consideração desses dois sistemas valorativos será crucial na análise dos processos de variação e de mudança em curso nos diversos segmentos sociais que compõem a sociedade brasileira, o que será feito no próximo capítulo deste livro.

Notas

[1] Cf. capítulo "A polarização sociolinguística do Brasil: fundamentos teóricos".
[2] Qual é o critério para definir quais escritores são os "corretos" e o que torna um gramático ou dicionarista "esclarecido"?
[3] Cf. Introdução deste livro.
[4] O que levou o crítico literário José Veríssimo a concluir, em um texto publicado em 1907, que "nos clássicos há para tudo" (apud Pinto, 1978: 255).
[5] A autora usa a expressão *língua-padrão*, que tem *grosso modo* o mesmo significado de *norma padrão*.
[6] Cf. Haugen (2001, p. 102); "A língua das classes altas é automaticamente estabelecida como a forma correta de expressão. Elas não só podem dizer "*l'État, c'est moi*", mas também que "*le langage, c'est le mien*".
[7] Como bem observou o intelectual e gramático renascentista português João de Barros, no século XVI, a boa linguagem não é a linguagem dos *barões*, mas a dos *barões doutos*.

[8] Um tema interessante para dissertação ou tese seria um estudo estatístico sobre a autoria das abonações literárias em gramáticas brasileiras e portuguesas, considerando, entre outras variáveis, a nacionalidade e o estilo de época.

[9] Cf. notícia veiculada pela Agência Brasil, em 4 de maio de 2011, na internet: "Doze trabalhadores em condições similares à escravidão foram resgatados em Vacaria, no Rio Grande do Sul, por auditores fiscais do Ministério do Trabalho e Emprego. A operação teve início na última quinta-feira (28) e terminou ontem (3) de manhã, em uma propriedade rural localizada a aproximadamente 20 quilômetros do centro de Vacaria". Disponível em: <http://agenciabrasil.ebc.com.br/noticia/2011-05-04/trabalhadores-em-condicoes-analogas-escravidao-sao-resgatados-em-vacaria-rs>. Acesso em: 27 abr. 2015.

[10] O que revela um descolamento de outras representações ideológicas, típico da posição *sui generis* que a língua ocupa na cultura (Lucchesi, 2011a, 2011b).

[11] Cf. capítulo "A polarização sociolinguística do Brasil: formação histórica".

[12] Fica evidente, nesse caso, a submissão dos puristas aos usos vigentes em Portugal na época, pois a falta de uso do artigo antes de possessivo, que eles criticam em Alencar como galicismo, está respaldada no uso corrente no período clássico da língua. A aposição do artigo ao possessivo é que era uma inovação do português europeu da época e pode ser interpretada, à luz da teoria da gramática, como resultante de um enfraquecimento semântico do artigo como marcador de *definitude*.

[13] Negrito acrescido.

[14] Ainda conforme Faraco (2008: 118): "O grande ausente-presente dos debates começará progressivamente aparecer [...], mais para o fim do século, em referências mais específicas, como no texto escrito em 1888 por Araripe Jr., em polêmica com Carlos de Laet (apud Pinto, 1978: 234): As observações do filólogo português [Adolfo Coelho] estão abaixo da crítica, não porque não exista um dialeto brasileiro, mas porque naquelas foram confundidos o falar atravessado dos africanos e outros fenômenos desta ordem com o que se deve verdadeiramente considerar elemento novo na linguagem portuguesa".

[15] "Antes restrita à nobreza, a literatura, bem como todas as formas de arte, experimenta no Romantismo uma extrema popularização, abarcando um novo mercado consumidor formado pela burguesia ascendente. O artista, antes dependente dos nobres mecenas, agora passa a viver da venda de sua obra. A imprensa se encarrega de difundir mais e mais o romance e a poesia. Isso significa que o escritor precisa alcançar um público maior e menos afeito às formas clássicas de expressão. É então que se dá o alçamento das formas gramaticais emergentes à condição de poder figurar no texto escrito. O Romantismo teria funcionado, assim, como o grande responsável pela mudança de postura com relação a certas formas até então 'populares'. Forja-se então a atual norma culta portuguesa." (Pagotto, 1998: 53-4)

[16] Destaques gráficos do original.

[17] Em princípio, *normal* significaria "habitual, costumeiro", ou seja, frequente "no uso culto da língua", o que deixa evidente a manipulação do conceito de uso já delineada aqui. Contudo, para fugir a isso, alguns gramáticos, como Celso Cunha (1981: 221), mantêm o adjetivo, aduzindo uma justificativa "gramatical": a posposição seria a "posição normal", em virtude de ser "o pronome átono objeto direto ou indireto do verbo"; mas a mobilidade inerente a essa partícula gramatical depõe claramente contra tal argumento.

[18] Itálico do original, negritos acrescidos.

[19] Vale lembrar que Celso Cunha foi deferido com a incumbência de fazer a revisão gramatical do texto da Constituição de 1988.

[20] Itálico acrescido.

[21] O problema aqui é que, se se inclui na tradição literária o hoje clássico José de Alencar e modernistas importantíssimos, a afirmação é falsa; porém, se, ao contrário, consideram-se apenas os escritores e poetas que se dobraram às prescrições puristas, cai-se em um círculo vicioso.

[22] Negritos acrescidos.

[23] O vício do argumento de Cunha está em tomar apenas os escritores e intelectuais submissos ao padrão lusitano para "comprovar" a unidade entre as normas cultas do Brasil e de Portugal.

[24] Para Celso Cunha (1970: 26) a "língua brasileira" não era, a rigor, sequer uma hipótese: "A bem dizer, toda a questão da 'língua brasileira' se resume, ainda hoje, na luta contra as regras inflexíveis dos puristas, dos gramáticos retrógrados, sempre contrários a inovações e defensores de um desarticulado sistema idiomático, simples mosaico de formas e construções colhidas em épocas diversas do passado literário.

É, em suma, um ato de rebeldia contra uma ordem arbitrariamente estabelecida, uma tentativa de libertação elementar não só do artista, impedido de escolher seus meios expressivos, mas do falante e do escritor comum, obrigado a não participar da cultura ambiente por lhe negarem a utilização das formas linguísticas exigidas pela vida quotidiana. E precisamente por ser uma atitude de rebeldia contra o opressivo contorno social, mais um espírito do que uma realidade, é que a tese da "língua brasileira" nunca pôde ser formulada como um corpo de doutrina coerente.

Nessa linha de raciocínio, basta um pouco de *bom senso*, e a *rebeldia pueril* perde a sua razão de ser. O problema é saber – e é aí que se insinua a ideologia – onde se situa esse bom senso, para além do gesto retórico. Como distinguir os gramáticos retrógrados se todas as gramáticas normativas são tão parecidas entre si e prescrevem, essencialmente, as mesmas "formas e construções colhidas em épocas diversas do passado literário"?

[25] Cf. capítulo anterior.

[26] Pagotto não adota, infelizmente, a dicotomia que propomos, desde o final da década de 1980, entre norma-padrão e norma culta (Lucchesi e Lobo, 1988). Assim, onde ele escreve *norma culta*, deve-se ler, na perspectiva aqui adotada, *norma padrão*.

[27] Veja-se, também a esse respeito, a crítica de Pagotto (1998) à posição expressa por Perini (1995: 25-6) em sua *Gramática descritiva do português*.

[28] Cf. capítulo anterior.

[29] "[...] nada melhor do que achar, no próprio enunciado de quem critica a língua do outro, um 'erro' de português. E isso nunca será difícil, já que ninguém fala e escreve de acordo com a norma **curta**." (Faraco, 2008: 68) A expressão "norma **curta**", com grifo no original, é a forma irônica com que Faraco se refere ao que se denomina aqui norma padrão.

[30] Em princípio, tendemos a concordar sempre com as propostas de flexibilizar o padrão, mantendo a forma conservadora ao lado da construção corrente, como opções disponíveis na língua. Só esse princípio nos leva a concordar com a conclusão do gramático de manter nesse caso as duas construções como válidas. Contudo, não nos furtaremos ao comentário de que o purismo, baseado em uma concepção abstrusa de *regência fonética*, tem-nos impingido uma construção claramente artificial e em flagrante conflito com o ritmo natural da língua.

[31] Essa questão será retomada no próximo capítulo deste livro.

[32] Sobre o conceito de *estereótipo sociolinguístico*, veja-se capítulo "A polarização sociolinguística do Brasil: fundamentos teóricos".

[33] Cf Introdução deste livro.

[34] Cf. capítulo anterior.

[35] Nesse sentido, poderiam ser integrados na categoria de *impessoas*, neologismo criado por Noam Chomsky para descrever a categoria de pessoas que têm seus direitos humanos violados sistematicamente pelo imperialismo e pelos sistemas de superexploração do trabalho. (Entrevista publicada no portal *Novas Palavras* em 20 out. 2011. Disponível em: <http://www.outraspalavras.net/2011/10/20/palestinos-impessoas-livres/>. Acesso em: 27 abr. 2015.)

[36] Cf. Introdução deste livro.

A polarização sociolinguística do Brasil: fundamentos empíricos

Desde uma perspectiva mais geral, os processos de variação e mudança que caracterizam a realidade sociolinguística brasileira podem ser sistematizados da seguinte maneira. De um lado, no plano da norma culta, observa-se uma flexibilização de usos, que reflete a dinamização da cultura, resultante da industrialização e da urbanização, bem como da proliferação dos meios de comunicação de massa e do fenômeno da indústria cultural. Tais processos de variação e mudança, que tendem a aprofundar a tensão entre a norma culta e norma padrão, têm afetado vários mecanismos da estrutura morfossintática da língua, tais como a realização do sujeito pronominal, as estratégias de relativização, o clítico acusativo de 3ª pessoa e a forma do pronome da 1ª pessoa do plural. Por outro lado, no plano da norma popular, observa-se uma tendência geral à assimilação de formas linguísticas mais correntes na norma culta, particularmente aquelas que gozam de prestígio social, como as regras de concordância nominal e verbal. Esse processo resulta da crescente influência da cultura urbana sobre todas as regiões do país, amplificada pela ação dos meios de comunicação de massa, mas determinada, em um nível mais profundo, pela inserção dos segmentos populares no sistema produtivo e no mercado de consumo de bens materiais e simbólicos.

Se essas tendências divergentes de mudança – a flexibilização de usos na norma culta *vis-à-vis* à assimilação das formas de prestígio na norma popular – constituem a base da polarização sociolinguística do Brasil, na medida em que definem dois conjuntos qualitativamente distintos (em termos de padrões de uso, sistema de avaliação e tendências de mudança), elas também atuam no sentido de promover um nivelamento linguístico que tende a atenuar a própria polarização. O avanço desse nivelamento depende crucialmente de duas coisas. De um lado, o enfrentamento político da questão do padrão normativo, no sentido de conferir legitimidade aos padrões de uso já vigentes na norma culta. De outro lado, a inclusão social dos segmentos marginalizados nos mercados consumidor e de trabalho, bem como no espaço da cidadania, permitindo-lhes o acesso efetivo à norma linguística socialmente valorizada; dessa forma, a democratização da norma culta está relacionada a uma efetiva democratização da sociedade, no plano crucial da distribuição de renda.

No entanto, em um nível mais profundo do funcionamento da língua, é preciso identificar também as mudanças que não estão diretamente relacionadas aos processos sociais, porque são desencadeadas por pressões internas do sistema linguístico. Tais mudança, que, via de regra, se implementam abaixo do nível de consciência, não sendo afetadas pelo sistema de avaliação social, espalham-se por todos os segmentos sociais, em função da ação conjugada de fatores internos que atuam na estrutura gramatical da língua. São as mudanças que operam em um nível mais profundo da gramática e que não costumam sofrer restrições no plano da avaliação social ou que tendem a suplantar a eventual existência de prescrições em sentido contrário.[1] Assim, pode-se postular que há também processos de mudança que tendem a atingir a norma culta e a norma popular na mesma direção.

A adequada compreensão do complexo universo sociolinguístico brasileiro, no qual diversos padrões coletivos de comportamento linguístico são perpassados por processos divergentes, convergentes e gerais de variação e mudança, é fundamental para formular, com precisão, questões que amplifiquem o potencial heurístico da pesquisa empírica. Dentro dessa perspectiva, uma primeira tarefa que se pode apontar para a pesquisa sociolinguística seria mensurar a força da resistência do padrão normativo atual sobre os processos de variação e mudança na norma culta, considerando cada elemento específico da estrutura linguística. A questão que se coloca aqui relaciona-se com o nível de consciência dos falantes sobre o uso dessas formas, observando-se, em cada caso específico, a força da normatização. Em outras palavras, qual é a consciência que os falantes têm de que estão empregando formas desviantes do padrão normativo e como eles avaliam isso?

Nos casos em que o padrão normativo ainda guarda alguma força, pode-se pensar em um cenário em que a variante padrão se apresenta como um *marcador* para os falantes cultos, verificando-se um movimento no comportamento desses falantes em direção a essa variante na escala da variação estilística – conjugada ao parâmetro da modalidade (oral *versus* escrito). Nesse cenário, o processo de variação tende à estabilidade. Em outro cenário, no qual a força da norma padrão já se diluiu, a variante prescrita pela tradição gramatical seria um *indicador*, não havendo um padrão consistente na variação estilística, mas apenas uma diferença na frequência de uso dessa variante no gradiente geracional.[2] Nesse caso, o diagnóstico de mudança em curso é bem plausível. Não havendo maiores resistências, o uso da variante não padrão tende a se generalizar.[3]

Por outro lado, a maior ou menor reação subjetiva dos falantes cultos está diretamente relacionada à origem do processo de variação e mudança em cada caso específico. Essa força será menor se o processo de variação e mudança for gramaticalmente condicionado, e maior se o processo for proveniente de uma pressão vinda de baixo, em função do contato dos falantes cultos com os falantes dos estratos sociais inferiores. Enquanto os processos gramaticalmente condicionados tendem a se difundir sem maiores resistências, os processos de variação e mudança provenientes das classes baixas tendem a sofrer uma resistência maior no plano da avaliação social. Inspirada na formulação de Wolfram e Fasold (1974),[4] Bortoni-Ricardo (2005: 40; 2011 [1985]: 22-3) abordou esse problema por meio de sua distinção entre os *traços* ou *regras graduais* ou *contínuos* e *abruptos* ou *descontínuos*:

> Postulo [...] a existência de dois tipos de regras variáveis: regras que definem uma estratificação "descontínua" e que caracterizam as variedades regionais e sociais mais isoladas, recebendo maior grau de estigmatização na sociedade urbana hegemônica, e regras graduais, que definem uma estratificação contínua e estão presentes no repertório de praticamente todos os brasileiros, dependendo apenas do grau de formalidade que eles conferem à própria fala. (2005: 40)

No nível fônico, Bortoni-Ricardo (2005: 56-7) aponta como *traços fonológicos graduais* a despalatalização ("oliar" por "olhar"), a monotongação ("fera" por "feira"), a desnasalização ("garage" por "garagem"), a assimilação e degeminação ("estudano" por "estudando") e a queda do /r/ final nos verbos ("gostá" por "gostar"). Já entre os *traços descontínuos*, "privativos de variedades rurais e/ ou submetidas a forte avaliação negativa", incluem-se a semivocalização do /lh/ ("veio" por "velho"), a epítese do /i/ após sílaba travada ("pessoali" por "pessoal"), o rotacismo ("farta" por "falta" e "craro" por "claro"), a monotongação do ditongo nasal em "muito" ("muntu"), a supressão de segmentos finais ("vei" por "veio", "padrim" por "padrinho", "fii" por "filho"), a simplificação de grupos consonantais ("dentu" por "dentro") e a metátese, como em "satisfeito" ("sastifeito").

No nível da morfossintaxe, no qual se concentra a análise desenvolvida aqui, destacam-se entre os traços graduais: a realização do sujeito pronominal, o emprego da expressão nominal "a gente" como pronome pessoal, o emprego das chamadas relativas cortadoras (*e.g.*, "na casa que eu nasci") e o emprego do "ele" como acusativo (*e.g.*, "não encontrei ele ontem"), entre outros. Nesses casos, haveria tanto processos de variação e mudança que se implementam abaixo do nível da consciência social quanto processos de variação e mudança que são mais sentidos e recebem uma avaliação social, mesmo sendo gerais a todos os estratos da sociedade. A perda do sujeito nulo seria um exemplo do primeiro caso, de processos de variação/mudança que derivam de pressões estruturais (no caso, a simplificação do paradigma flexional de pessoa e número do verbo), configurando o que se pode chamar de mudanças gramaticalmente condicionadas. As variantes de tais processos configurariam *indicadores sociolinguísticos*. Já a variável "nós/a gente" seria um exemplo do segundo caso; mesmo se difundido por todos os segmentos sociais, o processo de variação na forma do pronome de 1ª pessoa do plural recebe uma avaliação social, em que a forma "nós" é preferida nas situações de maior formalidade, principalmente na escrita, de modo que o emprego da forma canônica do pronome configura um *marcador sociolinguístico*.[5]

Em relação aos traços descontínuos, pode-se acrescer uma nova distinção à dicotomia de Bortoni-Ricardo, identificando traços que são privativos da norma culta, tais como o uso do clítico acusativo (*e.g.*, "encontrei-*a* ontem na festa") e as relativas padrão (*e.g.*, "na casa *em que* nasci"), daqueles que são próprios da norma popular, como a falta de flexão de caso com os pronomes da primeira pessoa (*e.g.*, "encontrou *eu* na feira; viu *nós* na roça"). Contudo, as descontinuidades absolutas que se observam no nível fônico são mais raras no nível da morfossintaxe. Mesmo no caso da variação nas regras de concordância – traço que sofre uma forte avaliação social (a falta de concordância é claramente um *estereótipo* na avaliação subjetiva dos falantes considerados cultos) –, observa-se antes uma diferença quantitativa na frequência de emprego da regra, particularmente no que concerne à concordância nominal, do que a ausência de variação na norma culta *vis-à-vis* à forte variação observada na norma popular.

Os processos de variação privativos da norma culta estão relacionados à adoção, por parte de falantes das classes privilegiadas, de formas do padrão normativo que, na maioria dos casos, não fazem parte do repertório de sua gramática natural; sendo, adquiridos, portanto, por meio da escolarização e do acesso à tradição literária. Nesses casos, a pesquisa empírica sobre esses usos e sua avaliação subjetiva é fundamental para aferir a força que o padrão normativo ainda tem na sociedade como norma de referência para as práticas linguísticas. Por outro lado, a ausência dessas formas no desempenho dos falantes das classes baixa, ou mesmo o seu total desconhecimento por parte destes (que, no mais das vezes, não são sequer capazes de decodificá-las; não tendo delas, portanto, sequer o *conhecimento passivo*), revela a privação de amplos segmentos da sociedade brasileira de um dos seus direitos fundamentais, e cada vez mais decisivo no mundo contemporâneo: a efetiva escolarização. E a normatização da língua depende de um sistema eficaz de ensino público, o que não se verifica no país.

> No Brasil, tem-se um grande contingente da população, cuja economia linguística é predominantemente oral e que, portanto, não tem acesso à força padronizadora da língua escrita. O extensivo analfabetismo e a precariedade da instrução escolar, que afetam essa população, impedem tanto o acesso à língua padrão real, efetivamente usada pelas classes favorecidas, como à língua padrão ideal, ou seja, o conjunto de critérios referenciais que determinam os padrões de correção e aceitabilidade da língua. (Bortoni-Ricardo, 2005: 24)

Porém, esse cenário deve ser matizado, cabendo à pesquisa sociolinguística identificar, na escala social, em que estratos sociais ocorre a introdução dessas formas da norma padrão, distinguindo os falantes que delas têm apenas um conhecimento passivo daqueles que já as empregam com alguma consistência. Esse pode ser um parâmetro crucial na classificação sociolinguística dos segmentos intermediários, no que se incluem os trabalhadores e operários qualificados das grandes cidades e centros industriais e comerciantes e trabalhadores técnicos e administrativos, contrastando os das pequenas e médias cidades do interior do país com os dos grandes centros urbanos, o que corresponde em termos de escolaridade aos falantes com pelo menos o ensino fundamental completo até o ensino médio completo. O grau de sua proficiência sobre essas formas seria, assim, um parâmetro importante para definir esses falantes como usuários de uma norma semiculta (uma subdivisão da norma culta) ou de uma norma média (uma norma sociolinguística distinta da norma culta).

No plano mais geral da sociedade brasileira, pode-se propor uma sistematização, tendo por base os dois padrões de avaliação social da variação linguística definidos no capítulo anterior: o da norma padrão e o da norma culta. Por um lado, o sistema de valores da norma padrão, no que se refere às formas que já não fazem parte do repertório da gramática natural dos brasileiros, exerce uma influência difusa sobre os estratos sociais mais elevados, e essa influência se vai esgarçando à medida que passa dos estratos sociais mais altos para os estratos sociais mais baixos, até ser praticamente nula na base da pirâmide social, sobretudo nas comunidades rurais mais isoladas e economicamente marginalizadas. Novas pesquisas empíricas da realidade sociolinguística se fazem necessárias para mensurar a intensidade variável dessa influência ao longo da escala social, não apenas para definir estratégias para o ensino de Língua Portuguesa, mas também para colocar em questão a própria norma de referência linguística.

Já a força do que é chamado aqui de sistema de avaliação social da norma culta – que se define pela condenação explícita das formas mais características da linguagem popular – é bem mais poderosa, atuando sobre quase todos os segmentos da escala social. Entre os segmentos mais elevados, esse sistema atua contendo eventuais pressões estruturais ou influências vindas de baixo, garantindo, assim, a estabilidade do processo de variação. Tal é o caso da variação no emprego das regras de concordância, em que a pressão da avaliação social negativa impede que o processo de simplificação morfológica avance sobre a norma culta, ou mesmo sobre as normas sociolinguísticas intermediárias. Ao contrário, o que se observa na norma popular é um retrocesso do processo de simplificação morfológica que teria ocorrido no passado, em maior ou menor grau, em função do contato entre línguas. É por essa razão que a variação no uso das regras de concordância nominal e verbal ocupa uma posição central na configuração da polarização sociolinguística do Brasil tanto no plano da avaliação social da língua quanto no plano das tendências de variação e mudança; pois, enquanto na norma culta (e nos níveis médios) se observa um quadro de *variação estável*, sendo a falta de concordância um estereótipo, na norma popular observa-se um processo de *mudança em progresso*, com o incremento do uso da regra de concordância, em função de uma influência de cima para baixo da norma culta sobre a norma popular, podendo a aplicação da regra constituir um marcador ou um indicador, consoante o nível de consciência dos falantes em relação ao prestígio social atribuído a essa regra. Essa influência da norma culta, de cima para baixo, é crucial na configuração atual da língua no país.

Um dos aspectos centrais do cenário sociolinguístico do Brasil contemporâneo é um processo de nivelamento linguístico, através do qual as formas socialmente valorizadas da norma culta se difundem para o conjunto da sociedade e para todas as regiões do país. Essa crescente influência de uma efetiva norma de referência linguística é inexorável no processo de urbanização e desenvolvimento social, sendo os meios de comunicação de massa o seu principal vetor de difusão na sociedade contemporânea. Hoje a televisão está presente em praticamente todos os lares brasileiros, "do Oiapoque ao Chuí",[6] e a influência dos programas televisivos, particularmente das telenovelas, é enorme em todas as áreas do comportamento, desde o vestuário e a alimentação até a orientação sexual, tornando a televisão uma verdadeira "faca de dois gumes", que tanto pode promover a solidariedade social e o respeito à diferença quanto fomentar o individualismo, o consumismo e o preconceito. No plano linguístico, a intensa influência da televisão é mais notável no nível do léxico, com vocábulos e bordões que se disseminam com a mesma rapidez com que desaparecem, como soe acontecer com os modismos.

Entretanto, no plano mais profundo das determinações socioeconômicas, o processo de nivelamento linguístico deve ser correlacionado à inclusão social de contingentes cada vez maiores da população, possibilitando-lhes um nível condizente de acesso aos bens materiais e, sobretudo, aos bens culturais e aos diretos sociais básicos, entre eles, a escolarização. A análise desenvolvida no capítulo "A polarização sociolinguística do Brasil: condicionamentos socioeconômicos" apontou o fim da República Velha, em 1930, como um marco nesse processo, com o início da efetiva industrialização e urbanização do Brasil, devendo-se considerar, portanto, que o processo de nivelamento linguístico se implementa, de forma mais consistente, desde então. Contudo, a análise revelou também que as características do desenvolvimento dependente do capitalismo no Brasil fizeram com que a inclusão social fosse bastante restrita, quando não precária, e mesmo os significativos avanços sociais alcançados desde que o PT assumiu o governo do país, em 2002, não foram suficientes para alterar o quadro de profundas desigualdades que ainda predominam na sociedade brasileira, impedindo que expressivos contingentes sociais tenham acesso aos direitos sociais básicos, em particular a um sistema eficaz de educação pública.

Os avanços do processo de nivelamento linguístico de difusão dos modelos da norma culta para o conjunto da sociedade refletirão, assim, os avanços e percalços do desenvolvimento social e da efetiva democratização do país. Nesse sentido, seus efeitos serão primeiramente sentidos entre os segmentos urbanos para se irem espraiando progressivamente para o interior do país, até atingirem as comunidades rurais mais isoladas e socioeconomicamente mais marginalizadas. Nesse *continuum*, ao tempo em que as formas da norma culta se vão implantando, vão desaparecendo as marcas dos processos de variação e mudança que o contato entre línguas imprimiu na formação histórica dessas variedades linguísticas. E, dentro da dialética aqui proposta entre avaliação subjetiva e comportamento linguístico, a assimilação das formas da norma culta é concomitante ao processo de conscientização do prestígio social atribuído a essas formas.

A associação entre o nivelamento linguístico e a inclusão social faz com que não ocorram, no geral, refrações no processo de assimilação das formas socialmente valorizadas da norma culta, o que poderia indicar a emergência de normas de *prestígio encoberto* ou de *orientação para o grupo* (Labov, 1966a, 2008 [1972]). No Brasil esse fenômeno não é representativo, como bem observa Bortoni-Ricardo (2005: 23-4):

Pode-se representar a força padronizadora da língua padrão por um vetor que se denominará vetor de assimilação. Nos países desenvolvidos, são fatores principais de assimilação o prestígio da língua culta e a ação das agências que a implementam, dentre as quais se destaca a escola. Opõe-se a essa força outro vetor, o da manutenção das variedades não padrão, que se apoia principalmente em fatores de natureza psíquico-social, pois essas variedades tendem a ser associadas à dimensão de solidariedade nas relações intragrupo e passam a funcionar como símbolo de coesão e identidade. O fenômeno adquire maior relevância no caso das minorias étnicas nas comunidades urbanas. As variedades sociais e étnicas são marcadas por alguns traços que atuam como uma peça de resistência à assimilação. Os falantes usam esses recursos de variação da língua para enfatizar sua identidade, alternando-os com traços equivalentes da norma padrão quando as circunstâncias o exigem.

Na situação brasileira, encontra-se a mesma força padronizadora representada pelo vetor de assimilação. Entretanto o principal fator que se lhe contrapõe parece ser o acesso restrito à língua padrão. Os fatores de lealdade linguística, que têm grande influência nas sociedades industrializadas, têm possivelmente menor influência no Brasil, no estágio atual de expansão do português culto no país, embora não possa ser desconsiderado nos grupos sociais em que a questão étnica assume grande relevância, como no caso das nações indígenas.

Não se deve descartar, porém, a ocorrência de focos de resistência ao processo de assimilação nos grandes centros urbanos brasileiros, em função da elevação da consciência étnica, associada a movimentos como o Movimento Negro Unificado, ou da articulação de grupos de cultura popular da periferia, como no caso do *hip-hop*. Porém, a questão da língua ainda não ocupa uma posição importante nesses movimentos de contra-hegemonia. Fora daí, o processo de assimilação ocorre sem qualquer resistência, sobretudo nas áreas rurais, nas quais os elementos da cultura urbana são muito valorizados. Portanto, os obstáculos que se interpõem ao nivelamento linguístico são essencialmente determinados pela precariedade do processo de inclusão social e do sistema de educação pública, e não de resistência ideológica de grupos sociais específicos.[7]

O nível de consciência e atitude dos falantes constitui, assim, um parâmetro crucial para a classificação dos segmentos sociais no espectro da norma popular. Para o segmento dos trabalhadores urbanos, pode-se imaginar um cenário no qual os indivíduos têm uma maior consciência do prestígio social do emprego das regras de concordância. Nesse caso, o emprego da regra constituiria um marcador sociolinguístico, observando-se uma variação estilística, com emprego crescente da regra nas situações de maior formalidade, o que tende a acelerar o processo mudança (Labov, 2008 [1972]). Já nas comunidades rurais, o nível de consciência acerca do prestígio social da regra seria menor, de modo que, conquanto se observe uma variação social (com os jovens e falantes com alguma escolaridade usando mais a regra do que os mais velhos e analfabetos), não se verifica uma variação estilística consistente. Nesse caso, a implementação do processo de mudança seria mais lento. Entre uns e outros, encontram-se os indivíduos rurbanos, que, em face do seu caráter híbrido, tenderiam a constituir um cenário mais difuso e instável, o que certamente coloca mais problema para sua classificação. Portanto, a análise sociolinguística da norma popular deve deslindar as características dos processos de assimilação das formas da norma culta que gozam de prestígio social para traçar o diagnóstico preciso do nivelamento linguístico que representa a face mais visível da realidade sociolinguística brasileira.

Acreditamos que o panorama da realidade sociolinguística do país desde uma perspectiva sócio-histórica pode contribuir para ampliar o potencial heurístico das pesquisas sociolinguísticas até então realizadas, sobretudo no sentido de iluminar o processo como um todo, superando as abordagens atomizadas e mecânicas de cada processo em si mesmo.[8] Além de ampliar o poder explicativo das pesquisas já realizadas, o balizamento aqui proposto pode fornecer a base para uma revisão crítica do que já foi feito com vistas a promover e renovar a pesquisa sociolinguística no país, possibilitando interpretações mais generalizantes, que iluminem áreas cada vez mais amplas de nossa realidade sociolinguística e orientando o trabalho de observação empírica, particularmente no que concerne à constituição de *corpora*. Se a visão de conjunto aqui sistematizada só se tornou possível graças às importantes e significativas pesquisas sociolinguísticas desenvolvidas nas últimas décadas no Brasil, essa visão, por sua vez, permite descortinar as lacunas que ainda subsistem, bem como identificar imprecisões e limitações dos estudos já realizados. E uma revisão crítica se impõe não para desfazer do expressivo trabalho já realizado, e que conta com nosso total apreço e respeito, mas para corrigir rumos e fazer avançar a pesquisa sociolinguística no Brasil.

Fundamentos teóricos e observação empírica: a constituição de *corpora* na pesquisa sociolinguística no Brasil

A análise da realidade sociolinguística do Brasil a partir do conceito de norma sociolinguística aqui sistematizado[9] alcançará sua fundamentação empírica na observação controlada dos seguintes aspectos dos padrões coletivos de comportamento linguístico existentes na sociedade brasileira:

(i) frequências de uso das variantes linguísticas;
(ii) avaliação social da variação linguística;
(iii) tendências dos processos de variação e mudança.

A quantificação das escolhas que o falante faz em seu desempenho linguístico real em função dos contextos linguísticos, das características sociais desse falante e da situação em que o ato verbal se desenrola constitui a base empírica de toda pesquisa sociolinguística de orientação laboviana e parte do princípio de que a escolha que o falante faz entre formas linguísticas concorrentes que expressam o mesmo significado não é aleatória, mas condicionada pelos aspectos supramencionados, constituindo, portanto, uma função de variáveis linguísticas, de estilo e sociais (Sankoff, 1988, entre tantos outros). Esse modelo de análise foi introduzido no Brasil na década de 1970 pelo professor Anthony Naro, que coordenou a constituição do mais importante projeto de pesquisa sociolinguística do país, na Universidade Federal do Rio de Janeiro, denominado inicialmente Projeto Censo – Projeto Censo de Variação Linguística do Estado do Rio de Janeiro –, e assumindo depois a denominação de Peul – Programa de Estudos sobre o Uso da Língua (Oliveira e Silva e Scherre, 1996; Paiva e Scherre, 1999). O Peul serviu de modelo para a formação de outros grandes projetos coletivos de pesquisa sociolinguística no Brasil, como o Varsul – Variação Linguística Urbana do Sul do País (Vandressen, 2005; Bisol, 2005) –, o Pepp – Projeto de Estudo do Português Popular de Salvador (Lopes e Souza; Souza, 2009) – e o Valpb – Projeto Variação Linguística no Estado da Paraíba (Hora e Pedrosa, 2001). Esses projetos produziram uma significativa quantidade de dados sobre as frequências de uso relacionadas às principais variáveis fônicas e morfossintáticas do português brasileiro, fornecendo a mais importante base de dados atualmente disponível para generalizações acerca de nossa realidade sociolinguística.

Esses projetos constituíram acervos de fala vernácula de indivíduos dos dois sexos distribuídos por três níveis de escolaridade – "primário, ginásio e segundo grau". Com cada informante selecionado, foi gravada uma entrevista com cerca de 60 minutos de duração, na qual o entrevistador buscava coletar "a fala mais natural possível nestas circunstâncias" (Bisol, 2005: 152), ou seja, buscando atenuar os problemas do que Labov (2008 [1972]: 244) chamou *paradoxo do observador*, com o objetivo de alcançar o *vernáculo do falante*.[10] O *corpus* do Peul foi constituído na década de 1980, com 64 indivíduos naturais da cidade do Rio de Janeiro, distribuídos em três faixas etárias: 15 a 25 anos, 26 a 49 anos e 50 anos ou mais. Os *corpora* do Varsul foram constituídos, na década de 1990, com indivíduos naturais de quatro cidades de cada um dos estados da região Sul do Brasil, buscando apreender a diversidade étnica dessa região. Assim, foram constituídas amostras de fala vernácula em Porto Alegre (capital), São Borja (zona de fronteira, com influência hispânica), Panambi (zona de colonização alemã) e Flores da Cunha (zona de colonização italiana), no Rio Grande do Sul; em Florianópolis (capital, contendo um núcleo de origem açoriana), em Blumenau (zona de colonização alemã), Chapecó (zona de colonização italiana) e Lages (com núcleo de descendentes de gaúchos), em Santa Catarina; e Curitiba (capital), Irati (zona de colonização eslava), Pato Branco (núcleo de descentes de gaúchos e catarinenses) e Londrina (município mais importante da região norte do estado), no Paraná. Em cada cidade, os informantes foram distribuídos pelo sexo, pelos três níveis de escolaridade (primário, ginásio e 2º grau) e em duas faixas etárias – 25 a 50 anos e mais de 50 anos. A estratificação de cada amostra por essas três variáveis definiu 12 células, que foram preenchidas com dois informantes em cada uma. Assim, a amostra constituída em cada cidade contou com 24 entrevistas, perfazendo um total de 288 entrevistas no *corpus* geral do Varsul. O *corpus* do Pepp também foi coletado na década de 1990 e é constituído por 48 entrevistas informais com aproximadamente 40 minutos de duração, com falantes naturais de Salvador, na Bahia, distribuídos equitativamente pelos dois sexos, por quatro faixas etárias (de 15 a 24 anos, de 25 e 35 anos, de 45 a 55 anos e de 65 anos em diante) e por dois níveis de escolaridade: primário (de 1 a 4 anos) e médio (com, no máximo, 11 anos de escolarização). Os trabalhos de constituição do *corpus* do Valpb também ocorreram na década de 1990, sendo constituído um acervo de 60 entrevistas com informantes da cidade de João Pessoa, na Paraíba, estratificados de acordo com o sexo, a faixa etária e os anos de escolarização, dentro dos mesmos parâmetros dos projetos anteriores.

Dentro da perspectiva da polarização sociolinguística aqui adotada, o problema da configuração desses *corpora* é que eles reúnem falantes que podem ser classificados como falantes da norma popular urbana (aqueles com um a quatro anos de escolaridade), como falantes de normas intermediárias e até como falantes que se aproximam bastante da norma culta (com dez ou onze anos de escolaridade). Considerando a variável faixa etária, um falante com mais de 60 anos, no início da década de 1980, teria nascido na década de 1920. Se esse falante chegou a cursar o antigo científico, na idade escolar normal (ou seja, entre o final da década de 1930 e início da década de 1940), ele provavelmente exibirá um padrão linguístico muito próximo ao da norma culta, ou mesmo culto. Já um falante coetâneo que só cursou a escola por um ou dois anos, quando adulto, será certamente um falante da norma popular. Assim, um estudo variacionista feito sobre esses *corpora* poderá deparar-se com dados referentes a processos de variação e mudança aparentemente contraditórios, mas que na verdade refletem processos divergentes de mudança em curso na norma culta e na norma popular. Isso pode explicar o que Naro e Scherre (1991: 9) chamaram de "fluxos e contrafluxos na comunidade de fala":

> a comunidade de fala pode estar caminhando em diversas direções, no sentido que alguns grupos de falantes podem estar no processo de aquisição de forma enquanto outros estão, ao mesmo tempo, perdendo a forma. Alguns grupos podem estar ainda estáveis, mostrando padrões típicos de variação estável, de tal forma que para eles não há, portanto, processo de mudança em curso.

Considerando a comunidade de fala como um todo, esses processos poderiam ser isolados, com base na perspectiva aqui apresentada, em função dos valores de certas variáveis sociais independentes, tais como nível de escolaridade, renda familiar, origem do falante (rural/urbano) etc. O problema é que, em *corpora* como os do Peul, Varsul, Pepp e Valpb, esses processos tendem a aparecer misturados, porque esses *corpora* misturam falantes da norma culta, ou semiculta, com falantes de normas urbanas intermediárias e da norma popular urbana.

A origem desse problema está na falta de uma visão de conjunto da realidade sociolinguística brasileira no momento da concepção desses *corpora*. Na época, o raciocínio foi pragmático; como já havia um *corpus* da norma urbana culta, com falantes de nível superior, o *corpus* do Projeto Nurc (Callou, 1999), e um pequeno *corpus* de alunos do Projeto Mobral, do Projeto Competências Básicas do Português (Lemle e Naro, 1977), a decisão do Peul foi a de constituir um *corpus* com falantes que preenchessem os níveis restantes no espectro total da escolaridade.[11] Porém, como o *corpus* do Nurc não foi constituído de acordo com os princípios da sociolinguística laboviana, e o *corpus* das Competências Básicas, com falantes praticamente analfabetos, era muito reduzido e com uma estratificação social muito restrita, a maioria das análises sociolinguísticas no Brasil têm sido feitas nos *corpora* do Peul, Varsul e Valpb, cujos resultados acabam tendo um valor heurístico limitado, em face desse problema da definição do escopo de seu universo de observação. De qualquer forma, nas interpretações feitas, nas seções seguintes, dos resultados das análises sociolinguísticas realizadas no âmbito desses projetos, serão considerados, em geral, esses resultados como representativos das normas linguísticas intermediárias do português brasileiro, em que pese a fragilidade dessa interpretação, em face do que foi exposto aqui.

Compreendemos que a análise da realidade sociolinguística brasileira, desde a perspectiva da polarização aqui sistematizada, deveria proceder dos pontos extremos da escala social. De um lado, no plano da norma culta deveriam ser gravados falantes de nível superior completo que fossem filhos de pais com o mesmo nível de escolaridade (hoje isso é bastante factível); de outro lado, no plano da norma popular, as gravações seriam feitas com falantes com pouca ou nenhuma escolaridade. A partir dos padrões linguísticos depreendidos em cada um desses dois segmentos sociais, a investigação empírica avançaria sobre os segmentos intermediários, estendendo os limites da norma culta ou popular, definindo uma nova norma sociolinguística ou procedendo a uma subdivisão da norma, em função do grau das diferenças encontradas, não apenas na frequência de uso das variantes linguísticas, mas, sobretudo, em função das diferenças na avaliação subjetiva dessas variantes e nas tendências identificadas nos processos de variação e mudança analisados.

O Projeto Vertentes do Português Popular do Estado da Bahia (doravante Projeto Vertentes), que implantamos e coordenamos na Universidade Federal da Bahia, desde 2002, segue essa orientação e tem aberto uma frente importante de pesquisa sobre a norma popular brasileira, com a constituição de acervos de fala vernácula de diferentes variedades do português popular no estado da Bahia.[12] O ponto de partida foi a fala de comunidades rurais isoladas formadas majoritariamente por descendentes diretos de africanos trazidos para o Brasil como escravos, sendo que muitas dessas comunidades têm a sua origem em antigos quilombos. Essa variedade de fala popular seria a mais desviante em relação ao padrão urbano culto, estando no polo extremo da norma popular. Devido ao seu isolamento e às características de sua formação, a fala de tais comunidades deve exibir os reflexos mais notáveis que o contato entre línguas produziu na formação do português popular brasileiro, podendo ser vistas, assim, como "verdadeiros sítios arqueológicos da história sociolinguística do país" (Lucchesi, 2009a: 73).

Em uma pesquisa de campo desenvolvida entre 1992 e 2002, foram coletadas amostras de fala vernácula em quatro comunidades rurais afro-brasileiras de diferentes regiões do interior do estado da Bahia, com pelo menos 12 entrevistas informais, de 40 a 60 minutos de duração, realizadas com membros com pouca ou nenhuma escolaridade de cada uma das quatro comunidades, estratificados por sexo e três faixas etárias (20 a 40 anos, 41 a 60 anos e mais de 60 anos), perfazendo um total de 48 entrevistas. Esse "acervo de fala vernácula do português afro-brasileiro" serviu de base empírica para a elaboração de um conjunto expressivo de análises de 16 aspectos da morfossintaxe da fala dessas comunidades, reunidas em um volume intitulado *O português afro-brasileiro* (Lucchesi, Baxter e Ribeiro, 2009).

Na sequência, foi constituída, entre 2002 e 2004, uma amostra de fala vernácula do português popular de dois municípios situados em diferentes regiões do interior do estado da Bahia: Santo Antônio de Jesus, situado na região do Recôncavo Baiano, e Poções, situado na região do Semiárido. Os municípios de Santo Antônio de Jesus e Poções comportam cidades de pequeno porte do interior, com uma população na faixa de 20 a 100 mil habitantes.[13] Em cada um dos municípios foi coletada uma amostra de fala vernácula com 12 moradores da sede (sua zona urbana) e 12 da zona rural. Esses informantes foram estratificados por sexo e três faixas etárias (25 a 35 anos, 45 a 55 anos e mais de 65 anos).[14] Reunidos ao *corpus* das comunidades rurais afro-brasileiras, essas amostras recobrem as seguintes variedades do *continuum* rural-urbano da norma popular:

- No extremo da norma popular, estaria a fala das comunidades rurais afro-brasileiras, variedade mais afastada do padrão urbano culto, em função das mudanças produzidas pelo contato entre línguas em sua formação, e conservadas pelo seu grande isolamento até um passado recente: o *português afro-brasileiro*.
- Em seguida, viria a fala popular da zona rural de municípios de pequeno porte do interior, uma variedade em que predominam os traços descontínuos fortemente estigmatizados pelos falantes urbanos cultos: o *português popular rural*.
- No degrau seguinte, estaria a fala dos indivíduos rurbanos das pequenas cidades do interior, que já começaria a incorporar mais os modelos linguísticos dos grandes centros urbanos: o *português popular rurbano do interior*.

As análises sociolinguísticas feitas com base nesses *corpora* objetivam, por um lado, reunir novas evidências do efeito do contato entre línguas na formação dessas variedades linguísticas e, por outro lado, descrever o avanço do processo de nivelamento linguístico em curso no Brasil a partir da influência das grandes cidades sobre todas as regiões do país. A análise contrastiva das três variedades visa aferir, em um primeiro vetor, o grau de alterações sofridas em função do contato entre línguas, que se manifesta de forma decrescente no seguinte *continuum*:

português afro-brasileiro > português popular rural > português popular rurbano do interior

Por outro lado, atua o vetor da difusão dos modelos linguísticos urbanos cultos, que avança na seguinte direção:

português popular rurbano do interior > português popular rural > português afro-brasileiro

Os dois vetores convergem para a configuração de um cenário sociolinguístico no qual as comunidades rurais afro-brasileiras apresentam o padrão linguístico mais desviante e os indivíduos rurbanos se aproximam mais dos modelos urbanos cultos, ficando o português popular rural em um estágio intermediário entre os dois.

Na sequência do *continuum* rural-urbano da norma popular brasileira, visualiza-se o português popular da zona rural e da sede das cidades de médio porte do interior do estado. Sob a inspiração do Projeto Vertentes, pesquisadoras da Universidade Estadual de Feira de Santana constituíram uma amostra de fala com o mesmo desenho das recolhidas em Santo Antônio de Jesus e Poções na segunda maior cidade do estado da Bahia. Feira de Santana se situa a cerca de 100 quilômetros da capital, Salvador, e tem uma população de 556.642 habitantes, segundo o Censo de 2010 do IBGE. A amostra conta com 36 entrevistas informais com falantes de 0 a 4 anos de escolaridade, sendo 24 da cidade e 12 da zona rural. Entre os moradores da sede do município, 12 são filhos de migrantes da zona rural e/ou de municípios de menor porte e 12 são filhos de pais nascidos na cidade de Feira de Santana. Esses últimos podem vir a configurar um português popular urbano do interior, acrescendo um novo degrau na escala que se vem formando aqui no *continuum* rural-urbano da norma popular. Para completar esse *continuum*, faltam as variedades do português popular da capital e grande metrópole do estado, a cidade de Salvador, que tem, segundo os dados do Censo de 2010 do IBGE, 2.675.656 habitantes.

Entre os anos de 2008 e 2010, foi feita uma grande pesquisa de campo, no âmbito do Projeto Vertentes, para constituir o "acervo de fala vernácula do português popular da cidade de Salvador (BA)". Foram gravadas entrevistas de tipo sociolinguístico com moradores com 0 a 4 anos de escolaridade, em quatro bairros populares de Salvador e um município de sua região metropolitana, Lauro de Freitas. Dos bairros populares de Salvador, três eram mais centrais e de ocupação mais antiga, Liberdade, Plataforma e Itapoã, e um mais periférico e de ocupação mais recente, Cajazeiras. Em cada uma das localidades foram gravadas 18 entrevistas, de 40 a 60 minutos de duração, com indivíduos estratificados pelo sexo e três faixas etárias (25 a 35 anos, 45 a 55 anos e mais de 65 anos), perfazendo um total de 90 entrevistas. Nos bairros tradicionais, todos os informantes deveriam ter nascido no bairro; no bairro de Cajazeira e no município de Lauro de Freitas, metade dos entrevistados foi constituída por migrantes do interior. O trabalho de transcrição das entrevistas e sua revisão já foram concluídos, e as análises variacionistas de aspectos da morfossintaxe dessas amostras de fala estão se iniciando. Tais análises se debruçam sobre o que pode vir a se configurar como duas subdivisões da norma popular brasileira: o *português popular rural* e o *português popular urbano* das grandes cidades brasileiras. Dessa forma, o *continuum* de variedades potenciais da norma popular brasileira no eixo rural-urbano pode ser esquematizado da seguinte maneira:

português afro-brasileiro
português popular rural
português popular rurbano do interior
português popular urbano do interior
português popular rurbano das grandes cidades
português popular urbano das grandes cidades

De cima para baixo, nessa escala, atuaria o vetor das alterações produzidas no passado em função do contato entre línguas. Assim, à medida que se passa dos níveis mais escuros para os níveis mais claros da escala, os reflexos dos processos de variação e mudança induzidos pelo contato tendem a se tornar menos nítidos. Contribui para isso a influência de cima para baixo, proveniente da difusão dos modelos cultos que atua na direção dos níveis mais claros para os mais escuros, determinando o vetor do nivelamento linguístico. Nessa assimilação das variantes da norma culta pelos falantes da norma popular atuam fatores sociais, tais como a urbanização, a escolarização, a rede de relações sociais e a exposição à mídia.[15] Para além do português popular urbano das grandes cidades, estariam as variedades intermediárias do português brasileiro, para as quais se dispõe até o momento de análises do Peul, do Varsul, do Pepp e do Valpb, em que pesem as limitações anteriormente referidas. Essas variedades sofrem uma dupla pressão, por um lado as pressões de baixo para cima, em grande parte determinadas pelo contato dialetal com as variedades populares; por outro lado, estaria a influência da norma culta, que seria progressivamente maior, em função de uma maior escolarização e de um maior acesso aos bens culturais socialmente valorizados. De qualquer forma, os cenários dos processos de variação e mudança nesses segmentos podem não ser muito nítidos (Naro e Scherre, 1991). E no outro extremo do *continuum*, estaria a norma urbana culta, variedade que foi objeto do primeiro grande projeto coletivo de investigação da Linguística no Brasil.

O Projeto de Estudo da Norma Linguística Urbana Culta, o Projeto Nurc, tem impulsionado os estudos descritivos da norma culta brasileira desde meados da década de 1970, e constitui um marco na história da pesquisa linguística no país. Uma das motivações do Projeto Nurc foi exatamente a descrição de uma variedade linguística que exercia grande influência sobre todo o país. Ao lado disso, estava a intenção de reformular a norma de referência linguística, com vistas a desenvolver um ensino de Língua Portuguesa mais ajustado à realidade linguística do país (Callou, 1999, entre outros). E, com efeito, as descrições da norma culta brasileira em sua modalidade oral, feitas a partir dos acervos do Nurc, reúnem uma massa impressionante de informações que devem ser mobilizadas em uma discussão pública sobre a normatização linguística no Brasil.[16]

Os acervos de fala do Nurc foram constituídos na década de 1970, em cinco capitais brasileiras (Porto Alegre, São Paulo, Rio de Janeiro, Salvador e Recife), e perfazem um total aproximado de 1.500 horas de gravação (com cerca de 300 horas para cada capital) de entrevistas com falantes naturais das cinco capitais, com nível superior completo, distribuídos pelos dois sexos e por três faixas etárias: 25 a 35 anos, 36 a 55 anos e mais de 55 anos. As entrevistas também se distinguem por seu nível de formalidade: diálogos informais (diálogos entre dois informantes – D2), entrevistas (diálogo entre informante e documentador – DID) e aulas e conferências (elocução formal – EF).

Embora possa ser considerado o primeiro grande projeto de pesquisa sociolinguística desenvolvido no Brasil, o Nurc não segue a metodologia laboviana. Assim, as suas entrevistas não adotam os procedimentos sugeridos por Labov (2008 [1972]) para superar o paradoxo do observador e obter uma amostra do vernáculo do falante. As entrevistas ainda seguiam a metodologia da dialetologia tradicional e tinham por tema determinada área lexical (como alimentação, viagem, vestuário etc.). Com isso, o nível de formalidade das entrevistas não foi controlado e é variável, comprometendo a observação dos dados no que concerne à variação estilística. A propósito, deve-se destacar que a escassez de materiais para a observação controlada da variação estilística é uma das principais deficiências da pesquisa sociolinguística no Brasil.

A base empírica da análise da avaliação subjetiva da variação linguística é fornecida pela observação controlada da variação estilística, bem como de inquirições diretas aos falantes sobre seus juízos acerca das formas linguísticas em variação na língua (Labov, 2008 [1972]). Se a observação do vernáculo é a base para a análise da variação linguística, a observação do desempenho linguístico dos falantes em situações de fala mais monitoradas é fundamental para fazer predições sobre as tendências dos processos de variação e mudança observados. O vernáculo é o material básico para a análise variacionista porque a observação controlada da fala espontânea de falantes dos mais diversos segmentos sociais é o melhor caminho para se apreender todo o espectro de variação dentro de uma comunidade de fala. À medida que passam a monitorar a sua produção verbal, os falantes convergem para as formas de maior prestígio que formam a norma padrão em detrimento das formas mais características do seu grupo social. Assim, a produção verbal mais monitorada tende à homogeneização, enquanto a fala espontânea é mais heterogênea.

Porém, a análise desse movimento que o falante faz quando presta mais atenção à sua produção verbal é fundamental para aferir o valor das variantes linguísticas no que Bourdieu (1996) chamou de *mercado das trocas simbólicas*. A avaliação social positiva de uma variante contribui em muito para sua implementação no sistema linguístico, em detrimento de outra variante que perde valor na avaliação subjetiva dos falantes. Por outro lado, o enfraquecimento de uma avaliação negativa favorece a difusão de uma variante pela comunidade de fala. Assim, a noção de *prestígio* é central no enfrentamento da *questão da avaliação*, na análise que busca equacionar os processos de variação e mudança nos termos da dicotomia *variação estável* e *mudança em progresso* (Weinreich, Labov e Herzog, 2006 [1968]; Labov, 2008 [1972], 1982, 1994). A base empírica para o enfrentamento dessa questão é fornecida pela observação controlada do desempenho verbal do falante em graus diferenciados de monitoramento. A frequência de uso das variantes de uma dada variável linguística em uma entrevista informal deve ser comparada com a frequência observada em situações de maior formalidade e de maior monitoramento. No caso das variáveis fonológicas, além da entrevista informal e da entrevista formal, pode ser gravada também a leitura de textos e até de pares mínimos, alcançando-se, assim, quatro níveis distintos de monitoramento da fala (Labov, 2008 [1972], entre outros). Já no caso de variáveis morfossintáticas, a leitura não cabe. Porém, pode-se pensar em acrescentar, nesse caso, às entrevistas informal e formal uma exposição oral planejada com base em um roteiro escrito para se chegar a três graus distintos de formalidade.

Além disso, o investigador pode eliciar dados por meio da interpelação direta do informante sobre como ele avalia as variantes que compõem determinada variável linguística. Além desses testes de avaliação, devem-se incluir também os testes de percepção, por meio dos quais se verifica se o falante é capaz de reconhecer ou decodificar determinada variante. Tal procedimento é muito pertinente na pesquisa da realidade linguística brasileira, em face do acesso restrito dos falantes dos segmentos sociais mais baixos ao padrão normativo, já referido anteriormente. Assim, caberiam testes de percepção para aferir, por exemplo, o (des)conhecimento dos falantes da norma popular e mesmo das normas intermediárias das relativas padrão, nomeadamente com o relativo "cujo".

Contudo, praticamente não se dispõe desse tipo de dado na pesquisa socio-linguística feita no Brasil. A maioria das análises se baseia apenas nas frequências encontradas no vernáculo, já que os acervos de fala dos principais projetos cole-tivos de pesquisa sociolinguística são compostos apenas de materiais coletados em entrevistas informais. E o acervo do Nurc, embora abarque diferentes graus de formalidade (D2/DID/EF), apresenta os problemas já referidos. Assim, as análises sociolinguísticas que integram a observação de registros de fala com graus de formalidade diferenciados, bem como dados provenientes de testes de avaliação e percepção, são fruto de iniciativas individuais e minoritárias. Portanto, urge que os programas de pesquisa sociolinguística no Brasil venham a constituir *corpora* adequados à observação controlada da variação estilística, o que não é tarefa fácil.

A recolha de diferentes registros de formalidade, bem como a realização de testes de avaliação e percepção, é particularmente difícil no caso dos falantes rurais ou da periferia das grandes cidades. À dificuldade objetiva decorrente das precárias condições de vida desses indivíduos se soma a dificuldade subjetiva determinada pela sua limitada consciência metalinguística, que nada mais é do que o reflexo das péssimas condições materiais da sua existência e do seu limita-do acesso aos bens culturais e à cultura letrada. No caso dos testes de avaliação, ou mesmo de percepção, a situação é ainda mais crítica, já que esses testes, em geral, se baseiam na leitura de enunciados, o que veda a sua aplicação no caso de informantes total ou funcionalmente analfabetos. Mesmo na possibilidade de fazer tais testes oralmente, o inquiridor esbarrará na incapacidade do informante de compreender a situação em si, em face das limitações do seu universo cultural. Não imaginamos, por exemplo, como se poderia aplicar um teste desse tipo com um falante idoso e analfabeto de uma comunidade rural isolada do interior do país.

Essas limitações impediram que o Projeto Vertentes conseguisse recolher outros registros da produção verbal dos seus informantes, para além do ver-náculo. Mesmo no caso dos falantes dos bairros populares de Salvador, isso não foi possível, devido às péssimas condições de vida dessas populações e ao fenômeno da violência urbana que se alastra no universo em que reside a população pobre e marginalizada das grandes cidades, presa fácil do tráfico de drogas e do crime organizado, que viceja em face da incapacidade, da inoperân-cia e da corrupção do Estado. Assim, já pode ser considerado um grande feito a constituição de um acervo com quase cem entrevistas que o projeto realizou em Salvador, graças, sobretudo, à determinação dos seus assistentes de pesquisa, em sua maioria estudantes de graduação e pós-graduação, que chegaram até a se expor a situações de risco, ao entrar inadvertidamente em zonas controladas pelo tráfico de drogas.[17] Portanto, a constituição de uma base empírica para a análise da avaliação subjetiva da variação linguística entre falantes da norma popular no Brasil esbarra nessas limitações objetivas.

Porém, à medida que o foco da pesquisa de campo se dirige para os segmentos intermediários e das classes mais favorecidas, as condições vão se tornando mais favoráveis à recolha de diferentes registros de formalidade e até mesmo à realização de testes de avaliação e percepção. O que se faz necessário, particularmente no que concerne aos testes, é um bom planejamento. Geralmente, o que acontece é que a pesquisa é feita em etapas; primeiro se constituem as amostras de fala, depois vêm a fase da transcrição das entrevistas e sua revisão. A etapa das análises só se inicia depois de concluído todo esse processo, o que a distancia do momento da recolha. É natural que os testes sejam elaborados no momento da análise, quando já se tornou pouco factível um retorno aos informantes para sua aplicação. Assim, o planejamento de uma pesquisa sociolinguística de campo já deve incluir a aplicação de testes de avaliação e de percepção, pelo menos para as variáveis mais significativas, no contexto da realidade sociolinguística do país. Isso já é bem possível, em função do acúmulo produzido pela grande quantidade de análises já realizadas.

Além disso, a análise da variação estilística deve abranger também a produção escrita, pois há muito tempo que se superou a visão de que a pesquisa (socio) linguística deviria ficar circunscrita à língua falada. Nesse sentido, a internet se apresenta com um manancial de registros de formalidade. Esse canal tem, inclusive, diluído as fronteiras entre a expressão oral e a expressão escrita, colocando à disposição dos sociolinguistas uma ampla gama de registros diferenciados quanto ao grau de formalidade. Portanto, coloca-se na ordem do dia o investimento da pesquisa sociolinguística na coleta de materiais relativos à variação estilística e à avaliação subjetiva dos falantes que possibilitem a realização de análises empiricamente fundamentadas da dimensão ideológica dos processos de variação e mudança em curso no português brasileiro, questão central no enfrentamento sociolinguístico do problema da avaliação (Weinreich, Labov e Herzog, 2006 [1968]). Esse investimento deve ser feito tanto na gravação de dados da modalidade oral junto a informantes previamente selecionados quanto em recolhas sistemáticas de material veiculado na internet para dados da modalidade escrita da língua.

O terceiro aspecto a ser enfrentado empiricamente pela pesquisa sociolinguística que foi enunciado no início desta seção diz respeito à identificação das tendências latentes nos processos de variação e mudança observados sincronicamente, no que tem sido denominado *análise em tempo aparente*. Um dos postulados centrais da teoria da variação linguística é que é possível estudar a mudança linguística em curso numa comunidade de fala através da análise sincrônica dos padrões de variação observáveis nessa comunidade em determinado momento (Weinreich, Herzog e Labov, 2006 [1968]; Labov, 2008 [1972], 1982). Nesse sentido, devem-se distinguir os processos em que a variação está estabilizada daqueles processos de mudança em progresso, nos quais uma variante tende a se generalizar na comunidade em detrimento das demais. O dado empírico básico para esse diagnóstico provém das diferenças no comportamento linguístico dos falantes de diferentes gerações. O cenário de uma curva ascendente, em que os falantes mais jovens empregam mais uma variante do que os falantes mais velhos, aponta para uma mudança em favor dessa variante. Já uma curva descendente pode implicar a perda de uma variante na gramática da comunidade de fala (Labov, 1981; Lucchesi, 2001b; Naro, 2003, entre outros).

Conquanto os resultados da variável faixa etária devam ser articulados com os resultados das outras variáveis sociais para um diagnóstico mais preciso e, paradoxalmente, só logrem uma maior confiabilidade quando ratificados por dados obtidos em estudos de *tempo real de curta duração* (Labov, 1994), eles ainda se colocam como condição necessária (mas não suficiente) para o diagnóstico do processo de mudança em progresso, na medida em que tal diagnóstico já pode ser descartado quando o sociolinguista se depara com uma distribuição irregular, ou indistinta, das frequências de uso de uma variável linguística entre as diferentes gerações, ou ainda quando a faixa etária intermediária exibe as maiores frequências de uso da variante padrão tanto em relação aos mais jovens quanto aos mais velhos.[18]

A *hipótese clássica* do estudo da mudança linguística em tempo aparente prevê que o falante estabiliza o seu comportamento linguístico ao final da adolescência, permanecendo estável ao longo de sua vida adulta (Naro, 2003, entre outros). Contudo, essa hipótese é contrariada pelo próprio Labov (1994), que admite a possibilidade do falante alterar o seu comportamento linguístico ao longo de sua vida adulta; nesse caso, inclusive, a comunidade tende a ficar estável. A estabilidade da comunidade de fala está associada à ideia de um movimento cíclico, no qual o indivíduo tende a assumir um comportamento mais conservador à medida que vai envelhecendo, passando a incorporar, no seu desempenho linguístico, as variantes mais conservadoras da norma padrão. Dessa forma, um cenário em que os mais velhos usam mais a variante conservadora da norma padrão do que os mais jovens não reflete necessariamente um processo diacrônico de mudança em progresso, pois os falantes mais jovens podem convergir para a norma padrão quando envelhecerem, em um ciclo que tende a se repetir pelas gerações seguintes. Portanto, a *gradação geracional* não reflete, nesse caso, um processo de mudança em progresso, mas uma situação de variação estável (Labov, 1994). Para a mudança se implementar, é preciso que os falantes mais jovens mantenham o seu comportamento linguístico estabilizado, não incorporando progressivamente o uso da variante conservadora ao longo da sua vida, o que depende, entre outros fatores, da perda de prestígio dessa variante no plano social da avaliação linguística. Nesse caso, pode-se imaginar que a geração seguinte empregaria a variante conservadora numa frequência ainda menor, e assim sucessivamente, até o desaparecimento da variante conservadora, o que se consolida na geração de falantes para os quais o seu emprego se torna agramatical.

A possibilidade das diferenças geracionais refletirem tanto um processo de mudança em curso quanto uma situação de variação estável revela uma das limitações da análise em tempo aparente; tanto que Labov (1994) aponta para a necessidade dos resultados dessa abordagem serem ratificados por estudos de tempo real de curta duração. Nesse caso, é necessário que, no intervalo de tempo de pelo menos meia geração (12 anos) até o máximo de duas gerações (50 anos) (Labov, 1981), novas amostras de fala sejam coletadas, com os mesmos falantes (*amostra painel*) e com falantes diferentes com as mesmas características sociais (*amostra tendência*) (Labov, 1994). Assim, é possível obter um dado objetivo sobre a evolução do comportamento dos falantes, ao longo da sua vida, em relação a cada variável linguística em foco.

No Brasil, foram constituídas amostras de fala estratificadas pela variável idade desde a década 1970, pelo Projeto Nurc. Assim, desde o final da década de 1990, projetos de pesquisa sociolinguística têm sido implementados com o objetivo de constituir novas amostras de fala que permitam o estudo em tempo real de curta duração. Dentre essas iniciativas, destaca-se a da equipe do Projeto Peul, que constituiu, entre os anos de 1999 e 2000, uma nova amostra de fala para ser comparada com a primeira amostra, constituída entre 1980 e 1984. Um primeiro conjunto de análises desse novo empreendimento já veio a público, na forma de um livro intitulado *Mudança linguística em tempo real* (Paiva e Duarte, 2003). Contudo, os resultados alcançados não foram, no geral, muito conclusivos. Isso parece estar relacionado ao curto espaço de tempo que separa uma amostra da outra, como se pode ver na conclusão de Nelize Omena, em relação à implementação da expressão nominal "a gente" em detrimento da forma canônica do pronome "nós", e de Eugênia Duarte, em relação à perda do sujeito nulo:

> Considerando que a implementação da variável de referência à primeira pessoa começou no século XVIII, o período de tempo decorrido entre as duas investigações, mais ou menos vinte anos, é irrisório, o que dificulta a compreensão do processo. (Omena, 2003: 79)

Embora estudos diacrônicos apontem uma trajetória de mudança no português do Brasil em direção ao sujeito pronominal preenchido, os resultados dos dois estudos – Painel e Tendência – mostram uma certa estabilidade no comportamento do indivíduo e da comunidade, no que se refere a esse processo nos últimos 19 anos. O curto espaço de tempo que separa a gravação das amostras analisadas é certamente responsável por tal estabilidade. (Duarte, 2003: 127)

Acreditamos que há um problema teórico de fundo relacionado à questão "Que intervalo de tempo é necessário para se observar o progresso de uma mudança linguística?". Como se argumentou no capítulo "A polarização sociolinguística do Brasil: fundamentos teóricos", esse problema decorre da ausência de uma teoria da estrutura (isto é, da competência linguística) no modelo da sociolinguística. O problema no limite de tempo estabelecido por Labov (1981) para a observação dos efeitos da mudança – entre meia e duas gerações – não é ser curto demais. O problema reside no caráter geral dessa previsão. Acreditamos que deve haver aspectos da estrutura linguística em que as mudanças se processem mais rapidamente; enquanto, em áreas nucleares da gramática, a mudança é mais lenta. Além disso, em uma perspectiva sócio-histórica, a situação política e econômica certamente atua sobre o ritmo de implementação da mudança, que se acelera em momentos de crise, ou de colapso das instituições, e se torna mais lento nos períodos de maior estabilidade e coesão social.

Por outro lado, o problema do curto espaço de tempo entre a constituição de uma amostra e outra se associa, no caso do Peul, aos problemas na estratificação social da amostra já referidos anteriormente e se agrava com as ainda mais reduzidas dimensões da segunda amostra (de 1999 a 2000). Se a amostra de 1980 a 1984 continha 64 informantes, só foi possível recontactar 16 informantes para constituir a amostra painel; enquanto a amostra tendência, com falantes diferentes com as mesmas características sociais, foi constituída com a metade do número de informantes da *Amostra Censo*. Com efeito, por mais homogêneo que seja o fenômeno linguístico, uma amostra com apenas 32 informantes é muito exígua para representar uma comunidade de fala com mais de cinco milhões de membros.[19]

Portanto, pode-se concluir este balanço afirmando que, apesar do esforço ingente de mais de uma geração de sociolinguistas dedicados e efetivamente comprometidos com a pesquisa de campo, os dados empíricos para fundamentar uma visão de conjunto da realidade sociolinguística do Brasil ainda apresentam lacunas consideráveis, o que pode ser atribuído, em grande parte, às limitações de recursos que são recorrentes em um ramo secundário (a Sociolinguística) de uma área lateral da pesquisa científica no país (a Linguística). Porém, a visão da polarização sociolinguística que é aqui sistematizada só foi possível graças à qualidade do trabalho realizado até então e ao esforço dos colegas em superar as grandes dificuldades que a pesquisa empírica na área da sociolinguística ainda enfrenta. Não obstante o fortalecimento das políticas de fomento à pesquisa científica no país nos últimos anos, a grande dificuldade decorre da necessidade de mobilizar uma grande massa de dados para mensurar a relação entre a estrutura linguística e a estrutura social.

Por outro lado, acreditamos que, para além de orientar de forma mais profícua a pesquisa empírica a ser desenvolvida pela Sociolinguística no Brasil, a visão de conjunto da polarização pode ampliar o poder explicativo dos dados já reunidos em análises anteriores. E, com esse espírito, serão apresentadas novas interpretações para os resultados de análises variacionistas de aspectos relevantes da morfossintaxe do português brasileiro realizadas nas últimas décadas. Inicialmente, serão abordados os processos de variação e mudança que afastam hoje a norma culta da norma padrão no Brasil.

Processos de variação e mudança que separam a norma culta da norma padrão

Em um balanço das pesquisas feitas no âmbito do Projeto Nurc de São Paulo, Preti (1997: 26) afirma que:

> Em síntese, o que o *corpus* do Projeto Nurc/SP tem-nos mostrado (e isso já na década de 1970) é que os falantes cultos, por influência das transformações sociais contemporâneas a que aludimos antes (fundamentalmente o processo de democratização da cultura urbana), o uso linguístico comum (principalmente a ação da norma empregada pela mídia), além de problemas tipicamente interacionais, utilizam praticamente o mesmo discurso dos falantes urbanos comuns, de escolaridade média, até em gravações conscientes e, portanto, de menor espontaneidade.

Faraco (2008: 48) ratifica essa conclusão, identificando o movimento da norma culta brasileira em direção ao que ele denomina *linguagem urbana comum* e afastando-se da norma padrão, ou seja, "[d]as prescrições da tradição gramatical mais conservadora". Com base nessa visão, seria interessante analisar resultados de estudos variacionistas sobre aspectos da morfossintaxe em que a norma culta se afasta da norma padrão e, dentro da perspectiva proposta neste livro, buscar identificar, quando possível, a força da ação normatizadora na percepção subjetiva dos falantes, bem como as tendências latentes no processo de variação. Assim, serão analisados nas subseções seguintes os resultados de dois estudos variacionistas que exibem um processo de variação e mudança que se implementa na norma culta contrariamente ao que está previsto nas prescrições gramaticais:

(i)   a variação na forma do objeto direto anafórico de 3ª pessoa;

(ii) a variação nas estratégias de construção das orações relativas.

Para além dessa característica geral, a escolha desses dois tópicos foi motivada também por uma razão pragmática. Os dois são objeto das poucas análises sociolinguísticas feitas no Brasil que apresentam dados provenientes da observação empírica controlada da variação estilística e de testes de avaliação subjetiva das variantes linguísticas. E, como se disse anteriormente, essas análises constituem exceções, diante da escassez de dados dessa natureza na pesquisa sociolinguística no país.

O objeto direto anafórico da 3ª pessoa

O emprego do pronome do caso reto da 3ª pessoa na função de objeto direto – exemplificado em (1), a seguir – deve ser visto como um exemplo de perda da propriedade de flexão de caso dos pronomes pessoais que ocorre no português brasileiro.

(1)   "Eu procurei a Maria na faculdade, mas não encontrei **ela**."

(NP:[20] "Eu procurei a Maria na faculdade, mas não **a** encontrei.")

Em um estudo clássico, Mattoso Câmara Jr. (1972: 47-53) viu o uso do "ele" (também denominado *pronome lexical*) como *acusativo*, ou seja, na função de objeto direto, como o resultado de alterações no nível fônico da língua que opõem o português brasileiro ao português europeu. Dessa forma, a inovação brasileira decorre de um "fato fonético que consiste em dois fatos fonéticos entrelaçados": a tendência à próclise sistemática no Brasil associada à intensificação da primeira consoante do vocábulo fonético. A fragilidade do *clítico acusativo* da 3ª pessoa ("o", "a", "os", "as") decorreria exatamente do fato de ser constituído apenas por uma vogal, ao contrário dos demais pronomes objeto que apresentam o padrão silábico cv ("me", "te", "se", "lhe" e "nos") e que por isso se mantêm com grande vitalidade no Brasil, normalmente proclíticos à forma verbal. Portanto, a fragilidade fônica estaria na origem do processo de perda do clítico acusativo na gramática dos brasileiros, em um esquema teórico, segundo o qual mudanças fônicas determinadas por fatores mecânicos produzem alterações na estrutura da gramática. Tal esquema parece ainda guardar muita vitalidade.

Entretanto, em função da perda do clítico acusativo, outra mudança se implementou no sistema, com a difusão da *categoria vazia*, ou do chamado *objeto nulo*, em contextos em que não são admitidos por outras línguas românicas. Os gerativistas têm buscado identificar os condicionamentos estruturais dessa mudança, investigando o estatuto estrutural da categoria vazia, que oscila entre um *pronome nulo* e uma variável deixada pelo movimento de uma categoria (Galves, 1989; Kato, 1993b; Bianchi e Figueiredo, 1992; Cyrino, 2004; entre outros). Indo além, Galves (1993) defende que a implementação dos objetos nulos no Brasil seria consequência de um enfraquecimento da morfologia flexional de número e pessoa do verbo. Mas, independentemente de tais determinações estruturais, a origem da difusão da categoria vazia nos parece estar associada ao fato do pronome lexical não poder substituir o clítico acusativo em todos os contextos, em função de ser fortemente marcado pelo traço semântico [+animado]. Isso é particularmente sensível no caso em que o pronome tem um valor proposicional – exemplificado em (2) –, quando o uso do pronome lexical é agramatical.

(2) "Ela quer se separar do marido, mas não consegue dizê-**lo**."
     * "Ela quer se separar do marido, mas não consegue dizer **ele**."[21]

Assim, a categoria vazia tem-se disseminado no português brasileiro, sendo hoje a forma mais frequente do pronome anafórico de 3ª pessoa. De qualquer forma, a variável exibe uma distribuição fortemente condicionada em termos estruturais. A categoria vazia predomina com os referentes com o traço [-animado], sobretudo com valor proposicional, enquanto o pronome lexical e o clítico acusativo predominam com o referente [+animado], particularmente nos casos em que o objeto direto desempenha também o papel de sujeito de uma predicação encaixada na estrutura argumental do verbo da oração principal, como exemplificado a seguir.

(3) "O depoimento daquela testemunha incriminou o acusado porque ela **o viu/viu** [**ele** deixar a cena do crime]."

A análise variacionista de Eugênia Lamoglia Duarte (1986) identificou esses condicionamentos estruturais e ainda observou que o uso do clítico é mais frequente junto às formas verbais do infinitivo. Esse fato confirma a origem fônica do fenômeno apontada por Câmara Jr., pois o clítico quase sempre vem enclítico ao verbo, assumindo uma forma com o padrão silábico cv(c) (*e.g.*, "vou encontrá-**las**, posso fazê-**lo**").
A base empírica da análise de Duarte é constituída por uma amostra linguística que reúne:

(i)   50 entrevistas informais com indivíduos naturais ou residentes na cidade de São Paulo desde os 5 anos, distribuídos em quatro faixas etárias (15 a 17 anos, 22 a 33 anos, 34 a 45 anos e mais de 46 anos) e três níveis de escolaridade (1º grau, 2º grau e superior);
(ii) 4 horas de gravação de episódios de novelas e entrevistas televisivas;
(iii) 38 textos escritos por alunos do 2º grau em situação de sala de aula.

Considerando como valores de sua variável dependente o clítico acusativo, o pronome lexical, a categoria vazia (objeto nulo) e outras estratégias (basicamente, o demonstrativo "isso" e a retomada do sn), a análise observou um uso muito reduzido do clítico acusativo, na ordem de apenas 5% do total das ocorrências, sendo que o pronome lexical é empregado com uma frequência três vezes maior, e o objeto nulo predomina com mais 60% do total de ocorrências. Considerando apenas as variantes gramaticais, o clítico fica com 6%, o pronome lexical com 19% e o objeto nulo com 75% do total de ocorrências.

Como já foi dito, a distribuição entre a categoria vazia, por um lado, e o clítico e o pronome lexical, por outro, é determinada, em grande medida, por condicionamentos estruturais. Já a escolha entre o pronome lexical e o clítico é mais determinada por fatores sociais. O clítico acusativo é a variante padrão, de prestígio, enquanto o uso do pronome lexical é condenado pela tradição gramatical. O fato do clítico acusativo não ser usado pelos jovens de 15 a 17 anos da amostra analisada aponta no sentido de que essa variante não faz mais parte da gramática natural dos brasileiros, sendo adquirida através da escolarização e empregada em situações de maior formalidade, sobretudo quando o falante entra no mercado de trabalho. Na linguagem infantil, bem como na linguagem espontânea, a substituição do clítico pelo pronome lexical seria praticamente completa. O condicionamento social dessa variação se reflete nos resultados da variável escolaridade, pois o uso do clítico aumenta com o aumento do nível de escolaridade do falante, enquanto o uso do pronome lexical decresce (Duarte, 1986: 35):

Tabela 18 – Uso do clítico acusativo da 3ª pessoa, segundo o nível de escolaridade

Nível de escolaridade	Frequência de uso (%)	
	Clítico acusativo	**Pronome lexical**
1º grau	2,6%	24,6%
2º grau	4,2%	25,1%
3º grau	7,8%	12,1%

Dentro da proposta da estratificação sociolinguística da sociedade brasileira aqui adotada, os problemas identificados na composição da amostra do Peul se reproduzem na amostra utilizada por Duarte, que também mistura falantes da norma culta com falantes da norma popular. Pode-se observar isso em alguns detalhes dos seus resultados, tais como: o clítico está ausente na fala dos informantes com mais de 46 anos que têm apenas o 1º grau, já que o perfil desses falantes seria mais próximo ao da norma popular; já os falantes da mesma faixa etária que têm o 2º grau completo e que, portanto, têm um perfil mais próximo ao da norma culta,[22] exibem a mesma frequência de uso do clítico que os falantes da mesma faixa etária com nível superior (Duarte, 1986: 36-7).

Contudo, esse viés não compromete o resultado geral, que revela a ação da escola na difusão da variante padrão (o clítico acusativo) e o seu poder coercitivo sobre a variante condenada pela tradição gramatical (o pronome lexical). Entretanto, deve-se observar também que a escolarização não conseguiu impedir que o uso do pronome lexical prevalecesse sobre o uso do clítico, mesmo entre os falantes com nível superior de escolaridade. A questão que se coloca, então, é definir a força da variante padrão no sistema de avaliação social, ou seja, se ela tem a força de um marcador sociolinguístico ou é apenas um indicador. Nesse caso os dados empíricos sobre a variação estilística são decisivos. A pesquisa de Duarte reúne dados sobre essa variação, cotejando a fala informal com a fala das telenovelas e com a fala na situação mais formal de uma entrevista televisiva (Duarte, 1986: 44):

Tabela 19 – Uso do clítico acusativo da 3ª pessoa, segundo o tipo de programa televisivo

Tipo de registro	Frequência de uso (%)	
	Clítico acusativo	Pronome lexical
Fala natural	4,0%	17,8%
Novela (TV)	5,6%	11,7%
Entrevista (TV)	11,4%	1,1%

O gradiente da variação estilística revela que o uso do clítico aumenta e o do pronome lexical diminui nas situações de maior formalidade; apesar disso, o clítico não constituiria um marcador, no sentido, por exemplo, que Labov atribui ao termo em seu estudo do -r retroflexo em Nova York, em que o prestígio atribuído à variante leva a comunidade, liderada pelos segmentos sociais intermediários, a mudar em sua direção. Nem tem a condenação gramatical força suficiente para fazer do pronome lexical um estereótipo, de modo a barrar a sua inserção no sistema gramatical da comunidade de fala. E a força da avaliação social é decisiva, como já foi dito, na definição da tendência do processo de variação e mudança.

O emprego do clítico acusativo e do pronome lexical em função da variável faixa etária, na análise de Duarte (1986: 36), exibe as seguintes frequências:

Tabela 20 – Uso do clítico acusativo e do pronome lexical, segundo a idade do falante

Faixa Etária	Frequência de uso (%)	
	Clítico acusativo	Pronome lexical
15 a 17 anos	–	26,3%
22 a 33 anos	5,8%	24,0%
34 a 46 anos	3,4%	18,6%
Mais de 46 anos	7,0%	18,4%

Na interpretação feita aqui, esses resultados não apontam para uma mudança em progresso, nem da substituição do clítico pelo pronome lexical, nem o contrário, mesmo estando o clítico ausente na fala dos mais jovens, que são aqueles que também mais usam o pronome lexical. Em primeiro lugar, deve-se descartar a hipótese de que a força atribuída ao clítico pela tradição gramatical possa impulsionar um processo de mudança em favor dessa variante, como nos casos prototípicos de marcador sociolinguístico. Os resultados dessa variante, segundo a faixa etária, revelam um padrão curvilíneo invertido em relação ao padrão clássico de variação estável da Sociolinguística ortodoxa, já que os falantes que estão mais inseridos no mercado de trabalho (entre 34 e 46 anos) são os que exibem a menor frequência de uso da variante padrão. Na realidade, a pequena diferença nos percentuais referenda a interpretação de uma distribuição indistinta, que também aponta para um quadro de variação estável.

Já na distribuição do pronome lexical, observa-se que os mais jovens empregam mais essa variante (não se observando diferença significativa entre as faixas de 15 a 17 e 22 a 33), em oposição às gerações mais velhas, que a usam menos (nesse caso também não há diferença entre os falantes de 34 a 46 anos e aqueles com mais de 46 anos). Mesmo assim, em vez do diagnóstico da mudança em progresso, considera-se aqui mais factível um cenário de gradação geracional, em que o indivíduo vai assumindo progressivamente um comportamento mais conservador ao longo da vida, evitando mais o emprego da variante desviante do padrão; um padrão que tenderia a se repetir nas gerações seguintes.[23] Apesar da força da prescrição gramatical não ser suficiente para impedir o uso geral da variante não padrão na fala dos diversos segmentos sociais,[24] ainda é suficiente para conservar o uso do clítico em alguns contextos, principalmente na modalidade escrita da língua.

A predominância do clítico na escrita, por sua vez, acaba se refletindo no seu desempenho oral, sobretudo nas situações de maior formalidade. Esse cenário levanta a questão sobre a adequação da classificação existente das variantes linguísticas segundo a reação subjetiva dos falantes, pois os resultados aqui observados apontam para a existência de dois tipos de marcadores, ou seja, de variáveis que exibem um comportamento de variação estilística. No caso clássico (do *-r* pós-vocálico em Nova York, por exemplo), a força da variante de prestígio é tanta que impulsiona a mudança em sua direção. No caso aqui em tela, há uma variação estilística em direção ao clítico acusativo, mas isso não é suficiente para impulsionar um processo de mudança, fazendo retroceder o uso do "ele" como acusativo. Ou seja, tem-se um cenário em que um marcador sociolinguístico está associado a uma situação de variação estável, e não de mudança em progresso, como em sua situação prototípica.

A pesquisa de Duarte (1986: 49-52) oferece um dado significativo sobre a predominância do uso do clítico na escrita. Essa pesquisadora exibe os resultados da observação controlada de uma produção escrita orientada[25] de dois grupos de alunos – um grupo de 18 alunos, com idade média de 18 anos, de classe média alta, que cursavam a escola regular; e outro grupo de 20 alunos, "tendo em média 22 anos, pertencentes à classe média, um grupo bastante heterogêneo, composto de algumas pessoas que tentam recuperar anos de reprovação em escolas regulares e outras que retornam à escola depois de alguns anos de afastamento" (1986: 50). Na análise quantitativa dos textos escritos pelos alunos, "não foi computada uma só ocorrência do pronome lexical" (1986: 51), e o clítico acusativo foi a variante mais empregada pelos estudantes dos dois grupos,[26] com uma frequência geral de 43%, contra 34% do objeto nulo e 23% de retomada do SN. Deve-se chamar a atenção aqui para o fato de que esses jovens têm quase a mesma idade dos jovens da amostra de fala que não usaram o clítico nem uma vez (18 anos, no primeiro grupo da amostra escrita, *versus* 15 a 17 anos, da amostra de fala). Isso demonstra que a escolha entre o clítico e pronome lexical é fortemente condicionada pela *modalidade* de uso da língua, já que o pronome lexical não tem penetrado na escrita.

Portanto, se a força do padrão normativo não é suficiente para impor o clítico e coibir o uso do "ele" como acusativo, ela é suficiente para barrar o avanço do "ele" pelo menos em alguns contextos. Assim, configura-se um complexo cenário de variação estável, em que o uso de uma ou outra variante é determinado pela combinação de alguns fatores, como a modalidade de uso da língua e a estrutura sintática em que a variante é empregada.

Os testes de avaliação aplicados por Duarte (1986: 45-9) dão informações muito valiosas a esse respeito, porque recolhem as impressões dos informantes sobre as variantes em função do contexto linguístico em que são empregadas. Assim, o uso do clítico em certas estruturas, particularmente em tempos compostos (*e.g.*, "não *a* tenho visto ultimamente"), na oralidade, pode ser avaliado negativamente, como pedante. Por outro lado, em relação ao pronome lexical, o seu emprego em estruturas simples é aceito como próprio da fala informal, mas os falantes exibem consciência de que é um uso desviante da norma gramatical e que seria impróprio na escrita, ou mesmo em situações mais formais. Porém, em estruturas mais complexas, em que o pronome funciona também como sujeito de uma predicação encaixada, o uso dessa variante é bem-aceito, ou melhor, passa despercebido. Bagno (2001: 115), inclusive, recolhe uma série de exemplos desse tipo em textos escritos por jornalistas. Nesses casos, o pronome objeto também funciona como sujeito, tanto em uma predicação verbal encaixada – exemplos (4) e (5) – quanto em uma predicação nominal (numa *small clause*) – exemplos (6) e (7):

(4)   Osíris Lopes não quer mais saber de posar para fotos fumando. Diz que o resultado faz **ele** *ficar parecendo o Dragão da inflação.* (*Folha de S. Paulo*, 15/01/1994)

(5)   O livro narra conflitos de uma mãe superprotetora que encontrou drogas e cartas de amor homossexual no quarto do filho e que, mais tarde, viu **ele** *sendo tratado como um gênio precoce* [...] (*Folha de S. Paulo*, 20/08/1997)

(6)   Fleury aposta na popularidade do senador eleito Romeu Tuma (PL), para engordar sua candidatura. Quer **ele** *como vice* em sua chapa e até já reservou uma sala para Tuma no escritório político que montou em São Paulo. (*Folha de S. Paulo*, 02/09/1997)

(7)   No final da reunião, o governador mudou seu discurso reticente sobre a proposta e praticamente admitiu concorrer a um novo mandato. Disse que um embate com o ex-prefeito Paulo Maluf deixa **ele** '*estimulado*' *a aceitar uma nova disputa pelo governo.* (*Folha de S. Paulo*, 14/02/1998)

Com base nisso, Bagno (2001: 105-6) defende o uso do pronome lexical na escrita, mesmo em estruturas mais simples, posição com a qual não comungamos, fundamentalmente, porque ela contraria o uso mais corrente e o sentimento mais comum entre os falantes considerados cultos, que rejeitam o uso do "ele" como acusativo em estruturas sintáticas simples (v + OD) na escrita. Os resultados da pesquisa de Duarte anteriormente referidos demonstram que os falantes optam pelo clítico na escrita. Além disso, todos os exemplos de "ele" como acusativo arrolados por Bagno (2001: 106) em textos jornalísticos são, na verdade, casos em que o pronome também exerce a função de sujeito, só que em uma predicação nominal, embora Bagno não reconheça o estatuto especial dessas ocorrências. O emprego do pronome lexical em estruturas sintáticas simples é muito raro em textos escritos formais e rejeitado pelas pessoas que escrevem esses textos.

Consideramos que a posição mais eficaz que os linguistas podem assumir no debate sobre a normatização da língua no Brasil é defender uma adequação da norma padrão aos usos mais correntes e ao sentimento mais geral daqueles que produzem a cultura letrada (jornalistas, intelectuais, profissionais liberais etc.), e não contrariar o uso e o sentimento geral desse segmento, defendendo a variante que o linguista julga "a mais lógica", "a mais econômica" ou a que tem um caráter mais popular. Situação distinta seria a dos pronomes anafóricos que também desempenham a função de sujeito em uma predicação encaixada. Mas, mesmo nesse caso, o uso do clítico não deve ser descartado, a posição mais coerente que o linguista deve assumir é a flexibilização do padrão, incorporando as duas variantes, tanto a conservadora quanto a inovadora, como opções que estão à disposição do usuário no rico repertório da língua e que são de uso corrente no âmbito da cultura letrada.

Questões como essas só vêm provar a necessidade dos linguistas encararem seriamente a problemática da normatização linguística no país, não apenas para contribuir com uma das tarefas da escola, que é a difusão da norma de referência linguística, mas, sobretudo, para assumirem uma posição efetiva no grande debate ideológico sobre a língua que se trava na sociedade, hoje hegemonizado pelos gramáticos, até porque são eles que se debruçam efetivamente sobre a normatização, que, é sem dúvida, para o conjunto da sociedade, a questão linguística de maior relevância e visibilidade.[27] E pesquisas sociolinguísticas capazes de informar sobre as tendências de mudança e a avaliação subjetiva dos segmentos hegemônicos no âmbito da cultura letrada oferecem subsídios muito valiosos para fundamentar a posição dos linguistas nesse grande debate. Nesse sentido, o cenário sociolinguístico que se encontra no caso das *orações relativas* é um tanto quanto distinto do observado no uso do pronome anafórico da 3ª pessoa.

As estratégias de relativização

No uso corrente da língua no Brasil, a grande maioria das orações relativas com antecedente é construída com a partícula gramatical "que", ligada à posição de sujeito ou de objeto direto na oração que introduz, como exemplificado respectivamente, a seguir:[28]

(8) "O cliente *que ___ saiu* não voltou mais."
(9) "O doce *que eu comi ___* estava ótimo!"

Quando o subordinador frásico se liga a uma posição preposicionada na oração que introduz, há três estratégias de relativização possíveis em português:

(10) "O rapaz *com quem você dançou* é meu amigo."
(11) "O rapaz *que você dançou* é meu amigo."
(12) "O rapaz *que você dançou com ele* é meu amigo."

A construção em (10) é a única reconhecida como legítima pela tradição gramatical, e é por isso denominada *relativa padrão*. Nesse caso, a oração relativa pode ser introduzida por um pronome relativo com marcas de gênero e número ("o qual", "a qual", "os quais", "as quais"), com marcas de gênero, número e caso ("cujo", "cuja", "cujos", "cujas"), por uma palavra interrogativa ("quem", "onde", "quando", "quanto", "como"), além do pronome relativo "que", que nesse caso é marcado pelo traço [-humano], conforme os exemplos a seguir:

(13) "Trata-se de uma área *na qual é possível construir muito mais*."
(14) "O piloto *cujo carro quebrou* não largou."
(15) "Isso não acontecia naquela época, *quando os valores morais eram mais sólidos*."
(16) "Ela não estava no local *em que ocorreu o acidente*."

Essa estratégia de relativização já não faz mais parte da gramática natural dos brasileiros, sendo adquirida através da escolarização, e o seu uso se restringe cada vez mais à escrita formal, sendo pouco frequente na fala formal e muito rara na fala informal, mesmo das pessoas mais escolarizadas. Para a maioria da população brasileira, sem escolaridade ou com uma escolarização precária, essa estratégia é totalmente desconhecida, podendo-se dizer que, para esse segmento, essa seria uma construção agramatical.

A estratégia exemplificada em (11), denominada *relativa cortadora*, ou *relativa com lacuna*, predomina largamente na fala dos brasileiros de todas as classes sociais e tem sido usada de forma crescente na escrita, mesmo em textos que são objeto de grande atenção, revelando que os falantes mais escolarizados, no geral, ignoram a sua condenação pelas normas de correção gramatical.[29] A estratégia exemplificada em (12), denominada *relativa com pronome resumptivo* ou *pronome lembrete*, também faz parte do repertório da gramática natural dos brasileiros, mas seu uso é muito pouco frequente. No plano da avaliação social, seu emprego é avaliado negativamente.[30]

Inicialmente se pensava que essa era uma diferença que separava o português brasileiro do português europeu, mas estudos recentes têm revelado a presença de relativas cortadoras e resumptivas em Portugal, desde a linguagem popular rural até a linguagem urbana culta, tendo, inclusive, já atingindo a escrita (Alexandre, 2000; Arim, Ramilo e Freitas, 2004; Varejão, 2006).[31] Porém, ainda predomina em Portugal o uso da relativa padrão, mesmo na linguagem popular rural. Não se trata, portanto, de uma mera *diferença quantitativa*, mas de uma *diferença qualitativa*; pois, ao que tudo indica, a construção padrão ainda faz parte da gramática natural dos portugueses, o que já não mais acontece com os brasileiros. Mesmo na condição de recursos marginais que os portugueses têm ao seu dispor (Alexandre, 2000: 154), as relativas cortadoras predominam largamente sobre as resumptivas.[32]

Em seu estudo clássico sobre o tema, Fernando Tarallo (1983) afirma que a estratégia padrão e a resumptiva seriam as mais antigas, enquanto a cortadora seria a estratégia inovadora no português brasileiro, começando a aparecer em meados do século XIX. De fato, há registros de relativas resumptivas desde o latim vulgar (Ilari, 1999: 113), e esse tipo de relativa está presente na maioria das línguas do mundo, como uma estratégia marginal de relativização. Contudo, a presença de cortadoras não seria uma inovação do português brasileiro, já que estão presentes também em outras línguas românicas.[33] Assim, o que diferenciaria o português brasileiro no quadro das línguas românicas seria a perda da estratégia padrão como um mecanismo natural de relativização.

Estruturalmente, Tarallo defende que, nas relativas resumptivas, o "que" não seria um pronome relativo, mas apenas um conectivo oracional, um *complementizador*. E a cortadora seria derivada da resumptiva, através do apagamento do pronome lembrete e da preposição; o que estaria ligado a um fenômeno mais amplo de incremento dos complementos verbais nulos no português brasileiro. Mary Kato (1993c) revê a análise de Tarallo e propõe que esse "que" seja um pronome relativo invariável ligado a uma posição na periferia esquerda da oração, uma posição de *tópico discursivo* ou de *deslocamento à esquerda* (*left dislocation*), com cópia pronominal, no caso da relativa resumptiva, ou sem cópia, no caso da cortadora, como se pode ver nos paralelos traçados nos exemplos a seguir, que demonstram que há sempre uma posição de tópico disponível na oração relativa.

(17) a. "Esse assunto$_i$, eu não domino bem **ele**$_i$."
   b. "Esse assunto$_i$, que ___$_i$ eu não domino bem **ele**$_i$, sempre cai nos concursos."

(18) a. "Essa cerveja$_i$, eu não gosto ___$_i$."
   b. "Só me serviram essa cerveja$_i$, que ___$_i$ eu não gosto ____$_i$."

A difusão das relativas cortadoras no português brasileiro estaria, portanto, ligada, simultaneamente, a três processos:

(i) o português brasileiro (PB) ter-se tornado uma língua com proeminência de tópico (Pontes, 1987);

(ii) a difusão dos complementos verbais nulos no PB (Tarallo, 1993b);

(iii) um processo geral de enfraquecimento da flexão morfológica que a língua portuguesa sofreu no Brasil que abrange não apenas a flexão de caso dos pronomes, mas também a flexão de número e pessoa do verbo (Kato, 1993c).

Esse terceiro aspecto, que em grande medida está ligado ao contato entre línguas, nos parece crucial para o entendimento do fenômeno no Brasil. Nesse sentido, Ilza Ribeiro (2009), analisando a fala de indivíduos de comunidades rurais afro-brasileiras isoladas, postula que, no processo de transmissão linguística irregular, que ocorre em situações de contato linguístico massivo,[34] teria havido uma reanálise, em que as orações relativas com antecedente passaram a ser construídas com uma partícula invariável "que", a qual seria, para essa autora, um complementizador.[35] Os pronomes relativos morfologicamente marcados ("o qual" e "cujo") teriam sido perdidos em função da simplificação morfológica, também decorrente do contato entre línguas, e as palavras interrogativas passaram a ser usadas somente nas chamadas *relativas livres*, ou seja, sem antecedente – exemplificado em (19) e (20) –, com exceção do "onde", que também é utilizado em relativas com antecedente, mas em uma frequência bem menor que o "que" – exemplos em (21).

(19) *"Quem não faz* leva."

(20) "Não sei *como ela conseguiu fazer isso.*"

(21) a. "A casa *onde* eu nasci fica nessa rua."

b. "A casa *que* eu nasci fica nessa rua."

Quanto a esse emprego do "onde", Ribeiro (2009: 202-3) observa que seu uso generalizado, com funções distintas da de um pronome de valor locativo, ora com valor temporal – exemplo (22) –, ora ligado a uma posição de objeto – exemplo (23) – ou mesmo como um conectivo causal – exemplo (24) –, revela que essa partícula gramatical estaria sofrendo um processo de mudança que lhe estaria conferindo um estatuto gramatical semelhante ao do "que" invariável,[36]

(22) "Rara felicidade deste *tempo, onde* é permitido pensar o que se quiser e dizer o que se pensa."

(23) "Isso não está no trabalho *onde/que* eu fiz ____."

(24) "Meu time não jogou bem *onde/porque* os jogadores estavam cansados."

No plano sócio-histórico, essa reanálise, que explica por que a relativa padrão se perdeu como uma estratégia natural de relativização no Brasil, teria ocorrido inicialmente no processo de nativização do português entre os afrodescendentes e índio-descendentes. Depois, esse uso se teria difundido para os segmentos sociais mais altos por meio do contato dialetal e, não sendo uma estrutura socialmente marcada, teria se generalizado em todos os segmentos da pirâmide social.[37] Portanto, a perda da estratégia padrão de construção das orações relativas seria uma mudança que teria se implementado de baixo para cima sem encontrar maiores resistências no sistema social de avaliação linguística. Contudo, as relativas padrão, totalmente ausentes na fala dos segmentos sociais mais marginalizados socioeconomicamente (exceto as construções com "onde"), ainda seriam encontradas no desempenho monitorado dos falantes ditos cultos, em decorrência da ação da escola (Corrêa, 1998). A confirmação empírica desse cenário sociolinguístico deverá ser buscada nos resultados das análises variacionistas já realizadas sobre o tema.

A análise sociolinguística de Tarallo (1983: 57-8) teve como base empírica uma amostra de fala vernácula por ele mesmo constituída, entre dezembro de 1981 e janeiro de 1982, com 40 informantes naturais da Grande São Paulo, distribuídos em três estratos sociais (classe alta, classe média e classe baixa), sexo e duas faixas etárias (acima de 35 anos e abaixo de 35 anos). A amostra foi constituída contemplando dois níveis de formalidade (entrevistas mais e menos formais) e acrescida de testes de percepção, produção e avaliação subjetiva, que foram aplicados apenas com os informantes das classes média e alta, em função dos problemas já referidos aqui na seção anterior com relação à aplicação de testes desse tipo a falantes das classes sociais mais baixas no Brasil. No total de 45 horas de entrevistas gravadas, Tarallo recolheu 1700 ocorrências de orações relativas, que constituem a base de dados de sua análise.

O primeiro resultado significativo da análise de Tarallo (1983: 88) confirma a informação de que, atualmente, na fala dos brasileiros, as orações relativas com antecedente são quase exclusivamente construídas com o recurso ao relativizador neutro "que". Do total de 1700 ocorrências, 1681 foram construídas dessa forma, o que equivale a praticamente 99% do total. No restante predomina o relativizador "onde", com 13 ocorrências (0,7%), sendo o emprego dos pronomes relativos "que(m)" e "o qual" preposicionados irrelevante: 5 ocorrências de "que(m)" (0,3%) e uma única ocorrência de "o qual" (0,1%).

Os dados também confirmaram a predominância das relativizações da posição de sujeito (SUJ) – exemplificadas em (25) –, já que quase 60% das orações da base de dados eram desse tipo; seguidas das relativas de objeto direto (OD) – exemplificadas em (26) –, com cerca de 20% do total; de oblíquo (OBL) – exemplificadas em (27) –, com 14%; de objeto indireto (OI) – exemplificadas em (28) –, com 4%; e genitivo (GEN) – exemplificadas em (29) –, com 1% apenas.[38]

(25) "Você acredita que teve uma mulher *que **ela** queria que a gente entrevistasse ela pelo telefone?*"

(26) "Aí esse rapaz *que eu conheci **ele***, ele tava lá na festa também."

(27) C. "O dedo indicador é o dedo *que você dá bronca.*"[39]

P. "O dedo indicador é o dedo ***com que** você dá bronca.*"

R. "O dedo indicador é o dedo que você dá bronca **com ele**."

(28) R. "O André, *que eu gosto **dele***, é mais bonito."

P. "O André, ***de quem** eu gosto*, é mais bonito."

C. "O André, *que eu gosto*, é mais bonito."

(29) R. "Tem uns lá *que eu não saio da casa **deles**.*"

P. "Tem uns lá *de **cuja casa** eu não saio.*"

C. "Tem uns lá *que eu não saio da casa.*"

Não é possível fazer a distinção entre a estratégia padrão e a cortadora nas relativas de SUJ e OD – exemplos (25) e (26) –, pois a única distinção possível, nesses casos, restringe-se à presença ou não do pronome lembrete (em negrito nos exemplos). Assim, a estratégia resumptiva é a única que se distingue das demais em todas as posições de relativização.

Focalizando a realização das orações resumptivas em função da posição de relativização, Tarallo (1983: 90) encontrou os seguintes resultados:

Tabela 21 – Uso das orações relativas resumptivas em função da posição de relativização

Posição	Nº de ocorrências/total	Frequência	Peso relativo
Sujeito	103/992	10%	.37
Objeto direto	10/334	3%	.18
Objeto indireto	16/76	21%	.65
Oblíquo	24/231	10%	.49
Genitivo	9/17	53%	.81

Os resultados dos pesos relativos revelam que a estratégia resumptiva é favorecida quando a relativização ocorre a partir de posições preposicionadas, particularmente nas posições de GEN e OI, e é francamente desfavorecida na posição de OD; nesse último caso, devido à difusão dos objetos nulos no PB[40] (cf. subseção anterior). Em todas as posições sintáticas, a relativa resumptiva é favorecida quando o antecedente porta o traço semântico [+humano] (Tarallo, 1983: 92-3), o que se coaduna com a fato do pronome reto da 3ª pessoa ser fortemente marcado para esse traço semântico (cf. subseção anterior). A interferência do traço [+humano] não afeta a correlação com a posição sintática, exceto no caso dos OI e OBL, em que a consideração desse traço inverte a probabilidade de ocorrências de resumptivos nessas posições, de modo que a escala decrescente de posições em que o resumptivo pode ocorrer seria finalmente: GEN > OI > OBL > SUJ > OD (Tarallo, 1983: 99-101). Tarallo observa que esse padrão é paralelo ao padrão de retenção pronominal encontrado nas orações principais ou absolutas. Diante disso, conclui que a distribuição da relativização no PB se encaixa no seu sistema geral de anáfora, ou de elipse pronominal (Tarallo, 1983:176-81).

Considerando somente as posições preposicionadas, em que as três estratégias de relativização estão disponíveis, os resultados de Tarallo (1983: 174) são os seguintes:

Tabela 22 – Estratégias de relativização, em função das posições sintáticas preposicionadas

TIPO DE RELATIVA	POSIÇÃO DE RELATIVIZAÇÃO					
	OI		OBL		GEN	
	Número de ocorrências	%	N	%	N	%
Padrão	3	4%	17	7%	1	6%
Resumptiva	16	21%	24	10%	9	53%
Cortadora	57	75%	190	83%	7	41%
TOTAL	76	100%	231	100%	17	100%

Os resultados dessa tabela revelam que a cortadora é a estratégia amplamente majoritária em todas as posições, à exceção da posição de genitivo, na qual é ligeiramente superada pela estratégia resumptiva; mas se deve ter em conta que a relativização a partir dessa posição é muito pouco frequente na língua.[41] A relativa padrão é francamente minoritária em todas as posições, podendo-se inferir que ela está ausente da fala não monitorada dos brasileiros. Nesse sentido, Tarallo (1983: 175) conclui que:

A relativa padrão quase não existe na fala, os poucos casos (21 ocorrências) provêm principalmente dos falantes da classe alta, que, não é preciso dizer, têm mais acesso ao padrão normativo, ao qual recorrem de forma mais consciente. A substituição da estratégia padrão pela resumptiva ou pela cortadora, contudo, claramente sugere que nós estamos lidando aqui basicamente com um processo de apagamento, ou um sistema de relativização, que está se movendo lentamente para um processo de apagamento.[42]

Esse diagnóstico de que a mudança está se dirigindo para um sistema de apagamento, ou seja, em favor da estratégia cortadora, é feito por Tarallo não com base nos dados clássicos da variável faixa etária, mas em função do encaixamento estrutural observado e em função da distribuição social das variantes e de sua avaliação subjetiva por parte dos falantes.

No plano do encaixamento social, a variante com pronome lembrete é mais usada pelos falantes das classes sociais mais baixas, como se pode ver na Tabela a seguir.

Tabela 23 – Uso do pronome lembrete, segundo a classe social do falante

CLASSE SOCIAL	Nº de oc./total	Frequência	Peso relativo
Baixa	109/984	11%	.57
Média	33/414	8%	.52
Alta	20/302	6,5%	.47

Pode-se presumir que essa distribuição social está na base da avaliação social negativa dessa variante. A avaliação social da variação nas estratégias de relativização foi aferida por Tarallo através de dados empíricos da variação estilística e de dados de percepção controlada.

Contrastando em sua amostra de fala o "estilo entrevista", caracterizado pela estrutura de pergunta e resposta, com o estilo mais espontâneo, de narrativas, descrições e bate-papo, Tarallo (1983: 133-5) obteve dados de uma variação estilística com dois níveis de formalidade. Os dados assim organizados revelaram que os falantes das três classes sociais reduziam consistentemente o uso da relativa resumptiva quando passavam da fala espontânea para o estilo entrevista. Essa rejeição à relativa resumptiva se explicitou nos testes de percepção, que foram aplicados aos falantes das classes média e alta.

Confrontados com exemplos das três estratégias de relativização nas cinco posições sintáticas analisadas, foi solicitado aos falantes que emitissem um juízo sobre a aceitabilidade dessas frases. Os resultados desse teste são apresentados nas tabelas a seguir, a primeira contendo os juízos de aceitabilidade dos informantes de classe média, e a segunda, os da classe alta (Tarallo, 1983: 139-40).

242   Língua e sociedade partidas

CLASSE MÉDIA

Tabela 24 – Aceitabilidade das estratégias de relativização entre os falantes de classe média, em função da posição sintática

	SUJ	OD	OI	OBL	GEN
Padrão	N/A*	N/A	15/17 88%	9/9 100%	8/9 89%
Resumptiva	1/7 14,3%	2/10 20%	3/9 33%	4/9 44%	4/9 44%
Cortadora	N/A	N/A	11/20 55%	7/9 78%	7/9 78%

* Não se aplica.

CLASSE ALTA

Tabela 25 – Aceitabilidade das estratégias de relativização entre os falantes de classe alta, em função da posição sintática

	SUJ	OD	OI	OBL	GEN
Padrão	N/A	N/A	17/17 100%	9/10 90%	10/10 100%
Resumptiva	0/9 0%	0/10 0%	1/9 11%	2/10 20%	2/10 20%
Cortadora	N/A	N/A	5/10 50%	6/10 60%	7/10 70%

Os resultados demonstram que a estratégia padrão é bem-aceita no conhecimento passivo, tanto dos falantes de classe alta quanto dos falantes de classe média, sendo que o nível de aceitação entre os últimos é ligeiramente inferior ao dos primeiros. Já aceitabilidade das estratégias não padrão segue a escala prevista pela "hierarquia da aceitabilidade", proposta por Keenan e Comrie (1977). Ou seja, elas são mais aceitas nas posições mais encaixadas. Dessa forma, as relativas cortadoras e resumptivas são aceitas de forma crescente na seguinte escala: SUJ > OD > OI > OBL > GEN. Contudo, a diferença no grau de aceitabilidade entre as duas estratégias não padrão é bem grande. O nível de aceitabilidade da relativa resumptiva entre os falantes de classe média é baixo, só atingindo um patamar próximo à média de 50% nas posições mais encaixadas de OBL e GEN. Entre os falantes da classe alta, o nível de aceitação é muito baixo, sendo a estratégia resumptiva totalmente rejeitada nas posições mais visíveis de SUJ e OD. Já a relativa cortadora é bem mais aceita, sempre alcançando um nível de aceitabilidade superior a 50% nas posições em que ela se distingue da relativa padrão (ou seja, as posições preposicionadas), podendo chegar a ser aceita numa taxa de quase 80% nas posições mais encaixadas de OBL e GEN. A aceitação da relativa cortadora é um pouco menor na classe alta, mas a diferença entre os dois grupos é muito pequena.

É interessante confrontar esses resultados com os resultados do teste de produção que Tarallo (1983:142-6) também realizou com seus informantes. O teste consistia em apresentar quatro pares de orações com um SN em comum, para que o informante juntasse as orações de cada par usando o mecanismo da relativização. Cada par foi montado de modo que a relativização fosse feita de uma posição sintática específica, recobrindo, assim, as seguintes posições de relativização: SUJ, OD, OI e GEN. Os resultados obtidos entre os falantes de classe média e de classe alta são apresentados nas Tabelas a seguir.

CLASSE MÉDIA

Tabela 26 – Produtividade das estratégias de relativização entre os falantes de classe média, em função da posição sintática

	SUJ	OD	OI	GEN
Padrão	N/A	N/A	6/9 66%	3/9 33%
Resumptiva	0/9 0%	0/9 0%	0/9 0%	6/9 66%
Cortadora	N/A	N/A	3/9 33%	0/9 0%

CLASSE ALTA

Tabela 27 – Produtividade das estratégias de relativização entre os falantes de classe alta, em função da posição sintática

	SUJ	OD	OI	GEN
Padrão	N/A	N/A	9/9 100%	7/9 77%
Resumptiva	0/9 0%	0/9 0%	0/9 0%	0/9 0%
Cortadora	N/A	N/A	0/9 0%	2/9 22%

Os resultados dessas tabelas revelam que há uma diferença significativa na produção dos dois grupos. Os falantes de classe alta não recorrem à estratégia resumptiva em nenhuma das posições sintáticas. Na posição de OI, todos usam a estratégia padrão; já na posição mais encaixada de GEN, dois informantes usam a relativa cortadora, mas a maioria usa a relativa padrão, com o pronome "cujo". Por outro lado, um terço dos informantes de classe média recorre à relativa cortadora na posição de OI, e só um terço usa a relativa padrão na posição de GEN, enquanto dois terços constroem a relativa de GEN com o pronome lembrete, o que não deixa de ser surpreendente.

As diferenças observadas aqui entre os falantes de classe média e alta, tanto no plano da avaliação social quanto no teste de produção das relativas, colocam uma questão interessante no plano de uma estratificação sociolinguística da sociedade brasileira: tais diferenças no sistema de avaliação social e na produção seriam suficientes para a distinção entre uma norma urbana culta e uma norma urbana média? Os dados oferecidos pela pesquisa de Tarallo seriam evidências positivas a favor dessa hipótese, mas uma posição definitiva sobre a questão requer uma massa maior de evidências que devem ser buscadas de forma sistemática em um programa de pesquisa para a Sociolinguística no Brasil.[43]

Por outro lado, no que concerne ao debate sobre a normatização linguística, é importante sistematizar os dados fornecidos por Tarallo para fundamentar a posição que os linguistas devem levar para o debate sobre a norma padrão brasileira. Considerando os dados empíricos da variação estilística e dos testes de avaliação e produção, bem como os resultados da sua análise da amostra da linguagem de telenovelas, Tarallo (1983: 157-8) conclui que "somente as relativas resumptivas carregam estigmatização social". Já em relação às relativas cortadoras, Tarallo avalia que os falantes das classes média e alta veem "essa estratégia de relativização como o melhor candidato para as posições sintáticas mais encaixadas, pois, mesmo os falantes da classe alta que usaram a relativa padrão nessas posições avaliam que essa estratégia, particularmente na posição de GEN, com o emprego do pronome 'cujo', já teria caído em desuso, de modo que o seu emprego pode soar 'pedante'"[44] (1983: 145-6). Esse cenário aponta para uma implementação da mudança em favor da variante cortadora na gramática dos brasileiros, fazendo com que essa variante seja amplamente usada pelos brasileiros mesmo na escrita formal.

Bagno (2001: 89-95) apresenta vários exemplos do uso da relativa cortadora em reportagens e artigos de jornais e revista de grande circulação no país. Além disso, recolhe *slogans* publicitários que recorrem a essa estratégia de relativização, até para usar uma linguagem que não cause estranheza em seu público. Todos esses elementos fundamentam a posição que deve ser encampada pelos linguistas na definição do padrão normativo no que concerne às estratégias de relativização – posição, aliás, que já é oficialmente reconhecida pelo MEC, nos *Parâmetros Curriculares Nacionais*, de que a escola deve aceitar o uso das relativas cortadoras até na escrita dos alunos. Nesse caso, mais uma vez, considera-se aqui que a posição mais adequada é a flexibilização do padrão, que deve reconhecer as duas estratégias, a padrão e a cortadora, como opções que estão à disposição do falante; ao passo que a escola deve recomendar que a relativa resumptiva seja evitada nos textos escritos, até porque contém uma carga de redundância desnecessária nessa modalidade da língua.

Se o usuário da língua pode empregar a estratégia cortadora para dar mais leveza ao seu texto, ou torná-lo mais acessível, pode igualmente lançar mão da relativa padrão, mesmo com o relativizador "cujo", como um recurso estilístico, para demonstrar erudição e construir assim uma identidade social diferenciada, o que cabe perfeitamente no quadro das funções sociais da língua. Portanto, não cabe ao linguista abolir qualquer forma da língua; ao contrário, a defesa da diversidade linguística passa igualmente pela conservação das formas mais eruditas e arcaicas como parte da riqueza do patrimônio idiomático. A admissão do emprego das relativas cortadoras pela normatização linguística não significa que a escola deva deixar de ensinar a relativa padrão, objetivando que o aluno alcance pelos menos o conhecimento passivo dessa estratégia de relativização. Nesse ponto, concordamos com a posição de Bagno (2001: 85-6):

> O linguista Sírio Possenti (2000: 37) cita um exemplo interessante do que ele chama "falecimento do *cujo*". [...]
> Pessoalmente, ao contrário de Possenti, acredito que é necessário continuar ensinando o uso do pronome *cujo* na escola, porque ele ainda tem função na língua escrita mais monitorada. Esse ensino, no entanto, tem de ser feito por professores conscientes do estado atual do *cujo* no português brasileiro, conscientes do processo histórico envolvido e dos campos de aplicação cada vez menores reservados a esse pronome, em rápido processo de extinção na língua.

Tais divergências só revelam a necessidade da Linguística enfrentar de forma mais sistemática a questão da normatização linguística no Brasil em vez de deixar o campo livre para o arbítrio dos gramáticos normativistas (modernosos ou vetustos). Reconhecer simplesmente que a norma de referência linguística atual é adventícia e anacrônica não encerra a questão, pois não há definições precisas sobre vários pontos, tais como: renovar ou flexibilizar? Onde flexibilizar? Como a escola deve tratar as formas arcaizantes? Entre tantas outros. E análises, como as interpretadas aqui, que contêm dados empíricos consistentes sobre a avaliação social das variantes e sobre as tendências do processo de variação e mudança em curso oferecem subsídios valiosos para o enfrentamento dessas questões.

As duas variáveis linguísticas aqui analisadas – o pronome anafórico da 3ª pessoa e as estratégias de relativização – exibem um cenário da variação e mudança semelhante na norma culta que contraria a atual normatização linguística no país. A variante padrão caiu em desuso e não faz mais parte da gramática natural dos brasileiros, enquanto variantes derivadas do apagamento – o objeto nulo e a relativa cortadora – se têm difundido pelo sistema, sem ser contidas pela normatização linguística porque não são, no geral, percebidas como desvio pelos falantes. Já as variantes do pronome lexical e da relativa resumptiva são usadas em contextos restritos em termos estruturais, e seu uso recebe uma avaliação social negativa.

Isso tem implicações importantes para a posição que os linguistas devem assumir no importante debate sobre a norma de referência linguística e o ensino de Língua Portuguesa. Acreditamos que a melhor posição deve ser a de flexibilizar a norma padrão, aceitando-se tanto a variante padrão quanto a variante com apagamento, mesmo na escrita formal. Já as variantes do pronome lexical e da relativa resumptiva não devem ser incorporadas à norma padrão, e a escola deve recomendar aos alunos que evitem o seu uso na escrita formal,[45] reconhecendo, porém, sua legitimidade na linguagem coloquial.

Os resultados dessas duas variantes também revelam que há processos de variação e mudança contrários à tradição gramatical que se difundem amplamente no comportamento linguístico dos falantes das classes sociais mais altas, mesmo que se tenham originado nas classes sociais mais baixas, como é possivelmente o caso da relativa cortadora. Contudo, há processos que não penetram na norma culta porque esbarram em uma forte estigmatização das variantes que caracterizam a fala popular. São esses processos de variação e mudança que estão no centro da polarização sociolinguística do Brasil.

Processos de variação e mudança que estão no cerne da polarização sociolinguística do Brasil

A polêmica em torno da distribuição pelo MEC de um livro de Português que tratava da variação linguística revelou a força simbólica que tem o emprego das regras de concordância na sociedade brasileira (Lucchesi, 2011a, 2011b, Introdução deste livro). Jornalistas e intelectuais condenaram peremptoriamente que um livro didático reconhecesse a possibilidade do falante construir frases sem as regras de concordância nominal e verbal na linguagem coloquial em seu contexto cultural próprio. Assim, boa parte da *intelligentsia* nacional deplora a forma como fala a maioria da população do país e, o que é pior, não reconhece, nesse caso, o direito à diferença, propugnando que a escola estirpe essas excrescências da fala do povo para tirá-lo da ignorância e do atraso.

Como visto nos capítulos anteriores, a força do estigma que se abate sobre as formas mais características da fala popular assenta em um sistema econômico excludente, baseado na superexploração da força de trabalho. As disposições da infraestrutura socioeconômica alimentam, no plano da superestrutura, um sistema de avaliação social da variação linguística preconceituoso e discriminatório, que atua como um poderoso instrumento de dominação ideológica, legitimando os privilégios e abjeções da concentração de renda e da exclusão social. E a força de tal sistema é tanta que divide a realidade sociolinguística do país em dois polos que se opõem não apenas pela frequência no uso das formas linguísticas, mas também pela reação subjetiva perante as variantes da língua e as tendências do processo de variação e mudança em seus padrões coletivos de comportamento. Definem-se, assim, a norma culta e a norma popular no Brasil.

Desde a publicação do estudo de Anthony Naro (1981), disseminou-se a ideia de que o português estaria passando por um processo lento e gradual de perda das marcas de concordância. Naro e Scherre (1993, 2007) mantêm essa visão, afirmando que a variação na concordância verbal teria origem na deriva românica, iniciando-se com um processo fônico de desnasalização, e aplicam um raciocínio análogo à variação na concordância nominal, afirmando que ela teria origem na deriva românica de perda das consoantes finais – no caso, o -s final, com valor morfêmico ou não. Essa deriva atuaria na língua portuguesa, tanto no Brasil quanto em Portugal, mas se teria intensificado no Brasil por uma "confluência de motivos", dentre os quais o contato do português com as línguas indígenas e africanas.

Porém, a maioria dos dados atualmente disponíveis infirma essa hipótese. Em primeiro lugar, dados empíricos disponíveis de análises variacionistas sobre a concordância verbal no português europeu apontam para uma variação periférica, que ocorreria em apenas alguns contextos específicos, e não para um processo de variação encaixado na estrutura da língua, como ocorre no Brasil (Gandra, 2009; Vieira, 2011).[46] Com base nisso, defende-se aqui que a variação que se observa em Portugal é um fenômeno qualitativamente distinto do que se observa no Brasil.[47]

Por outro lado, uma grande massa de dados revela que, no Brasil, não se pode falar em apenas um processo de variação e mudança que estaria atingindo as regras de concordância. Os resultados das análises sociolinguísticas disponíveis revelam dois processos distintos de variação e mudança: um processo de variação estável nos segmentos urbanos intermediários (com uma ligeira gradação geracional na norma culta) e um processo de incremento do uso da regra de concordância nos segmentos populares do campo e da cidade. É provável que um cenário similar seja encontrado na concordância nominal no interior do SN e na concordância nominal com predicativos do sujeito e estruturas passivas. Portanto, os resultados da maioria das análises sociolinguísticas da variação nas regras de concordância se contrapõem à ideia de um processo lento e gradual de perda das marcas de concordância movido por uma *deriva secular*.[48]

A diferença nas tendências do processo de variação e mudança nos estratos sociais urbanos de alta e média escolaridade, por um lado, e nos segmentos populares, por outro, bem como as diferenças quantitativas na frequência de uso das regras e as diferenças qualitativas na avaliação subjetiva das variantes linguísticas, estão na base da formulação da polarização sociolinguística do Brasil aqui apresentada. A confirmação desse cenário desautoriza análises diacrônicas que falam em um único processo histórico de formação do português brasileiro, tornando necessário se fazer a distinção entre as duas grandes vertentes da formação histórica da realidade sociolinguística brasileira (Lucchesi, 2001a, 2009a). De um lado, estaria a vertente da formação da norma culta, cujo antecedente histórico é o português falado pelos colonos portugueses e seus descendentes nascidos no Brasil. Do outro lado, estariam as variedades populares do português no Brasil, que se teriam formado, majoritariamente, através da nativização de uma variedade defectiva de português falado como segunda língua por índios aculturados e africanos escravizados.[49]

Portanto, as diferenças que se observam hoje, não apenas no processo de variação nas regras de concordância, mas em outros aspectos, como a perda da flexão de caso dos pronomes pessoais, nada mais são do que a consequência natural da bipartição da história linguística do Brasil. Vamos buscar, na interpretação de resultados de análises sociolinguísticas que faremos nesta seção, sistematizar os dados disponíveis para fundamentar essa visão da realidade sociolinguística do Brasil e de sua formação histórica. Serão examinados detidamente os resultados de análises variacionistas de um dos aspectos da morfossintaxe do português no Brasil que têm despertado mais a atenção dos pesquisadores, exatamente pelo amplo quadro de variação que aí se manifesta: a concordância verbal junto à 3ª pessoa do plural. E os resultados das análises disponíveis revelarão, de maneira muito nítida, a polarização sociolinguística do Brasil.

A variação na concordância verbal junto à 3ª pessoa do plural

A variação no emprego da regra de concordância verbal junto à 3ª pessoa do plural ocorre quando o sujeito está realizado foneticamente e quando não está:

(30) *"Eles saíram* e não *voltaram* mais."
"*Eles saiu* e não *voltou* mais."

Na montagem da base de dados para uma análise variacionista, são normalmente excluídas: (i) as ocorrências de verbo com sujeito indeterminado; (ii) as ocorrências de verbos existenciais; e (iii) as ocorrências de verbos em que há neutralização entre a forma do plural e do singular. Esses casos são exemplificados a seguir:

(31) "Assaltaram o açougue da esquina."
(32) "Eram três pessoas na sala."
(33) "Elas têm trabalhado muito."

No plano do encaixamento estrutural, o sujeito realizado imediatamente antes do verbo – exemplo (34) – tem-se revelado um contexto que favorece muito a aplicação da regra; enquanto a posposição do sujeito, particularmente, com os chamados verbos *inacusativos* – exemplo (35) –, seria um contexto que restringe fortemente a aplicação da regra de concordância verbal. O traço semântico [-animado] desfavoreceria a aplicação da regra, enquanto o grau de saliência fônica se tem revelado um fator que atua consistentemente sobre o uso do mecanismo gramatical da concordância. Ou seja, quanto maior for a diferença morfofonológica entre a forma do plural e a do singular do verbo, maiores são as chances do falante empregar a regra de concordância – em (36) é apresentada a escala em ordem crescente da saliência fônica proposta por Naro (1981).

(34) "**Meus pais** *trabalham* muito."
(35) "Hoje *nasceu* **três filhotes**."
(36) 1a. *come – comem*
 1b. *gosta – gostam*
 1c. *diz – dizem*
 2a. *está – estão*
 2b. *bateu – bateram*
 2c. *veio – vieram*

O panorama sociolinguístico da variação na regra de concordância verbal junto à 3ª pessoa do plural traçado aqui será fundamentado nos seguintes estudos:

- Dissertação de Diva Graciosa (1991), que analisa o fenômeno em 18 entrevistas do tipo DID do acervo do Projeto Nurc do Rio de Janeiro, que pode ser tomada com representativa do *português urbano culto*.
- Análise de Scherre e Naro (1997), com base no *corpus* do Peul, e dissertação de Monguilhott (2001), com base no *corpus* do Varsul de Florianópolis, constituído por 24 entrevistas com informantes de origem açoriana, que podem ser considerados como representativos do *português urbano médio* por reunirem falantes de um a onze anos de escolarização.
- Análise de Naro (1981) e Guy (1981) da amostra do Projeto Competências, com 20 falantes adultos alunos do Mobral, que pode ser tomada como representativa do *português popular urbano* do Rio de Janeiro.
- Análise de Bortoni-Ricardo (2011 [1985]), baseada em uma amostra de 33 entrevistas com migrantes rurais de uma cidade-satélite de Brasília com pouca ou nenhuma escolaridade, que pode ser tomada aqui como representativa do *português rurbano*[50] de Brasília.
- Dissertação de Sílvia Vieira (1995), que utiliza uma amostra do acervo do Projeto Aperj (Atlas Etnolinguístico do Estado do Rio de Janeiro), com 72 inquéritos com informantes homens, pescadores, com pouca ou nenhuma escolaridade (no máximo até a 4ª série do 1º grau), distribuídos por três faixas etárias (18 a 35 anos, 36 a 55 anos e 56 a 70 anos), de 12 localidades do norte do estado do Rio de Janeiro, que pode ser aqui definida como representativa do *português popular rurbano* do interior do estado do Rio de Janeiro.
- Análise que realizamos sobre o fenômeno numa amostra de fala vernácula do português popular do município de Santo Antônio de Jesus, na zona do Recôncavo Baiano, com 24 falantes dos dois sexos, de pouca ou nenhuma escolaridade, sendo 12 moradores da sede do município e 12 da zona rural, distribuídos em três faixas etárias (25 a 35 anos, 45 a 55 anos e mais de 65 anos), que pode ser definida aqui como representativa do *português popular rurbano* e do *português popular rural* do interior do estado da Bahia.

Os resultados desses seis estudos serão interpretados nas subseções seguintes, considerando os três parâmetros que compõem o conceito de norma sociolinguística aqui adotado: (i) a frequência de uso das variantes linguísticas (no caso, a aplicação ou não da regra de concordância verbal); (ii) a avaliação subjetiva das variantes; e (iii) o diagnóstico de variação estável ou mudança em curso observado em cada segmento social.

A frequência de uso da regra de concordância verbal

A primeira estratificação sociolinguística da sociedade brasileira com base na variação da concordância verbal pode tomar como base a frequência geral de emprego da regra de concordância em cada uma das variedades do português do Brasil aqui focalizada. Os resultados por variedade são apresentados na Tabela a seguir:

Tabela 28 – Frequência geral de aplicação da regra de concordância verbal em diversas variedades do português brasileiro

Variedade do português do Brasil	Frequência geral de aplicação da regra de concordância verbal
Português urbano culto (RJ)	94%
Português urbano médio (RJ e SC)	73% (RJ) e 79% (SC)
Português popular urbano (RJ)	48%
Português popular rurbano (RJ)	38%
Português popular rurbano (Brasília)	35%
Português popular rurbano (BA)	25%
Português popular rural (BA)	17%

Os padrões coletivos de comportamento linguístico, no que concerne à frequência de uso da regra de concordância verbal, já oferecem dados empíricos que confirmam um quadro de polarização sociolinguística do Brasil, sobretudo quando se faz o contraste entre os extremos do *continuum* apresentado na Tabela 28. Enquanto a aplicação da regra de concordância verbal quase atinge o patamar de regra semicategórica, nos termos de Labov (2003), na norma urbana culta (com 94% de frequência de aplicação da regra); o padrão largamente predominante, no português rural do interior do estado da Bahia, é a não aplicação da regra, com mais de 80% do total de ocorrências. Entre os dois extremos, pode-se começar a introduzir uma proposta de estratificação sociolinguística dos níveis interme-diários. A diferença de aproximadamente 20 pontos percentuais que separam os resultados das três análises feitas na cidade do Rio de Janeiro quanto ao uso da regra, entre falantes com nível superior completo (94%), falantes com 1 a 11 anos de escolaridade (73%) e falantes analfabetos ou semianalfabetos (48%), pode apontar para o estabelecimento de três normas distintas:

- Norma urbana culta
- Norma urbana média
- Norma popular urbana

O estabelecimento dessa distinção ainda carece de novas evidências empíricas e esbarra nos problemas de composição dos *corpora*, já discutidos na primeira seção deste capítulo. Porém, pode-se tentar contornar esses problemas, desmembrando os resultados do Peul, de Scherre e Naro (1997:107) pelos níveis de escolaridade. Com isso, encontram-se as seguintes frequências de aplicação da regra de concordância:

Tabela 29 – Frequência geral de aplicação da regra de concordância verbal na amostra do Peul por nível de escolaridade

Nível de escolaridade	Frequência de aplicação da regra
1 a 4 anos	63%
5 a 8 anos	78%
9 a 11 anos	81%

A diferença entre os falantes de 5 a 8 anos de escolaridade e de 9 a 11 anos de escolaridade é mínima (78% *vis-à-vis* 81%), podendo-se reunir esses dois segmentos em uma norma urbana média. Já os falantes com 1 a 4 anos de escolaridade, que exibem uma frequência de aplicação da regra de 63%, ficariam em uma norma urbana média baixa. Assim, pode-se propor uma primeira estratificação sociolinguística dos segmentos urbanos, com base na frequência de uso, na qual os estratos mantêm entre si um intervalo constante de quinze pontos percentuais:

Tabela 30 – Frequência geral de aplicação da regra de concordância verbal nas normas sociolinguísticas urbanas brasileiras

Norma sociolinguística	Frequência de aplicação da regra[51]
Norma urbana culta (falantes com nível superior)	95%
Norma urbana média (falantes com 5 a 11 anos de escolaridade)	80%
Norma urbana média baixa (falantes com 1 a 4 anos de escolaridade)	65%
Norma popular urbana (analfabetos)	50%

Assim, nos grandes centros urbanos, a frequência de aplicação da regra de concordância oscilaria entre 50% e 95%, com um intervalo de 45 pontos percentuais separando os extremos da escala social: os falantes com curso superior completo, da norma urbana culta, e os analfabetos, da norma popular urbana. Mas, prosseguindo no *continuum* sociolinguístico, podem-se deslindar duas outras normas sociolinguísticas: a norma popular rurbana e a norma popular rural.

Com base nos estudos disponíveis, o nível de concordância verbal na norma popular rurbana fica na faixa entre 25% e 38% de aplicação da regra (38% no interior do Rio de Janeiro, 35% na cidade-satélite de Brasília e 25% no interior do estado da Bahia).[52] Essa oscilação pode ser explicada por vários fatores: maior ou menor aproximação da cultura urbana, maior ou menor índice de desenvolvimento social etc. No caso específico, é sintomática a oposição entre a frequência encontrada na região mais pobre, a região Nordeste, e a encontrada em regiões de maior desenvolvimento socioeconômico, como o estado do Rio de Janeiro e o Distrito Federal. Para efeito da estratificação sociolinguística que aqui se constrói, vamos tomar a média dessas últimas, frequência de 35% de aplicação da regra como valor de referência. Já na norma popular rural, a aplicação da regra ficaria próxima ao valor de 20%, como se pode ver no resultado do estudo do português rural da Bahia apresentado na Tabela 28. Assim, a estratificação sociolinguística do Brasil, com base na frequência de uso da regra de concordância verbal poderia se completar da seguinte maneira, mantendo um intervalo constante de 15 pontos percentuais entre as normas sociolinguísticas:

Tabela 31 – Frequência geral de aplicação da regra de concordância verbal nas normas sociolinguísticas brasileiras

Norma Sociolinguística	Frequência geral de aplicação da regra[53]
Norma urbana culta	95%
Norma urbana média	80%
Norma urbana média baixa	65%
Norma popular urbana	50%
Norma popular rurbana	35%
Norma popular rural	20%

Dentro do modelo teórico aqui adotado, os dados das frequências de uso devem ser combinados com os dados da avaliação subjetiva e das tendências de variação e mudança para a definição de normas sociolinguísticas. Portanto, esse segundo parâmetro será considerado na subseção seguinte.

A avaliação social das variantes

Como foi dito na primeira seção deste capítulo, a ausência de estudos que focalizam a reação subjetiva dos falantes perante as variantes linguísticas, por meio da aplicação de testes específicos, constitui uma das maiores lacunas da pesquisa sociolinguística no Brasil.[54] Na falta de dados empíricos sistemáticos e representativos, formulamos a seguinte hipótese no que concerne à concordância verbal:

na norma urbana culta, a não aplicação da regra de concordância sofreria uma avaliação explicitamente negativa, configurando aí um caso de estereótipo. Essa avaliação explicitamente negativa da falta de concordância não seria encontrada entre os falantes da norma popular urbana; mas, em um sentido inverso, a aplicação da regra de concordância configuraria um caso de marcador sociolinguístico nesse segmento. Apesar de exibirem um elevado grau de variação no uso da regra de concordância, os falantes, por estarem imersos no ambiente da cultura urbana, teriam consciência do prestígio social da regra, aumentando consistentemente o seu emprego na produção verbal mais monitorada. À medida que os falantes da base social vão tomando consciência do valor simbólico da regra de concordância na sociedade letrada, acelera-se o processo de aquisição da regra. Já nas normas urbana média e média baixa, ocorreria uma oscilação entre os dois sistemas de avaliação, mas a definição dos limites sociolinguísticos e uma caracterização mais precisa do comportamento e da reação subjetiva dessas *normas de transição* ainda dependem de novas evidências empíricas.

Direcionando o olhar para fora dos grandes centros urbanos, pode-se propor que, na norma popular rural, o cenário seria de indicador sociolinguístico, observando-se apenas uma gradação social, com os falantes mais jovens, com alguma escolaridade e com maior contato com a cultura urbana, exibindo um nível maior de aplicação da regra de concordância, mas não apresentando ainda uma variação estilística consistente, que fizesse dessa variante um marcador. Já na norma popular rurbana, encontra-se uma oscilação entre a situação de indicador e marcador, já que a norma rurbana seria definida como uma norma de transição entre a norma popular rural e a norma popular urbana, da mesma forma como as normas médias seriam normas de transição entre a norma popular urbana e a norma urbana culta.[55]

Confrontando as frequências de uso da regra de concordância com os sistemas de avaliação social do seu emprego, pode-se constatar que, enquanto o primeiro parâmetro aponta no sentido de um *continuum*, o segundo revela a polarização sociolinguística. No que concerne à frequência de uso, as normas mantêm entre si um intervalo regular de 15 pontos percentuais, ou seja, exibem uma gradação sem solução de continuidade. Porém, no plano da avaliação subjetiva, postula-se uma diferença qualitativa. Na norma culta, a ausência de concordância recebe uma avaliação negativa explícita;[56] o mesmo não se pode dizer da norma popular, na qual não se observa essa avaliação negativa, podendo ocorrer no máximo uma avaliação positiva da regra.[57] Entre esses contrários, figurariam as normas médias, cuja definição ainda carece de novas investigações empíricas. Já no polo da norma popular, uma nova distinção qualitativa poderia ser proposta, em face da ausência de avaliação subjetiva na norma popular rural. Se tal cenário se confirmar empiricamente, poderiam ser propostas, no sentido mais restrito de norma sociolinguística, apenas três normas:

(i) *Norma culta*: a falta de concordância é um estereótipo;
(ii) *Norma popular urbana*: o emprego da concordância é um marcador;
(iii) *Norma popular rural*: a ausência de avaliação subjetiva configura um cenário de indicador sociolinguístico.

As normas médias e a norma popular rurbana seriam zonas de transição entre as normas sociolinguísticas que exibem um perfil definido e qualitativamente distinto entre si, com base nos sistemas de avaliação social da variação linguística.

Conjugando os dois parâmetros até aqui observados, pode-se postular uma relação dialética entre uso e avaliação. A avaliação positiva da regra de concordância se basearia na alta frequência de uso dessa regra por parte de um grupo social, que é minoritário, mas dominante no plano político e social (os falantes da norma culta), em contraste com os demais grupos sociais, particularmente aqueles mais marginalizados na estrutura socioeconômica, nos quais a regra praticamente não é usada. Fica, assim, desnudado o caráter ideológico da avaliação positiva da regra de concordância e, *a fortiori*, do preconceito contra o padrão de não concordância, predominante na fala popular; pois tanto a avaliação positiva da regra quanto o preconceito nada mais são do que o reflexo da distribuição sociolinguística da variável (o que revela sua motivação socioeconômica), e não decorrente de algum valor linguístico intrínseco da regra, o que efetivamente não existe (Lucchesi, 2011a, 2011b e Introdução deste livro).

Dessa forma, a assimilação da ideologia dominante por parte dos demais grupos altera o seu comportamento linguístico, pois a crescente conscientização por parte dos falantes da norma popular urbana do prestígio social da regra de concordância, particularmente nas maiores e mais desenvolvidas cidades do país, aumenta a frequência de seu uso entre esses falantes. Assim, se completa o circuito dialético que reúne *desempenho/comportamento* ↔ *competência/avaliação* ↔ *variação/mudança*. O comportamento do grupo está na base da sua avaliação das variantes linguísticas. Essa avaliação, por sua vez, produz uma alteração na frequência de uso das formas linguísticas em variação nos grupos sociais. E a implementação dessa alteração na frequência de uso das variantes, por fim, produziria uma mudança no sistema social de avaliação. Colocando-se a hipótese de uma difusão generalizada da regra de concordância, de modo que todos os segmentos sociais no Brasil passassem a utilizar a regra de concordância numa frequência quase categórica, como fazem hoje apenas os falantes da norma urbana culta (um hipotético cenário futuro, que implicaria necessariamente uma efetiva democratização da sociedade brasileira), a discriminação e o preconceito linguístico perderiam sua razão de ser. Coloca-se, então, a seguinte questão: como os diversos segmentos sociais estão mudando o seu comportamento linguístico em relação à regra de concordância verbal? Essa questão será enfrentada na subseção seguinte.

As tendências latentes nos processos de variação na concordância verbal

Na perspectiva da relação dialética entre uso, avaliação e mudança, identificar as tendências do processo de variação e mudança da regra de concordância verbal nos diversos segmentos sociais é crucial para completar a estratificação sociolinguística do Brasil em relação a esse fenômeno variável. Se temos pouquíssimos dados empíricos sobre a avaliação subjetiva dos falantes em relação ao uso da concordância verbal, o que nos levou a trabalhar basicamente com as hipóteses, temos resultados concretos que nos informam sobre as tendências dos processos de variação e mudança, como será visto a seguir.

A análise do encaixamento social da variação na concordância verbal junto à 3ª pessoa do plural na norma culta carioca, feita por Graciosa (1991: 41), revelou, em relação à variável faixa etária, um padrão ligeiramente decrescente quando se passa dos informantes mais velhos para os informantes mais novos, como se pode ver na tabela a seguir, que apresenta as frequências de uso da regra de concordância, por faixa etária, entre falantes de nível superior completo, numa amostra colhida na década de 1970.

Tabela 32 – Frequência de aplicação da regra de concordância verbal na amostra do Nurc-RJ por faixa etária[58]

Faixa etária	Aplicação da regra de concordância		
	Nº/total	Frequência	Peso relativo
25 a 35 anos	76/82	93%	.39
36 a 55 anos	127/136	93%	.41
Mais de 56 anos	122/125	98%	.47

As frequências revelam que a regra de concordância é mais usada pelos falantes mais velhos (com 98% de frequência de uso da regra, contra 93% nas faixas etárias de 25 a 35 anos e 36 a 55 anos), e os pesos relativos apresentam uma ligeira inclinação decrescente no emprego da regra quando se passa da faixa de mais de 56 anos para a faixa de 36 a 55 anos (.47 para .41) e dessa para a dos falantes mais jovens, entre 25 e 35 anos (.41 para .39). Contudo, considerando o prestígio social da regra de concordância, o melhor diagnóstico, nesse caso, seria o de uma gradação geracional (Labov, 1994), que não reflete um processo de mudança em curso em direção à perda da regra. Os falantes cultos usariam menos a regra quando jovens, em função de um comportamento menos convencional que caracteriza essa fase da vida. À medida que fossem envelhecendo, e assumindo um comportamento mais conservador, passariam a usar mais a regra de concordância, e esse ciclo tenderia a se repetir ao longo das gerações, caracterizando uma situação de variação estável. Assim, tem-se na norma urbana culta a indicação de uma situação de *variação estável com gradação geracional.*

A análise quantitativa de Scherre e Naro (1997: 107) do encaixamento social da variação no uso da regra de concordância verbal entre falantes do Rio de Janeiro, com 1 a 11 anos de escolarização, com base no *corpus* do Peul, encontrou os seguintes resultados de aplicação da regra de concordância:

Tabela 33 – Aplicação da regra de concordância verbal
na amostra do Peul por escolarização, sexo e idade

Variáveis sociais	Fatores	Frequência	Peso Relativo
Escolarização	1 a 4 anos	63%	.39
	5 a 8 anos	78%	.50
	9 a 11 anos	81%	.64
Sexo	Feminino	77%	.56
	Masculino	67%	.40
Idade	15 a 25 anos	71%	.40
	26 a 49 anos	80%	.60
	50 a 71 anos	70%	.46

Com base nos resultados das variáveis escolarização, sexo e faixa etária, Scherre e Naro concluem que "o comportamento dessas três variáveis convencionais indica um padrão típico de *variação estável*"[59] e explicam:

> Apresentam mais a variante explícita [de concordância verbal] as pessoas com mais anos de escolarização e as do sexo feminino. Aquelas por estarem mais expostas à correção gramatical e estas, como as pesquisas já atestam, por "quebrarem" menos as regras sociais estabelecidas, sendo, em particular, mais sensíveis às formas de prestígio. A variável faixa etária apresenta um padrão ligeiramente curvilinear, indicando que as pessoas mais pressionadas pela idade profissionalmente produtiva usam também mais as formas de prestígio.

Assim, na norma culta e nas normas médias, predomina um cenário de variação estável, podendo ocorrer uma ligeira gradação geracional. Esse cenário pode ser explicado pelo valor social positivo atribuído à regra de concordância. Essa avaliação positiva impediria a propagação de influências vindas de baixo, da norma popular. Ao contrário, o que se observa é uma influência de cima para baixo, que vai determinar um processo de implementação da regra na norma popular. Essa hipótese se confirma, de forma significativa, na análise de Monguilhott (2001: 61), em uma amostra recolhida com falantes de Florianópolis com as mesmas características da amostra do Peul. Considerando os resultados da variável faixa etária no conjunto de informantes, os resultados apresentam um padrão curvilinear invertido em relação ao padrão clássico de variação estável, no qual os falantes da faixa etária intermediária, mais expostos às pressões do mercado de trabalho, apresentaram os menores índices de aplicação da regra. De qualquer forma, esse cenário inconclusivo aponta igualmente para um diagnóstico de variação estável. Contudo, separando os falantes de quatro anos de escolarização, por um lado, dos falantes de onze anos de escolarização, por outro, os resultados foram os seguintes:

Tabela 34 – Aplicação da regra de concordância verbal
com falantes da cidade de Florianópolis por faixa etária e anos de escolarização

Faixa etária	4 anos de escolarização		11 anos de escolarização	
	Frequência	Peso relativo	Frequência	Peso relativo
15 a 24 anos	79%	.47	83%	.56
25 a 45 anos	76%	.42	75%	.43
52 a 76 anos	77%	.40	85%	.71

Para os falantes com quatro anos de escolaridade, representativos da norma urbana média baixa, os resultados ponderados dos pesos relativos revelam um padrão ascendente de mudança em curso no sentido da implementação da regra, com os falantes mais jovens usando mais a concordância que os falantes mais velhos. Já entre os falantes com onze anos de escolarização, que podem ser tomados como representativos da norma urbana semiculta, repete-se o padrão de variação estável, que já havia sido encontrado no Rio de Janeiro. A tendência para a implementação da regra de concordância entre os falantes com quatro anos de escolaridade da norma urbana média baixa aproxima essa norma de transição da norma popular, na qual predominam processos de implementação da regra de concordância, com exceção dos estudos de Naro (1981).[60]

Os resultados da variável faixa etária, na análise de Sílvia Vieira (1995: 105-7) junto a pescadores do norte fluminense, que foram tomados aqui como representativos da norma popular rurbana, apresentam um padrão ascendente, no qual a concordância é mais usada pelos falantes mais jovens em relação aos mais velhos, como se pode ver na tabela a seguir.[61] Esse padrão se relaciona a um processo diacrônico de implementação da regra de concordância na comunidade.

Tabela 35 – Aplicação da regra de concordância verbal
entre pescadores do norte do estado do Rio de Janeiro por faixa etária

Faixa etária	Aplicação da regra de concordância	
	Frequência	Peso relativo
18 a 35 anos	44%	.63
36 a 55 anos	41%	.52
Mais de 56 anos	31%	.40

Influenciada pela hipótese de Naro (1981), Vieira se surpreende com os resultados e não consegue encontrar uma explicação para o fato:

> Os índices relativos à não concordância, expostos na tabela,[62] contrariam a hipótese inicial deste trabalho, que pressupunha que os informantes mais velhos se serviriam da variante considerada mais conservadora – a concordância –, enquanto os mais novos, da variante mais inovadora – a não concordância. Ocorre que os resultados da pesquisa atestam que os informantes mais jovens apresentam menor probabilidade de não concordância. Ao passo que os mais velhos apresentam maior tendência à não concordância [...], [o que] indicaria que está havendo, na linguagem dos pescadores norte-fluminenses, uma tendência a um sistema de concordância. Tal tendência contraria os resultados obtidos em estudos do fato que atestam que, na fala das classes socioeconômicas mais baixas, a regra de concordância verbal está passando por um processo de mudança linguística em direção a um novo sistema gramatical, sem concordância (cf. Naro; Lemle, 1977, p. 259; Naro, 1981, p. 63).
> [...]
> Tendo-se em vista os pesos relativos obtidos para as faixas etárias, faz-se necessário investigar a razão do comportamento linguístico dos falantes. O que estaria determinando a maior tendência à concordância no discurso dos indivíduos mais novos em comparação ao dos mais velhos?

Mas os resultados de Vieira nada têm de surpreendentes, o problema foi que seus pressupostos estavam equivocados. Em vez de uma lenta mudança em direção a um sistema sem concordância (impulsionada por uma deriva secular), o que se observa na norma popular brasileira é um processo de implementação do uso da regra de concordância. Tal processo se encaixa perfeitamente na visão da polarização sociolinguística do Brasil aqui sistematizada, na qual se destaca um processo de nivelamento linguístico, com mudanças de cima para baixo, em que as classes mais baixas estão assimilando as variantes linguísticas de maior prestígio social da fala das classes média e alta (como as regras de concordância), na medida em que vão se inserindo melhor no sistema econômico do país, tendo mais acesso aos direitos sociais e adquirindo, assim, a consciência do valor simbólico positivo associado ao uso dessas regras.

O padrão ascendente encontrado por Vieira, ao contrário de ser uma exceção, é a regra, que se repete na maioria dos estudos sobre o tema nas variedades populares do português brasileiro. Tal é o caso da análise de Bortoni-Ricardo (2011 [1985]) junto a falantes rurbanos da periferia de Brasília, na comunidade de Brazlândia. Integrando as variáveis idade, sexo, exposição à mídia e o modelo de redes sociais em uma análise de conjunto do fenômeno, essa sociolinguista traça um panorama muito nítido do processo de mudança de cima pra baixo em curso na comunidade. Os resultados das variáveis sociais de sua análise quantitativa são apresentados na Tabela a seguir (Bortoni-Ricardo, 2011: 228-9):

Tabela 36 – Aplicação da regra de concordância verbal
entre falantes rurbanos de Brasília por idade, exposição à mídia e sexo

Variáveis sociais	Fatores	Frequência	Desvio ajustado (%)	
Idade	Jovem	64%	+27	
	Adulto	27%	−7	Beta = .41
Exposição à mídia	Alta	43%	+5	
	Baixa	26%	−5	Beta = .13
Sexo	Homem	39%	+2	
	Mulher	30%	−2	Beta = .05

Os resultados da variável faixa etária, com os jovens fazendo mais a concordância verbal que os mais velhos, apontam para um processo de mudança em progresso em favor da aplicação da regra de concordância. Os resultados da variável exposição à mídia revelam tratar-se de uma mudança de cima para baixo, com a difusão dos modelos linguísticos urbanos cultos para o conjunto da sociedade, na qual os meios de comunicação de massa têm um papel preponderante. Assim, os falantes que assistem mais à televisão e ouvem mais rádio, dentre os quais os jovens são a maioria, assimilam mais a regra de concordância do que aqueles que são menos atingidos pela mídia. Os resultados da variável sexo também são elucidativos, com os homens empregando mais a regra de concordância que as mulheres. Nesse universo socioeconômico, os homens, no geral, se inserem mais no mercado de trabalho do que as mulheres, que ficam mais restritas ao universo das tarefas domésticas e à criação dos filhos. E, no ambiente de trabalho, os indivíduos estão mais expostos à norma culta, assimilando mais as regras de concordância.

Esse padrão da variável sexo, que é preponderante no conjunto de análises sociolinguísticas que se têm feito sobre a norma popular no Brasil, contraria o princípio da análise sociolinguística ortodoxa de que as mulheres são mais sensíveis às variantes de prestígio que os homens, formulado com base em análises sociolinguísticas conduzidas em sociedades plenamente industrializadas, com um padrão socioeconômico menos injusto que o encontrado no Brasil. Isso só vem comprovar que o efeito concreto de um fator social só pode ser elucidado na análise do processo como um todo, sendo esse efeito determinado pela configuração própria de cada situação sócio-histórica particular.[63] Nesse sentido, a análise de Bortoni-Ricardo (2011 [1985]: 263-264), baseada no modelo das redes sociais, ilumina bastante o papel da variável sexo:

> Em uma comunidade rurbana, tal como Brazlândia, o processo de difusão dialetal pode seguir trilhas bem diferentes para homens e para mulheres. No caso dos homens, ele pode ser previsto pelo número de características de suas relações interpessoais em uma esfera pública, *i.e.*, fora do domínio do lar. [...] A arena onde a difusão dialetal das mulheres deve ser investigada é, em contraste, não a esfera pública, mas a esfera privada de relações sociais. As mulheres migrantes ainda se mantêm muito confinadas em suas redes de parentesco e vizinhança. Uma consequência disso é que não ficam diretamente expostas à cultura dominante via vínculos interpessoais com estranhos.

Buscando na tradição da Antropologia Social o modelo teórico e metodológico das redes sociais, Bortoni-Ricardo (2011 [1985]: 262-3) consegue refinar sua análise do processo de difusão dialetal, em que os migrantes rurais de Brasília assimilam os padrões linguísticos urbanos cultos, focalizando menos o grupo que o indivíduo, com base no pressuposto de que "o comportamento de um indivíduo – linguístico ou não – pode ser previsto pelas características de sua rede social". Assim, a análise de Bortoni-Ricardo seguiu o determinado princípio:

> No caso de migrantes de origem rural, cuja fala foi objeto de estudo aqui, nosso pressuposto era que a difusão dialetal seria agilizada quando o migrante se submetesse à influência de um grupo de referência exterior mais prestigioso. No primeiro estágio do processo de transição física e psicológica do rural para o urbano, os migrantes geralmente se encontram inseridos em redes isoladas nas quais os parentes e conterrâneos da fase pré-migratória constituem seu grupo de referência. No estágio seguinte do processo, eles tendem a trocar as redes isoladas por redes maiores e mais heterogêneas, integradas à vida urbana, em cujo interior ficam mais expostos à língua e à cultura urbana dominante, além de serem mais suscetíveis à influência de um grupo de referência exterior.

Dessa forma, Bortoni-Ricardo (2011 [1985]: 265-6) conseguiu correlacionar o nível em que o falante empregava a variante padrão da concordância e sua inserção nas redes sociais, constatando que o indivíduo que usava mais a variante padrão era aquele que tinha sido "bem-sucedido na transição de uma rede isolada para uma rede integrada". Contudo, Bortoni-Ricardo (2011: 266) constatou também que esse processo de transição não era linear, mais eivado de contradições:

> A transição do rural para o urbano é, de fato, um processo complexo durante o qual o migrante vai estar permanentemente confrontado com a ambivalência entre a identificação com o grupo exterior, motivada por razões pragmáticas, e a necessidade do apoio psicológico e social de seu grupo interno. A ênfase deste estudo foi principalmente na tendência para a identificação com o grupo exterior, mas o fenômeno oposto não pode ser negligenciado.

O processo de nivelamento linguístico, no qual os falantes das classes mais baixas assimilam os modelos da norma culta, está inserido em um processo mais amplo de dominação ideológica, em que os valores e padrões de conduta das classes dominantes percolam as classes subalternas. Reside aí a contradição com que se depara o indivíduo entre aderir aos valores que lhe são impostos de cima para baixo ou reagir na defesa da identidade cultural de seu grupo. A mudança linguística, como processo sócio-histórico, não poderia deixar de refletir tal contradição ideológica, constituindo um aspecto que não pode ser negligenciado nas análises sociolinguísticas que focalizam a norma popular, como bem obervou Bortoni-Ricardo (2011 [1985]: 270):

> Uma importante questão sociolinguística a ser investigada no Brasil é o conflito entre duas tendências opostas, a saber, pressões padronizadoras (parte do fenômeno de homogeneização das sociedades modernas) e manutenção de formas não padrão como símbolos de identidade de grupo.

Conquanto tenha capturado contradições e nuanças do processo de difusão dialetal, a análise de Bortoni-Ricardo (2011[1985]: 269) não perdeu de vista a tendência geral que orienta esse processo, a qual prevê que "falantes adultos tendem a adquirir as desinências verbais à medida que sofrem influência de pressões padronizadoras". Portanto, a tendência para a implementação da regra de concordância a partir de influências de cima para baixo, visualizada na norma urbana média baixa – com base nos dados de Monguilhott (2001) –, se confirma na norma popular rurbana, por meio das análises de Vieira (1995) e Bortoni-Ricardo (2011 [1985]), sendo particularmente visível na análise de Bortoni-Ricardo. Esse mesmo cenário será observado nas análises do fenômeno da norma popular rural.

Na análise realizada com 24 falantes de pouca ou nenhuma escolaridade do município de Santo Antônio de Jesus, no interior do estado da Bahia, sendo 12 moradores da sede (norma popular rurbana) e 12 moradores da zona rural (norma popular rural), encontrou-se o mesmo resultado na variável faixa etária, com os falantes mais jovens empregando mais a regra de concordância que os falantes mais velhos, como se pode ver na Tabela a seguir.

Tabela 37 – Aplicação da regra de concordância verbal segundo a variável faixa etária no português popular do município de Santo Antônio de Jesus (BA)

Faixa etária	Frequência	Peso relativo
Faixa I (25 a 35 anos)	24%	.57
Faixa II (45 a 55 anos)	19%	.49
Faixa III (mais de 60 anos)	21%	.44
TOTAL	21%	

O quadro de mudança em progresso no sentido da implementação da regra de concordância na comunidade pode ser visualizado melhor neste Gráfico:

Gráfico 5 – Aplicação da regra de concordância verbal segundo a variável faixa etária no português popular do município de Santo Antônio de Jesus (BA) com base nos pesos relativos

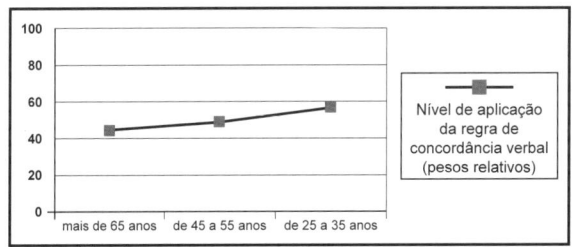

Considerando o conjunto das normas sociolinguísticas aqui definidas, pode-se afirmar que, de acordo com o parâmetro das tendências dos processos de variação e mudança observados em relação à concordância verbal, a norma urbana culta e a norma urbana média se opõem ao conjunto de subdivisões da norma popular; pois, nas primeiras, observa-se um cenário de variação estável, com uma possível gradação geracional, enquanto, nas últimas, se observa, consistentemente, um processo de mudança em curso no sentido da implementação da regra de concordância verbal. Esse cenário, que confirma a polarização sociolinguística do Brasil, pode ser representado graficamente da seguinte maneira:

Gráfico 6 – Tendência do processo de variação/mudança na concordância verbal nas normas sociolinguísticas do Brasil

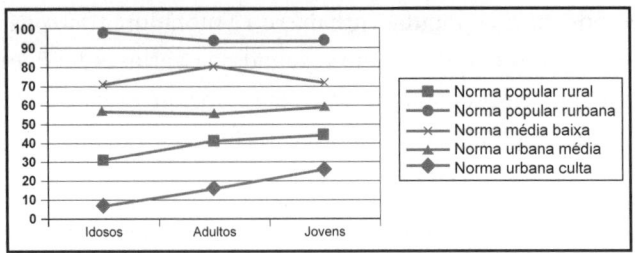

Nesse gráfico, pode-se observar que a *tendência de implementação da regra de concordância*, que é muito nítida na norma popular rural, vai-se atenuando, na medida em que passa para a norma popular rurbana e dessa para a norma urbana média baixa. Há uma lacuna decorrente da falta de dados conclusivos sobre a norma popular urbana. Entre a norma urbana média baixa e a norma urbana média, há uma diferença qualitativa; pois, enquanto na primeira se observa uma *ligeira tendência de mudança*, na segunda é nítido o quadro de variação estável. Por fim, a norma urbana culta se distingue da norma urbana média por exibir uma gradação geracional, que pode ser, contudo, interpretada também como manifestação de um cenário de variação estável, como se argumentou anteriormente. Por fim, deve-se registrar uma lacuna decorrente da inexistência de estudos que focalizem os falantes com ensino secundário completo (12 anos de escolaridade), que poderiam constituir uma norma urbana semiculta.

Esse conjunto de resultados revela, em primeiro lugar, a interpenetração da noção de *continuum* com a visão de polarização, o que se evidencia na gradação da intensidade da tendência de mudança, que vai se atenuando à medida que passa das camadas mais baixas da norma popular para as camadas mais altas. Portanto, a transição entre as camadas é gradual, e não abrupta. Por outro lado, a polarização se confirma quando as diferenças quantitativas se transformam em diferenças qualitativas. Dessa forma, a oposição maior separa a norma urbana culta e a norma urbana média em oposição às demais, de modo que o que se tem chamado aqui de norma urbana média baixa pode ser integrado à norma popular urbana. Contudo, um diagnóstico mais preciso da estratificação sociolinguística do Brasil demandará, certamente, muito mais análises empíricas, para além das atualmente disponíveis.

Conclusão:
caminhos para uma análise de conjunto da realidade sociolinguística do Brasil

O modelo teórico aqui adotado, que assenta no conceito de norma sociolinguística, revelou-se capaz de fundamentar uma análise da realidade sociolinguística brasileira em seu conjunto, não obstante as lacunas existentes na base de dados atualmente disponível. E a própria identificação de tais lacunas revela o poder heurístico do novo modelo, que abre novas frentes para a pesquisa sociolinguística no país. A realização de novas análises variacionistas em *corpora* mais adequadamente constituídos para fazer o contraste entre falantes com escolarização plena e os falantes com escolarização média, não apenas no que se refere à frequência de uso das variantes linguísticas, mas, sobretudo, para aferir a reação subjetiva e a tendência no processo de variação/mudança – não apenas em relação à concordância, mas focalizando também outras variáveis linguísticas, como o pronome anafórico de 3ª pessoa e as estratégias de relativização –, forneceria uma fundamentação empírica valiosa para um diagnóstico mais preciso de uma possível distinção entre uma norma urbana culta e uma norma urbana semiculta. Por outro lado, novas pesquisas sociolinguísticas com esse desenho metodológico, focalizando tanto falantes com 8 a 11 anos de escolaridade quanto falantes com 4 a 7 anos de escolaridade, poderiam fornecer a base empírica para um diagnóstico mais preciso sobre a norma urbana média – se ela é uma norma sociolinguística propriamente dita ou apenas uma norma de transição entre duas normas sociolinguísticas claramente distintas, a norma urbana culta e a norma popular urbana.

O modelo aqui proposto também abre frentes de investigação muito interessantes no universo da norma popular. O parâmetro das tendências observadas no processo de variação/mudança aponta para um único conjunto, no qual se verifica uma tendência de mudança em progresso, no sentido da implementação da regra de concordância verbal. Ocorre, contudo, um gradiente nas frequências de uso, com paralelo na intensidade do processo de mudança. Assim, pesquisas empíricas que pudessem fornecer dados sobre a avaliação subjetiva do uso da regra seriam cruciais para a análise desse conjunto sociolinguístico. Um cenário possível seria composto de duas normas sociolinguísticas distintas – uma norma popular rural e uma norma popular urbana –, que se oporiam em função do cenário de indicador sociolinguístico, na primeira, e marcador sociolinguístico, na segunda. Nesse caso, a norma popular rurbana não seria uma norma sociolinguística propriamente dita, mas uma norma de transição. O grande desafio nessa frente de investigação é proceder à observação controlada da avaliação subjetiva junto aos falantes da base da pirâmide social brasileira, o que talvez seja o maior obstáculo para a pesquisa empírica na área da Sociolinguística no país (cf. primeira seção deste capítulo).

O leque de questões que se descortina só revela a produtividade do modelo teórico aqui delineado, pois a produtividade de um modelo teórico deve ser avaliada não apenas pelas respostas que produz, mas igualmente pelas perguntas que suscita. Acreditamos, com isso, que a síntese alcançada aqui para a polarização sociolinguística do Brasil pode orientar, daqui por diante, de maneira muito profícua, a pesquisa empírica na área. E essa síntese só se tornou possível com o recurso ao conceito de norma sociolinguística como ferramenta de análise que integra dialeticamente o comportamento linguístico dos falantes com a sua reação subjetiva perante a variação linguística e as tendências dos processos de variação e mudança em curso.

Para além das perspectivas colocadas para a análise sociolinguística da variação na concordância verbal (que se estende também para a variação na concordância verbal junto a outras pessoas do discurso, particularmente a 1ª pessoa do plural), outro campo adjacente que naturalmente se abre é o da variável da concordância nominal que se manifesta em dois planos distintos da estrutura linguística: o primeiro, na relação entre os constituintes do SN, que define uma variável dependente – exemplificado em (37) –; e o segundo, relativo ao predicativo do sujeito e à estrutura passiva, que formam uma única variável dependente – exemplificado em (38) e (39).

(37) Não encontrei *meus colega* na praça.
(38) Esses problemas são *complicado*.
(39) Muitas coisas ainda não foram *comprada*.

Apesar da base de dados atualmente disponível para essas duas variáveis linguísticas ser ainda mais restrita do que aquela aqui utilizada para interpretar o cenário sociolinguístico da variação na concordância verbal, é possível vislumbrar o mesmo cenário de polarização sociolinguística, pelo menos no que concerne ao parâmetro das tendências observadas nos processos de variação e mudança. Scherre e Naro (1997: 107) apresentam, tanto para a variação na concordância de número no interior do SN quanto para as estruturas de predicativo e voz passiva, um cenário de variação estável, em sua análise do que é chamado aqui norma urbana média do Rio de Janeiro. Já Sílvia Figueiredo Brandão (1994: 56), analisando a concordância nominal no interior do SN junto aos pescadores do norte do estado do Rio de Janeiro, aqui tomados como representantes da norma popular rurbana, encontrou, nos dados da variável faixa etária, um padrão de mudança em progresso em favor da implementação da regra, análogo ao que Sílvia Vieira encontrou, no mesmo *corpus*, para a concordância verbal. E Vivian Antonino da Silva (2007: 91-2), em sua análise da concordância de número com o predicativo do sujeito e estruturas passivas, utilizando o *corpus* do português popular do interior do estado da Bahia do Projeto Vertentes, que recobre tanto a norma popular rural quanto a norma popular rurbana, também encontrou um quadro de mudança em progresso nos resultados da variável faixa etária, com os mais jovens fazendo mais a concordância que os mais velhos. Portanto, observa-se, também em relação à concordância nominal, uma clivagem em que os segmentos urbanos médios exibem um quadro de variação estável, enquanto os segmentos populares exibem um cenário de mudança em progresso no sentido da implementação da regra de concordância.

Com base no exposto aqui, pode-se afirmar que a sistematização da polarização sociolinguística do Brasil, nos moldes em que isso foi feito neste livro para a concordância verbal junto à 3ª pessoa do plural, focalizando todos os planos em que a regra de concordância nominal se aplica, bem como o emprego da regra de concordância verbal junto a outras pessoas do discurso, principalmente a 1ª pessoa do plural, constitui hoje uma importante frente de investigação para a pesquisa sociolinguística, com a realização de análises empíricas que preencham as lacunas existentes, possibilitando, assim, uma interpretação de conjunto, com base no modelo teórico da norma sociolinguística aqui sistematizado.

Outro campo de investigação que se abre, dentro da perspectiva aqui proposta, diz respeito aos processos de mudança que se difundem numa mesma direção por todos os segmentos da sociedade brasileira, tais como a realização do sujeito pronominal, o objeto nulo, as relativas cortadoras etc. Nesse caso, a pesquisa empírica deve aferir a avaliação subjetiva dos falantes através de testes controlados de avaliação, percepção e produção, fornecendo assim dados igualmente cruciais para a delimitação das normas sociolinguísticas no país. Portanto, a análise da realidade sociolinguística brasileira aqui postulada distingue centralmente dois tipos de processo de variação e mudança:

(i) processos de variação e mudança que atingem todos os segmentos da sociedade brasileira numa mesma direção;

(ii) processos de variação e mudança que assumem direcionamentos distintos, separando os segmentos sociais médios e altos dos segmentos da base da pirâmide social.

No primeiro caso, estão os processos de variação e mudança que tendem a afastar o comportamento linguístico real dos brasileiros de uma norma padrão anacrônica e adventícia ainda vigente no país, mas que não têm força suficiente para barrar o avanço de certas variantes não padrão, como se observa na difusão do uso das relativas cortadoras. No segundo caso, a força da norma linguística de prestígio se faz valer, contendo o avanço das variantes populares, de um lado, e difundindo as variantes linguísticas das classes privilegiadas para o conjunto da sociedade, de outro, como se observa em relação à difusão do uso das regras de concordância de cima para baixo. Nos dois planos, é preciso deslindar a dialética da relação entre a frequência de emprego das formas linguísticas em variação, os sistemas de avaliação social dessas variantes linguísticas e as tendências latentes nesses processos de variação para se alcançar uma adequada compreensão da realidade sociolinguística do país.

Notas

[1] Essa distinção entre *mudanças socialmente condicionadas* e *mudanças gramaticalmente condicionadas* é crucial no quadro teórico que busca integrar a faculdade da linguagem na análise da mudança linguística (cf. capítulo "A polarização sociolinguística do Brasil: fundamentos teóricos").

[2] Para uma definição dos conceitos sociolinguísticos de *marcador* e *indicador*, veja-se capítulo "A polarização sociolinguística do Brasil: fundamentos teóricos".

[3] Entra aí o enfrentamento político da questão do padrão normativo. Uma eventual flexibilização do padrão normativo, alcançada pelo avanço da visão científica de língua (ou seja, uma visão realista e pluralista) sobre a visão purista, facilitaria a implementação de tais processos. Há, portanto, uma dialética entre a pesquisa linguística e a questão política da língua (ponto de vista que orienta o raciocínio desenvolvido neste livro), na medida em que os resultados produzidos por pesquisas sociolinguísticas com o delineamento proposto nesse parágrafo forneceriam subsídios valiosos para um debate sobre a norma padrão, distinguindo, empiricamente, as prescrições que ainda têm força social daquelas que são fruto de um purismo empedernido.

[4] "[...] as variáveis que são diagnósticos sociais para uma dada população não se correlacionam com o *status* social da mesma forma. Diferenças na descontinuidade da correlação nos levam a distinguir entre o que se tem chamado aqui de estratificação descontínua/[abrupta] e gradual. A estratificação gradual refere-se a um aumento progressivo na frequência de ocorrências de uma variante quando associada a vários grupos sociais [...] [quando] nenhum desses grupos mostra uma frequência significativamente maior e discrepante dos outros [...]. Mas há outras variáveis que indicam uma descontinuidade entre grupos sociais contíguos [...] no caso dessa última estratificação, encontram-se padrões bem definidos de correlação em termos das principais classes sociais; já a estratificação gradual não revela a mesma distribuição descontínua." (Wolfram, Fasold, 1974: 79-81 apud Bortoni-Ricardo, 2011: 22-3)

[5] Cf. nota 2.

[6] A Síntese de Indicadores do ano de 2009 da Pesquisa Nacional por Amostragem de Domicílios do IBGE revela que havia aparelho de televisão em 96% dos domicílios brasileiros.

[7] Há que se chamar a atenção para uma dimensão até mesmo perversa de tal situação. É preciso haver um mínimo de inserção social e de acesso a bens materiais e simbólicos para se criarem as condições mínimas para a emergência de grupos de resistência. Nas populações totalmente marginalizadas, sem as condições mínimas de existência, essas condições simplesmente não existem. Isso explica por que a emergência desses movimentos de contra-hegemonia ocorre nos grandes centros urbanos, e não no meio rural.

[8] Cf. capítulo "A polarização sociolinguística do Brasil: fundamentos teóricos".

⁹ Cf. capítulo "A polarização sociolinguística do Brasil: fundamentos teóricos" deste livro.

¹⁰ No jargão laboviano (2008 [1972]), o vernáculo designa aquela produção verbal em que o indivíduo presta um mínimo de atenção à forma da sua fala, o que será referido aqui também pela expressão *fala vernácula.*

¹¹ Cf. Anthony Naro (comunicação pessoal).

¹² Para mais informações sobre o Projeto Vertentes, sugere-se a consulta à sua página na internet, no endereço <http://www.vertentes.ufba.br>. Acesso em: 13 maio 2015.

¹³ De acordo com o Censo de 2000, a população de Santo Antônio de Jesus era de 77.340 habitantes, passando a 90.895 no Censo de 2010; já Poções tinha 44.759 habitantes em 2007 (IBGE).

¹⁴ A distribuição por faixas etárias foi aperfeiçoada em relação à amostra do português afro-brasileiro para garantir um intervalo médio de 20 anos entre uma faixa etária e outra, o que corresponde *grosso modo* ao intervalo de uma geração.

¹⁵ Sobre a ação das redes sociais e da mídia nos processos de variação e mudança, particularmente entre os falantes rurbanos, veja-se Bortoni-Ricardo (2005, 2011 [1985]).

¹⁶ Destacam-se aí as séries *Gramática do português falado* (Abaurre e Rodrigues, 2002; Castilho, 1991, 1993; Castilho e Basílio, 1996; Ilari, 1992; Kato, 1996; Koch, 1997; Neves, 1999) e *Gramática do português culto falado no Brasil* (Ilari e Neves, 2008; Jubran e Koch, 2006; Kato e Nascimento, 2009).

¹⁷ Para se ter uma ideia da situação, antes que o trabalho de realização das entrevistas se concluísse, recebemos a notícia de que um dos nossos entrevistados havia sido violentamente assassinado.

¹⁸ Essa última interpretação é questionada no capítulo "A polarização sociolinguística do Brasil: fundamentos teóricos".

¹⁹ A população do município do Rio de Janeiro, segundo o Censo de 2000 do IBGE, era de 5.851.914 habitantes.

²⁰ Norma padrão.

²¹ Na notação linguística, o asterisco anteposto a uma frase significa que essa frase é agramatical, ou seja, não é naturalmente produzida pelos falantes nativos da língua.

²² Como a amostra foi constituída na primeira metade da década de 1980, um falante com mais de 50 anos teria nascido na década de 1930 e teria cursado o científico ou o normal até a década de 1960, tendo *a fortiori* o perfil de um falante da norma culta.

²³ Tanto no caso do clítico quanto do pronome lexical, a nossa interpretação de que o indivíduo não assume um comportamento linguístico menos formal na velhice, depois que sai do mercado de trabalho, prevalece sobre a interpretação da Sociolinguística ortodoxa a respeito do padrão curvilíneo da variação estável (cf. capítulo "A polarização sociolinguística do Brasil: fundamentos teóricos").

²⁴ Com base em nossa observação pessoal, pode-se afirmar, por exemplo, que hoje em dia os jornalistas usam normalmente o *ele* como acusativo em sua fala não planejada na televisão (quando não estão lendo o texto no *teleprompter*).

²⁵ Em vez de usar redações livres, foi pedido aos alunos que escrevessem sobre como reagiriam em três situações distintas; em todas, o texto formulado como mote induzia o aluno a utilizar objetos diretos anafóricos.

²⁶ Surpreendentemente, o segundo grupo de alunos apresentou uma frequência de uso do clítico superior à do primeiro grupo, de alunos no fluxo escolar regular.

²⁷ Essa posição será retomada na Conclusão deste livro.

²⁸ O predomínio das orações relativas em que o relativizador está ligado a uma posição de sujeito e de objeto direto é uma tendência geral nas línguas humanas (Keenan e Comrie, 1977).

²⁹ Lembramos claramente de uma manchete secundária na capa de uma revista de grande circulação nacional que dizia: "1995: o ano que domamos a inflação". Mesmo sendo secundária, não deixa de ser uma manchete de capa, ou seja, uma frase que passou pela revisão atenta de pelo menos um profissional especializado nas regras de correção gramatical.

³⁰ Uma reação frequente das pessoas, ao serem confrontadas com esse tipo de construção, é dizer que não usam frases desse tipo, confirmando a máxima laboviana acerca da diferença entre a maneira como as pessoas falam e a maneira como elas pensam que falam.

³¹ Arim, Ramilo e Freitas (2004) trabalham com dados de textos veiculados nos meios de comunicação de massa em Portugal. Alexandre (2000) conjuga dados do *Corpus* de Referência do Português Contemporâneo (CRPC) oral com dados recolhidos a partir de programas televisivos (de notícias ou de debates) e de conversas informais com os mais variados interlocutores. Varejão (2006) utiliza a amostra do português popular rural do *Corpus* Dialectal com Anotação Sintática (CORDIAL-SIN), coordenado por Ana Maria Martins.

32 No universo de relativas não padrão recolhidas por Varejão (2006: 132) em amostras do português europeu, as cortadoras predominavam sobre as resumptivas na proporção de 3 para 1.

33 Além da sua presença no português europeu (cf. estudos já citados – ver nota 33), as relativas cortadoras e resumptivas também estão presentes no francês e no italiano; sendo a relativa padrão associada à fala formal e à escrita (Guasti e Cardinaletti, 2003).

34 Cf. capítulo "A polarização sociolinguística do Brasil: formação histórica".

35 Gostamos da interpretação de Kato (1993c), de um pronome relativo invariável ligado a uma posição disponível na periferia esquerda da oração, e, dentro da perspectiva epistemológica dos conjuntos difusos que se adota aqui, postulamos que esse "que" invariável estaria no limite difuso entre o conjunto dos complementizadores e dos pronomes relativos propriamente ditos, ou seja, morfologicamente marcados.

36 Sabe-se que essa ampliação funcional do "onde" ocorre em outras línguas, como o alemão, por exemplo.

37 Ao que tudo indica, a relativa cortadora não é facilmente percebida pelos falantes, de modo que sua implementação ocorreria abaixo do nível de consciência. Contudo, essa é uma proposição que ainda carece de maior fundamentação empírica e teórica.

38 Exemplos da base de dados de Tarallo (1983: 2-4).

39 Segundo a legenda: C. cortadora; P. padrão; R. resumptiva. A primeira construção é a da base de dados de Tarallo, seguida das variantes correspondentes, que foram acrescentadas aqui.

40 Os dados oferecidos por Alexandre (2000) permitem inferir que a grande vitalidade do clítico acusativo no português europeu torna mais produtiva em Portugal a estratégia resumptiva a partir da posição de OD.

41 Como já foi informado anteriormente, correspondem a apenas 1% do total de ocorrências da base de dados de Tarallo (1983).

42 Traduzido do original em inglês.

43 Vale lembrar que essa posição vai de encontro à posição de Dino Preti (1997), referida anteriormente, de que estaria havendo uma fusão entre a norma culta e essa norma média – posição esta que é referendada impressionisticamente por Carlos Alberto Faraco (2008).

44 Traduzido do original em inglês.

45 Exceto nos casos em que o pronome lexical é simultaneamente complemento do verbo da oração principal e sujeito de uma predicação encaixada (cf. seção anterior).

46 "[...] a ausência de marcas de concordância é quantitativamente irrelevante no português europeu e tipologicamente limitada – o português europeu caracteriza-se globalmente pela reiteração das marcas morfológicas de concordância." (Mota, Miguel et al., 2012: 166).

47 "Quando se compara o português do Brasil ao português europeu, uma diferença notável é a tendência no primeiro à simplificação do sistema flexional na regra de concordância de número, tanto no sintagma nominal, quanto na relação entre sujeito e predicado." (Bortoni-Ricardo, 2011 [1985]: 269)

48 Lucchesi (2006) apresenta uma interpretação dos dados de análises sociolinguísticas da variação na concordância verbal no português brasileiro que contradiz a origem fonológica do fenômeno, conforme proposta por Naro (1981) e reiterada por Naro e Scherre (1993, 2007). Essa visão é confirmada em uma nova análise publicada em Lucchesi (2009c).

49 Cf. capítulo "A polarização sociolinguística do Brasil: formação histórica".

50 O conceito de *rurbano* da Antropologia foi introduzido por Bortoni-Ricardo (2005, 2011 [1985]) na análise sociolinguística e remete a "comunidades urbanas de periferia onde predomina forte influência rural na cultura e na língua" (2005: 44) ou, ainda, a "populações rurais com razoável integração com a cultura urbana e populações urbanas com razoável preservação de seus antecedentes rurais" (2005: 92).

51 Os percentuais foram arredondados para esse efeito.

52 Aqui são definidos como rurbanos, no universo de segmentos sociais cobertos pelas análises sociolinguísticas da concordância verbal, os seguintes segmentos: os pescadores do litoral norte fluminense (Vieira, 1995), os migrantes rurais da cidade-satélite de Brasília (Bortoni-Ricardo, 2011 [1985]) e os moradores de Santo Antônio de Jesus, uma cidade de pequeno porte do interior do estado da Bahia, cuja fala popular foi analisada no âmbito do Projeto Vertentes.

[53] Os percentuais foram arredondados para esse efeito.

[54] Uma exceção, no caso dos estudos sobre a concordância verbal, é a análise de Bortoni-Ricardo (2008) sobre a avaliação social da ausência de concordância, com base em testes de reação subjetiva aplicados junto a 24 estudantes universitários da Universidade de Brasília e 24 alunos de um curso supletivo noturno de 1° grau na mesma cidade. A autora adverte, porém, que "uma pesquisa de âmbito limitado como a presente não é suficiente para se precisar o estágio evolutivo do traço estudado" (Bortoni-Ricardo, 2008: 375).

[55] Os conceitos de *estereótipo, marcador* e *indicador sociolinguístico* propostos por Labov (2008 [1972]) são apresentados no capítulo "A polarização sociolinguística do Brasil: fundamentos teóricos".

[56] Essa assertiva é confirmada pelo estudo empírico de Bortoni-Ricardo (2008: 370): "O experimento demonstrou que a estigmatização da concordância verbal não padrão está instituída entre os falantes que têm acesso a curso superior".

[57] A ausência de avaliação negativa da falta de concordância entre falantes urbanos com pouca ou nenhuma escolaridade também é atestada pela pesquisa empírica de Bortoni-Ricardo (2008: 370): "A estigmatização ocorreu entre os universitários, mas não ocorreu entre os alunos do supletivo" (cf. nota 10).

[58] Foi feita aqui uma adaptação, já que a tabela original de Graciosa toma por base a não aplicação da regra.

[59] Itálico acrescido.

[60] A única exceção foi a análise de Naro (1981: 85-8), que encontrou uma diferença irrelevante na frequência de uso da regra entre os falantes mais velhos (com 47,5%) e mais jovens (com 47,6%), mas cujos resultados dos pesos relativos apontaram para o favorecimento do emprego da regra entre os falantes mais velhos (com peso relativo de .58) em detrimento dos mais jovens (com peso relativo de .42). Naro viu nisso o reflexo de um processo de longo prazo de perda da regra de concordância, embora considerasse a possibilidade de haver tendências diferenciadas de variação e mudança dentro do grupo quando se consideravam outras variáveis, particularmente a *orientação cultural* – ideia que veio a se consolidar na formulação de *fluxos e contrafluxos* na comunidade de fala (Naro e Scherre, 1991). Porém, Gregory Guy (1981: 340), analisando a mesma amostra de fala, não encontrou "qualquer tipo de gradação etária sistemática", o que apontava "muito fortemente contra qualquer tipo de mudança em progresso". Diante dessa divergência de interpretações, decidiu-se aqui por não considerar os resultados dessa amostra de fala para esse parâmetro.

[61] Assim como foi feito anteriormente na tabela de Graciosa, adaptou-se a apresentação dos dados, já que a tabela original apresentava os dados de não aplicação da regra. Essa alteração – que em nada interfere no valor dos dados – é feita aqui apenas para homogeneizar a apresentação dos resultados empíricos em função do raciocínio que está sendo desenvolvido.

[62] Ver nota anterior.

[63] Essa questão é tratada no capítulo "A polarização sociolinguística do Brasil: fundamentos teóricos".

Conclusão:
balanço e perspectivas

O fenômeno da linguagem humana se apresenta em duas dimensões complementares e aparentemente inconciliáveis. Em sua dimensão psíquico-biológica, a linguagem se apresenta como um sistema mental através do qual os seres humanos transformam seus pensamentos em frases. Acredita-se que tal sistema seja em sua essência o mesmo desde o surgimento dos primeiros *Homo sapiens*. Sendo parte do patrimônio genético da espécie humana, está contido na programação mental inata que possibilita a toda criança se tornar falante de uma língua natural, não obstante a pobreza dos estímulos que recebe para isso (Chomsky, 1986). Em sua dimensão sócio-histórica, o fenômeno linguístico se apresenta como criação coletiva, refletindo as relações e a cultura de cada agrupamento humano. Nessa condição, cada língua viva está em permanente estado de mudança, e as transformações que ela sofre resultam das mudanças sociais e culturais que se operam no âmbito da comunidade que a usa (Lucchesi, 2004). Portanto, se o sistema mental inato da linguagem é invariável e imutável, as línguas humanas estão em permanente estado de mudança. Abarcar essas duas dimensões do fenômeno linguístico, em uma mesma teoria, ainda é um desafio que se coloca no horizonte da Linguística.

O saber formal sobre a linguagem humana tem-se concentrado, desde as civilizações da Antiguidade, na dimensão psíquico-biológica do fenômeno linguístico e gira em torno de uma pergunta essencial: como as línguas funcionam? Costuma-se dizer que esse saber assumiu uma forma científica, no sentido moderno do termo, no início do século XX, com a publicação do *Curso de linguística geral*, de Ferdinand de Saussure, que definia a língua como uma estrutura encerrada em sua lógica interna. Contemporaneamente, essa vertente formalista dos estudos linguísticos é representada pela Gramática Gerativa, que define o seu objeto de estudo *par excellence* como a faculdade da linguagem a programação mental inata que habilita todos os indivíduos da espécie humana a adquirir uma língua natural. As línguas naturais, por sua vez, constituem as formas possíveis que esse sistema mental assume no uso coletivo (Chomsky, 1986, 1995).

Na Linguística moderna, o principal programa de pesquisa dedicado ao estudo da dimensão sócio-histórica da linguagem é o da Sociolinguística Variacionista, que se propõe a investigar empiricamente os processos diacrônicos de mudança que acometem ininterruptamente a estrutura linguística, por meio da análise da variação que se manifesta sincronicamente no uso concreto da língua no meio social (Weinreich, Herzog e Labov, 2006 [1968]; Labov, 2008 [1972], 1982, 1994). Saussure afirmou que a pergunta sobre o funcionamento da língua é essencialmente distinta da pergunta sobre a mudança linguística e fundou seu programa de pesquisa em uma separação absoluta entre a abordagem sincrônica e a abordagem diacrônica. O desenvolvimento paralelo e a ausência de qualquer intersecção consistente entre a Gramática Gerativa e a Sociolinguística Variacionista parecem confirmar a assertiva do mestre de Genebra. Tem-se argumentado no sentido de que a constituição de um modelo teórico capaz de apreender as duas dimensões do fenômeno linguístico seria o maior desafio que se coloca atualmente para a ciência da linguagem (Lucchesi, 2004, 2011c, 2012a).

A investigação empírica da dimensão psíquico-biológica do fenômeno linguístico pode ter como universo da observação um único falante, pois o fenômeno da linguagem se realiza plenamente na mente de cada indivíduo. Ocorre que o ser humano sozinho não cria uma língua natural, ela é sempre produto da criação coletiva espontânea, não sistemática, sendo dialeticamente o produto e o meio que possibilita as relações sociais. Nessa condição, a língua, conquanto os seus falantes não percebam isso, está mudando contínua e permanentemente, e esse processo ininterrupto de mudança afeta de tal maneira o seu funcionamento que não é possível compreender como uma língua funciona sem compreender como ela muda. Portanto, se o fenômeno psíquico-biológico da linguagem humana é a-histórico e se encerra no indivíduo, sua manifestação objetiva é inextricavelmente coletiva e *a fortiori* sócio-histórica.

Assim, a abordagem da dimensão sócio-histórica da linguagem tende a se deslocar do plano do indivíduo para o plano da coletividade, do plano da língua como saber para o plano da língua como comportamento, para as diferentes formas como as pessoas usam a língua; pois essas diferenças observáveis constituem as manifestações aparentes dos processos subjacentes de mudança em curso na língua. Nessa perspectiva, a Sociolinguística se volta para o conjunto de formas que a língua assume no comportamento dos diversos segmentos sociais, bem como nas formas da língua que a comunidade valoriza e rejeita em suas representações ideológicas, tomando essa gramática da comunidade de fala como seu objeto de estudo, e não a gramática mental do indivíduo, da qual se ocupa a Gramática Gerativa.

A língua se amolda às diferenças sociais porque é inerente à sua forma de estruturação a possibilidade de dizer a mesma coisa de formas diferentes, fenômeno que a Sociolinguística definiu como variação linguística. E, ao contrário do que pensava Saussure, a variação linguística não compromete o funcionamento da língua. Em vez disso, a flexibilidade inerente permite à mesma língua funcionar em situações culturais tão distintas que a homogeneidade é que seria disfuncional. Com base nesse princípio, a Sociolinguística tem criticado o esforço da Linguística formalista em abstrair a variação linguística em suas descrições do funcionamento da língua.

> Embora estudos isolantes desse tipo possam fornecer valiosos pontos de partida para a análise linguística, na nossa opinião, eles não oferecem nenhuma base racional para a explicação da mudança linguística. Tais abstrações são, sem dúvida, mais coerentes do que os dados reais e, portanto, mais indutoras à redação de regras sem exceção. Por outro lado, se alguém tentasse descrever como um falante de *cockney* ou de inglês jamaicano realmente usa a língua, haveria diversas incoerências intrigantes e inexplicáveis nos dados. Tais incoerências seriam explicáveis dentro de um modelo mais adequado de uma língua diferenciada aplicado à comunidade de fala em seu todo, modelo que inclui elementos variáveis dentro do próprio sistema. (Weinreich, Herzog e Labov, 2006 [1968]: 104)

Nessa perspectiva, a Sociolinguística Variacionista se apresenta como o modelo que forneceu os fundamentos teóricos necessários para a formalização analítica da variação linguística "na comunidade de fala em seu todo" como meio para explicar a mudança ininterrupta que afeta a estrutura da língua. O que diferencia os sociolinguistas de seus antecessores que também reconheceram a variação no funcionamento da língua – como alguns membros do Círculo Linguístico de Praga – é que eles conseguiram formalizar um modelo de análise capaz de lidar sistematicamente com esse fenômeno.

> Apesar de nossa profunda simpatia teórica pela posição da Escola de Praga, é preciso reconhecer que seus membros não apresentaram suas opiniões com uma precisão formal adequada para a complexidade dos dados linguísticos. Tampouco desenvolveram métodos empíricos para trabalhar na comunidade de fala, o que lhes permitiria investigar os processos de mudança contínua de maneira convincente. [...] Certamente não basta apontar a existência ou a importância da variabilidade: é necessário lidar com os fatos da variabilidade com precisão suficiente para nos permitir incorporá-los em nossas análises da estrutura linguística. (Weinreich, Herzog e Labov, 2006 [1968]: 107)

Isso se tornou possível com a formulação do conceito de variável linguística.

> Uma variável linguística tem de ser definida sob condições estritas para que seja parte da estrutura linguística [...]. A evidência quantitativa para a *covariação* entre a variável em questão e algum outro elemento linguístico ou extralinguístico oferece uma condição necessária para admitir tal unidade estrutural.[1]
> (Weinreich, Herzog e Labov, 2006 [1968]: 107)

Assim, o sistema linguístico homogêneo composto de regras categóricas da análise formalista é substituído pelo sistema heterogêneo de regras variáveis.

> O sistema heterogêneo é então visto como um conjunto de subsistemas que se alternam de acordo com um conjunto de regras coocorrentes, enquanto dentro de cada um desses subsistemas podemos encontrar variáveis individuais que covariam, mas não coocorrem estritamente. Cada uma dessas variáveis acabará sendo definida por funções de variáveis independentes extralinguísticas ou linguísticas, mas essas funções não precisam ser independentes umas das outras. Pelo contrário, normalmente se esperaria encontrar íntima covariação entre as variáveis linguísticas. (Weinreich, Herzog e Labov, 2006 [1968]: 107)

As escolhas que o falante faz, ao produzir um enunciado verbal, entre as formas linguísticas alternativas que expressam determinado conteúdo são condicionadas pelas características frásicas desse enunciado, bem como pelas características do próprio falante (sexo, idade, classe social etc.). Os condicionamentos estruturais da variação linguística forneceriam pistas de como a mudança está se implementando no sistema da língua, enquanto os condicionamentos sociais indicariam como a mudança estaria se difundindo na comunidade de fala. Assim, a formalização analítica da variação através da fórmula da variável linguística, que permite quantificar o peso dos condicionamentos estruturais e sociais sobre o fenômeno variável em foco, forneceria as bases para a compreensão do processo de implementação da mudança linguística.

Como se argumentou no capítulo "A polarização sociolinguística do Brasil: fundamentos teóricos", o problema se apresentou quando Weinreich, Labov e Herzog (2006 [1968]), apesar de tomarem a comunidade de fala como o objeto de estudo, colocaram a variável linguística na competência linguística do falante individual. Ao claudicar entre a comunidade de fala, representação articulada do conjunto de possibilidades de uso da língua na coletividade, e a competência linguística, representação formal do funcionamento da língua no cérebro do falante individual, a Sociolinguística comprometeu seriamente seu poder explicativo, tanto na abordagem da dimensão sócio-histórica do fenômeno linguístico quanto na abordagem de sua dimensão psíquico-biológica.

Na verdade, o problema reside, a nosso ver, na própria formulação do conceito de variável linguística, ou, mais precisamente, na avaliação do seu poder explicativo. A fórmula da variável linguística permite mensurar o peso dos condicionamentos imediatos do fenômeno variável em foco através da quantificação das correlações entre esse fenômeno (a *variável dependente*) e os fatores linguísticos e extralinguísticos (as *variáveis independentes* ou *explanatórias*). Porém, trata-se de dados brutos, que devem servir como base empírica para uma explicação do processo de mudança linguística, mas que não são *per se* uma explicação para esse processo. Para transformar a informação quantitativa acerca dos condicionamentos estruturais da variação linguística em uma explicação de como o processo de mudança está afetando o funcionamento da língua, é preciso municiar a análise com uma *teoria da estrutura linguística* que interprete e articule os dados quantitativos (fala-se aqui de uma teoria da gramática).[2] No capítulo "A polarização sociolinguística do Brasil: fundamentos teóricos", argumenta-se no sentido de que o ceticismo dos formuladores do paradigma variacionista em relação a uma teoria geral da faculdade da linguagem impediu que esse modelo alcançasse uma abordagem adequada da dimensão psíquico-biológica da mudança linguística.

O mesmo se aplica ao encaixamento da variação linguística na estrutura social. Os dados quantitativos brutos sobre as correlações entre a variável linguística e as variáveis sociais, como sexo, idade e escolaridade, fornecem apenas o ponto de partida (a base empírica) para uma análise de como a mudança está se implementando na comunidade de fala. O problema é que a maioria das análises sociolinguísticas se contenta apenas em arrolar essas correlações imediatas, apresentando conclusões do tipo "a variante X é favorecida na fala dos indivíduos mais jovens, do sexo feminino, com alto nível de escolaridade". Para além de informar muito pouco sobre como a mudança linguística está se difundindo na estrutura social, essa abordagem atomística e mecanicista produz generalizações do tipo "as mulheres são mais sensíveis às formas de prestígio que os homens", que, como se procurou demonstrar no capítulo "A polarização sociolinguística do Brasil: fundamentos teóricos", têm um valor heurístico muito limitado.

A apreensão do real significado do cruzamento de uma variável linguística com a variável sexo passa pela compreensão dos papéis sociais associados a homens e mulheres no contexto histórico particular de cada comunidade de fala. Da mesma forma, a interpretação da variável faixa etária requer uma compreensão dos padrões de comportamento associados a cada fase da vida do indivíduo naquela cultura em particular. Outrossim, a análise da variável nível de escolarização, para ir além da óbvia correlação entre maior escolaridade e uso mais frequente da variante padrão, deve integrar uma análise da distribuição dos bens culturais naquela sociedade pelos diversos grupos sociais, bem como o valor associado a esses bens culturais no processo mais geral de construção da hegemonia ideológica. Ou seja, assim como ocorre no plano da estrutura linguística, uma adequada compreensão de como a mudança linguística se implementa na estrutura social requer uma *teoria geral da comunidade de fala* que possibilite a articulação e ampliação do valor heurístico dos dados de cada variável social. Embora os elementos dessa teoria já se insinuem na análise seminal de Labov (2008 [1972]) junto à comunidade de Martha's Vineyard, a direção que a pesquisa sociolinguística tomou desde então não possibilitou o desenvolvimento de tal teoria, em função do predomínio de uma análise atomística das variáveis sociais, da qual derivam generalizações mecanicistas e a-históricas, que pouco explicam o processo da mudança linguística, mesmo dentro dos parâmetros estabelecidos pela própria ortodoxia do modelo.[3]

Ao longo de todo este livro, buscou-se sistematizar elementos para uma teoria geral da comunidade de fala que pudessem contribuir para a superação dessas fragilidades teóricas da Sociolinguística. Uma abordagem adequada da dimensão sócio-histórica da linguagem deve ser capaz de delimitar cada comunidade linguística na configuração específica dos padrões sociolinguísticos que a compõem e das representações ideológicas da língua que se plasmam em seu interior e lhe conferem uma unidade (que não está livre de contradições), bem como da interação entre esses padrões e representações. Uma teoria da comunidade de fala que se formule dentro desses princípios deve fornecer categorias que possibilitem a descrição e a análise dos padrões coletivos de comportamento linguístico e sistemas sociais de avaliação da língua, capturando suas determinações mais profundas no plano da infraestrutura socioeconômica e suas correlações no plano da disputa político-ideológica que se trava no seio da sociedade.

O comportamento linguístico de um grupo social é determinado, em última instância, pela forma como esse grupo se insere no sistema produtivo e no mercado consumidor e pelo acesso que esse grupo tem aos bens culturais dentro da sociedade. Por outro lado, a avaliação subjetiva das variantes linguísticas não pode ser pensada fora do conjunto de representações simbólicas que interagem no processo de construção da hegemonia ideológica na sociedade como um todo. Nessa perspectiva, o problema da avaliação assume uma dimensão muito mais ampla e profunda, que concebe a avaliação subjetiva das variantes linguísticas não como um *ato individual*, mas como um *ato de classe*. Nessa abordagem, que é denominada aqui sócio-histórica, a análise das mudanças em curso nos padrões coletivos de comportamento linguístico integra o condicionamento dos fatores sociais no sistema mais amplo da infraestrutura socioeconômica e da superestrutura político-ideológica da sociedade como um todo. Só essa análise globalizante da comunidade de fala que a abordagem sócio-histórica possibilita pode desenredar a investigação sociolinguística do atomismo em que o empirismo mecanicista a encerrou.

Por outro lado, uma teoria geral da comunidade de fala deve produzir categorias que possibilitem à análise integrar não apenas as diferenças no comportamento linguístico dos diferentes grupos sociais, mas, sobretudo, a contradição entre os diferentes sistemas de avaliação social da variação linguística que emergem no seio de uma mesma comunidade. Nesse sentido, o conceito de norma sociolinguística desempenha um papel crucial na teorização aqui apresentada e pode ser comparado, em sua importância relativa, ao papel desempenhado pelo conceito de variável linguística na primeira versão do programa de pesquisa da Sociolinguística Variacionista.

Em primeiro lugar, busca-se, com esse conceito, superar o paradoxo instaurado no interior do modelo, com o reconhecimento da existência de diversos e divergentes sistemas de avaliação social da língua dentro de uma mesma comunidade de fala, já que os limites desta última deveriam ser definidos exatamente pela homogeneidade no sistema social de avaliação da língua. Nas sociedades de classe, as contradições engendradas pelas diferentes representações ideológicas da língua refletem as contradições mais profundas que se localizam no plano das relações sociais de produção e apropriação da renda, bem como no plano das relações de poder real e simbólico. A divisão da comunidade de fala em subsistemas – normas sociolinguísticas –, com base nos distintos sistemas de avaliação da variação linguística que os caracterizam, permite à análise integrar esse conjunto de contradições que permeiam as sociedades de classe e determinam, em última instância, o comportamento linguístico dos diversos grupos sociais.

Em segundo lugar, buscou-se apreender, nesse conceito, a dialética entre uso, avaliação e mudança. A *avaliação* que um grupo faz das formas em uso na língua deriva da forma como esse grupo *usa* essas formas linguísticas, ao tempo em que é um dos móveis das *mudanças em curso* no comportamento linguístico desse grupo. Mas todo esse circuito é por sua vez determinado pelas disposições estruturantes do conjunto mais amplo de relações sociais e ideológicas que esse grupo estabelece com o restante da sociedade.

O conceito de norma sociolinguística permite decompor analiticamente a comunidade de fala em estratos sociolinguísticos bem delimitados, em função da frequência de uso das variantes linguísticas, da avaliação subjetiva dessas variantes linguísticas e das tendências de variação e mudança. Isso possibilita uma descrição da comunidade de fala como um todo, compreendendo, inclusive, uma estratificação sociolinguística em termos demográficos. Ao se voltar decididamente para a coletividade, a análise sociolinguística se habilita a iluminar a heterogeneidade linguística em toda a sua amplitude e em sua concretude, desde suas áreas mais densas, concentradas em torno das normas linguísticas ideais e uniformizadoras até seus limites extremos, onde a sua unidade mais se esgarça. Assim, a maior contribuição que essa abordagem poderia trazer para o estudo do funcionamento interno do sistema linguístico é a informação precisa do contexto sociolinguístico em que se movem os falantes individuais e no qual eles buscam construir sua identidade linguística.

Na perspectiva de uma Linguística Sócio-Histórica aqui adotada, assume-se que as raízes históricas da polarização sociolinguística do Brasil remontam aos primórdios da colonização. Como se procurou demonstrar no capítulo "A polarização sociolinguística do Brasil: formação histórica", é no estabelecimento de uma sociedade escravocrata, na qual os senhores eram falantes da língua portuguesa e os dominados eram falantes de centenas de línguas indígenas e africanas, que se encontram os elementos seminais da polarização sociolinguística do Brasil. Sua configuração atual, porém, é em grande medida determinada pelo processo de industrialização da sociedade brasileira, que se iniciou efetivamente com o fim da chamada República Velha, em 1930. Nesse sentido, argumenta-se, no capítulo "A polarização sociolinguística do Brasil: condicionamentos socioeconômicos", que o caráter tardio e dependente do desenvolvimento do capitalismo no Brasil fez com que o nivelamento linguístico, inerente ao processo de industrialização (com a difusão dos modelos linguísticos de prestígio nas grandes cidades para o conjunto da sociedade),[4] só acontecesse no Brasil de forma muito limitada, perpetuando, com isso, as diferenças linguísticas construídas ao longo de séculos e acentuadas atualmente pelo preconceito contra a linguagem popular – uma representação ideológica da língua que também encontra suas motivações mais profundas na manutenção de um sistema econômico baseado na superexploração da força de trabalho e na exclusão social, conforme se argumentou no capítulo "A polarização sociolinguística do Brasil: fundamentos ideológicos". E, como esse preconceito se volta exatamente contra as formas que se teriam originado no contato do português com as línguas indígenas e africanas (como é o caso da simplificação morfológica que afeta as regras de concordância nominal e verbal), tem-se denunciado o seu caráter racista (Lucchesi, 2011a, 2011b).

Esse contexto social mais amplo ilumina a análise das mudanças de cima para baixo que caracterizam atualmente a norma popular brasileira. A limitada inserção das populações rurais – tanto as que migraram para a periferia das grandes cidades quanto as que permaneceram no campo – no sistema produtivo e no mercado consumidor, bem como seu reduzido acesso aos serviços públicos – dentre os quais a escolarização –, tem restringido a difusão das formas linguísticas socialmente valorizadas do meio urbano, fazendo com que ela seja quase nula em algumas áreas, tais como as comunidades rurais isoladas das regiões mais atrasadas do país. Isso se reflete nos três níveis que definem a norma popular como uma norma sociolinguística: (i) a frequência de uso dessas variantes socialmente valorizadas, (ii) o nível de consciência do seu valor simbólico e (iii) a intensidade do processo de implementação dessas variantes nos padrões coletivos de comportamento linguístico. As diferenças nos valores desses parâmetros fornecem as evidências empíricas para uma eventual decomposição da norma popular em normas distintas ou subnormas.

Por outro lado, a imagem negativa da falta de concordância na avaliação subjetiva dos segmentos sociais superiores explica por que não ocorre uma influência de baixo para cima, pois o que se observa, nas normas sociolinguísticas média e culta, é um quadro de estabilidade, em que a regra de concordância se conserva, mesmo que ocorra uma ligeira gradação geracional. Contudo, estão em curso, nessas normas sociolinguísticas, outras mudanças que contrariam a norma de referência linguística institucionalizada – a norma padrão – e que podem, inclusive, ter-se originado nas camadas mais baixas da pirâmide social. A implementação dessas mudanças – que afetam, por exemplo, a forma do pronome acusativo da 3ª pessoa e as orações relativas – só é possível em face da atual fragilidade da norma padrão. A abordagem sócio-histórica nos permitiu também alcançar as determinações mais profundas dessa tensão entre a norma padrão e a norma culta, na contradição entre a renovação da cultura urbana, que a industrialização possibilita, e a manutenção de um discurso hegemônico conservador, que reflete os interesses dos grandes grupos econômicos na sociedade.

Portanto, a compreensão do contexto mais amplo do processo de industrialização e urbanização da sociedade brasileira possibilitou à análise sócio-histórica não apenas identificar os aspectos estruturantes essenciais da configuração atual da realidade sociolinguística do país – o nivelamento linguístico e a tensão entre a norma padrão e a norma culta –, mas também iluminar suas determinações mais profundas, no nível da infraestrutura socioeconômica e da superestrutura político-ideológica.

Por outro lado, como o acesso à escolarização revelou-se um fator crucial na configuração dos atuais padrões sociolinguísticos no país, buscou-se delinear, ainda no capítulo "A polarização sociolinguística do Brasil: condicionamentos socioeconômicos", um primeiro esboço de estratificação sociolinguística do Brasil, em termos demográficos, com base no parâmetro independente do nível de escolarização da população com mais de 25 anos de idade. Contudo, alertamos que tal estratificação preliminar só deveria servir como ponto de partida para a pesquisa empírica e que uma estratificação sociolinguística propriamente dita só seria possível com o recurso aos resultados empíricos de análises variacionistas.

No capítulo "A polarização sociolinguística do Brasil: fundamentos empíricos", foram analisados os resultados de pesquisas sociolinguísticas já realizadas no nível da morfossintaxe, buscando sistematizar os fundamentos empíricos para a nossa interpretação da atual configuração da realidade linguística brasileira. No que concerne à tensão entre a norma padrão e a norma culta, foram analisados estudos variacionistas sobre o pronome anafórico de 3ª pessoa e sobre as estratégias de relativização. Para verificar a adequação empírica da oposição entre a norma culta e a norma popular, sistematizaram-se os resultados de análises sociolinguísticas da variação no uso da regra de concordância verbal junto à 3ª pessoa do plural. Constatou-se que, no nível da morfossintaxe, o fenômeno da variação no emprego das regras de concordância verbal e nominal está no cerne da polarização sociolinguística do Brasil. Assim sendo, pode-se esboçar uma primeira estratificação sociolinguística da sociedade brasileira cruzando os dados da variação na concordância verbal (conforme a sistematização feita no capítulo "A polarização sociolinguística do Brasil: fundamentos empíricos") com os dados demográficos sobre o nível de escolarização, reunidos no capítulo "A polarização sociolinguística do Brasil: condicionamentos socioeconômicos".

Esboço de uma estratificação sociolinguística do Brasil

Em uma das simulações de estratificação da sociedade brasileira por normas sociolinguísticas, com base nos dados do Censo demográfico de 2000 do IBGE relativos ao nível de escolarização da população com mais de 25 anos, feita no capítulo "A polarização sociolinguística do Brasil: condicionamentos socioeconômicos", chegou-se ao seguinte quadro, reproduzido agora com uma aproximação nos percentuais para facilitar a análise:

Norma sociolinguística	Percentual da população
Norma culta	7%
Norma semiculta	16%
Norma média	13%
Norma média baixa	31%
Norma popular	33%

Os falantes da norma culta seriam os 7% da população que tem nível superior completo. Os 16% da população adulta que completou o ensino médio constituiriam a norma semiculta. A norma média ficaria com os 13% que concluíram o ensino fundamental (8 anos de escolarização). 31% da população com mais de 25 anos de idade tem de 4 a 7 anos de escolarização somente. Esses foram reunidos em uma norma média baixa. Por fim, a norma popular congregaria todos os que têm menos de 4 anos de escolaridade, incluindo os analfabetos e os que estudam em programas de alfabetização de adultos, que perfazem apenas 0,19% do total da população brasileira com mais de 25 anos de idade. Com essa composição, a norma popular abarcaria um terço da população (33%).

A grande interrogação que essa estratificação suscita diz respeito à caracterização dos segmentos intermediários (norma semiculta, norma média e norma média baixa), tendo como referência os dois polos da norma culta e da norma popular. Essa seria a primeira questão a ser resolvida com o recurso aos dados sociolinguísticos propriamente ditos.

No cruzamento que se fará aqui com os resultados das análises sociolinguísticas sobre a variação na concordância verbal junto à 3ª pessoa do plural (cf. capítulo "A polarização sociolinguística do Brasil: fundamentos empíricos"), será considerada primeiro a frequência de aplicação da regra. A análise de Scherre e Naro (1997: 107) revelou que a diferença na frequência de aplicação da regra entre os falantes de 5 a 8 anos e de 9 a 11 anos de escolaridade é irrisória: 78% entre os primeiros e 81% entre os últimos. O resultado de Monguilhott (2001: 59-60) é ainda mais contundente, pois os mesmos percentuais são encontrados no cotejo de falantes com 4 anos de escolarização com falantes de 11 anos de escolarização. Esses resultados sugerem um amalgamento da norma semiculta, da norma média e da norma média baixa em uma única norma média, com uma frequência de aplicação da regra em torno de 80% contra uma aplicação quase categórica da regra entre os falantes de nível superior da norma culta (na ordem de 95%). Do outro lado, estariam os falantes da norma popular, que aplicariam a regra numa frequência abaixo de 50%.

No universo da norma popular, o eixo rural-urbano desempenha um papel decisivo; pois, enquanto os falantes analfabetos da cidade do Rio de Janeiro empregam a regra numa frequência de até 48% (Naro, 1981), os falantes com pouca ou nenhuma escolaridade da zona rural do interior do estado da Bahia só a empregam em uma frequência de 17%. Considerando a baixa penetração das formas linguísticas de prestígio na zona rural, bem como as precárias condições de ensino nesse meio, pode-se reunir, em uma norma popular rural, todos os falantes com menos de 8 anos de escolarização. A população rural com mais de 25 anos de idade que se situa na faixa de 0 a 7 anos de escolarização é de 12.947.909 indivíduos. Isso corresponde a 90% do total da população rural brasileira nessa faixa etária. Porém, como a população rural só corresponde a 17% do total da população do país, a norma popular rural representa apenas 15% do total da população brasileira.

Ajustando os demais percentuais em função dessa segregação dos falantes da norma popular rural, tem-se a seguinte estratificação sociolinguística do Brasil, que toma por base as seguintes variáveis: anos de escolarização, local de moradia (rural ou urbano) e frequência de aplicação da regra de concordância verbal:

Norma sociolinguística	Percentual da população
Norma culta	7%
Norma média	60%
Norma popular urbana	18%
Norma popular rural	15%

Assim, para além da norma culta, que não se alterou, configuraram-se uma ampla norma média, que compreende 60% da população brasileira, e uma divisão da norma popular em uma norma popular urbana, que corresponde a 18% da população, e uma norma popular rural, com os restantes 15%. Porém, para chegar à delimitação de uma norma sociolinguística, no enquadramento teórico aqui proposto, é preciso considerar também a avaliação subjetiva das variantes e as tendências de mudança em curso.

Dados empíricos sobre a reação subjetiva dos falantes ao emprego ou não da regra de concordância verbal seriam cruciais para a análise da norma média, mas infelizmente não dispomos de dados de observação controlada sobre isso, como já foi observado aqui. Com base em nossa informação impressionística, formularam-se as seguintes hipóteses:[5]

- Na norma culta, a falta de concordância seria um estereótipo.
- Na norma popular urbana, a aplicação da regra de concordância seria um marcador.
- Na norma popular rural, a variável apresentaria uma situação de indicador apenas, sem variação estilística consistente.

Para além de testar essas hipóteses, que são importantíssimas para uma análise sociolinguística da população brasileira, dados empíricos provenientes da observação controlada da reação subjetiva dos falantes sobre as variantes linguísticas seriam cruciais para uma análise da norma média, que abarca um amplo espectro de níveis de escolarização – desde os que estudaram apenas até a 4ª série até os que concluíram o ensino médio. Assim, se entre os indivíduos que concluíram o ensino médio a não aplicação da regra fosse um estereótipo, eles poderiam ser agrupados com os falantes da norma culta, ou colocados em uma subdivisão dessa norma sociolinguística – uma norma semiculta –, em função da diferença na frequência de aplicação da regra – 80% na norma semiculta, 95% na norma culta. O mesmo valeria *mutatis mutandis* para o restante desse universo.

Mas, se não dispomos ainda de dados empíricos relativos à avaliação subjetiva, podemos avançar em nossa análise recorrendo ao terceiro parâmetro de delimitação da norma sociolinguística – as tendências de variação e mudança –, para o qual dispomos de dados empíricos. A análise de Monguilhott (2001: 61) revelou que o cenário do processo de variação na concordância verbal entre os falantes com 4 anos de escolarização aponta para um diagnóstico de mudança aquisicional da regra, enquanto o cenário entre os falantes com 11 anos de escolarização é de variação estável. Esses resultados aproximam os 31% dos brasileiros que têm pelo menos 4 anos de escolarização, mas não concluíram o ensino fundamental, da norma popular, em que predomina um amplo processo de implementação da regra de concordância verbal (cf. capítulo "A polarização sociolinguística do Brasil: fundamentos empíricos"). Não seria o caso, porém, de incluí-los na norma popular urbana, em função da diferença na frequência de uso da regra entre os dois grupos. Assim, colocamos esse grupo em uma norma média baixa,[6] que se diferencia da norma média pela tendência no processo de variação e mudança e da norma popular com base na frequência de uso da regra. Com isso, chega-se à seguinte estratificação sociolinguística da população brasileira, que combina os dados extralinguísticos do nível de escolarização e do local de moradia com os resultados de análises sociolinguísticas sobre a concordância verbal:

Norma sociolinguística	Percentual da população
Norma culta	7%
Norma média	28%
Norma média baixa	32%
Norma popular urbana	18%
Norma popular rural	15%

No topo da estratificação sociolinguística, estariam os 7% de falantes da norma culta, que têm nível superior completo. Nesse universo, a regra de concordância verbal é empregada quase categoricamente, e, ao deixar de usá-la, o falante torna-se objeto de uma avaliação negativa explícita. Conquanto se possa observar uma ligeira gradação etária – com os mais velhos usando mais a regra que os mais jovens –, a variável estaria estabilizada nesse grupo. Deve-se destacar, contudo, o contexto linguístico da posposição do sujeito, particularmente junto aos chamados verbos inacusativos (*e.g.*, "morreu" ~ "morreram três filhotes"), no qual a frequência de aplicação da regra cai para 65% do total entre esses falantes considerados cultos, de modo que a falta de concordância não é muito notada nesse contexto.

Logo abaixo, tanto os falantes que concluíram o ensino médio quanto os falantes urbanos que concluíram o ensino fundamental formam a norma média, que compreende 28% da população brasileira. Esses falantes usam a regra de concordância verbal em um nível um pouco abaixo dos falantes cultos (cerca de 80%). Entre eles, o processo de variação também estaria estabilizado. E não há dados empíricos que informem como eles avaliam a variação no emprego da regra. Acreditamos que oscilam entre uma situação em que a falta de concordância é um estereótipo e aqueloutra em que a aplicação da regra é um marcador. Os falantes da norma média baixa, que congrega todos os falantes que têm de 4 a 7 anos de escolaridade e os falantes da zona rural que concluíram o ensino fundamental, se distinguem dos da norma média em função da tendência observada no processo de variação e mudança, pois se nota nesse grupo um incremento no uso da regra, e não uma situação de estabilidade.

Por fim, estariam aqueles que empregam a regra de concordância verbal em menos da metade das frases que produzem. São os falantes da norma popular brasileira, que congrega os indivíduos urbanos que têm menos de 4 anos de escolaridade e os indivíduos da zona rural que têm menos de 8 anos de escolaridade. Há uma diferença na frequência de aplicação da regra entre os primeiros e os últimos que pode chegar a 30 pontos percentuais em favor dos primeiros. Para além de se basear nessa diferença, a distinção entre uma norma popular urbana e uma norma popular rural seria válida também para testar a hipótese de que nas grandes cidades o uso da regra seria um marcador, enquanto na zona rural ocorreria uma situação de indicador sociolinguístico.

Essa estratificação sociolinguística da sociedade brasileira revela como é limitado o acesso aos bens culturais socialmente valorizados. Menos de 10% da população domina plenamente uma das regras mais enfatizadas pela normatização linguística e mais valorizadas socialmente, como ficou evidenciado no episódio do livro de Português do MEC, analisado no início deste livro. Entretanto, pode-se argumentar que a situação não chega a ser crítica, já que quase dois terços da população usam a regra em um nível bem elevado, os falantes das normas média e média baixa. Portanto, os realmente excluídos perfazem apenas um terço da população. Mas, pode-se argumentar ainda que a situação é dinâmica, em um sentido positivo; pois, mesmo entre os excluídos, observa-se uma tendência de assimilação das formas de prestígio, embora ainda, no geral, incipiente.

Acreditamos que essa sistematização, resultante da aplicação do modelo teórico desenvolvido ao longo deste livro aos dados empíricos atualmente disponíveis, tem uma grande importância para o avanço do conhecimento acerca da realidade sociolinguística do país, pois permite visualizar o processo de variação no emprego de uma regra de gramática, não em abstrato ou a partir de fatores sociais isolados, mas em toda sua amplitude, no conjunto da sociedade brasileira. Tal compreensão, por sua vez, permite que uma série de questões centrais possa ser enfrentada com mais profundidade e embasamento. Dentre essas questões, podem-se destacar:

- Qual é o peso real da norma linguística de prestígio?
- Qual é a amplitude da influência de cima para baixo da escola e dos meios de comunicação de massa?
- Qual é a profundidade social dos processos de mudança em curso na gramática da comunidade de fala?

Mas a principal contribuição desse modelo é demonstrar que os processos sociais de mudança e variação linguística não podem ser pensados fora de uma compreensão do processo social como um todo, desde a infraestrutura socioeconômica até a superestrutura político-ideológica.

Por outro lado, ficou patente, na sistematização que aqui procedemos, que ainda subsistem lacunas significativas no conhecimento da realidade sociolinguística brasileira; lacunas que se refletiram em zonas que ainda permanecem obscuras e sobre as quais não é possível fazer um diagnóstico preciso. Porém, antes que se tome essa afirmação como uma avaliação negativa do que foi feito, chama-se a atenção para o impacto positivo do modelo aqui desenvolvido no avanço da pesquisa sociolinguística no país. A emergência de zonas obscuras que até então passavam despercebidas é sinal de que o aprimoramento da teoria ampliou a compreensão da realidade em determinada área do conhecimento científico.

Não é possível avaliar aqui se o modelo sistematizado tem tal consistência teórica ou se ele se apresenta de uma forma suficientemente convincente para mobilizar a comunidade cientifica a seguir para as frentes de investigação empírica que ele descortina. De qualquer forma, será traçado a seguir um esboço de programa para a pesquisa sociolinguística no país, a partir do enquadramento teórico-metodológico aqui delineado.

Elementos para um programa de pesquisa sociolinguística no Brasil

A pesquisa sociolinguística, por suas características, é uma área que demanda uma maior articulação coletiva dos pesquisadores. Isso decorre da necessidade de constituir grandes amostras de fala, representativas dos diversos segmentos sociais. Com base no balanço feito no capítulo "A polarização sociolinguística do Brasil: fundamentos empíricos", acreditamos que, em vez de tentar deslindar novas variáveis linguísticas ou de buscar novas interpretações para as variáveis já estudadas, o melhor direcionamento para a pesquisa sociolinguística na atualidade seria o de sistematizar o conhecimento acumulado sobre as variáveis sociolinguísticas mais significativas do português brasileiro e analisar como essas variáveis atuam na estruturação da realidade sociolinguística do Brasil como um todo.

Assim, um primeiro desdobramento seria estender a análise feita no capítulo sobre fundamentos empíricos, com a variação na concordância verbal junto à 3ª pessoa do plural, aos processos de variação relacionados aos mecanismos morfossintáticos da concordância, ou seja, proceder a uma sistematização dos resultados das análises sociolinguísticas disponíveis sobre a concordância verbal junto à 1ª pessoa do plural, sobre a concordância de número no interior do sintagma nominal e sobre a concordância nominal nas estruturas de predicativo do sujeito e da voz passiva para verificar se o quadro da polarização sociolinguística se confirma também nesses outros aspectos da gramática da comunidade de fala brasileira.

A escolha da concordância verbal junto à 3ª pessoa do plural foi motivada pelo fato de ser esta a variável para a qual se dispõe de um maior número de análises já realizadas. Se a análise desse fenômeno revelou grandes lacunas na base de dados atualmente disponível, o problema tenderá a se repetir com mais intensidade ainda na análise das outras variáveis; o que coloca a necessidade premente de constituição de novos *corpora* que possibilitem não apenas analisar o desempenho linguístico dos falantes, mas, sobretudo, a sua avaliação subjetiva das variantes linguísticas.

Para que a constituição desses novos *corpora* inclua a realização de testes de percepção, avaliação e produção de variantes linguísticas, é necessário que seja feita, antes da recolha, uma seleção das variáveis mais significativas no quadro da atual configuração sociolinguística da realidade brasileira, bem como uma sistematização do conhecimento acumulado nas análises já realizadas sobre as variáveis selecionadas, para a elaboração dos testes de cada uma dessas variáveis. Apenas como ilustração (sem a menor pretensão de ser exaustivo), consideramos que não podem ficar de fora dessa seleção fenômenos morfossintáticos como as orações relativas, os pronomes pessoais, a flexão verbal de tempo e modo, as estruturas de indeterminação do sujeito e os pronomes reflexivos – além das regras de concordância nominal e verbal, obviamente.[7]

A formalização analítica desses fenômenos, na forma de variáveis linguísticas, e a sistematização do conhecimento acumulado sobre seus condicionamentos estruturais fornecerão os subsídios para a elaboração dos testes de percepção, avaliação e produção que deverão ser aplicados simultaneamente à constituição das amostras de fala. Os testes elaborados para cada variável linguística não precisam ser aplicados a todos os informantes da amostra. Estes podem ser divididos por grupos igualmente estratificados, e em cada grupo se aplicam os testes de um número x de variáveis, consoante o número de grupos representativos que possam ser formados e o número de variáveis a serem testadas.[8]

Por outro lado, a definição dessas variáveis linguísticas deve orientar também a realização das entrevistas. Conquanto as entrevistas sociolinguísticas devam ocorrer em um ambiente o mais descontraído possível, evitando-se a situação de questionário – para superar o paradoxo do observador (Labov, 2008 [1972]) –, o entrevistador deve estar preparado para introduzir tópicos conversacionais que façam com que o entrevistado produza dados de certas variáveis linguísticas específicas.[9]

Além dessa entrevista clássica, que visa extrair uma amostra do vernáculo do falante, deve ser feita uma segunda entrevista, numa situação mais formal, na qual, inclusive, o pesquisador pode informar ao falante que pretende gravar sua produção verbal monitorada, revelando o objetivo linguístico da entrevista – o que deve, obviamente, ser omitido no primeiro encontro. Pode-se pensar ainda em um terceiro momento, no qual seria gravada uma exposição planejada do informante, com apoio em um roteiro escrito.[10] Teríamos, assim, três níveis distintos de formalidade, o que permitirá uma análise acurada da variação estilística.[11] A variação estilística e os testes de percepção, avaliação e produção são essenciais para o enfrentamento sistemático do problema da avaliação (Weinreich, Labov e Herzog, 2006 [1968]), ou seja, para a análise da dimensão ideológica da estruturação da língua.

Concluído todo o planejamento necessário à realização das entrevistas, passa-se para a fase de constituição das amostras de fala, o que requer definições prévias sobre a delimitação do segmento social em que cada amostra vai ser constituída, a sua estratificação e o método de seleção dos informantes, que deve obedecer ao princípio clássico da escolha aleatória, dentro dos perfis definidos pela estratificação da amostra (Oliveira e Silva, 1996). Em cada segmento social, as amostras seriam estratificadas pelas variáveis sexo e faixa etária[12] e só contariam com informantes com mais de 25 anos de idade,[13] definindo-se três faixas etárias com o intervalo médio de 20 anos entre elas,[14] da seguinte maneira: faixa I, de 25 a 35 anos; faixa II, de 45 a 55 anos; faixa III, de 65 a 75 anos. Dessa forma, a estratificação básica de cada amostra contém seis células, definidas pelo cruzamento das três faixas etárias com os dois sexos.

No que concerne à delimitação dos segmentos sociais, sugere-se que o princípio norteador deve ser o de delimitar segmentos sociais restritos a partir do topo da pirâmide social. Assim, uma primeira amostra deveria ser montada com falantes com nível superior completo, filhos de pais com o mesmo nível de escolaridade. As análises dessa amostra forneceriam os parâmetros para a definição da norma culta, relativos às variáveis linguísticas previamente definidas, em termos de: (i) frequência de uso das variantes (na oralidade, nos estilos de fala observados); (ii) avaliação subjetiva das variantes linguísticas (com base nos resultados dos testes aplicados); e (iii) diagnóstico de cada fenômeno variável, nos termos da dicotomia entre variação estável e mudança em progresso.

O grupo contíguo a este seria o de falantes com nível superior completo, filhos de pais com nível mais baixo de escolaridade. Nesse caso, o nível de escolarização dos pais pode ser tomado para definir uma variável social estratificada na amostra. O cotejo dos resultados das análises dessa amostra com os resultados das análises da primeira amostra definem os *limites da norma culta*. Por meio desse cotejo, se poderiam mensurar os reflexos sociolinguísticos da grande expansão do ensino superior no Brasil nas duas últimas décadas, o qual possibilitou o acesso de segmentos sociais mais amplos à universidade. Isso cria uma espécie de quebra-cabeça dialético: é o segmento social que determina a norma linguística ou é o uso do padrão linguístico isolado que define o segmento social que o utiliza? Trata-se uma questão complexa e delicada, permeada pelas relações de poder e representações ideológicas no seio da sociedade, que podem determinar uma representação mais plural e inclusiva de língua que ampliaria os limites da norma culta, ou uma visão mais restritiva, que estaria na base da configuração mais limitada da norma linguística de prestígio.

Avançando sobre os estratos sociais, seria constituída também uma amostra com falantes que completaram o ensino médio, mas não ingressaram na universidade. Só o cotejo dos resultados das análises poderá dizer se esses falantes também integrariam a norma culta – como sugere Faraco (2008) – ou se as diferenças encontradas indicariam uma subdivisão da norma culta, com a criação de uma norma semiculta, ou ainda se as diferenças serão de monta a determinar a sua inclusão em uma norma sociolinguística distinta: a norma média. Alguns aspectos referidos no capítulo "A polarização sociolinguística do Brasil: fundamentos empíricos" podem suscitar a possibilidade de um cenário ainda mais complexo e dinâmico. Podem não ser observadas maiores diferenças sociolinguísticas entre os indivíduos com nível superior e com nível médio no universo dos falantes mais velhos da faixa III (de 65 a 75 anos); porém, essas diferenças começariam a aflorar e se tornariam mais significativas à medida que se passasse para as faixas dos falantes mais jovens. Isso refletiria a massificação do sistema de ensino no país iniciada na década de 1970. Até então, só uma reduzida parcela da população alcançava e concluía os cursos secundários, denominados científico e normal. Assim, não haveria muita diferença entre o comportamento linguístico dos que concluíam o ensino médio e a parcela um pouco mais restrita dos que faziam um curso superior. A situação atual é bem distinta, podendo ter ocorrido um rebaixamento sociocultural do segmento que só concluiu o ensino médio. E mais uma vez, a abordagem sócio-histórica permitirá integrar o processo sociolinguístico no processo social mais amplo.

O universo potencial de uma norma sociolinguística média se completaria com a constituição de uma amostra de fala com indivíduos que teriam completado ensino fundamental (oito anos de escolarização). Os resultados das análises das variáveis linguísticas selecionadas nesse *corpus* e no *corpus* dos falantes do ensino médio seriam fundamentais para a definição do perfil sociolinguístico dos segmentos sociais intermediários, tendo como referência os padrões sociolinguísticos dos segmentos do topo da escala social, que definiriam a norma culta, de um lado, e os padrões das classes sociais mais baixas, que constituiriam a norma popular, de outro. Nesse sentido, acreditamos que os dados provenientes dos testes de reação subjetiva e da variação estilística serão mais decisivos do que os dados relativos à frequência de uso das variantes linguísticas.

Na análise sociolinguística desse universo intermediário, a consideração de variáveis sociais tais como o local de moradia (bairros mais centrais da cidade ou da periferia), exposição à mídia e rede de relações sociais (Bortoni-Ricardo, 2005, 2011 [1985]) seria igualmente de grande importância. Por isso, as amostras com os falantes do ensino fundamental e médio deveriam ser também estratificadas em função dessas variáveis.

Passando para o universo da norma popular, pode-se tomar como modelo a pesquisa empreendida no Projeto Vertentes.[15] Tendo como objeto de investigação a norma popular rural e urbana, o Projeto Vertentes só toma como informantes falantes adultos que tenham de 0 a 4 anos de escolaridade. Partindo do polo extremo da norma popular, esse projeto constituiu amostras de fala vernácula junto a comunidades rurais afro-brasileiras isoladas do interior do estado da Bahia, algumas delas oriundas de antigos quilombos. Esses seriam os padrões sociolinguísticos mais distantes do padrão urbano culto e aqueles em que se poderiam encontrar os reflexos mais notáveis dos processos de variação e mudança que o contato entre línguas teria desencadeado na formação histórica das variedades populares do português no Brasil (Lucchesi, 2009a). Em cada uma das comunidades estudadas, foi constituída uma amostra de fala vernácula, com a estratificação básica definida pelo cruzamento das variáveis sexo e faixa etária.[16]

Avançando no *continuum* rural-urbano, foram constituídas amostras de fala vernácula em municípios de pequeno porte do interior do estado da Bahia. Nesse caso, as amostras foram estratificadas em função do local de moradia: a sede do município (zona urbana) e a zona rural. Com essa base empírica, o Projeto Vertentes tem realizado análises de variáveis linguísticas que têm dois objetivos principais: por um lado, aferir a extensão dos reflexos do contato entre línguas identificados nas comunidades afro-brasileiras; por outro lado, mensurar a difusão dos padrões linguísticos urbanos para todas as regiões do país. A hipótese reitora da análise é a de que os falantes da sede do município seriam mais atingidos por esse nivelamento linguístico, enquanto os falantes da zona rural, menos atingidos, exibiriam mais efeitos do contato linguístico pretérito.

Adotando a metodologia do Projeto Vertentes, pesquisadores das universidades públicas estaduais de Feira de Santana e Vitória da Conquista também constituíram, nesses municípios, amostras de fala vernácula com falantes de 0 a 4 anos de escolaridade, fazendo igualmente a distinção entre a sede do município e a zona rural. Com essas amostras colhidas em municípios com cidades de médio porte, completa-se a base empírica para que sejam feitas análises variacionistas que permitam traçar um panorama sociolinguístico da norma popular no interior do país.

A pesquisa empírica sobre a norma popular no eixo rural-urbano, desenvolvida no âmbito do Projeto Vertentes, se completou, em 2010, com a constituição de uma amostra de fala vernácula do português popular da cidade de Salvador, capital do estado da Bahia. A amostra foi estratificada pelas variáveis sexo, faixa etária e local de moradia. Essa última variável abarcou desde os bairros populares mais tradicionais, próximos ao centro da cidade, até um município da região metropolitana da Grande Salvador. Foram então definidas cinco localidades, onde foram gravadas 18 entrevistas sociolinguísticas com falantes distribuídos equitativamente entre os dois sexos e as três faixas etárias (25 a 35 anos, 45 a 55 anos e mais de 65 anos). Além dessas 90 entrevistas, foram entrevistados também 6 líderes comunitários nos 3 bairros mais tradicionais da cidade, perfazendo um total de 96 entrevistas sociolinguísticas.

Dentro do enquadramento teórico-metodológico aqui definido, esse conjunto de amostras de fala fornece a base empírica necessária para uma análise sociolinguística de conjunto da norma popular brasileira, abarcando toda a extensão do eixo rural-urbano. Porém, não foram possíveis a aplicação de testes de reação subjetiva e a recolha de materiais representativos da variação estilística, devido, fundamentalmente, às dificuldades objetivas e subjetivas que as más condições de vida das classes populares no Brasil impõem.

Outra frente de pesquisa empírica que se descortina dentro da perspectiva sócio-histórica aqui desenvolvida seria a constituição de materiais cronologicamente seriados para o estudo das mudanças que se implementaram na norma culta e que a afastaram do padrão normativo lusitanizado adotado no final do século XIX, em função do processo de industrialização ocorrido ao longo do século XX (cf. capítulo "A polarização sociolinguística do Brasil: condicionamentos socio-econômicos"). Deveriam ser coletados textos de diversos gêneros (peças teatrais, cartas pessoais, textos de jornais etc.) para tentar capturar a variação estilística (Romaine, 1982), buscando-se estabelecer um intervalo aproximado de 25-35 anos entre cada conjunto constituído, partindo de 1890-1895. Assim, o confronto dos resultados das análises desse primeiro conjunto de materiais com os resultados das análises do segundo conjunto, com materiais do período de 1925-1930, permitiria analisar as mudanças ocorridas durante a República Velha, que, provavelmente, serão tímidas. Já o cotejo desse segundo conjunto com um terceiro, do período de 1960-1965, permitiria avaliar os efeitos da primeira fase da industrialização e do período democrático de 1946 a 1964. Por fim, o cotejo com os materiais do período de 1995-2000 forneceria a base para as mudanças relacionadas ao ciclo do regime autoritário e das décadas perdidas que se seguem, mas igualmente do avanço do movimento social no país. Por fim, o cotejo desses resultados com os resultados das análises dos materiais que se constituiriam nos próximos anos, entre 2015 e 2020, poderiam mensurar os efeitos linguísticos dos programas de distribuição de renda, de elevação dos salários, de incentivo ao crédito popular e de democratização do acesso ao ensino superior, implementados desde que o PT chegou ao poder, em 2002 (cf. capítulo "A polarização sociolinguística do Brasil: condicionamentos socioeconômicos").

Esse conjunto de análises, para além de fornecer uma base valiosíssima para uma análise sócio-histórica da formação recente de nossa realidade linguística no que concerne aos segmentos sociais hegemônicos, ofereceria subsídios importantes para que a comunidade científica enfrentasse de maneira mais vigorosa o debate social em torno da língua. Argumentou-se ao longo deste livro em favor de uma intervenção mais decidida dos linguistas na luta ideológica que se trava em torno da língua na sociedade. Um dos pontos centrais nesse enfrentamento diz respeito à questão da normatização linguística. Contudo, essa questão não tem recebido o devido tratamento na comunidade científica, já que boa parte dos linguistas tem o tema como algo de somenos. Dentro dessa perspectiva, não caberia, por exemplo, organizar um congresso científico para estabelecer as bases da normatização linguística no Brasil.

Porém, argumenta-se aqui em sentido contrário, buscando demonstrar, em primeiro lugar, que há muitos aspectos da questão que não foram devidamente tratados e para os quais não existe uma solução satisfatória. E tais incompreensões se refletem, inclusive, nas fragilidades que se podem apontar em grandes projetos científicos que intentaram adequar a norma de referência linguística no Brasil à realidade concreta da língua. Estamos nos referindo ao grande Projeto Nurc e seus desdobramentos, como a *Gramática do português falado* (Abaurre e Rodrigues, 2002; Castilho, 1991, 1993; Castilho e Basílio, 1996; Ilari, 1992; Kato, 1996; Koch, 1992; Neves, 1999) e a *Gramática do português culto falado no Brasil* (Ilari e Neves, 2008; Jubran e Koch, 2006; Kato e Nascimento, 2009).

O Projeto Nurc tinha entre os seus objetivos contribuir para que o ensino da norma padrão tivesse uma base mais realista. Já se falou aqui sobre a importância do Nurc e dos projetos coordenados que dele derivaram, inclusive na sistematização de dados que devem subsidiar o debate em torno da norma de referência linguística no Brasil. Contudo, acreditamos que o *corpus* do Nurc não é o mais adequado para fornecer a base para a definição de uma norma padrão. As prescrições da normatização linguística, conquanto devam ser acatadas nos registros mais formais da modalidade oral da língua, destinam-se, sobretudo, à produção de textos escritos. Apesar das fronteiras entre o oral e o escrito estarem na atualidade bastante esbatidas, a correção gramatical é sempre mais observada na escrita. Com base nessa avaliação, assume-se aqui a posição de que a base empírica para uma pesquisa que vise definir as bases de uma norma padrão brasileira, em consonância com os usos atuais, deve ser constituída por textos escritos de natureza formal tais como: ensaios, artigos científicos, reportagens jornalísticas etc. Essa foi a opção de dois grandes projetos empreendidos nessa área: a *Gramática de usos do português* (Neves, 2000) e o *Dicionário de usos do português do Brasil* (Borba, 2002). Essas duas importantes obras de referência têm como base empírica o acervo do Centro de Estudos Lexicográficos da Unesp (*campus* de Araraquara), na forma de um *corpus* eletrônico de cerca de 77 milhões de ocorrências extraídas de textos escritos, com predominância para textos jornalísticos da imprensa escrita (59 milhões de ocorrências correspondentes a dois anos de publicação do jornal *Folha de S.Paulo* – 1994-1995 – e 7 milhões correspondentes a dois anos de publicação da revista *Veja* – 1992-1995).

Dentro dessa perspectiva, os acervos de fala dos diversos segmentos sociais cuja arquitetura foi delineada anteriormente não seriam os melhores materiais para uma descrição que visasse pôr em questão as formas que devem integrar a norma padrão brasileira, embora tenham uma importância capital para o cumprimento de outra tarefa social que cabe à pesquisa sociolinguística: ampliar o conhecimento da realidade linguística do país, reunindo informações imprescindíveis para a elaboração de políticas públicas de ensino de Língua Portuguesa, bem como para uma concepção mais ampla da educação linguística.

Porém, para o enfrentamento direto da questão acerca da forma que a norma padrão deve assumir no Brasil na atualidade, propõe-se aqui uma nova frente de pesquisa empírica, que deve se associar aos importantes projetos já realizados, referidos anteriormente, e a outras iniciativas em curso. Trata-se da análise quantitativa de variáveis linguísticas que constituem o que se pode denominar *pontos críticos da norma padrão brasileira* na atualidade. Mais uma vez sem a pretensão de ser exaustivo, podem-se destacar as seguintes variáveis no nível da morfossintaxe: (i) a construção das orações relativas; (ii) a forma do pronome anafórico da 3ª pessoa; (iii) a regência verbal; (iv) a concordância verbal na chamada voz passiva sintética; e (v) a forma do pronome sujeito-objeto nas orações reduzidas.

Essa análise deveria tomar como *corpus* um acervo de textos formais escritos que, até por questões práticas, podem ser recolhidos no inesgotável manancial hoje disponível na internet. Entretanto, seria necessário fazer um cuidadoso planejamento para executar uma recolha precisa e rigorosa. O universo seria constituído por textos formais e públicos da cultura letrada. As variáveis para a estratificação da amostra não seriam muitas. Pensamos inicialmente na distinção entre textos com um caráter mais erudito, tais como ensaios e artigos acadêmicos, e textos menos eruditos, como textos jornalísticos e de reportagem do dia a dia. A consideração dessa variável teria implicações para a própria discussão do caráter de uma norma de referência linguística, abrindo o caminho para uma concepção mais flexível desta. Outra possibilidade seria agrupar os textos por região. Seria curioso, ou até irônico, se se viesse a constatar que a elite intelectual de regiões economicamente mais atrasadas fosse mais conservadora e elitista em seus usos linguísticos do que as elites de regiões com uma economia mais dinâmica e avançada. Resultados desse tipo fomentariam uma profícua reflexão sobre a relação entre língua e cultura.

Portanto, dados empíricos sobre a representatividade dos usos linguísticos no âmbito da cultura letrada e erudita possibilitariam não apenas o questionamento da forma da norma padrão hoje imposta pela tradição gramatical, mas, sobretudo, a própria discussão em torno do seu caráter. Acreditamos que essa seja a melhor opção tática para que a comunidade científica possa romper o cerco imposto pelos oligopólios da mídia conservadora e participar mais do debate ideológico sobre a língua na sociedade brasileira.

Língua e sociedade

A grande polêmica nacional em torno livro didático de Língua Portuguesa distribuído pelo MEC para o Programa de Educação de Jovens e Adultos (EJA) no mês de maio de 2011, que foi analisada no início deste livro, constituiu um momento privilegiado para a compreensão da relação entre língua e sociedade no Brasil, já que, nesse episódio, a polarização sociolinguística se manifestou em toda a sua crueza. O segmento social dominante no universo da cultura letrada, que compreende, no máximo, um quarto da população do país – mas podendo ser inferior a 10%, de acordo com os limites demográficos aqui estabelecidos para a norma culta –, negou qualquer legitimidade à forma como fala, pelo menos, um terço da população do país, o segmento de falantes da norma popular (cf. estratificação sociolinguística sistematizada na seção anterior). Ficou claro que, mais do que pela diferença no comportamento linguístico dos indivíduos,[17] a polarização sociolinguística do Brasil é marcada, sobretudo, pelos sistemas de avaliação social da variação linguística, particularmente aquele que condena as características mais proeminentes da fala popular.

Conforme se argumentou no capítulo "A polarização sociolinguística do Brasil: fundamentos ideológicos", o sistema de avaliação social que estigmatiza as formas mais típicas da linguagem popular, com motivações históricas claramente racistas, constitui hoje um poderoso instrumento ideológico de legitimação de um sistema econômico baseado na superexploração da força de trabalho e na exclusão social. Com alguma sutileza, o problema é colocado no discurso dominante como uma fatalidade. Diante da incapacidade desses indivíduos, supostamente evidenciada pelo seu comportamento linguístico, não lhes restaria qualquer alternativa senão serem explorados no sistema produtivo. E a suposta impropriedade do livro do MEC foi relacionada aos fracassos de exames que têm avaliado a proficiência dos alunos brasileiros do ensino fundamental e médio, em matérias básicas como Língua Portuguesa e Matemática. Assim, o estereótipo do *brasileiro incapaz*, que "nem sequer sabe falar a própria língua", é usado para legitimar ideologicamente a posição subalterna do Brasil diante das grandes potências econômicas como uma condição inexorável. Ao responsabilizar por isso um "governo esquerdista e populista, que faz demagogia com a ignorância popular, em vez de educar adequadamente as nossas crianças", a imprensa conservadora *mata dois coelhos com uma cajadada só*: ao tempo em que reforça ideologicamente um projeto de concentração de renda e subordinação às grandes potências econômicas, desgasta politicamente um governo que se tem caracterizado pela distribuição de renda e por uma postura independente no cenário político internacional.

Formar gerações que não se reconheçam no preconceito linguístico, desconstruindo o dogmatismo autoritário da tradição normativista e os fundamentos do estigma contra a linguagem popular, é certamente um dos maiores desafios que se colocam hoje para os cientistas da linguagem. Para vencer o isolamento imposto pelos grupos que controlam os grandes meios de comunicação de massa na sociedade, o discurso científico tem de ter a astúcia política de tratar das questões da língua que mais interessam à população em geral, não se restringindo apenas ao escopo de problemas definidos pelos programas de pesquisa científica. A maior demanda que a sociedade coloca para aqueles que detêm o saber formal sobre a língua é a normatização linguística. Em termos pragmáticos, a sociedade recorre aos *experts* da linguagem verbal para saber, antes de tudo, qual a forma que a língua deve assumir no texto das leis e das sentenças, dos documentos notariais e da religião, bem como em que linguagem devem ser plasmados os textos do conhecimento científico, técnico e filosófico.

Entretanto, ainda tem força o discurso inaugural da linguística estruturalista, que se estabeleceu como uma disciplina meramente descritiva, "objetiva" e "neutra", reconhecendo, na tradição gramatical, uma disciplina correlata de caráter normativo. E até hoje a relação entre descrição analítica e prescrição normativa não está claramente definida entre os linguistas, como reconhece a sociolinguista Dinah Callou (2007: 13), citando o linguista e filólogo português Ivo Castro:

> No desenvolvimento de questões sobre gramática, variações e normas, surgem de imediato algumas indagações, umas de caráter geral entre pesquisa linguística e ensino normativo, e outras, dela decorrentes, como a de uma possível incompatibilidade "entre a isenção distanciada que o linguista deve assumir na observação dos factos da língua [...] e a atitude prescritiva e mesmo um tanto moralista que se associa vulgarmente aos responsáveis pela normativa" (Castro, 2003: 11).

Com efeito, a questão da correção gramatical, no âmbito do estudo científico da língua como sistema mental, é irrelevante; e o julgamento social das formas da língua entre "certas" e "erradas" nada tem a ver com os *juízos de gramaticalidade*, que os gerativistas tomam como base empírica para suas análises e que dizem respeito ao julgamento intuitivo dos falantes sobre frases bem ou malformadas no amplo espectro de sua gramática mental. No campo da Linguística que se ocupa da dimensão social da língua e estuda o comportamento linguístico, a questão da avaliação social das formas da língua ganhou força desde que a Sociolinguística Variacionista lançou o seu programa de pesquisa, na década de 1960. Mas, como sistema de avaliação social da língua, a normatização linguística deve ser decomposta em seus condicionamentos sociais, sendo, portanto, objeto, e não o produto final da análise.

Em contrapartida, a descrição e a análise dos padrões de comportamento linguístico da elite letrada fornecem potencialmente a base empírica para a definição, ou pelo menos o questionamento do padrão normativo. Esse foi o princípio norteador do Projeto Nurc ao colocar em seu horizonte a questão da atualização da norma de referência linguística. Porém, tal objetivo não se consumou, e a grande maioria das análises desenvolvidas a partir do Nurc não teve qualquer implicação para a questão da normatização. Desde então, muito se tem escrito, no âmbito da Linguística e da Linguística Aplicada, sobre a norma padrão e o ensino de Língua Portuguesa, mas há poucos consensos sobre o tema, e muitas questões ainda permanecem em aberto.

Onde se situa a questão? Por que correção, norma e variação linguísticas devem ser vistas conjuntamente? Como conciliar variação e uniformização, noções aparentemente antitéticas? Como admitir vários usos e apenas um correto? Como vencer o preconceito linguístico por parte da sociedade em geral? Qual é a norma, tendo em vista a polissemia do termo? Norma linguística corresponde ao uso estatisticamente dominante ou ao uso valorizado por um determinado grupo – o grupo socialmente dominante –, que produz assim o "bom uso", que irá eclipsar as normas de outros grupos? Uma norma ou várias normas? Norma e ensino. Que língua ensinar? E quais as estratégias a serem adotadas para um ensino eficiente e eficaz? Em resumo, o que e como ensinar. (Callou, 2007: 13)

Mesmo entre os sociolinguistas, há aqueles que nem reconhecem o fosso entre a norma culta e a norma padrão, usando uma expressão pela outra, como se fossem sinônimos; enquanto uma referência na área, a professora titular de Língua Portuguesa da UFRJ Dinah Callou (2007: 21) afirma:

> Existe, sem dúvida, um abismo entre a *norma* idealizada e a *norma* efetivamente praticada, mesmo pelos falantes mais escolarizados, trazendo **a necessidade de repensar o nosso código gramatical e atualizá-lo.**[18]

O linguista Sírio Possenti, professor titular da Unicamp, não reconhece o problema do padrão, exceto em relação aos alunos das classes populares:

> o problema do ensino do padrão só se põe de forma grave quando se trata do ensino do padrão a quem não o fala usualmente, isto é, a questão é particularmente grave em especial para alunos das classes populares, por mais que também haja alguns problemas decorrentes das diferenças entre fala e escrita, qualquer que seja o dialeto. (1996: 17-8)

Diante de tanta indefinição, até a pertinência da questão normativa não é matéria de consenso, como sugere outra grande referência na área, Carlos Alberto Faraco (2008: 85-6), professor titular da UFPR:

> No entanto, cabe perguntar se o Brasil, neste início de século XXI, necessita, de fato, definir uma norma-padrão. A questão é saber se a natural diversidade linguística nacional está pondo em risco a relativa unidade das variedades cultas/comuns/*standard* faladas.
> A resposta parece bem clara: não há qualquer indício de risco à relativa unidade dessas variedades. Bem ao contrário: as circunstâncias históricas – ou seja, a intensa urbanização da população brasileira, as novas redes de relações que se estabelecem no espaço urbano e suas respectivas pressões niveladoras, a

> presença quase universal dos meios de comunicação social e a própria expansão (ainda que precária) da escolaridade – em boa medida favorecem a manutenção da relativa unidade das nossas variedades cultas/comuns/*standard* e criam condições para a sua extensão social.
>
> [...]
>
> Diante desses fatos, talvez possamos abrir mão de projetos padronizadores, direcionando nossas energias para o que efetivamente interessa: de um lado a descrição e a difusão das variedades cultas/comuns/*standard* faladas e escritas; e, de outro, o combate sistemático aos preconceitos da norma curta que, em nome de uma norma padrão artificialmente fixada, ainda circulam entre nós, quer na desqualificação da língua portuguesa do Brasil, quer na desqualificação dos seus falantes.

Em seus fundamentos teóricos, o raciocínio de Faraco é perfeito. Nas sociedades contemporâneas, dominadas pela indústria cultural e pelos meios de comunicação de massa, contando ainda com uma ampla rede de ensino público, a necessidade de uma normatização da língua para garantir a unidade linguística da comunidade de fala é um grande mito que só se mantém porque a normatização linguística desempenha um importante papel na construção da hegemonia ideológica das classes dominantes. Mas não basta demonstrar o caráter ideológico da normatização linguística, revelando suas determinações mais profundas, como se buscou fazer ao longo deste livro. Munidos apenas de nossas verdades científicas, continuaremos a pregar no deserto da incredulidade e da desconfiança que nossas verdades ainda despertam no senso comum (cf. Introdução deste livro). A melhor maneira de fazer com que a sociedade comece a assimilar as verdades científicas sobre a língua é inserir essas verdades no debate sobre as questões linguísticas que efetivamente interessam à sociedade. Portanto, a melhor maneira de desconstruir os mitos associados à normatização linguística é enfrentar honesta e seriamente a questão da atualização da norma padrão brasileira.

Uma mudança geral na mentalidade na qual a sociedade tome consciência de que a unidade da língua é garantida naturalmente no jogo dialético das relações sociais, sem a necessidade de uma normatização institucional "de cima para baixo", só pode ser pensada, no contexto atual, como um processo de longo prazo (como sói acontecer no plano da história das mentalidades), que deverá ser permeado por mudanças correlatas na estrutura do poder e na rede de relações sociais, fazendo com que sua consecução confine hoje com o horizonte das utopias sociais. No plano estritamente linguístico, o primeiro passo nessa longa jornada é definido pelo atendimento das demandas sociais, na forma como se colocam hoje. Assim, ao enfrentar a questão da necessária atualização da norma padrão brasileira, com base nos resultados empíricos de análises variacionistas que mensurem não apenas a representatividade dos usos da língua, mas igualmente a representatividade dos julgamentos subjetivos, a comunidade científica estará atendendo a uma necessidade premente, reconhecida pelo próprio Faraco (2008): dispor de uma norma padrão que seja efetivamente uma referência para as práticas da cultura letrada, particularmente nas situações formais.

O cumprimento dessa tarefa social exigirá, por sua vez, o enfretamento de uma série de questões que ainda estão em aberto, sobretudo entre os linguistas. Mais uma vez sem a pretensão de sermos exaustivo, podemos levantar algumas questões, para além das já mencionadas anteriormente por Callou. A questão acerca das formas que deverão ser referendadas e das que deverão ser evitadas nas situações de uso formal da língua, ao contrário do que se pensa, não é trivial e descortina um cenário de muitas indefinições. De imediato, deve-se refutar a solução de compromisso hoje adotada por nossas gramáticas normativas de colocar no corpo do texto as formas fixadas pelo purismo gramatical do século XIX e nas notas de rodapé as formas efetivamente em uso (cf. capítulo "A polarização sociolinguística do Brasil: fundamentos ideológicos"). Para que se chegue a uma norma que efetivamente seja tomada como referência linguística, opções precisam ser feitas e decisões precisam ser tomadas.

Em um texto de divulgação científica sobre o tema, Possenti (1996: 40-1) faz as seguintes ponderações:

> Há boas justificativas para defender a hipótese de que o ensino de formas raras e arcaicas não deveria ser importante na escola. Mas, que fique claro: não se trata agora de incentivar um preconceito contra os domínios dessas formas "escorreitas". Não se trata de achar agora que aqueles que utilizam formas mais antigas é que estão errados. Trata-se apenas de não haver preconceito contra o domínio e a utilização das formas linguísticas mais recentes, ou que mais recentemente se tornaram, de fato, o novo padrão. Ou melhor dizendo, trata-se de aceitar que se utilizem também nos textos escritos formas linguísticas mais informais (**o que não quer dizer aceitar todas**), que em geral aceitamos apenas na fala.[19]

Esse trecho oferece várias questões que podem ser tomadas aqui como pontos de partida. O primeiro e mais delicado problema diz respeito às formas que não devem ser aceitas. Nos termos de Possenti, formas "que em geral aceitamos apenas na fala" podem ser alçadas à norma padrão. Mas ele adverte que "não quer dizer aceitar todas". Assim, fica a questão: quais podem ser aceitas e quais não podem?

Por exemplo, boa parte dos brasileiros hoje não emprega em sua fala coloquial as regras de concordância (sobretudo, as de concordância nominal), mas
acreditamos que uma norma de referência linguística deve recomendar o emprego
das regras de concordância nos textos escritos e nos pronunciamentos formais. O
problema se coloca, contudo, quando se pensa em contextos como o de sujeitos
pospostos a verbos inacusativos, em que a falta de concordância verbal passa
despercebida na fala, mesmo entre os falantes da norma culta. A falta de concordância verbal nesses casos pode ser tolerada ou a escola deve cobrar dos alunos
que empreguem a regra de concordância verbal com os sujeitos pospostos?

Tomar essa decisão implica, obviamente, que a escola deve prepará-los para
isso; evidenciando-se, assim, a íntima relação entre a definição da norma padrão e
as diretrizes para o ensino de língua materna. Portanto, se no caso de umas poucas
formas bem marcadas a decisão não suscita grande polêmica, a definição sobre
vários usos – como o emprego da forma do caso reto do pronome da 3ª pessoa
na função de objeto direto, discutido no capítulo "A polarização sociolinguística
do Brasil: fundamentos empíricos" – não é consensual nem entre os linguistas.

Defende-se aqui que a decisão sobre essa e todo o conjunto de formas que devem
integrar a norma padrão brasileira não deve ser tomada apenas entre linguistas, nem
apenas entre gramáticos, nem entre gramáticos e linguistas reunidos, mas em fóruns
mais amplos, nos quais estejam representados também professores, parlamentares,
advogados, jornalistas, entre outros segmentos da *intelligentsia*, pois a questão da
normatização linguística interessa diretamente a todos os trabalhadores intelectuais.

A relação crucial entre normatização linguística e ensino de língua materna
se coloca também no que diz respeito às formas que Possenti chama de "raras e
arcaicas". Caminhando numa direção diferente da sua, defendemos que uma boa
formação em Língua Portuguesa deve dotar os nossos alunos de pelo menos um conhecimento passivo de estruturas como relativas padrão (inclusive as encetadas pelo
pronome "cujo"), mesóclise e antigas formas verbais flexionadas para a 2ª pessoa
do plural – o que naturalmente demandará um trabalho específico sobre essas formas, em face de seu reduzidíssimo emprego na atualidade. Sem esse conhecimento
passivo, esses alunos enfrentariam dificuldades na leitura de certos gêneros textuais.

Por outro lado, concordamos inteiramente com Possenti, no sentido de que
uma renovação da norma padrão não deve fomentar "um preconceito contra os
domínios dessas formas 'escorreitas'". Como se argumentou ao longo deste
livro, a inclusão na norma padrão das relativas cortadoras, por exemplo, não
implica a exclusão das relativas padrão preposicionadas nem qualquer hierar-
quização dessas formas. As duas possibilidades devem estar à disposição dos

usuários da língua, preservando-se, assim, toda a riqueza e diversidade de nosso patrimônio idiomático.

Disso se conclui que a discussão das formas que devem integrar a norma padrão passa necessariamente pela discussão do próprio caráter da norma padrão. Assim, uma renovação da norma padrão deve conduzir a uma revisão da orientação que rege atualmente a normatização linguística. Tradicionalmente, a norma padrão imposta de cima para baixo assumiu uma feição mais monolítica e idealizada, que se ajustava à ideologia centralizadora da unidade nacional que emanava do processo de constituição dos modernos Estados nacionais, no qual se deu a normatização das modernas línguas de civilização.[20] Porém, na pluralidade das sociedades contemporâneas, marcadas pelas "nebulosas de linguagens" desta era pós-moderna, a norma padrão deve assumir feições bem mais flexíveis, para poder ser tomada como referência, tanto no discurso erudito quanto na acessibilidade da comunicação dinâmica requerida pela velocidade das atuais relações de trabalho e produção.

É nesse ponto que o debate acerca da definição da norma padrão dá um salto de qualidade, colocando em questão a própria concepção de língua socialmente hegemônica. A constituição de amplos fóruns sociais para a definição dos parâmetros que devem orientar a necessária renovação da norma padrão brasileira apresenta-se, assim, como o meio mais eficaz para desnudar a relatividade do valor social atribuído às formas linguísticas, desvelando o caráter ideológico das representações sociais da língua. Esse será também o terreno propício para a desconstrução dos mitos relacionados à normatização linguística (cf. Introdução deste livro). Entre estes, se destaca o mito de uma autoridade suprema, que, de fora das relações sociais, traça com precisão milimétrica a fronteira entre o "certo" e o "errado" e do qual deriva a figura mítica do *emendator perfectus*, que os gramáticos se empenham em reproduzir para garantir sua autoridade e poder. Quando os linguistas desertam do campo de batalha da normatização linguística, deixam o terreno aberto para que a imagem social da língua seja plasmada pelo arbítrio do dogmatismo normativista.

Portanto, uma boa condução de "projetos padronizadores" pode ser o melhor caminho para que a Ciência da Linguagem venha a desempenhar o grande papel que lhe cabe no contexto atual da sociedade brasileira, bem definido por Faraco (2008): o combate sistemático ao preconceito linguístico e à utilização da língua como instrumento de dominação ideológica. Trata-se de um movimento tático, necessário para vencer o bloqueio imposto à Linguística pelas forças conservadoras que controlam a comunicação social. Como destacado já na Introdução deste livro, a Linguística talvez seja a ciência que menos dialoga com a sociedade. Para romper esse isolamento – e superar as forças sociais às quais esse isolamento interessa –, os linguistas terão de promover essa interação entre as questões que dizem respeito ao conhecimento científico da língua e as questões da língua que hoje dizem respeito à sociedade.

O papel social de uma ciência não é apenas o de produzir um conhecimento técnico e sistematizado sobre uma área da realidade, mas também de interferir na forma como a sociedade (ou seja, o senso comum) vê essa área da realidade. Nem sempre os cientistas têm a disposição necessária para deixar a segurança de seus gabinetes de pesquisa e enfrentar o crivo da sociedade. Galileu Galilei abjurou sua fé científica perante os tribunais da Inquisição. Charles Darwin hesitou por longos anos antes de publicar sua teoria sobre a origem das espécies. Mas, quando são assaltados pela coragem, mudam o rumo da história – como Freud, que enfrentou a ira e o escárnio em seu famoso discurso, e Copérnico, que, em sua revolução, colocou a Terra em seu devido lugar no Cosmo. Porém, quaisquer que sejam as razões, o certo é que uma revolução semelhante ainda não chegou à língua, e a sociedade ainda pensa que sua norma padrão está no centro do universo linguístico.

Movidos por essa visão, reconhecemos que toda análise aqui feita para revelar as determinações mais profundas da polarização sociolinguística do Brasil ainda é muito pouco para desconstruir a poderosa arma do preconceito linguístico. É preciso, como sabem os poetas, ter *engenho* e *arte* para levar o conhecimento científico para o grande debate social. Só assim a comunidade científica poderá fazer da questão da língua uma importante frente na ampla luta ideológica que se trava pela construção de uma sociedade mais justa, pluralista e democrática.

Notas

[1] Itálico do original.

[2] Na verdade, a necessidade de tal teoria é bem anterior e já se coloca no momento da formulação das variáveis independentes estruturais que devem integrar a fórmula da variável linguística. Caso contrário (o que é infelizmente muito comum), a análise só é capaz de capturar correlações mais imediatas, que produzem a ilusão de epifenômenos, sem alcançar as determinações estruturais mais profundas do fenômeno variável em foco.

[3] Essa falta de poder explicativo do modelo se revela, por exemplo, quando boa parte das análises sociolinguísticas produzidas no Brasil nem sequer arriscam um diagnóstico, nos termos da clássica dicotomia entre variação estável e mudança em progresso.

[4] Vale lembrar que a noção de prestígio é central na teorização de Labov (2008 [1972]).

[5] Essas hipóteses são formuladas em maior detalhe no capítulo "A polarização sociolinguística do Brasil: fundamentos empíricos".

[6] Acrescenta-se aqui também a esse conjunto o grupo de 1% de habitantes que concluíram o ensino fundamental, mas vivem na zona rural, considerando, como já foi feito anteriormente, a menor influência da norma culta e a precariedade do sistema de ensino nesse universo.

⁷ Restringimos aqui a análise ao plano da morfossintaxe. Isso não significa que não haja fenômenos significativos a serem explorados no nível fônico da língua. Ao contrário, acreditamos firmemente que há variáveis fonológicas cruciais para a compreensão da polarização sociolinguística do Brasil e para a análise das correlações que unem a estruturação sociolinguística e as configurações econômicas, políticas e ideológicas da sociedade brasileira. Portanto, a análise sociolinguística de variáveis fonológicas é uma das importantes frentes de investigação que também se abrem com este programa de pesquisa.

⁸ Não seria adequado, ou mesmo viável, aplicar os testes elaborados para todas as variáveis selecionadas a cada informante da amostra. Esse aspecto pressionará no sentido de que a seleção das variáveis linguísticas a serem testadas seja bastante restritiva, avaliando cuidadosamente o peso de cada uma das potenciais candidatas.

⁹ Um exemplo disso seria a introdução de temas, tais como situações futuras ou hipotéticas, para o entrevistado produzir dados dos tempos verbais do futuro e do condicional, que não costumam ocorrer com frequência, em uma situação normal de entrevista.

¹⁰ Obviamente que tal recolha só será factível junto aos falantes das classes mais altas, contando ainda com a perspectiva otimista de encontrar informantes com muito boa vontade e espírito de colaboração com a ciência. Por outro lado, como se tem observado ao longo deste livro, a obtenção de material representativo da variação estilística e da reação subjetiva junto aos falantes das classes mais baixas é hoje o principal desafio para a pesquisa empírica na área da sociolinguística. Temos esperanças de que a criatividade dos novos pesquisadores possa superar esse impasse.

¹¹ No nível da análise fonológica, pode ser feita também uma gravação de leitura de texto, e até de pares mínimos. Assim, no nível fônico, é possível obter dados empíricos em cinco níveis diferentes de formalidade.

¹² Outras variáveis sociais podem ser incluídas na estratificação da amostra em função do perfil do segmento social que ela representa.

¹³ Tempo mínimo médio necessário para o indivíduo completar um curso universitário.

¹⁴ Aproximadamente o lapso de tempo de uma geração.

¹⁵ Uma descrição detalhada das amostras de fala constituídas no âmbito do Projeto Vertentes pode ser encontrada na página do projeto na internet: <www.vertentes.ufba.br>. Acesso em: 27 abr. 2015.

¹⁶ Um expressivo conjunto de análises de variáveis linguísticas no nível da morfossintaxe sobre a fala dessas comunidades pode ser encontrado em Lucchesi, Baxter e Ribeiro (2009).

¹⁷ O linguista Sírio Possenti, em suas crônicas na internet, chegou a usar como recurso argumentativo para demonstrar a fragilidade e a incoerência dos criticavam o livro do MEC o fato de jornalistas cometerem erros de concordância, exatamente quando vituperavam a falta de concordância na linguagem popular.

¹⁸ Itálicos do original, negrito acrescido.

¹⁹ Negrito acrescido.

²⁰ Não se pode deixar de ter em mente que toda essa cultura e ideologia de um Estado nacional forte constituem um dos principais substratos das diversas formas de fascismo, como o integralismo em Portugal e no Brasil. Assim sendo, o *purismo gramatical*, que, não raro, anda de mãos dadas com essas manifestações fascistas, pode ser visto como uma manifestação de *fascismo linguístico*.

Bibliografia

ABAURRE, Maria Bernadete; RODRIGUES, Ângela C. S. (orgs.). *Gramática do português falado*: Novos estudos descritivos.. Campinas: Editora da Unicamp, 2002, v. 8.

ABREU, Capistrano de. *Diálogos das grandezas do Brasil*. Salvador: Progresso, 1956.

ALENCASTRO, Luiz Filipe de. Vida privada e ordem privada no Império. In: ALENCASTRO, Luiz Filipe de (org.). *História da vida privada no Brasil*. São Paulo: Companhia das Letras, 1997. v. 2. pp. 11-94.

ALEXANDRE, Nélia Maria Pedro. *A estratégia resumptiva em relativas restritivas do português europeu*. 2000. Dissertação (Mestrado) – Universidade de Lisboa, Lisboa.

ALKMIM, Tânia. Falas e cores: um estudo sobre o português de negros e escravos no Brasil do século XIX. In: LIMA, Ivana Stolze; CARMO, Laura do (orgs.). *História social da língua nacional*. Rio de Janeiro: Casa de Rui Barbosa, 2008. pp. 247-64.

ANJOS, Rafael S. A. *Territórios das comunidades remanescentes de antigos quilombos no Brasil*: primeira configuração espacial. 2. ed. Brasília: Mapas Editora & Consultoria, 2000.

ARIM, Eva; RAMILO, Maria Celeste; FREITAS, Tiago. Estratégias de relativização nos meios de comunicação social portugueses. In: *Actas do XIX Encontro da Associação Portuguesa de Linguística*. Lisboa: APL; Iltec, 2004. Disponível em: <http://www.iltec.PT/pdf/wpapers/2005-redip-relativas.pdf>. Acessado em: 17 jul. 2015.

BAGNO, Marcos. *Preconceito linguístico*: o que é, como se faz. São Paulo: Loyola, 1999.

_____. *Português ou brasileiro?* Um convite à pesquisa. São Paulo: Parábola, 2001.

_____. *A norma oculta*: língua e poder na sociedade brasileira. São Paulo: Parábola, 2003.

_____. *Dramática da língua portuguesa*: tradição gramatical, mídia e exclusão social. 3. ed. São Paulo: Loyola, 2005.

_____. *Nada na língua é por acaso*: por uma pedagogia da variação linguística. São Paulo: Parábola, 2007.

BANDEIRA, Manuele. *Nós e a gente nas diversas funções sintáticas no português popular do interior do estado da Bahia*. 2010. Monografia de conclusão de curso (Bacharelado em Letras Vernáculas) – Universidade Federal da Bahia, Salvador.

BATISTA JR., Paulo Nogueira. *Mitos da "globalização"*. São Paulo: Pedex, 1998.

BAUGH, John. *Beyond Ebonics*: linguistic pride and racial prejudice. Oxford: Oxford University Press, 2000.

BAXTER, Alan; LUCCHESI, Dante. A relevância dos processos de pidginização e crioulização na formação da língua portuguesa no Brasil. *Estudos Linguísticos e Literários*, Salvador, 1997, n. 19, pp. 65-83.

BECHARA, Evanildo. *Moderna gramática portuguesa*. 73. ed. rev. e ampl. Rio de Janeiro: Lucerna, 2001.

BIANCHI, V.; FIGUEIREDO, M. C. On some properties of agreement-object in Italian and Brazilian Portuguese. In: MAZZOLA, M. (org.). *Issues and theory in Romance linguistics*. Washington: Georgetown University Press, 1992.

BICKERTON, Derek. *Roots of language*. Ann Arbor: Karoma, 1981.

_____. The language bioprogram hypothesis. *Behavioural and brain sciences*, Cambridge, n. 7, 1984, pp. 173-203.

_____. How to acquire language without positive evidence: what acquisitionists can learn from Creoles? In: DEGRAFF, Michel (ed.). *Language creation and language change*: creolization, diachrony, and development. Cambridge: The MIT Press, 1999. pp. 49-74.

BIONDI, Aloysio. *O Brasil privatizado*: um balanço do desmonte do Estado. São Paulo: Fundação Perseu Abramo, 1999.

BISOL, Leda. Varsul: amostra, coleta e transcrição. In: ZILLES, Ana Maria Stahl (org.). *Estudos de variação linguística no Brasil e no Cone Sul*. Porto Alegre: Editora da UFRGS, 2005. pp. 151-4.

BLOOMFIELD, Leonard. *Language*. Nova York: Henry Holt, 1933.

BORBA, Francisco da Silva. *Dicionário de usos do português do Brasil*. São Paulo: Ática, 2002.

BORTONI-RICARDO, Stella Maris. *Nós cheguemu na escola e agora?* Sociolinguística e educação. São Paulo: Parábola, 2005.

_____. A concordância verbal em português: um estudo de sua significação social. In: VOTRE, Sebastião; RONCARATI, Cláudia (orgs.). *Anthony Julius Naro e a Linguística no Brasil*: uma homenagem acadêmica. Rio de Janeiro: 7Letras, 2008. pp. 362-80.

_____. *Do campo para a cidade*: estudo sociolinguístico de migração e redes sociais. São Paulo: Parábola, 2011 [1985].

BOSI, Alfredo. *Ideologia e contraideologia*: temas e variações. São Paulo: Companhia das Letras, 2010.

BOURDIEU, Pierre. Esboço de uma teoria da prática. In: ORTIZ, R. (org.); FERNANDES, F. (coord.). *Pierre Bourdieu*: Sociologia. São Paulo: Ática, 1983 [1972]. pp. 46-81.

_____. *A economia das trocas linguísticas*: o que falar quer dizer. São Paulo: Edusp, 1996.

BRANDÃO, Sílvia Figueredo. Em torno de um velho tema: o cancelamento da marca de número na fala de comunidades rurais brasileiras. *Revista Internacional de Língua Portuguesa*, Lisboa, 1994, n. 12, pp. 5-57.

BURKE, Peter. *Linguagens e comunidades nos primórdios da Europa Moderna*. São Paulo: Editora da Unesp, 2010 [2004].

BURKE, Peter; PORTER, Roy. *História social da linguagem*. São Paulo: Editora da Unesp, 1997 [1987].

CALLOU, Dinah. O Projeto NURC no Brasil: da década de 70 à década de 90. *Linguística* (Alfal), São Paulo, 1999, n. 11, pp. 231-250.

_____. Gramática, variação e norma. In: VIEIRA, Sílvia R.; BRANDÃO, Sílvia F. (orgs). *Ensino de Gramática*: descrição e uso. São Paulo: Contexto, 2007. pp. 13-29.

CALLOU, Dinah; AVELAR, Juanito. Subsídios para uma história do falar carioca: mobilidade social no Rio de Janeiro no século XIX. In: DUARTE, Maria Eugênia L.; CALLOU, Dinah (orgs.). *Para a história do português brasileiro*. Rio de Janeiro: Faperj, 2002, v. 4, pp. 95-112.

CALLOU, Dinah; BARBOSA, Afrânio; LOPES, Célia. O português do Brasil: polarização sociolinguística. In: CARDOSO, Suzana; MOTA, Jacyra; MATTOS E SILVA, Rosa Virgínia (orgs.). *Quinhentos anos de história linguística do Brasil*. Salvador: Secretaria da Cultura e Turismo do Estado da Bahia, 2006. pp. 257-92.

CÂMARA JR., Joaquim Mattoso. Ele como um acusativo no português do Brasil. In: _____. *Dispersos*. Rio de Janeiro: Fundação Getúlio Vargas, 1972. pp. 47-54.

_____. *História e estrutura da língua portuguesa*. Rio de Janeiro: Padrão, 1976.

CASTILHO, Ataliba T. de (org.). *Gramática do português falado*: A ordem. Campinas: Unicamp/São Paulo: Fapesp, 1991. v. 1.

_____ (org.). *Gramática do português falado*: As abordagens. Campinas: Unicamp/São Paulo: Fapesp, 1993. v. 3.

CASTILHO, Ataliba T. de; BASÍLIO, Margarida (orgs.). *Gramática do português falado*: Estudos descritivos. Campinas: Unicamp/São Paulo: Fapesp, 1996. v. 4.

CASTRO, Yeda Pessoa de. *A língua mina-jeje no Brasil*: um falar africano em Ouro Preto do século XVIII. Belo Horizonte: Fundação João Pinheiro/Secretaria da Cultura do Estado de Minas Gerais, 2002.

CEGALLA, Domingos P. *Novíssima gramática da língua portuguesa*. 17. ed. São Paulo: Companhia Editora Nacional, 1977.

CHAMBERS, Jack. *Sociolinguistic Theory*: linguistic variation and its social significance. Oxford: Blackwell, 1995.

CHOMSKY, Noam. *Syntactic structures*. The Hague: Mouton, 1957.

_____. *Aspectos da teoria da sintaxe*. Trad. José António Meireles e Eduardo Paiva Raposo. Coimbra: Sucessor, 1975 [1965].

_____. *Knowledge of language*: its origin, nature and use. New York: Praeger, 1986.

_____. *The minimalist program*. Cambridge: The MIT Press, 1995.

_____. *Arquitetura da linguagem*. Trad. Alexandre Morales e Rafael Ferreira Coelho. Bauru: Edusc, 2008 [1996].

CORRÊA, Vilma R. *Oração relativa*: o que se fala e o que se aprende no português do Brasil. 1998. Tese (Doutorado) – Universidade Estadual de Campinas, Campinas-SP.

COSERIU, Eugenio. Sistema, norma e fala. In: _____. *Teoria da linguagem e Linguística geral*: cinco estudos. Rio de Janeiro/São Paulo: Presença/Edusp, 1979 [1952]. pp. 13-85.

COUTINHO, Luciano. O desempenho da indústria sob o Real. In: MERCADANTE, Aloyzio (org.). *O Brasil pós-real*: a política econômica em debate. Campinas: Unicamp, 1998.

CRUZ, Regina F. *Analyse acoustique et phonologique du portugais parlé par les communautés noires de l'Amazonie (Brésil)*. 2000. Tese (Doutorado em Linguística) – Université Aix-Marseille I, Marselha.

CUNHA, Celso. *Língua portuguesa e realidade brasileira*. Rio de Janeiro: Tempo Brasileiro, 1970.

_____. *Gramática do português contemporâneo*. Rio de Janeiro: Padrão, 1981.

_____. *A questão da norma culta brasileira*. Rio de Janeiro: Tempo Brasileiro, 1985.

CUNHA, Celso; CINTRA, Lindley. *Nova gramática do português contemporâneo*. Rio de Janeiro: Nova Fronteira, 1985.

CYRINO, Sonia. Observações sobre a mudança diacrônica no português do Brasil: objeto nulo e clíticos. In: KATO, Mary A.; ROBERTS, Ian (orgs.). *Português brasileiro*: uma viagem diacrônica. Campinas: Editora da Unicamp, 1993, pp.163-84.

_____. Mudança sintática e aquisição bilíngue: hipóteses para o objeto nulo no português brasileiro. In: GROSSE, S.; SCHÖNBERGER, A.; DÖLL, C.; HUNDT, C. (orgs.). *Ex oriente lux*: festschrift für Eberhard Gärtner zu seinem 60. Geburtstag. Frankfurt am Main: Valentia, 2002, pp. 103-20.

_____. O problema da experiência detonadora na mudança sintática do português brasileiro. *Estudos Linguísticos*, 2004, XXXIII, pp. 53-68.

DEUTSCHER, Guy. *The unfolding of language*: an evolutionary tour of mankind's greatest invention. Nova York: Holt, Henry & Company, 2005.

DUARTE, Inês. A língua portuguesa e sua variedade europeia. In: MATEUS, M. H. M. (coord.). *As línguas da Península Ibérica*. Lisboa: Colibri, 2002. pp. 101-15.

DUARTE, Maria Eugênia L. *Variação e sintaxe*: clítico acusativo, pronome lexical e categoria vazia no português do Brasil. 1986. Dissertação (Mestrado em Letras) – Pontifícia Universidade Católica de São Paulo, São Paulo.

_____. Do pronome nulo ao pronome pleno: a trajetória do sujeito no português do Brasil. In: KATO, Mary A.; ROBERTS, Ian (orgs.). *Português brasileiro*: uma viagem diacrônica. Campinas: Editora da Unicamp, 1993. pp.107-28.

_____. *A perda do princípio "evite pronome" no português brasileiro*. 1995. Tese (Doutorado em Linguística) – Universidade de Campinas, Campinas.

_____. A evolução na representação do sujeito pronominal em dois tempos. In: PAIVA, Maria da Conceição de; DUARTE, Maria Eugênia L. (orgs.). *Mudança linguística em tempo real*. Rio de Janeiro: Contracapa; Faperj, 2003. v. 1. pp. 115-28.

EDELWEISS, Frederico. *Estudos tupis e tupi-guaranis*. Rio de Janeiro: Livraria Brasiliana, 1969.

ELIA, Sílvio. *A unidade linguística do Brasil*. Rio de Janeiro: Padrão, 1979.

FARACO, Carlos Alberto. *Norma culta brasileira*: desatando alguns nós. São Paulo: Parábola, 2008.

FARIA, Nicolle V. M. de. Concordância verbal no português de Belo Horizonte. 2008. Dissertação (Mestrado em Letras) – Pontifícia Universidade Católica de Minas gerais, Belo Horizonte.

FERREIRA, Carlota. Remanescentes de um falar crioulo brasileiro. In: FERREIRA, Carlota et al. *Diversidade do português do Brasil*. Salvador: EDUFBA, 1984, pp. 21-32.

FIELD, Fred. Second language acquisition in creole genesis. In: ESCURE, G.; SCHWEGLER, A. (eds.). *Creoles, contact and language change*: linguistic and social implications. Amsterdam/Philadelphia: John Benjamins, 1997. pp. 127-60.

FOCHEZATTO, Adelar. Estrutura da demanda final e distribuição de renda no Brasil: uma abordagem multissetorial utilizando uma matriz de contabilidade social. *Economia*, Brasília (DF), v. 12, n. 1, jan./abr. 2011, pp. 111-130.

FRY, Peter; VOGT, Carlos; GNERRE, Maurício. Mafambura e Caxapura: na encruzilhada da identidade. *Dados – Revista de Ciências Sociais*, Rio de Janeiro, Campus, 1981, v. 24, n. 3, pp. 373-89.

FURTADO, Celso. *Formação econômica do Brasil*. 11. ed. São Paulo: Companhia Editora Nacional, 1971.

GALVES, Charlotte. O objeto nulo no português brasileiro: percurso de uma pesquisa. *Cadernos de Estudos Linguísticos*, Campinas, 1989, v. 17. pp. 65-90.

_____. O enfraquecimento da concordância no português brasileiro. In: KATO, Mary A.; ROBERTS, Ian (orgs.). *Português brasileiro*: uma viagem diacrônica. Campinas: Editora da Unicamp, 1993. pp. 387-408.

GANDRA, Ana Sartori. A concordância verbal no português europeu rural. In: OLIVEIRA, Klebson; CUNHA E SOUZA, Hirão; GOMES, Luís (orgs.). *Novos tons de rosa*. Salvador: EDUFBA, 2009. pp. 142-61.

GILES, H.; POWESLAND, P. F. Speech style and perceived status: some conceptual distinctions. In: GILES, H.; POWESLAND, P. F. (orgs.). *Speech style and social evaluation*. London: Academic Press, 1975.

GONÇALVES, Patrícia Alexandra. De Babel a Pandora: crise, cultura e identidade no multilinguismo italiano. In: LAGARES, Xoán Carlos; BAGNO, Marcos (orgs.). *Políticas da norma e conflitos linguísticos*. São Paulo: Parábola, 2011. pp. 153-68.

GRACIOSA, Diva. *Concordância verbal na fala culta carioca*. 1991. Dissertação (Mestrado em Língua Portuguesa) – Universidade Federal do Rio de Janeiro, Rio de Janeiro.

GUASTI, Maria Teresa; CARDINALETTI, Anna. Relative clause formation in romance child's production. *Probus*, Berlim, 2003, n. 15, pp. 47-89.

GUY, Gregory R. *Linguistic variation in Brazilian Portuguese*: aspects of phonology, sintax and language history. 1981. Tese (Doutorado em Linguística) – University of Pennsylvania, Pennsylvania.

_____. A identidade linguística da comunidade de fala: paralelismo interdialetal nos padrões da variação linguística. *Organon*, n. 28-29, 2000, pp. 17-32.

_____. A questão da crioulização no português do Brasil. In: ZILLES, Ana Maria Stahl (org.). *Estudos de variação linguística no Brasil e no Cone Sul*. Porto Alegre: Editora da UFRGS, 2005. pp.15-62.

HAUGEN, Einar. Dialeto, língua, nação. In: BAGNO, Marcos (org.). *Norma linguística*. São Paulo: Edições Loyola, 2001. pp. 97-114.

HOCKETT, Charles. *A course in modern linguistics*. New York: MacMillan, 1958.

HORA, Dermeval da; PEDROSA, Juliene L. R. (orgs.). *Projeto variação linguística no estado da Paraíba – Valpb*. João Pessoa: Ideia, 2001.

IBGE. *Brasil*: 500 anos de povoamento. Rio de Janeiro: IBGE, 2000.

ILARI, Rodolfo (org.). *Gramática do português falado*: Níveis de análise linguística. Campinas: Unicamp/São Paulo: Fapesp, 1992. v. 2.

_____. *Linguística românica*. São Paulo: Ática, 1999.

ILARI, Rodolfo; NEVES, Maria Helena M. (orgs.). *Gramática do português culto falado no Brasil*: Níveis de análise linguística. Campinas: Editora da Unicamp, 2008. v. 2.

JAHR, Ernest H. *Language change*: advances in historical sociolinguistics. Berlim/Nova York: Mouton de Gruyter, 1998.

JUBRAN, Clélia; KOCH, Ingedore (orgs.). *Gramática do português culto falado no Brasil*: Construção do texto falado. Campinas: Editora da Unicamp, 2006. v. 1.

KATO, Mary. Orações relativas: variação universal e variação individual no português. *Estudos Linguísticos*, Campinas, 1989, v. 5, pp. 1-16.

_____. Apresentação – "como, o que e por que escavar?". In: KATO, Mary A.; ROBERTS, Ian (orgs.). *Português brasileiro*: uma viagem diacrônica. Campinas: Editora da Unicamp, 1993a. pp. 223-62.

_____. The distribution of pronouns and nul elements in object position in Brazilian Portuguese. In: ASHBY, W.; PERISSINOTTO, M. M. G.; RAPOSO, E. (orgs.). *Linguistic perspectives on the romance languages*. Amsterdam: John Benjamins, 1993b.

_____. Recontando a história das relativas em uma perspectiva paramétrica. In: KATO, Mary A.; ROBERTS, Ian (orgs.). *Português brasileiro*: uma viagem diacrônica. Campinas: Editora da Unicamp, 1993c. pp. 223-62.

_____ (org.). *Gramática do português falado*: Convergências. Campinas: Unicamp/São Paulo: Fapesp, 1996. v. 8.

_____. Os frutos de um projeto herético: parâmetros na variação intra-linguística In: HORA, D. da; CHRISTIANO, E. (orgs.). *Estudos linguísticos*: realidade brasileira. João Pessoa: Ideia, 1999. pp. 95-106.

KATO, Mary; NASCIMNTO, Milton (orgs.). *Gramática do português culto falado no Brasil*: A construção da sentença. Campinas: Editora da Unicamp, 2009. v. 3.

KEENAN, Edward L.; COMRIE, Bernard. Noun phrase accessibility and universal grammar. *Linguistic Inquiry*, 1977, n. 8, pp. 63-99.

KOCH, Ingedore Grunfeld Villaça (org.). *Gramática do português falado*: Desenvolvimentos. Campinas: Unicamp/São Paulo: Fapesp, 1997. v. 6.

KROCH, Anthony. Morphosyntactic variation. In: BEALS, K. et al. (ed.). *Papers from the 30th Regional Meeting of the Chicago Linguistics Society*. The Parasession on variation and linguistic theory. Chicago: The University of Chicago Press, 1994. v. 2. pp. 180-201.

KUHN, Thomas. *A Estrutura das revoluções científicas*. São Paulo: Perspectiva, 1975 [1962].

LABOV, William. *The social stratification of english in New York City*. Washington, DC: Center for Applied Linguistics, 1966a.

_____. The social origins of sound change. In: LABOV, W. (ed.). *Locating language in time and space*. Philadelphia: University of Pennsylvania, 1966b. pp. 251-65.

_____. The logic of nonstandard English. In: LABOV, W. (ed.). _Language in the inner city_: studies in the black English vernacular. Philadelphia: University of Pennsylvania Press, 1972.

_____. Estágios na aquisição do inglês standard. In: FONSECA, M.; NEVES, M. (orgs.). _Sociolinguística_. Rio de Janeiro: Eldorado, 1974.

_____. What can be learned about change in progress from synchrony descriptions. In: SANKOFF, David; CEDERGREN, Henrietta (eds.). _Variation omnibus_. Carbondale; Edmonton: Linguistic Research, 1981. pp.177-99.

_____. Building on empirical foundations. In: LEHMANN, W. P.; MALKIEL, Y. (eds.). _Perspectives on historical linguistics_. Amsterdam; Philadelphia: John Benjamins, 1982. pp.17-92.

_____. _Principles of linguistic change_. Oxford; Cambridge: Blackwell, 1994.

_____. Some sociolinguistic principles. In: PAULSTON, C. B.; TUCKER, G. R. (eds.). _Sociolinguistics_: the essential readings. Oxford: Blackwell, 2003. pp. 235-50.

_____. _Padrões sociolinguísticos_. São Paulo: Parábola, 2008 [1972].

LAGARES, Xoán Carlos. Minorias linguísticas, políticas normativas e mercados: uma reflexão a partir do galego. In: LAGARES, Xoán Carlos; BAGNO, Marcos (orgs.). _Políticas da norma e conflitos linguísticos_. São Paulo: Parábola, 2011. pp. 169-92.

LASS, Roger. _On explaining language change_. Cambridge: Cambridge University Press, 1980.

LEFEBVRE, Claire. _Creole genesis and the acquisition of grammar_: the case of Haitian Creole. Cambridge: Cambridge University Press, 1998.

_____. Relexification in creole genesis and its effects on the development of the creole. In: SMITH, Norval; VEENSTRA, Tonjes (eds.). _Creolization and contact_. Amsterdam: John Benjamins, 2001. pp. 9-42.

LEITH, Dick. _A social history of English_. Nova York: Routledge, 1983.

LEMLE, Mirian; NARO, Anthony. Competências básicas do português. _Relatório final de pesquisa apresentado às instituições patrocinadoras, Fundação Mobral e Fundação Ford_. Rio de Janeiro, 1977. Ms.

LIGHTFOOT, David. _Principles of diachronic syntax_. Cambridge: Cambridge University Press, 1979.

_____. _How to set parameters_: arguments from language change. Cambridge: The MIT Press, 1991.

_____. _The development of language_: acquisition, change, and evolution. Oxford: Blackwell, 1999.

LIMA, Ivana Stolze; CARMO, Laura do (orgs.). _História social da língua nacional_. Rio de Janeiro: Casa de Rui Barbosa, 2008.

LOPES, Norma da S.; SOUZA, Constância Maria Borges de; SOUZA, Emília Helena P. M. (orgs.). _Um estudo da fala popular de Salvador_: PEPP. Salvador: Quarteto, 2009.

LUCCHESI, Dante. A constituição histórica do português brasileiro como um processo bipolarizado: tendências atuais de mudança nas normas culta e popular. In: GROBE, S.; ZIMMERMANN, K. (eds.). _"Substandard" e mudança no português do Brasil_. Frankfurt am Main: TFM, 1998. pp. 73-100.

_____. As duas grandes vertentes da história sociolinguística do Brasil. _DELTA_, São Paulo, 2001a, v. 17, n. 1, pp. 97-130.

_____. O tempo aparente e as variáveis sociais. _Boletim da Abralin_, 2001b, v. 26, pp. 135-7. Número especial.

_____. Grandes territórios desconhecidos. _Linguística_ (Alfal), São Paulo, 2002a, n. 14, pp. 191-222.

_____. Norma linguística e realidade social. In: BAGNO, Marcos (org.). _Linguística da norma_. São Paulo: Loyola, 2002b. pp. 63-92.

_____. O conceito de transmissão linguística irregular e o processo de formação do português do Brasil. In: RONCARATI, C.; ABRAÇADO, J. (orgs.). _Português brasileiro_: contato linguístico, heterogeneidade e história. Rio de Janeiro: 7Letras, 2003, pp. 272-84.

_____. _Sistema, mudança e linguagem_: um percurso na história da linguística moderna. 2. ed. São Paulo: Parábola, 2004.

_____. Parâmetros sociolinguísticos do português brasileiro. _Revista da Abralin_, 2006a, v. 5, n. 1 e 2, pp. 83-112.

_____. Século XVIII, o século da lusofonização do Brasil. In: THIELEMANN, Werner (ed.). _Século das luzes_: Portugal e Espanha, o Brasil e a região do Rio da Prata. Frankfurt: TFM, 2006b. pp. 351-70.

_____. Alterações no quadro dos pronomes pessoais e na aplicação da regra de concordância verbal nas normas culta e popular como evidências da polarização sociolinguística do Brasil e da relevância histórica do contato entre línguas. _Linguística_ (Alfal), Santiago, 2007, v. 19, pp. 52-87.

_____. Aspectos gramaticais do português brasileiro afetados pelo contato entre línguas: uma visão de conjunto. In: RONCARATI, Cláudia; ABRAÇADO, Jussara (orgs.). _Português brasileiro_ II: contato linguístico, heterogeneidade e história. Niterói: Eduff, 2008a. pp.366-90.

_____. Africanos, crioulos e a língua portuguesa. In: LIMA, Ivana Stolze; CARMO, Laura do (orgs.). *História social da língua nacional*. Rio de Janeiro: Casa de Rui Barbosa, 2008b. pp. 151-80.

_____. História do contato entre línguas no Brasil. In: LUCCHESI; Dante; BAXTER, Alan; RIBEIRO, Ilza (orgs.). *O português afro-brasileiro*. Salvador: EDUFBA, 2009a. pp. 41-73.

_____. A concordância de gênero. In: LUCCHESI; Dante; BAXTER, Alan; RIBEIRO, Ilza (orgs.). *O português afro-brasileiro*. Salvador: EDUFBA, 2009b. pp. 295-318.

_____. A realização do /S/ implosivo no português popular de Salvador. In: RIBEIRO, Silvana Soares Costa; COSTA, Sônia Bastos Borba; CARDOSO, Suzana Alice Marcelino (orgs.). *Dos sons às palavras*: nas trilhas da língua portuguesa. Salvador: EDUFBA, 2009c. pp. 83-110.

_____. Racismo linguístico ou ensino democrático e pluralista? *Grial – Revista Galega de Cultura*, Vigo, Espanha, 2011a, n. 190, tomo XLIX, pp. 86-95.

_____. Ciência ou dogma? O caso do livro do MEC e o ensino de Língua Portuguesa no Brasil. *Revista Letras*, Curitiba, jan./jun. 2011b, n. 83, pp. 163-87.

_____. Os limites da variação e da invariância na estrutura da gramática. *Revista da Abralin*, 2011c, v. eletrônica, n. especial, 2ª parte, pp. 227-59..

_____. A teoria da variação linguística: um balanço crítico. *Estudos Linguísticos*, São Paulo, maio-ago. 2012a, v. 41, n. 2, pp. 793-805.

_____. A diferenciação da língua portuguesa no Brasil e o contato entre línguas. *Estudos de Linguística Galega*, Santiago de Compostela, jul. 2012b, n. 4, pp. 45-65.

_____. A deriva secular na formação do português brasileiro: uma visão crítica. In: LOBO, Tânia; CARNEIRO, Zenaide; SOLEDADE, Juliana; ALMEIDA, Ariadne; RIBEIRO, Silvana (orgs.). *Rosae*: linguística histórica, história das línguas e outras histórias. Salvador: EDUFBA, 2012c. pp. 249-74.

_____. O contato entre línguas e a origem do português brasileiro. In: GUGENBERGER, Eva; MONTEAGUDO, Henrique; REI-DOVAL, Gabriel. *Contacto de linguas, hibridadade, cambio*: contextos, procesos e consecuencias. Santiago de Compostela: Consello da Cultura Galega, 2013.

LUCCHESI, Dante; BAXTER, Alan. Processos de crioulização na história sociolinguística do Brasil. In: CARDOSO, Suzana; MOTA, Jacyra; MATTOS E SILVA, Rosa Virgínia (orgs.). *Quinhentos anos de história linguística do Brasil*. Salvador: Secretaria da Cultura e Turismo do Estado da Bahia, 2006. pp. 163-218.

LUCCHESI; Dante; BAXTER, Alan; RIBEIRO, Ilza (orgs.). *O português afro-brasileiro*. Salvador: EDUFBA, 2009.

LUCCHESI; Dante; BAXTER, Alan; SILVA, Jorge Augusto Alves da. A concordância verbal. In: LUCCHESI; Dante; BAXTER, Alan; RIBEIRO, Ilza (orgs.). *O português afro-brasileiro*. Salvador: EDUFBA, 2009. pp. 331-72.

LUCCHESI; Dante; BAXTER, Alan; SILVA, Jorge Augusto Alves da; FIGUEIREDO, Cristina. O português afro-brasileiro: as comunidades analisadas. In: LUCCHESI; Dante; BAXTER, Alan; RIBEIRO, Ilza (orgs.). *O português afro-brasileiro*. Salvador: EDUFBA, 2009. pp. 75-100.

LUCCHESI; Dante; LOBO, Tânia. Gramática e ideologia, *Sitientibus*, Feira de Santana, 1988, ano V, n. 8, pp. 73-81

LUCCHESI; Dante; MELLO, Camila. A alternância dativa no português afro-brasileiro: um processo de reestruturação original da gramática, *Papiá – Revista de Crioulos de Base Ibérica*, Brasília, Universidade de Brasília, 2009a, n. 19, pp. 153-84.

_____. A alternância dativa. In: LUCCHESI; Dante; BAXTER, Alan; RIBEIRO, Ilza (orgs.). *O português afro-brasileiro*. Salvador: EDUFBA, 2009b. pp. 427-56.

LUCCHESI; Dante; RIBEIRO, Ilza. Teorias da estrutura e da mudança linguísticas e o contato entre línguas. In: LUCCHESI; Dante; BAXTER, Alan; RIBEIRO, Ilza (orgs.). *O português afro-brasileiro*. Salvador: EDUFBA, 2009, p. 125-53.

LUMSDEN, John S. Language acquisition and creolization. In: DEGRAFF, Michel (ed.). *Language creation and language change*: creolization, diachrony, and development. Cambridge: The MIT Press, 1999. pp. 129-57.

MARCUSCHI, Luiz Antônio. *Da fala para a escrita*: atividades de retextualização. São Paulo: Cortez, 2001.

MARINI, Ruy Mauro. *Dialética da dependência*. Petrópolis: Vozes, 2000.

MATTOS E SILVA, Rosa Virgínia. *Ensaios para uma sócio-história do português brasileiro*. São Paulo: Parábola, 2004.

MATTOSO, Katia. *Ser escravo no Brasil*. 3. ed. São Paulo: Brasiliense, 2003.

MCWHORTER, John. Identifying the creole prototype. Vindicating a typological class. *Language*, 1998, v. 74, n. 4, pp. 788-818.

MELO, Gladstone Chaves de. *A língua do Brasil*. Rio de Janeiro: Agir, 1946.

MENEZES, Manuele Bandeira de. *Nós e a gente nas diversas funções sintáticas no português popular do interior do estado da Bahia*. Salvador: Universidade Federal da Bahia, 2010.

MILROY, James. Ideologias linguísticas e as consequências da padronização. In: LAGARES, Xoán; BAGNO, Marcos (orgs.). *Políticas da norma e conflitos linguísticos*. São Paulo: Parábola, 2011 [2001]. pp. 49-87.

MILROY, James; MILROY, Lesley. Varieties and Variation. In.: DCOULMAS, Florian (ed.). *The handbook of Sociolinguistics*. Oxford: Blackwell, 1997. pp. 47-64.

MILROY, Lesley. *Language and social network*. Oxford: Blackwell, 1980.

MILROY, Lesley; MILROY, James. Social network and social class: toward na integrated sociolinguistic model. *Language in society*, 1992, n. 21, pp. 1-26.

MONGUILHOTT, Isabel. *Variação na concordância verbal de 3ª pessoa do plural na fala dos florianopolitanos*. 2001. Dissertação (Mestrado) – Universidade Federal de Santa Catarina, Florianópolis.

MONTEAGUDO, Henrique; PINTOS, Serafim Alonso. Que lusofonia para a Galiza? In: MARTINS, Moisés; CABECINHAS, Rosa; MACEDO, Lurdes (eds.). *Anuário Internacional de Comunicação Lusófona 2010*: Lusofonia e sociedade em rede, Braga: Gracio Editor, 2010. pp. 177-88.

MONTEIRO, John Manuel. *Negros da terra, índios e bandeirantes nas origens de São Paulo*. São Paulo: Companhia das Letras, 1995.

MOTA, Maria Antónia; MIGUEL, Matilde et al. A concordância de p6 em português falado - Os traços pronominais e os traços de concordância. *Papia*, 2012, n. 22, v. 1, pp. 161-88.

MÜHLHÄUSLER, Peter. *Pidgin & Creole linguistics*. Londres: Basil Blackwell, 1986.

MUSSA, Alberto B. N. *O papel das línguas africanas na história do português do Brasil*. 1991. Dissertação (Mestrado em Língua Portuguesa) – Universidade Federal do Rio de Janeiro, Rio de Janeiro.

NARO, Anthony. The social and structural dimensions of a syntactic change. *Language*, 1981, v. 57, n. 1, pp. 63-98.

____. O dinamismo das línguas. In: MOLLICA, Cecília; BRAGA, Maria Luiza (orgs.). *Introdução à Sociolinguística*. São Paulo: Contexto, 2003. pp. 43-50.

NARO, Anthony; SCHERRE, Marta. Variação e mudança linguística: fluxos e contrafluxos na comunidade de fala. *Cadernos de Estudos Linguísticos*, Campinas, 1991, n. 20, pp. 9-16.

____. Sobre as origens do português popular do Brasil. *DELTA*, São Paulo, 1993, v. 9, pp. 437-54, número especial.

____. *Origens do português brasileiro*. São Paulo: Parábola, 2007.

NEVES, Maria Helena Moura (org.). *Gramática do português falado*: Novos estudos. Campinas: Unicamp/São Paulo: Fapesp, 1999. v. 7.

____. *Gramática de usos do português*. São Paulo: Editora da Unesp, 2000.

NINA, Terezinha. *Concordância nominal/verbal do analfabeto na microrregião Bragantina*. 1980. Dissertação (Mestrado em Letras) – Pontifícia Universidade Católica do Rio Grande do Sul, Porto Alegre.

NOLL, Volker. *O português brasileiro*: formação e contrastes. São Paulo: Globo, 2008.

OLIVEIRA, Fernão de. *A gramática da linguagem portuguesa*. 4. ed. Introdução, notas e leitura atualizada por Maria Leonor Carvalhão Buescu. Lisboa: Imprensa Nacional/Casa da Moeda, 1975 [1536].

OLIVEIRA, Francisco de. *A economia da dependência imperfeita*. Rio de Janeiro: Graal, 1977.

____. Diálogo na grande tradição. In: CALDAS, Alcides; RODRIGUEZ, José Luís; VIEIRA, Yara; VILLARINO, M. Carmen (eds.). *Brasil*: 500 anos depois. A Coruña: Deputacíon Provincial da Coruña, 2002, pp. 31-46.

OLIVEIRA E SILVA, Giselle Machline de. Variáveis sociais e perfil do *corpus* Censo. In: OLIVEIRA E SILVA, Giselle Machline de; SCHERRE, Maria Marta Pereira (orgs.). *Padrões sociolinguísticos*: análise de fenômenos variáveis do português falado na cidade do Rio de Janeiro. Rio de Janeiro: Tempo Brasileiro, 1996. pp. 51-81.

____ (orgs.). *Padrões sociolinguísticos*: análise de fenômenos variáveis do português falado na cidade do Rio de Janeiro. Rio de Janeiro: Tempo Brasileiro, 1996.

OMENA, Nelise. A referência à primeira pessoa do plural: variação ou mudança? In: PAIVA, Maria da Conceição de; DUARTE, Maria Eugênia Lamoglia. (orgs.). *Mudança linguística em tempo real*. Rio de Janeiro: Contracapa; Faperj, 2003. v. 1. pp. 63-80.

PAGOTTO, Emilio Gozze. Norma e condescendência: ciência e pureza. *Línguas e Instrumentos Linguísticos*, Belo Horizonte, v. 2, 1998, pp. 49-68.

PAIVA, Maria da Conceição de; DUARTE, Maria Eugênia Lamoglia. (orgs.). *Mudança linguística em tempo real*. Rio de Janeiro: Contracapa; Faperj, 2003.

PAIVA, Maria da Conceição de; SCHERRE, Maria Marta Pereira. Retrospectiva sociolinguística: contribuições do Peul. *Linguística* (Alfal), São Paulo, 1999, n. 11, pp. 203-30.

PERINI, Mário. *Gramática descritiva do português*. São Paulo: Ática, 1995.

PINTO, Edith. P. *O português do Brasil* – textos críticos e teóricos: 1 – 1820-1920, fontes para a teoria e a história. Rio de Janeiro;São Paulo: Livros Técnicos e Científicos /Edusp, 1978.

PONTES, Eunice S. L. *O tópico no português do Brasil*. Campinas: Pontes, 1987.

Popper, Karl. O problema da indução. In: ____. *Textos escolhidos*. Rio de Janeiro: Contraponto, 2010 [1953, 1974], pp. 101-15.

____. O problema da demarcação. In: ____. *Textos escolhidos*. Rio de Janeiro: Contraponto, 2010 [1974], pp. 117-28.

Possenti, Sírio. *Por que (não) ensinar gramática na escola*. Campinas: Mercado de Letras, 1996.

____. *Mal comportadas línguas*. Curitiba: Criar, 2000.

Preti, Dino. *Sociolinguística*: os níveis da fala. 7. ed. São Paulo: Editora Nacional, 1994.

____. A propósito do conceito de discurso urbano oral culto: a língua e as transformações sociais. In: ____ (org.). *O discurso oral culto*. São Paulo: Humanitas, 1997. pp. 17-27.

Queiroz, Sônia. *Pé preto no barro branco*: a língua dos negros da Tabatinga. Belo Horizonte: edufmg, 1998.

Reis, João José. Presença negra: conflitos e encontros. In: ibge. *Brasil*: 500 anos de povoamento. Rio de Janeiro: ibge, 2000, pp. 79-100.

Rey, Alain. Usos, julgamentos e prescrições linguísticas. In: Bagno, Marcos (org.). *Norma linguística*. São Paulo: Edições Loyola, 2001. pp. 115-44.

Ribeiro, João. *Diccionario Grammatical*. Rio de Janeiro: Francisco Alves, 1889.

Ribeiro, Darcy. *O povo brasileiro*: evolução e sentido do Brasil. São Paulo: Companhia das Letras, 1995.

Ribeiro, Ilza. As sentenças relativas. In: Lucchesi; Dante; Baxter, Alan; Ribeiro, Ilza (orgs.). *O português afro-brasileiro*. Salvador: edufba, 2009, pp. 185-208.

Ribeiro Jr., Amaury. *A privataria tucana*. São Paulo: Geração Editorial, 2011.

Risério, Antonio. *Uma história da cidade da Bahia*. Rio de Janeiro: Versal, 2004.

Roberts, Ian. *Diacronic syntax*. Oxford: Oxford University Press, 2007.

Rocha lima, Carlos Henrique da. *Gramática normativa da língua portuguesa*. 5. ed. Rio de Janeiro: Briguiet, 1960.

Rodrigues, Ângela. *A concordância verbal no português popular em São Paulo*. 1987. Tese (Doutorado em Letras) – Universidade de São Paulo, São Paulo.

Rodrigues, Aryon D. *Línguas brasileiras*: para o conhecimento das línguas indígenas. São Paulo: Loyola, 1986.

____. Línguas indígenas: 500 anos de descobertas e perdas. *delta*, São Paulo, 1993, v. 9, n. 1, pp. 83-103.

____. As outras línguas da colonização do Brasil. In: Cardoso, Suzana; Mota, Jacyra; Mattos e Silva, Rosa Virgínia (orgs.). *Quinhentos anos de história linguística do Brasil*. Salvador: Secretaria da Cultura e Turismo do Estado da Bahia, 2006. pp. 143-61.

Rodrigues, Nina. *Os africanos no Brasil*. 8. ed. Brasília: Editora Universidade de Brasília, 2004 [1933].

Romaine, Suzanne. *Socio-historical linguistics*: its status and methodology. Cambridge: Cambridge University Press, 1982.

Rosa, Maria Carlota. *Uma língua africana no Brasil colônia de seiscentos*: o quimbundo ou língua de Angola na arte de Pedro Dias, S. J. Rio de Janeiro: 7Letras, 2013.

Rougé, Jean-Louis. A inexistência de crioulo no Brasil. In: Fiorin, José Luiz; Petter, Margarida. *África no Brasil*: a formação da língua portuguesa. São Paulo: Contexto, 2008. pp. 63-74.

Sankoff, David. Variable rules. In: Ammon, Ulrich; Dittmar, Norbert; Mattheier, Klauss (eds.). *Sociolinguistics*: an international handbook of the science of language and society. Berlin; New York: Walter de Guyter, 1988. pp. 984-98.

Saraiva, António José; Lopes, Óscar. *História da literatura portuguesa*. 4. ed. Porto: Porto, s. d.

Saussure, Ferdinand de. *Curso de linguística geral*. 5. ed. Trad. Antônio Chelini, José Paulo Paes e Izidoro Blikstein. São Paulo: Cultrix, 1973 [1916].

Scherre, Marta; Naro, Anthony. A concordância de número no português do Brasil: um caso típico de variação inerente. In: Hora, Dermeval da (org.). *Diversidade linguística no Brasil*. João Pessoa: Ideia, 1997. pp. 93-114.

Siegel, Jeff. *The emergence of pidgin and creole languages*. Oxford: Oxford University Press, 2008.

Silva, Vivian Antonino da. *A concordância nominal em predicativos do sujeito e estruturas passivas no português popular do interior do estado da Bahia*. 2007. Dissertação (Mestrado em Linguística) – Universidade Federal da Bahia, Salvador.

Silva Neto, Serafim da. *Introdução ao estudo da língua portuguesa no Brasil*. 2. ed. Rio de Janeiro: inl, 1963 [1951].

____. *História da língua portuguesa*. 5. ed. Rio de Janeiro: Presença, 1988.

Souza, Nilson A. de. *Economia brasileira contemporânea*: de Getúlio a Lula. 2. ed. São Paulo: Atlas, 2008.

SOUZA SANTOS, Boaventura. *Brasil*: a grande divisão. MS., 2014.

TARALLO, Fernando. *Relativization strategies in Brazilian Portuguese*. 1983. Tese (Doutorado) – University of Pennsylvania, Pennsylvania.

_____. Sobre a alegada origem crioula do português brasileiro: mudanças sintáticas aleatórias. In: KATO, Mary A.; ROBERTS, Ian (orgs.). *Português brasileiro*: uma viagem diacrônica. Campinas: Editora da Unicamp, 1993a. pp. 35-68.

_____. Diagnosticando uma gramática brasileira: o português d'aquém e d'além-mar ao final do século XIX. In: KATO, Mary A.; ROBERTS, Ian (orgs.). *Português brasileiro*: uma viagem diacrônica. Campinas: Editora da Unicamp, 1993b. pp. 69-106.

TAVARES, Maria da Conceição. *Da substituição das importações ao capitalismo financeiro*. Rio de Janeiro: Zahar, 1973.

VANDRESEN, Paulino. O banco de dados Varsul: do sonho à realidade. In: ZILLES, Ana Maria Stahl (org.). *Estudos de variação linguística no Brasil e no Cone Sul*. Porto Alegre: Editora da UFRGS, 2005. pp. 145-50.

VAREJÃO, Filomena de Oliveira Azevedo. *Variação em estruturas de concordância verbal e em estratégias de relativização no português europeu popular*. 2006. Tese (Doutorado) – Universidade Federal do Rio de Janeiro, Rio de Janeiro.

VIEIRA, Sílvia. *Concordância verbal*: variação em dialetos populares do Norte Fluminense. 1995. Dissertação (Mestrado em Língua Portuguesa) – Universidade Federal do Rio de Janeiro, Rio de Janeiro.

_____. O estatuto da regra variável e o fenômeno da concordância verbal em variedades do português. In: CESTERO et al. (org.). *Documentos para el XVI Congreso Internacional de la Alfal*. Alcalá de Henares (Espanha): Alfal/Universidad de Alcalá, 2011. (Formato: CD).

VOGT, Carlos; FRY, Peter. *Cafundó*: a África no Brasil. 2. ed. Campinas: Editora da Unicamp, 2013.

WEINREICH, Uriel; LABOV, William; HERZOG, Marvin. *Fundamentos empíricos para uma teoria da mudança linguística*. São Paulo: Parábola, 2006 [1968].

WEKKER, Herman. Creolization and the acquistion of English as a second language. In: _____. (ed.). *Creole languages and language acquisition*. Berlin: Mouton de Gruyter, 1996. pp. 139-49.

WERNER, Baer. *A economia brasileira*. 2. ed. São Paulo: Nobel, 2002.

WHINNOM, Keith. Linguistic hybridization and the "special case" of pidgins and creoles. In: HYMES, Dell (ed.). *Pidginization and creolization of languages*. Cambridge: Cambridge University Press, 1971. pp. 91-115.

WOLFRAM, Walt; FASOLD, Ralph. *The study of social dialects in American English*. New York: Prentice-Hall, 1974.

ZADEH, Lotfali. Fuzzy sets. *Information and control*, 1965a, n. 8, pp. 338-53.

_____. Fuzzy sets and systems. In: FOX, J. (ed.). *System theory*. Nova York: Polytechnic Press, 1965b. pp. 29-39.

O autor

Dante Lucchesi é professor titular de Língua Portuguesa da Universidade Federal da Bahia (UFBA), onde se formou em Letras Vernáculas, em 1986, tendo obtido o título de mestre em Linguística Portuguesa Histórica pela Universidade de Lisboa, em 1993, e o de doutor em Linguística pela Universidade Federal do Rio de Janeiro (UFRJ), em 2000. Coordena o projeto Vertentes do Português Popular do Estado da Bahia (www.vertentes.ufba.br), sendo bolsista de produtividade em Pesquisa (Nível 1-C), do CNPq. Autor de livros, diversos artigos e capítulos de livro no Brasil e no exterior, nas seguintes áreas: história da língua portuguesa no Brasil, contato entre línguas, análise sociolinguística e história da Linguística.

GRÁFICA PAYM
Tel. [11] 4392-3344
paym@graficapaym.com.br